高职高专“十一五”规划教材

机械设计基础

第二版

张　萍　主编
柳文灿　主审

化学工业出版社
·北京·

全书共包括十四章：绪论、平面机构运动简图和自由度、平面连杆机构、凸轮机构、其他常用机构、齿轮传动、带传动、链传动、轮系、联接、轴、轴承、其他常用零部件、回转构件的平衡。各章设有学习目标、小结、思考与习题、实践环节，便于学生更好地掌握所学内容，并附有必要的资料和数据可供查阅。本书还增设了五个实验，使学生能理论联系实际，培养学生的实践动手能力。书中带 * 的章节为选学内容。

本书的内容已制作成用于多媒体教学的 PPT 课件，并将免费提供给采用本书作为教材的院校使用。如有需要，请发电子邮件至cipedu@163.com 获取。

本书主要作为高职高专院校机械类、近机械类专业“机械设计基础”课程的教材，适于 80～100 学时使用；也可作为有关专业师生与工程技术人员参考用书。

图书在版编目（CIP）数据

机械设计基础/张萍主编. —2 版. —北京：化学工业出版社，2010.4（2016.3 重印）
高职高专“十一五”规划教材
ISBN 978-7-122-07744-8

Ⅰ.机… Ⅱ.张… Ⅲ.机械设计-高等学校：技术学院-教材 Ⅳ.TH122

中国版本图书馆 CIP 数据核字（2010）第 023380 号

责任编辑：高 钰　　装帧设计：史利平
责任校对：蒋 宇

出版发行：化学工业出版社（北京市东城区青年湖南街 13 号　邮政编码 100011）
印　　装：三河市延风印装有限公司
787mm×1092mm　1/16　印张 15　字数 385 千字　2016 年 3 月北京第 2 版第 3 次印刷

购书咨询：010-64518888（传真：010-64519686）　售后服务：010-64518899
网　　址：http://www.cip.com.cn
凡购买本书，如有缺损质量问题，本社销售中心负责调换。

定　　价：26.00 元

第二版前言

《机械设计基础》教材自2004年6月出版以来，已多次印刷。经部分高职高专院校使用后反映良好，受到师生的好评。随着社会发展科技进步，为了适应高职高专新的人才培养目标，为生产一线培养高级技能型专门人才，根据社会需求和岗位群的特点，课程体系、教学方法都必须进行改革。

这次修订保留了原教材的删繁就简、内容简洁实用，重结论重应用，以“必需、够用”为度的特点，力求语言叙述简练生动，便于教师讲解，适应于基础差和初学者学习。每章节从实际例子入手引出理论知识点再指导生产实际，符合双循环认知规律，突出对学生应用能力的培养。

本次修订增加了“学习目标”和“实践环节”，使学生在学习中能掌握章节重点，以达到学习目标。通过课后实践环节使课堂知识与生产实践相结合，培养学生动手操作能力和解决实际问题的能力。

为方便任课教师进行教学设计和课堂设计，以及学生课后复习、自我测验，请登录我们与之配套的精品课，网址为：www.nmgjdxy.com进入精品课，点击《机械设计基础》中的教学大纲、课程介绍、课程讲稿、实践教学、试题选编和辅导答疑等。

本次修订征求了广大任课教师和学生的意见和建议，把他们认为繁杂推导、理论性强和学生不易学懂的地方作了修改，并根据国家颁布的新标准作了调整，尽量与国际标准接轨，力求教师易教、学生易学，符合高职高专学生的培养目标要求，注重学生综合能力的训练。

建议采用启发引导式、课堂讨论式、现场教学和学做合一的教学方式，按照课后的实践环节加强对学生课程综合能力训练，强化技能，注重理论与实践的统一，实现课本知识与企业所需的零对接。

本书内容已制作成用于多媒体教学的PPT课件，并将免费提供给采用本书作为教材的院校使用。如有需要，请发电子邮件至cipedu@163.com获取。

本次修订得到了有关领导和任课教师的大力协助，在此深表感谢。

编者

2010年3月

第一版前言

为适应高职高专以社会需求为目标、以就业为导向，培养更多的技术应用型人才，根据《高职高专教育机械设计基础课程教学基本要求》，由全国高职高专冶金机械课程组统一规划，结合多所院校一线教师多年来的教学经验，特编制该教材，以填补高职高专冶金机械等工科专业教材之空白。本教材参考学时为80～100学时。

本教材的特点如下。

1. 去繁就简。克服了过去中专、高职教材机械地沿用大学本科教材，理论深度大，系统性强，不适应现在高职高专学生学习的缺点。本教材增加实践教学课时数，便于培养学生理论联系实际的工作能力和技术应用能力。

2. 适应面广。适应于高职高专多层次教学，知识面广，深度适宜，章节后附有小结、思考与习题、实验指导，便于学生循序渐进地学习。

3. 内容简洁、实用。删除了繁杂的理论推导，添加了生产、生活中的实例，可引起学生学习兴趣，激发他们对工程技术领域探究的热情，很好地完成基础课向专业课的过渡；注重实用性，与高职高专培养实用型人才的目标相吻合。

4. 本教材的编写人员均来自教学一线，了解学生心理，从结构顺序的安排到教学语言的陈述均考虑得比较合理，便于教师讲授和学生学习。

5. 本教材采用的工程符号、名词术语、单位等均为国家最新标准或国际标准，力求使用成熟的、简便易行的设计方法与设计资料。

参加本书编写的有：张萍（第四、六、十一、十三章），王俊伟（第五、十、十四章），银金光（第七、九章），李子毕（第二、八章），高兴勇（第一、三章），程志彦（第十二章）。刘金萍、李维宁参与了图稿的编审工作。全书由张萍任主编，王俊伟、银金光任副主编，柳文灿任主审。

因编者水平有限，错漏之处恳请广大读者批评指正。

编者

2004年2月

目　　录

第一章 绪 论

学习目标

本章主要了解机械设计发展概况、研究对象和基本概念、基本要求以及设计准则。通过本章学习对本课程有一全面了解，为后面章节中的常用机构、通用零件的设计和选用奠定基础。

第一节 机械设计发展概述

现代社会机械广泛应用于生产、生活各个领域，已成为衡量一个国家技术水平和现代化程度的重要标志。随着机械设计基础理论的发展及新技术、新方法和新工艺的不断出现，机械设计也得到了迅猛发展。主要体现在以下几个方面。

(1) 机械体积从米级向微米级设计　有用于宇宙空间的机械，有用于深海作业的机械，又有用于人体血管内爬行的机械等。显然，它们中有的是庞然大物，有的是微型机械，这就要求设计不同尺寸的零件。

(2) 从单个零件到整机系统的设计　现代机械日益向高速、重载、高精度、高效率低噪声和绿色环保等方向发展，必然要求从传统地偏重于零件、部件的静态单个设计向多种零件的综合设计或以整机为对象的动态系统多个零件扩展的设计。

(3) 设计用工具的改变　改变图板等绘图工具，应用计算机软件技术直接在计算机上进行最优化的机械设计。

(4) 设计-加工的一体化　机电一体化的应用改变了传统机械设计与机械加工的分离，使零件的设计与加工几乎同时进行。例如数控机床的应用，改变了传统的设计与加工方法，它实现了机械与电子、强电与弱电、软件与硬件、控制与信息多种技术的有机结合，按照计算机的指令来控制机床进行机械加工。目前，应用较多的是CAD（Computer Aided Design，计算机辅助设计）、CAM（Computer Aided Manufacture，计算机辅助制造）。

(5) 对机械的人性化和等寿命设计　在市场竞争日趋激烈的市场环境中，不仅要求设计的机械产品质量好，使用期限内安全可靠度高，而且在视觉上给人以舒适、实用，富有时代气息和外观具有吸引力。同时采用等寿命设计使产品质优价廉，以此来提高产品的市场竞争力。

在机械设计领域，每年都有大量内容新颖的文献资料涌现，但是作为一门专业基础课，根据教学的要求，本课程将只讲述在通常条件下具有一般参数的常用机构和通用零件以及由它们组成的传动系统最基本的原理和设计方法，这些内容是进行机械设计所必需的基础知识。

第二节 本课程研究的对象与基本概念

一、本课程研究的对象

本课程研究的对象是机械。在现代生产活动和日常生活中，常见到的拖拉机、起重机、汽车、各种机床和洗衣机、自行车等都是机器。各种类型的机器很多，用途不一，但它们都有一些共同的特征。

图 1-1 所示是人们熟悉的自行车简图，当人蹬链轮 1 逆时针转动带动链条 2 传动，飞轮 3 内的棘轮棘爪机构驱动后轮 4 转动，使自行车向前运动。

图 1-2 所示为一台常用冲床的机构简图。电动机 1 启动后，通过传动皮带 2 带动曲轴 3 转动，曲轴 3 又通过滑块 4 带动冲头 5 做上下往复运动，靠上下模具的配合，冲头冲出所需要的零件。

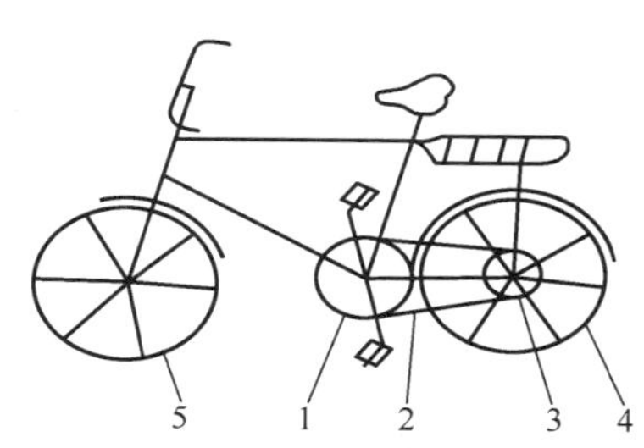

图 1-1　自行车简图

1—链轮；2—链条；3—飞轮；4—后轮；5—前轮

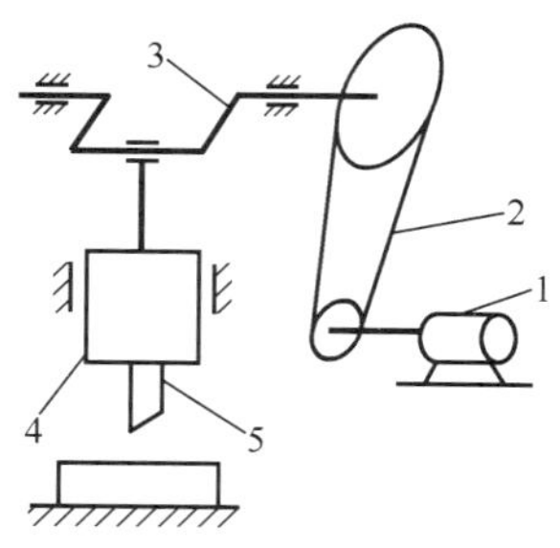

图 1-2　冲床简图

1—电动机；2—皮带；3—曲轴；4—滑块；5—冲头

图 1-3 所示为轧钢车间的轧钢机简图，电动机 1 的转动通过联轴器 2 传递给减速箱 3，经减速箱变速后由万向联轴器 4 传递给轧辊，实现轧辊轧制钢材的运动。

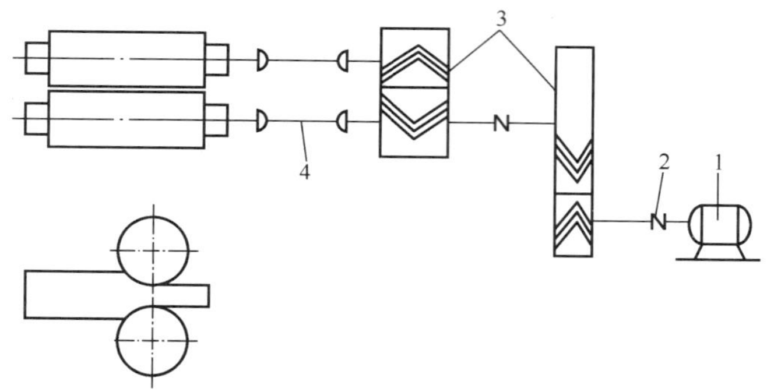

图 1-3　轧钢机传动系统简图

1—电动机；2—联轴器；3—减速箱；4—万向联轴器

从以上三个例子可见，机器具有下列三个特征：1. 都是人为的实体组合；2. 各实体间具有确定的相对运动；3. 可实现能量和信息的转化，完成有用的机械功。一台机器不管其内部结构如何，一般都由四个部分组成：动力系统、传动系统、执行系统和操纵、控制系统。

机构也是人为的实体组合，其实体间具有确定的相对运动，但它不具备第三个特征，即不能够转化能量或减轻人类的劳动。常见的机构有连杆机构、凸轮机构、齿轮机构、间歇运动机构等，它们只能完成运动和动力的传递。图 1-4 所示为单缸内燃机，构件 1～4 组成连杆机构；构件 5、6 组成凸轮机构；构件 7、8 组成齿轮机构。连杆机构将活塞的往复运动转化为曲轴的回转运动，齿轮机构和凸轮机构的协调动作使内燃机按工作要求有规律地完成进、排气任务。机器大多包含若干个机构，最简单的机器只包含一个机构，如电动机等。

二、基本概念

要研究机械，首先要了解几个基本概念。

（1）零件　机械制造的最小单元。如齿轮、螺钉、弹簧等。机械中的零件分为两类：通用零件和专用零件。通用零件是指在各类机器中经常用到的零件，如螺栓、轴、齿轮；专用零件只出现在某些机械中，如曲轴、活塞、叶轮。

（2）构件　运动的最小单元，它由一个或一个以上的零件组成。如图 1-5 所示的连杆就是由连杆体 1、连杆盖 2、轴瓦 3～5、螺栓 6、螺母、开口销等组成的运动构件。而曲轴是只有一个零件组成的构件。

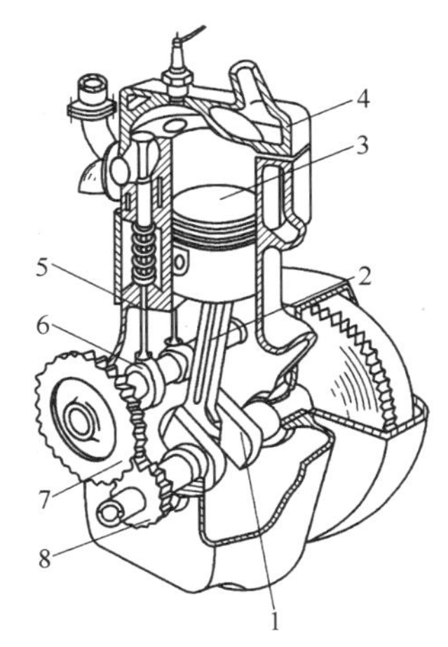

图 1-4　单缸内燃机

1—曲轴；2—连杆；3—活塞；4—缸体；5—阀杆；6—凸轮；7,8—齿轮

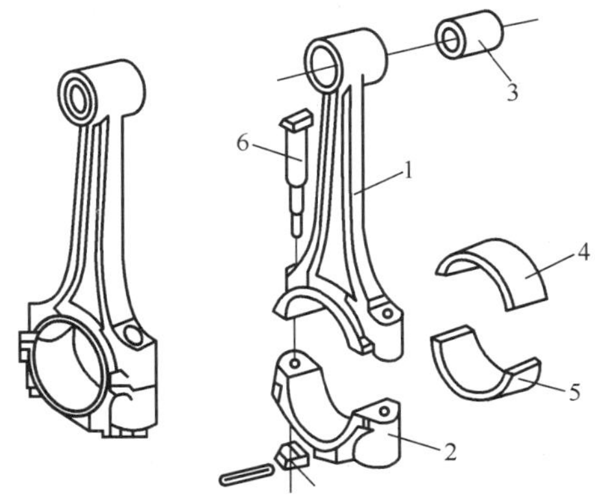

图 1-5　连杆简图

1—连杆体；2—连杆盖；3～5—轴瓦；6—螺栓

（3）部件　装配的最小单元，如减速器、离合器、滚动轴承。

（4）机械　若撇开机器在做功和转换能量方面所起的作用，仅从结构和运动的观点来看，则机器与机构之间并无区别，因此，“机械”是机器和机构的总称。

第三节　机械设计的基本要求与设计准则

一、机械设计的基本要求

机械的种类很多，用途、结构、性能差别很大，但设计的基本要求大致相同。其基本要求如下。

（1）使用要求　即满足使用功能和使用环境的要求。如运动的形式、速度、精度、工作震动的稳定性和所传递的功率以及在设计期限内的寿命等。

（2）制造工艺和经济性要求　在满足使用要求的前提下，还要使其结构简单、便于加工和维护，即零件的加工工艺性和机械的装配工艺性好。降低设计和制造成本，使产品质优价廉，具有市场竞争力。

（3）通用性要求　即满足标准化、通用化、系列化的要求。我国现行的标准分为国家标准（GB）、专业标准和行业标准。现在我国已经加入 WTO，新产品和出口产品应首先采用国际标准，国家标准也将和国际标准接轨。

（4）可靠性要求　可靠性要求指在规定的使用时间（寿命）内和预定的环境条件下，机械能够正常工作的一定概率。机械的可靠性是机械的一种重要属性。

(5) 其他特殊要求　对不同的用户，设计的机械产品还应满足一些特殊的要求。例如：对机床有长期保持精度的要求；对流动使用的机器（如钻探机械）有便于安装和拆卸的要求；对大型机器有便于运输的要求等；还有的要满足装潢美学要求，即造型美观大方、简洁流畅等。

二、机械的设计准则

机械设计除基本要求以外，它还需要有设计的准则。在此，需要理解“失效”的概念。机械零件丧失工作能力或达不到工作能力时称为失效。失效并不单纯意味着破坏。常见的失效形式有：强度不足而断裂，刚度不够而产生过大的弹性和塑性变形，磨损、打滑或过热使运动精度达不到要求，震动稳定性及可靠性差等。机械设计的准则，就是根据零件的失效形式做出原因分析，并根据失效的原因进行强度或刚度设计计算，以保证机械或零件在使用期限内不失效。

第四节　机械零件的选用与工艺性

一、机械零件的选用

(1) 根据使用要求来选用　使用要求一般包括：零件的工作和受载情况；对零件尺寸和质量的限制；零件的重要程度等。

(2) 根据制造零件的工艺性来选用　由于制造零件的工艺不同，同一材料制造的零件所能受载的工作环境也不同，即材料的力学性能不同。因此，材料的制造工艺对零件的选用很重要。

(3) 按经济要求选用　经济性首先表现为零件的相对价格。相同的材料加工同种规格的零件，其加工工艺不同，零件就得到不同的加工性能，因此，相对价格也就不同。影响经济性的因素还有材料的利用率等。

二、机械零件的工艺性

在一定的生产条件下，花费加工时间和加工费用最少的零件，就认为具有良好的工艺性。但是不能把零件的工艺性和整个机器的工艺性分割开来。单个零件要具有良好的工艺性，而且要使整个机器便于安装和维修。工艺性的基本要求如下。

(1) 与生产条件、批量大小及获得毛坯的方法相适应　单件或小批量生产的零件，应充分利用现有的生产条件。以齿轮为例，当直径较大（＞600mm）时，用一般的锻压设备难于锻造，采用焊接件较为合理；若批量较大，则可采用铸件。

(2) 造型简单化　形状愈复杂，制造愈困难，产品成本亦愈高。在可能范围内，应采用最简单的表面（如平面、圆柱面、共扼曲面等）及其组合来构成。同时应力求减少被加工表面的数量和减小加工面积。

(3) 加工的可能性、方便性、精确性和经济性　画出来的零件不一定能够制造，即使能加工，也不一定满足加工方便和精度要求，不满足精度要求即为废品。而 CAD/CAM 能满足编程则就可加工。

第五节　现代机械设计方法

现代机械设计方法是伴随着现代科学技术的发展、社会的进步、生产力的高速增长而产生的。设计吸收了当代各种先进的科学方法，逐渐形成了研究现代设计规律、方法、程式等一门多元性的新兴交叉科学体系——现代设计方法。现代设计方法具有程式性、创造性、探究性、优化性、综合性、CAD等特点。现代设计方法实质上是科学方法论在工程设计中的应用。它的形成使设计领域产生了突破性的变革，面貌一新。

传统的设计方法是静态的、经验的、手工的，是被动地重复分析产品的性能；而现代设计方法是动态的、科学的、计算机化的，是能主动地创造性设计产品参数，其目的就是使设计过程自动化、合理化，从而设计出更多高质量、低成本的工程技术产品，以满足社会的需求。

现代机械设计方法是一门广义的综合性学科，所用方法较多。下面就机械设计中目前常用的方法加以简要介绍。

(1) 设计方法学　属系统论方法，是研究产品设计的程序、规律及设计中的思维和工作方法的一门新型综合性学科。

(2) 最优化设计　属优化论方法，是根据最优化原理，采用最优化数学方法，以人机配合方式或自动搜索方式，在计算机上应用计算程序进行半自动或自动设计，选出工程设计中最佳设计方案的一种现代设计方法。

(3) 相似性设计　属对应论方法，是相似理论在产品系列化设计中的应用。是在具有相同功能、相同结构方案、相同或相似加工工艺的产品中，选定某一中档的产品为基型，通过最佳方案的设计，确定其材料、参数和尺寸，再按相似理论设计出不同参数和尺寸的其他产品，从而构成不同规格的系列化产品。

(4) 计算机辅助设计　属智能论方法，简称CAD，它是利用计算机辅助设计人员进行产品设计，以实现最佳设计效果的一门涉及图形处理、数据分析等的多学科高度集合的新技术。

(5) 可靠性设计　属功能论方法，其设计的正确性在很大程度上决定了零部件或系统等产品在正常使用条件下的工作是否长期可靠，性能是否长期稳定的特性，即可靠性。

(6) 有限单元法　属离散论方法，是将连续体简化为有限个单元组成的离散化模型，再对这一模型进行数值求解的一种实用有效的方法。

小　结

本章主要内容如下。

1. 基本概念：机器、机构、机械；零件、构件、部件。
2. 现代机械发展情况。
3. 机械设计的基本要求和设计总则。
4. 现代机械设计方法。

思考与习题

1-1　何为机器？它具有哪些特征？它与机构有什么区别？

1-2　构件与零件有什么区别和联系？通用零件与专用零件有什么区别？请举例说明。

1-3　列举生活中所见到的事例来说明机构的应用。

1-4　什么叫失效？机械设计的准则是什么？

1-5　机械设计中应满足哪些基本要求？

1-6　体会现代机械设计方法。

实践环节

1. 利用下厂实习、现场参观、实验实训、电视传媒和生活实践，了解现代机械的应用和所能完成的工作，对机械设计有一初步认识，并提高学生的学习兴趣和积极性。

2. 通过观察汽车、拖拉机、收割机、自行车、缝纫机、各类机床和内燃机等，掌握机器的三个特征，区别机器与机构，分清零件、构件和部件以及通用零件和专用零件。

3. 5人一组进行讨论，各抒己见谈谈机械在生产、社会中的作用，畅想未来在哪些领域可以应用机械来提高我们的科技水平和生活质量。

第二章　平面机构运动简图和自由度

学习目标

本章通过各类工程机械的结构设计，熟悉构件和运动副的组成，继而掌握平面机构运动简图的绘制，在机构自由度的计算时能正确判断并处理复合铰链、局部自由度和虚约束，通过机构自由度数与原动件数目判断机构是否具有确定的运动，进而证实平面机构运动简图绘制是否正确。

第一节　运　动　副

机器和机构由许多构件组合而成，这些构件彼此不是孤立的，构件间以一定方式与其他构件相互联接。这种使两构件直接接触并能产生相对运动的活动联接，称为运动副。

两构件组成的运动副，是通过点、线或面接触来实现的。按照接触方式的不同，通常把运动副分为低副和高副两类。

一、低副

两构件通过面接触组成的运动副称为低副。根据它们的相对运动是转动或是移动，又可分为转动副和移动副。

1. 转动副

若组成运动副的两个构件只能在一个平面内作相对转动，这种运动副称为转动副或铰链。图 2-1（a）中轴 1 与轴承 2 组成转动副，它有一个构件是固定的，称为固定铰链。图 2-1（b）中构件 3 与构件 4 也组成转动副，它的两个构件都未固定，故称为活动铰链。

2. 移动副

若组成运动副的两个构件只沿某一轴线作相对移动，这种运动副称为移动副。图 2-2 中滑块 1 与导轨 2 以平面接触而形成移动副。导轨 2 限制了滑块 1 沿垂直方向的移动和相对于导轨 2 的转动，只允许滑块沿水平方向做相对移动。

二、高副

两构件通过点或线接触组成的运动副称为高副。图 2-3（a）所示为凸轮副，凸轮 1 与从

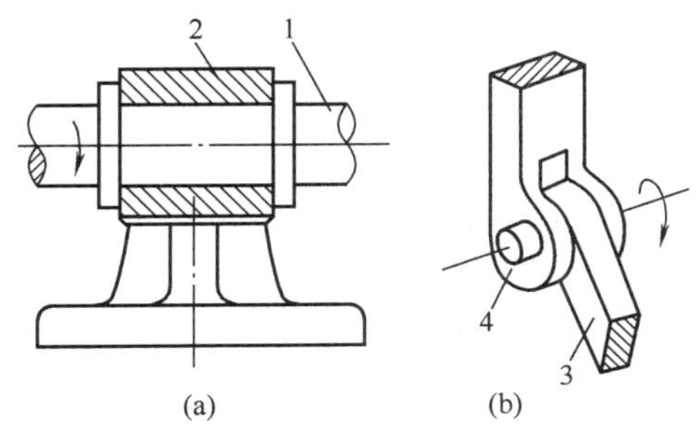

图 2-1　转动副

1—轴；2—轴承；3，4—构件

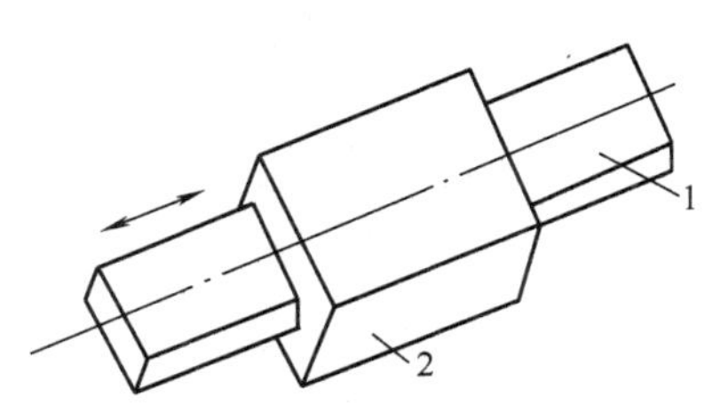

图 2-2　移动副

1—滑块；2—导轨

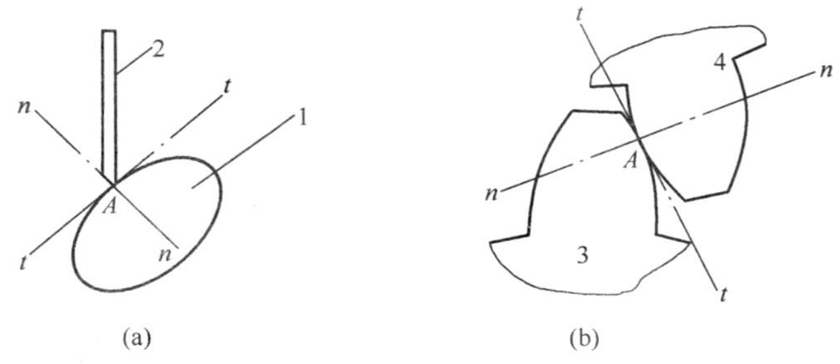

图 2-3 高副
1—凸轮；2—顶杆；3，4—轮齿

动件 2 为点接触。图 2-3（b）齿轮副中的轮齿 3 与轮齿 4 为线接触。它们的相对运动是绕 A 点转动和沿切线 t-t 方向的移动，限制了沿 A 点公法线 n-n 方向的移动。

以上所述低副和高副均为平面运动副，即两构件在同一平面内相对运动。机器中有些构件是在空间作相对运动，这类运动副称为空间运动副，常用的有螺旋副和球面铰链。

第二节 平面机构的运动简图

一、机构运动简图的概念

研究机械的运动（例如了解机器上各点的位移、轨迹、速度和加速度）时，如果使用实际结构图，不仅绘制繁琐，而且由于图形复杂，分析不便。为了使问题简化，有必要撇开那些与运动无关的因素（如构件的形状、组成构件的零件数目、运动副的具体构造等），仅用简单线条和符号表示构件和运动副，并按一定比例画出各运动副的位置，这种说明机构各构件间相对运动关系的简单图形，称为机构运动简图。

1. 构件的表示方法

由机构运动简图的概念可知，用简单的线条可以表示机构中构件各运动副的相对运动及其相对位置，例如：图 2-4 所示不同形式的连杆［图（a）、（b）］和曲轴［图（c）］各具有两个转动副，虽然它们的外形和截面尺寸与形状各不相同，但都可以用图 2-4（d）所示的简单线条和符号表示。

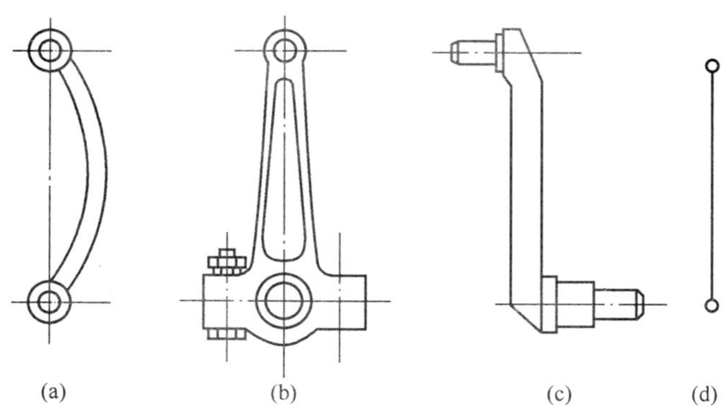

图 2-4 构件转动副的表示方法

机构运动简图常用的符号见表 2-1。

表 2-1　机构运动简图常用符号（部分摘自 GB 4460—85）

名　称	符　号	名　称	符　号
固定构件		外啮合圆柱齿轮机构	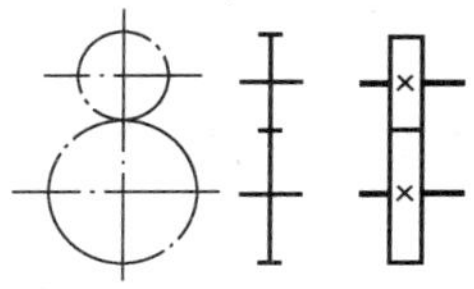
两副元素构件	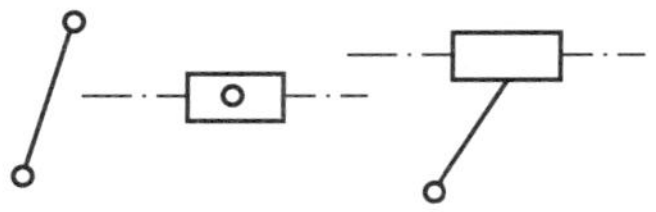	内啮合圆柱齿轮机构	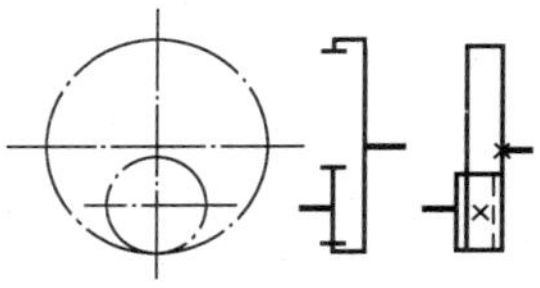
三副元素构件	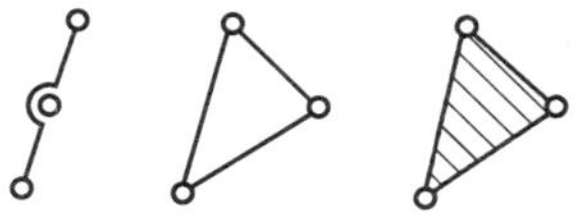	齿轮齿条机构	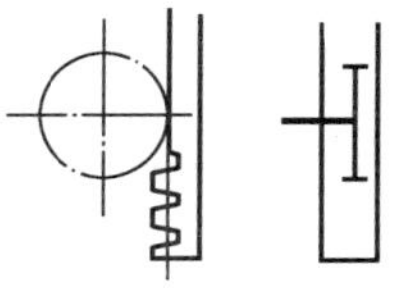
转动副	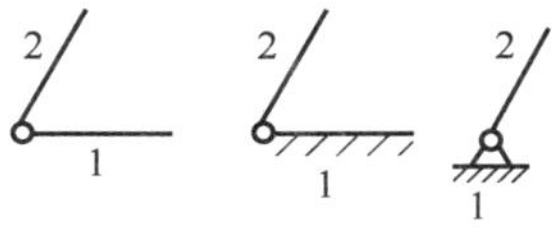 2 1　2 1　2 1	圆锥齿轮机构	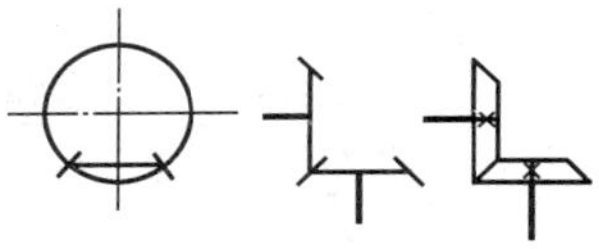
移动副	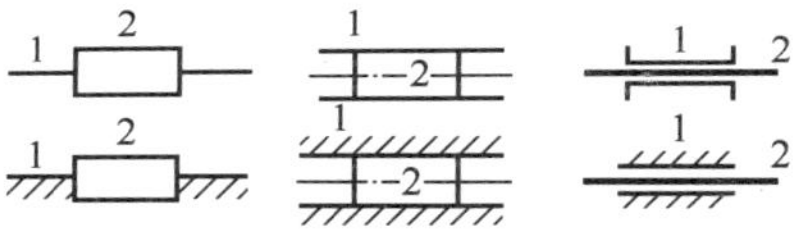 1 2　1 2　1 2　1 2　1 2　1 2	蜗杆蜗轮机构	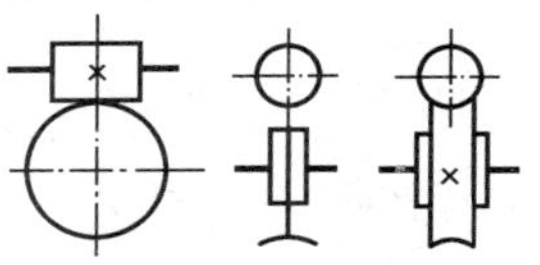
平面高副	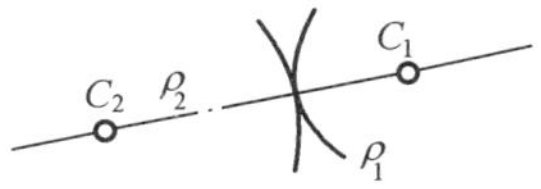 C_2 ρ_2 C_1 ρ_1	带传动	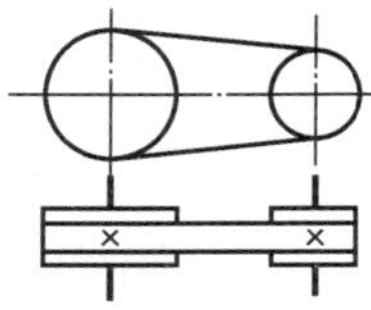 类型符号，标注在带的上方 V 带▽ 圆带○ 平带—
凸轮机构	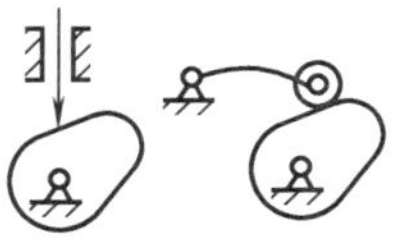	链传动	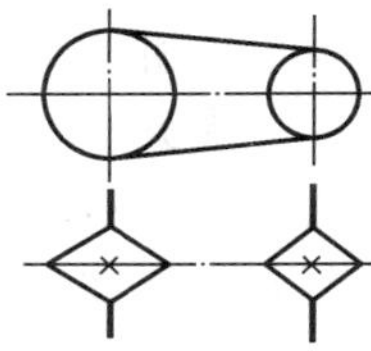 类型符号，标注在轮轴连心线上方 滚子链 # 齿形链 W
棘轮机构	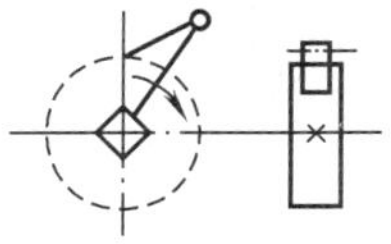		

2．构件的分类

一般机构中的构件可分为以下三类。

(1) 固定件（机架）　用来支承活动构件，在机构中相对固定不动的构件，通常作为参考坐标系。

(2) 原动件　即运动规律已知的活动构件，它的运动规律由外界给定，一般与机架相连。在机构运动简图中，原动件用箭头标注其运动方向。

(3) 从动件　机构中随原动件运动而运动的其余构件称为从动件。

任何机构中，必有一个构件作为机架，另有一个或几个原动件，其余的都是从动件。例如：汽车发动机中汽缸体虽然随着汽车运动，但在研究发动机的运动时，仍把汽缸体当作机架，活塞为主动件，其余构件均为从动件。

二、机构运动简图的绘制方法

绘制机构运动简图时，应首先仔细观察机构的运动情况，分析机构的结构特点，具体步骤如下。

① 找出机构的原动件、从动件和机架。

② 从原动件开始，沿着传动顺序，弄清运动是如何由原动件传递到执行件的。根据构件间的接触情况，确定运动副的类型、数目及构件的数目，并测出各运动副间的相对位置尺寸。

③ 选择合适的投影面，一般以它的运动平面为投影面。

④ 选恰当的比例尺，根据各运动副的相对位置，采用规定的符号绘制机构运动简图。用字母标注各转动副，用阿拉伯数字表示各构件，用箭头标明机构的原动件。长度比例尺为

$$\mu_l=\frac{\text{构件实际长度/mm}}{\text{构件图示长度/mm}}$$

【例 2-1】 绘制图 2-5（a）所示颚式破碎机主体机构的运动简图。

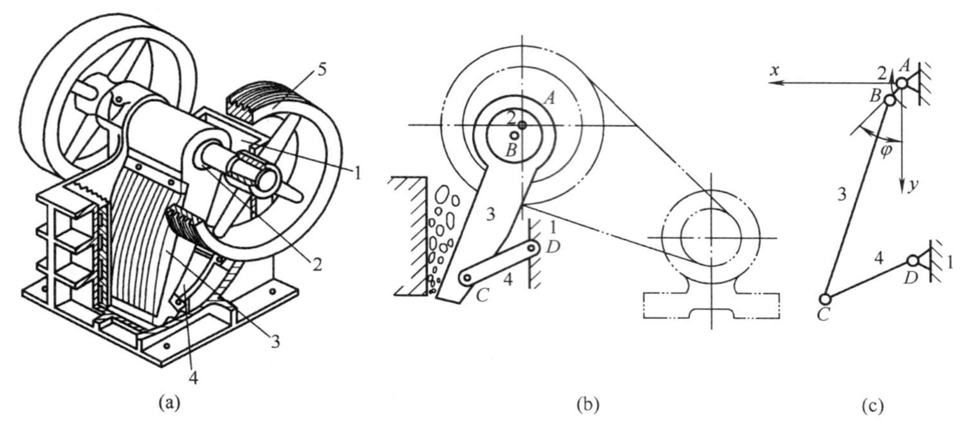

图 2-5 颚式破碎机

1—机架；2—偏心轴；3—动颚；4—肘板；5—带轮

解：颚式破碎机的主体机构是由机架 1、偏心轴 2（又称曲轴）、动颚 3、肘板 4 四个构件通过转动副联接而成。当偏心轴 2 在与它固联的带轮 5 的拖动下绕轴心 A 转动时，驱使动颚 3 作平面运动，从而将矿石轧碎。

绘制机构运动简图的步骤如下：

① 分析机构的运动，找出机架、原动件和从动件。构件 1 是机架，偏心轴 2 是原动件，动颚 3 与肘板 4 都是从动件。

② 由原动件开始，按照传递顺序，确定构件的数目、运动副的种类和数目。偏心轴 2 与机架 1、偏心轴 2 与动颚 3、动颚 3 与肘板 4、肘板 4 与机架 1 之间的相对运动都是转动。由此可知，机构中共有四个构件，组成 A、B、C、D 四个转动副［见图 2-5（b）］。

③ 选定适当的比例尺和视图平面，定出各运动副的相对位置，用构件和运动副的规定符号绘制机构运动简图。图 2-5（c）所示为颚式破碎机的机构运动简图，其具体绘制过程如下。

先根据图纸的大小和实际构件的尺寸，选择比例尺。在图 2-5（c）中，先画出偏心轴 2 与机架 1 组成转动副的中心 A，再根据 D 与 A 的相对位置，画出肘板 4 与机架 1 组成的转

动副中心 D。过机架 A、D 两点作坐标系 xOy，而后画出以 A、B、C、D 为中心点的各转动副。各转动副的距离分别为构件的实际长度除以长度比例尺。原动件 2 的位置可自行决定。用简单线条连结构件 2、3、4 和机架 1，在原动件 2 上标注箭头，便得到图 2-5（c）所示的机构运动简图。

【例 2-2】 绘制图 1-4 所示单缸内燃机的机构运动简图。

解：① 由内燃机工作原理可知，活塞受燃烧气体推动，带动其他活动构件运动。活塞为主动件，其余为从动件，汽缸体（包括机座）4 为机架。

② 在该机构中，活塞 3 与缸体 4、进排气阀杆 5 与缸体 4 构成移动副；齿轮 8 与 7、凸轮 6 与阀杆 5 构成高副；连杆 2 与活塞 3、连杆 2 与曲轴 1、曲轴 1 与缸体 4、凸轮 6 与缸体 4 构成转动副。

③ 选与构件运动平面平行的平面为视图平面。

④ 选定长度比例尺绘制机构的运动简图（见图 2-6）。

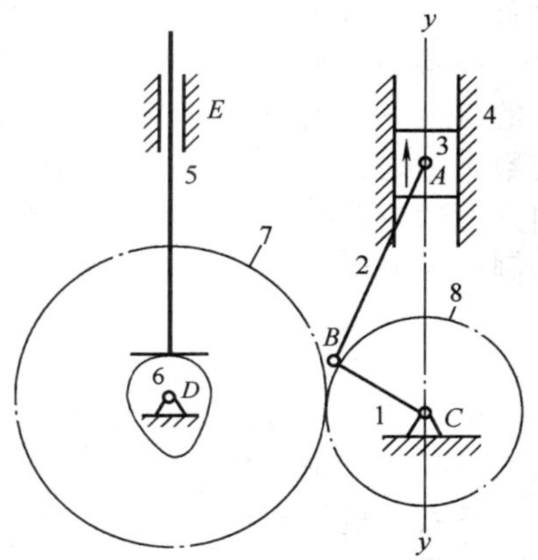

图 2-6　内燃机运动简图

1—曲轴；2—连杆；3—活塞；4—缸体；5—阀杆；6—凸轮；7，8—齿轮

第三节　平面机构的自由度

由前述可知，构件是机构的运动单元，是由一个或几个零件联接而成的刚性结构，平面机构中的构件作平面运动，它们在组成机构前是自由的。一个作平面运动的自由构件存在 3 个独立的运动，如图 2-7 所示，在 xOy 坐标系中，构件 S 有沿 x 轴与 y 轴方向的移动和在 xOy 平面内的转动。构件产生的独立运动数目称为自由度。作平面运动的构件有 3 个独立的运动，或者说，它具有 3 个自由度。

一、平面机构自由度的计算

一个作平面运动的自由构件具有 3 个自由度。当两个构件组成运动副之后，它们之间的相对运动受到约束，相应的自由度数目减少。不同类型的运动副，由于引入的约束数目不同，保留的自由度也不相同。如转动副（见图 2-8）约束了沿 x、y 轴方向的两个移动自由度，只保留一个转动自由度；而移动副（见图 2-2）约束了沿一个轴方向的移动和在平面内转动两个自由度，只保留沿另一轴方向移动的自由度；高副（见图 2-3）则只约束了沿接触处公法线 n-n 方向移动的自由度，保留绕接触处的转动和沿接触处公切线 t-t 方向移动的两个自由度。所以，在平面机构中，每个低副使构件失去两个自由度；每个高副使构件失去一

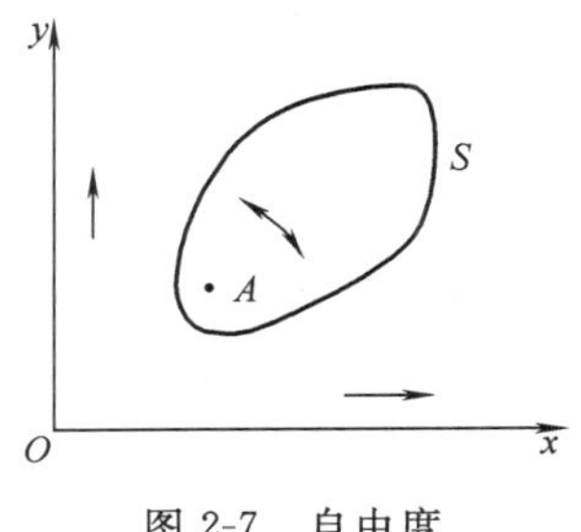

图 2-7　自由度

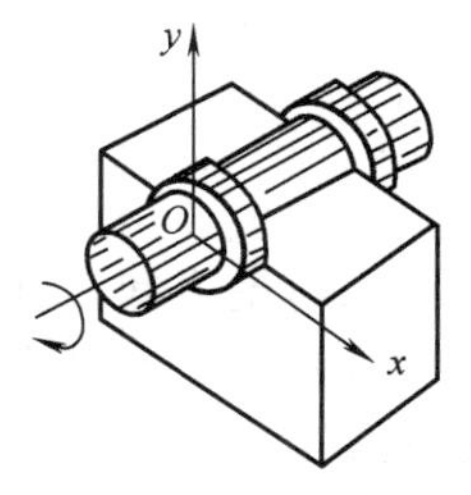

图 2-8　转动副

个自由度。对于一个构件来说，不论低副或高副，其约束数和自由度数之和等于 3。

如果一个平面机构有 n 个活动构件（机架除外），在未用运动副联接之前，这些活动构件的自由度总数为 $3n$。当用运动副将构件联接起来组成机构后，机构中各构件具有的自由度数则随之减少。P_L 表示机构中低副的数目，P_H 表示高副的数目，则机构中全部运动副所引入的约束总数为 $2P_L+P_H$。因此，整个机构的自由度应为活动构件的自由度总数减去运动副引入的约束总数，又称机构的活动度，以 F 表示，即

$$F=3n-2P_L-P_H \tag{2-1}$$

由平面机构自由度的公式可知，机构自由度 F 取决于活动构件的数目以及运动副的类型（低副或高副）和数目。

显然，机构要想运动，它的自由度必须大于零。由于每个原动件具有一个自由度（如电动机转子具有一个独立转动，内燃机活塞具有一个独立移动）。因此，当机构自由度等于 1 时，需要有一个原动件；当机构自由度等于 2 时，就需要有两个原动件。也就是说，**机构具有确定运动的条件是：机构的原动件数目必须等于机构的自由度数。**

由于机构原动件的运动是由外界给定的，属已知条件，所以只需算出该机构的自由度，就可判断机构的运动是否确定。

【例 2-3】 试计算图 2-5（c）所示颚式破碎机主体机构的自由度。

解：在颚式破碎机的主体机构中，有 3 个活动构件，即 $n=3$；组成的运动副是 4 个转动副，$P_L=4$；没有高副，$P_H=0$。所以由式（2-1）可得机构的自由度为

$$F=3n-2P_L-P_H=3\times3-2\times4=1$$

该机构只有 1 个自由度，此机构原动件（偏心轴 2）的数目与机构的自由度相等，故运动是确定的。当偏心轴绕轴线 A 转动时，动颚 3 与肘板 4 就能按照一定的规律运动。

当算得的机构自由度等于 0 时，说明机构中活动构件的自由度总数与运动副引入的约束总数相等，自由度全部被取消，构件之间不可能存在任何相对运动，它们与固定件形成一刚性桁架。

例如在图 2-9（a）中，5 个构件用 6 个转动副相连，其机构自由度为 0（$F=3n-2P_L-P_H=3\times4-2\times6=0$）。显然，它是一个静定的桁架。图 2-9（b）所示的三角架其自由度也等于 0；而图 2-9（c）所示的机构，其自由度 $F=3n-2P_L-P_H=3\times3-2\times5=-1$，说明该机构约束过多，称为超静定桁架。

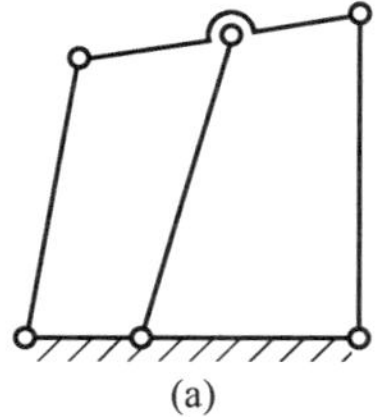
(a)

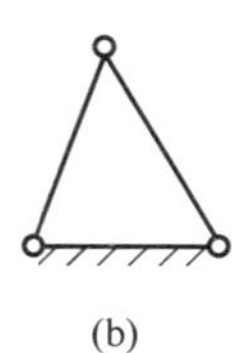
(b)

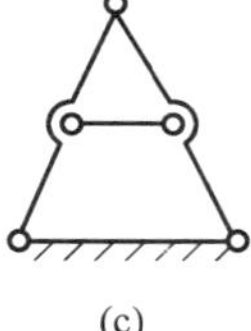
(c)

图 2-9 桁架

通过上面的讨论可知，计算机构的自由度并检查与原动件数是否相等，是分析现有机构与设计新机构时判断是否具有确定运动的重要方法。

二、注意事项

计算机构自由度时，必须注意下述几种情况。

1. 复合铰链

两个以上构件同时在一处用转动副相联接则构成复合铰链。例如图 2-10（a）所示在 B 处有三个构件即构成复合铰链。由图 2-10（b）可知，它们由构件 3 与 4、2 与 4 共组成两个转动副。同理当 K 个构件用复合铰链相联接时，其组成的回转副数目应等于（$K-1$）个。在计算机构的自由度时，应特别注意是否存在复合铰链，并正确确定运动副的数目。

【例 2-4】 计算图 2-10（a）所示机构的自由度。

解：机构中有 5 个活动构件，即 $n=5$。在 A、B、C、D 处组成 6 个转动副和 1 个移动副，其中 B 点为复合铰链，是两个转动副，即 $P_L=7$，高副数 $P_H=0$。按式（2-1）计算得机构的自由度为

$$F=3n-2P_L-P_H=3\times5-2\times7=1$$

即此机构只有一个自由度，该机构的原动件数与其自由度数相等，满足机构具有确定运动的条件。

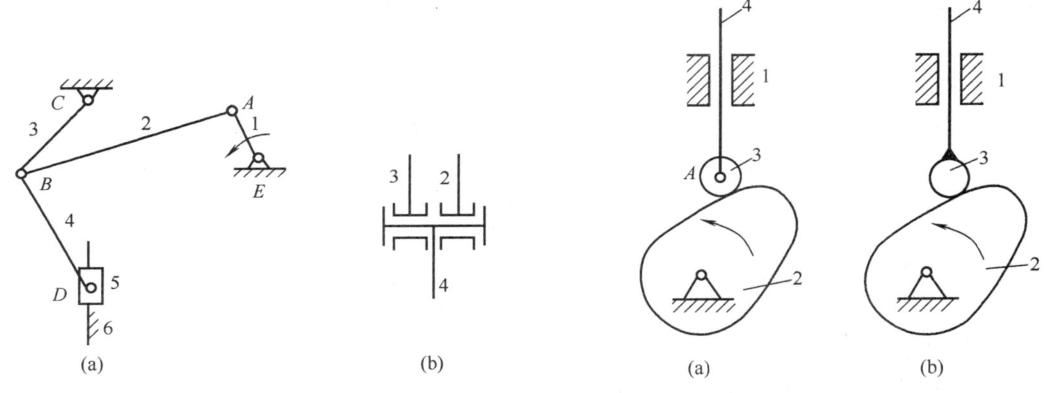

图 2-10　复合铰链

图 2-11　滚子从动件凸轮机构

2. 局部自由度

机构中常出现一种与整个机构运动无关的自由度，称为局部自由度或多余自由度，在计算机构自由度时应予除去。图 2-11（a）所示为一滚子从动件凸轮机构，当原动件凸轮 2 转动时，通过滚子 3 驱使从动件 4 以一定运动规律在机架 1 中作往复运动。不难看出：在这个机构中，无论滚子 3 绕其轴是否转动或转动快慢，都丝毫不影响从动件 4 的运动。因此，滚子绕其中心的转动是一个局部自由度。为了在计算时去掉这个局部自由度，可设想将滚子与从动件焊成一体（转动副也随之消失），则图 2-11（a）简化成图（b）所示形式。在图 2-11（b）中，$n=2$，$P_L=2$，$P_H=1$。该机构的自由度为

$$F=3n-2P_L-P_H=3\times2-2\times2-1=1$$

局部自由度虽然不影响整个机构的运动，但它们（如滚子、滚动轴承、滚轮等）可使高副接触处的滑动摩擦变成滚动摩擦，减少磨损，所以在实际机械中常常会有局部自由度出现。

3. 虚约束

在运动副引入的约束中，有些约束对机构自由度的影响是重复的，这些重复的约束称为虚约束，应当除去不计。例如图 2-12（a）所示的机构，其自由度为

$$F=3\times4-2\times6=0$$

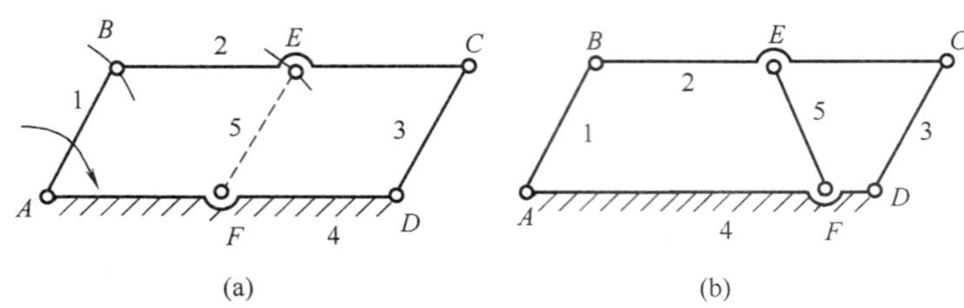

图 2-12 虚约束比较

按照上述计算认为这类机构不能运动，但实际上机构能够产生运动，因为这里出现了虚约束。当 $AB /\!/ EF /\!/ CD$ 且相等时，平行四边形 $ABEF$ 或 $ABCD$ 以 AB 为原动件，A 点为圆心作圆周运动时，构件 EF 和 CD 必然分别以 F、D 点为圆心作等同的圆周运动，同时构件 BC 作平动，其上任一点的轨迹形状相同。由于构件 5 及转动副 E、F 是否存在对整个机构的运动都不产生影响，所以构件 5 和转动副 E、F 引入的约束不起限制作用，是虚约束。除去虚约束之后，$n=3$，$P_L=4$，$P_H=0$，则该机构的自由度为 1。

如果构件 5 不平行于构件 1 和 3，如图 2-12（b）所示，则 EF 杆是真实约束，此时的自由度为零，即机构不能动。

除上述因运动轨迹重叠而产生虚约束之外，在下述情况也会出现虚约束。

① 两个构件组成同一导路或多个导路平行的移动副时，只有一个移动副起作用，其余都是虚约束。例如图 2-13 中构件 1 与构件 2 组成三个移动副 A、B、C，有两个虚约束，因为只需一个约束，压板就能沿其导路运动。

② 两个构件之间组成多个轴线重合的转动副，而只有一个转动副起作用，其余都为虚约束。如两个轴承支承一根轴只能看作一个转动副。如图 2-14 所示，构件 1 只需一个转动副的约束就能绕其轴线转动。

③ 机构中对传递运动不起独立作用的对称部分。例如图 2-15 所示的行星轮系，中心轮 1 通过两个完全相同的行星齿轮 2 和 $2'$ 驱动内齿轮 3，但 2 或 $2'$ 中只有一个齿轮起传递运动的独立作用，另一个没有此作用，是虚约束。

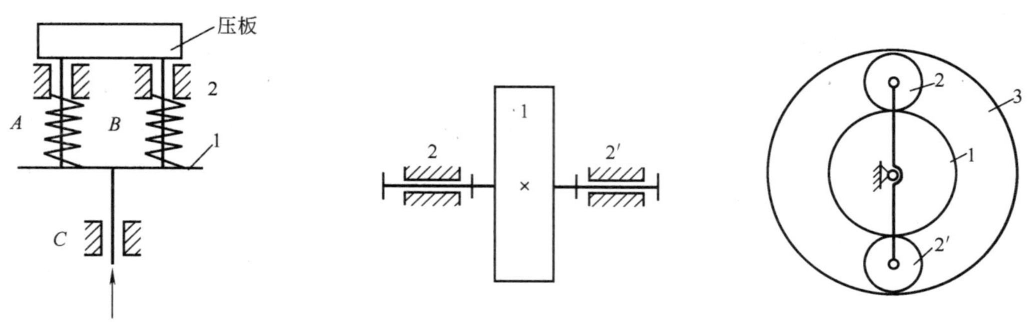

图 2-13 虚约束示例（一）　图 2-14 虚约束示例（二）　图 2-15 行星轮系

从以上分析可知，虚约束对机构的运动不起作用，但它可以增强构件的刚性和使构件受力均衡，让机构运转平稳。在计算机构自由度时，必须考虑是否有虚约束，如有，应除去。

【例 2-5】 计算图 2-6 所示单缸内燃机的自由度，并判断机构的运动是否确定。

解：该机构的活动构件数 $n=5$，低副数 $P_L=6$，高副数 $P_H=2$，代入式（2-1）得

$$F=3n-2P_L-P_H=3\times5-2\times6-2=1$$

机构的自由度为1，与内燃机的原动件数目相等，故机构的运动是确定的。

小　　结

本章主要内容如下。

1. 构件包含固定件（机架）、原动件和从动件。
2. 运动副包含高副和低副，低副又分为转动副和移动副。
3. 平面机构运动简图的绘制方法。
4. 机构自由度的计算公式：$F=3n-2P_L-P_H$
5. 复合铰链、局部自由度和虚约束。
6. 机构具有确定运动的条件是：机构的自由度 F=原动件数目。

思考与习题

2-1 平面机构、构件和机构自由度的含义是什么？

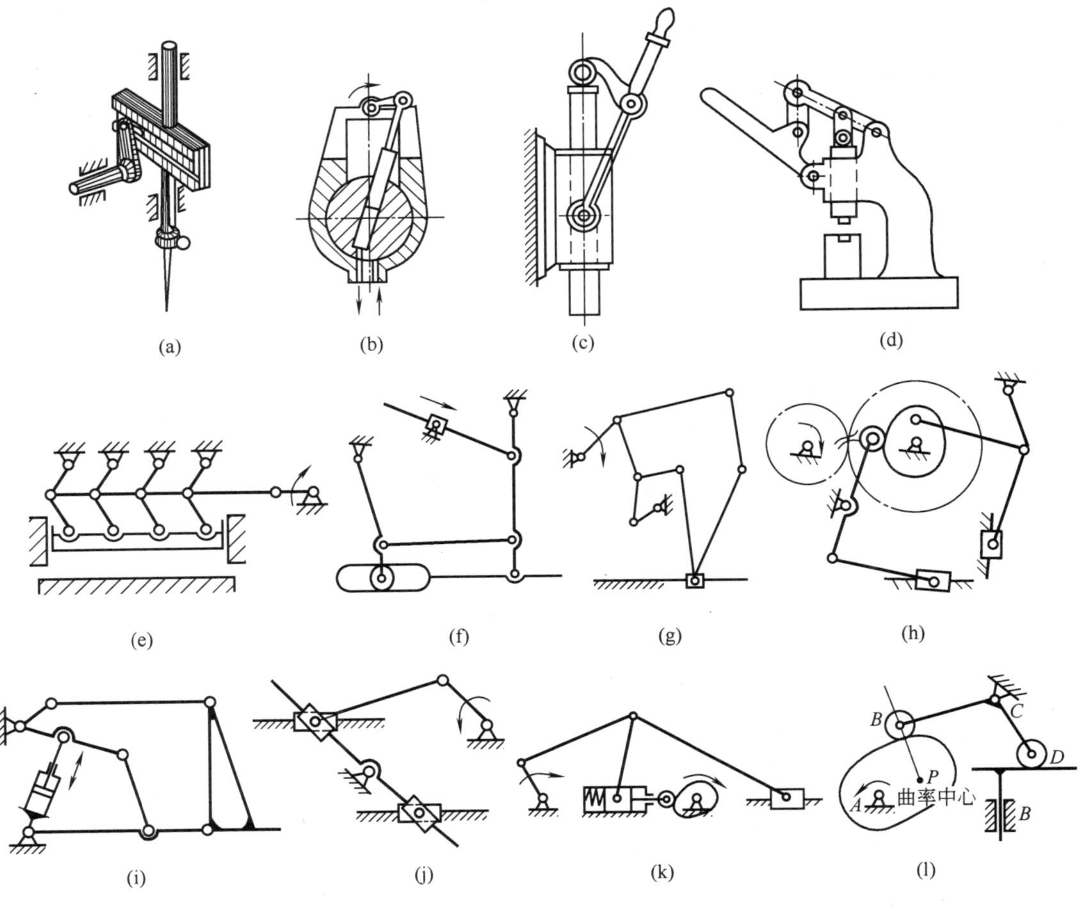

题 2-7 图

2-2 平面低副和高副有哪些特点？

2-3 绘制平面机构运动简图有何作用？怎样绘制？

2-4 计算机构自由度时为什么要考虑复合铰链、局部自由度及虚约束？

2-5 为什么说机构具有确定运动的条件是：机构的自由度 F=原动件数目？

2-6 绘制一个在你生活中遇到的平面机构，如自动雨伞、汽车门等的运动简图。

2-7 绘制题 2-7 图（a）、（b）、（c）、（d）的机构运动简图，计算图（a）～图（l）各机构的自由度，并判断机构是否具有确定的运动。

实践环节

1. 观察日常生活生产中常见的机器或实验室的机构模型：缝纫机、压水井、推土机、内燃机、破碎机、平面连杆机构、凸轮机构、齿轮机构、带传动等，判断运动副及其类型，绘制机构运动简图，计算其自由度，判断机构运动是否确定。

2. 动手制作三杆机构、四杆机构和五杆机构，说明机构的原动件数与机构自由度数的关系。

3. 在机构运动简图中找出复合铰链、局部自由度和虚约束，与实际结构对照以加深认识。

第三章　平面连杆机构

学习目标

首先了解平面连杆机构在各类机械中的应用，掌握四杆机构的类型和工作特性，即曲柄存在的条件、急回特性、压力角及死点位置，熟练掌握已知连杆位置设计四杆机构和已知行程速比系数设计四杆机构的方法。

通过平面连杆机构运动简图测绘实训，进一步掌握平面机构简图的绘制，验证机构的自由度，并判断四杆机构的类型。

平面连杆机构是若干构件用低副（转动副和移动副）联接起来的机构，其应用十分广泛，如人造卫星太阳能板的展开机构、折叠伞的收放机构、牛头刨床、活塞式发动机、汽车刮雨器以及图 3-1 所示轧钢车间的升降机构等都是连杆机构的应用实例，在自动化和半自动化机构中应用最为普遍。

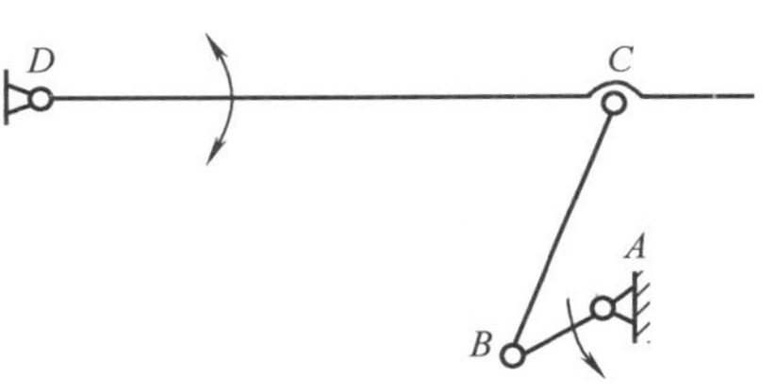

图 3-1　摆动升降台

由于连杆机构的运动副是低副，接触表面为圆柱面和平面。因此，它耐磨损，制造简便，容易获得较高的制造精度。但连杆机构中各构件尺寸误差和运动副中的间隙会引起较大的累计误差，不易实现精度较高的复杂运动规律，故一般不宜用于高速传动。

最简单的平面连杆机构是由四个构件组成的，简称为平面四杆机构，它是组成多杆机构的基础。因此，本章着重讨论四杆机构的基本类型、特性和常用的设计方法。

第一节　四杆机构的类型

一、铰链四杆机构

图 3-2 所示的四杆机构 $ABCD$ 中，固定不动的杆 4 称为机架，与机架用回转副相连的杆 1 和杆 3 称为连架杆，不与机架直接联接的杆 2 称为连杆。如果杆 1 或杆 3 能绕其回转中心 A 或 D 作整周运动，则称为曲柄；若只能在小于 360°的某一角度内摆动，则称为摇杆或摆杆。因此可以得出：当平面四杆机构中的运动副都是回转副时，称为铰链四杆机构。

对于铰链四杆机构来说，机架和连杆总是存在的，因此，可按曲柄和摇杆的情况，分为三种基本形式：曲柄摇杆机构、双曲柄机构和双摇杆机构。

1. 曲柄摇杆机构

在铰链四杆机构中，若两个连架杆，一个为曲柄，另一个为摇杆，则此四杆机构称为曲柄摇杆机构（见图 3-3），构件 1 为曲柄，是原动件，通过连杆 2 将曲柄的转动变换为摇杆 3 的往复摆动；图 3-4 所示的缝纫机踏板机构也是曲柄摇杆机构，AB（摇杆 3）为原动件，做往复摆动，通过连杆 CB（杆 2）使曲柄 CD（杆 1）转动。图 3-5 所示为雷达天线的仰俯机构，也属曲柄摇杆机构。

2. 双曲柄机构

在铰链四杆机构中，若两连架杆均为曲柄，则此四杆机构称为双曲柄机构（见图 3-6）。图 3-7 所示惯性筛的四杆机构 $ABCD$ 即为双曲柄机构，在此机构中，当原动曲柄 AB 等速转动时，从动曲柄 CD 作变速转动，从而使筛子 6 具有较大的加速度，使被筛的物料颗粒能得到很好的筛分。

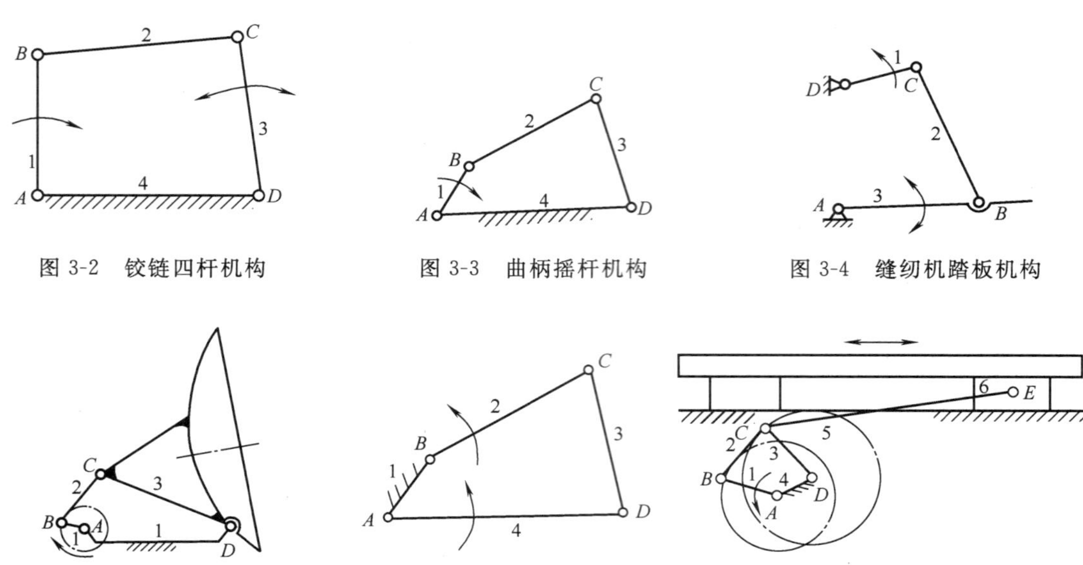

图 3-2　铰链四杆机构　　图 3-3　曲柄摇杆机构　　图 3-4　缝纫机踏板机构

图 3-5　雷达天线的仰俯机构　　图 3-6　双曲柄机构　　图 3-7　惯性筛

在双曲柄机构中，用得最多的是平行双曲柄机构，这种机构其对边的两杆长度分别相等，如图 3-8 所示，当杆 1 作等速转动时，杆 3 也以相同的角速度沿同一方向转动，杆 2 则作平行移动。图 3-9 所示机车车轮联动机构就是平行双曲柄机构的一个应用实例。在图 3-10 所示的四杆机构中，虽然对边的杆长相等，但 BC 与 AD 不平行，称为反向双曲柄机构。当杆 AB 作等速转动时，杆 CD 作反向变速转动。图 3-11 所示的车门开闭机构为一应用实例，

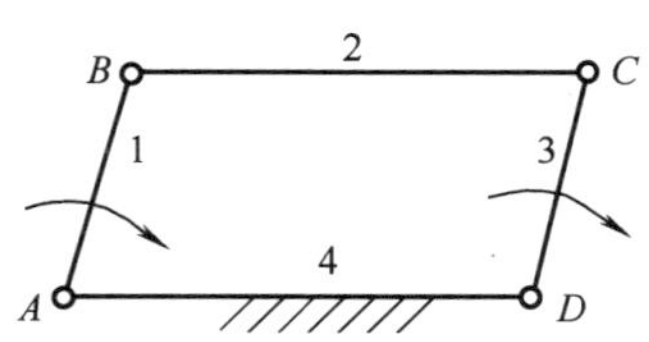

图 3-8　平行双曲柄机构

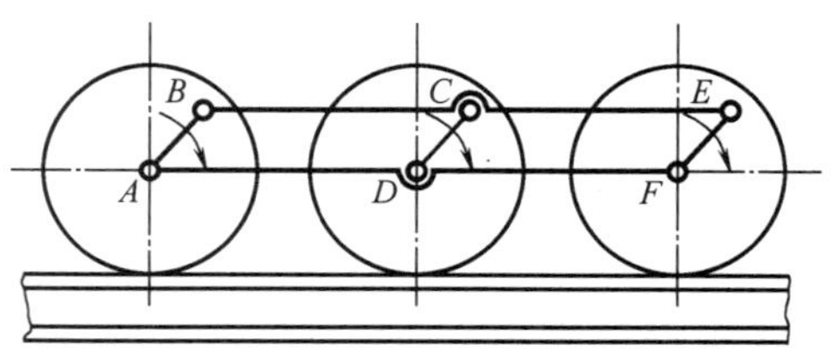

图 3-9　机车车轮联动机构

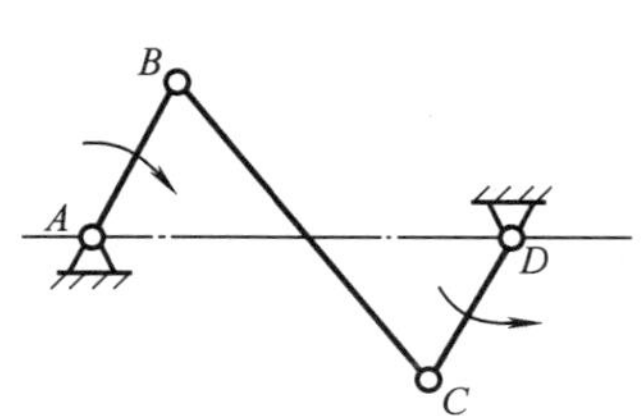

图 3-10　反向双曲柄机构

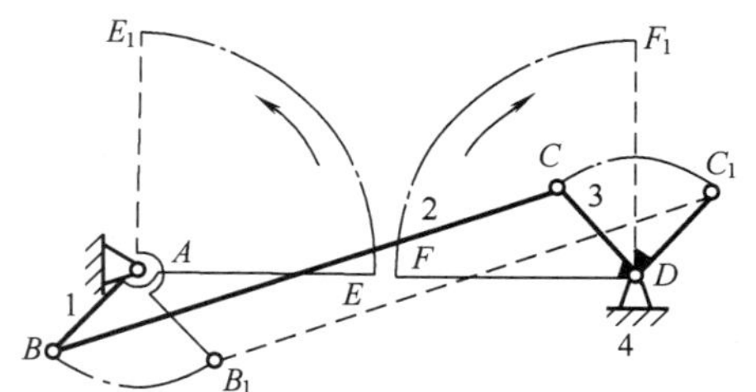

图 3-11　车门启闭机构

利用反向双曲柄机构运动时两曲柄转向相反的运动特性，使两扇门同时敞开或关闭。

平行双曲柄机构能保证等传动比，且连杆作平移运动，所以在机械中应用很多，但是在转动过程中，原动曲柄转动一周将与从动曲柄、连杆共线两次，即四杆两次同时位于一条直线上，致使机构两次出现运动不确定状态。为了消除这种运动不确定状态，可利用从动曲柄本身的质量或飞轮的惯性作用来导向；也可用辅助构件组成多组相同的机构，彼此错开一定角度来解决，即错位排列。

3. 双摇杆机构

在铰链四杆机构中，若两连架杆均为摇杆，则此四杆机构称为双摇杆机构。图 3-12（a）所示的港口起重机是双摇杆机构应用的典型实例。在图 3-12（b）港口起重机运动简图 *ABCD* 中，两连架杆 *AB* 和 *CD* 只能分别绕着 *A* 和 *D* 两点做一定范围内的摇动，带动起重吊钩 *M* 作水平移动。在日常生活中，双摇杆机构运用也很广，例如图 3-13（a）所示的折叠椅、图 3-13（b）所示的折叠桌和图 3-13（c）所示的折叠椅，都是运用双摇杆机构的原理制成的。

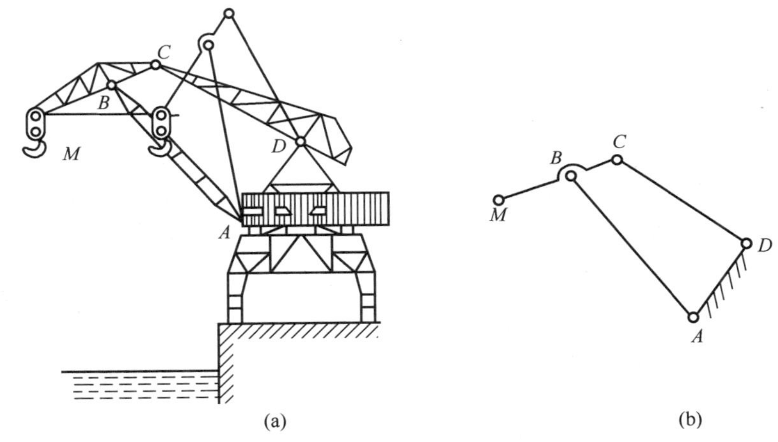

图 3-12　港口起重机

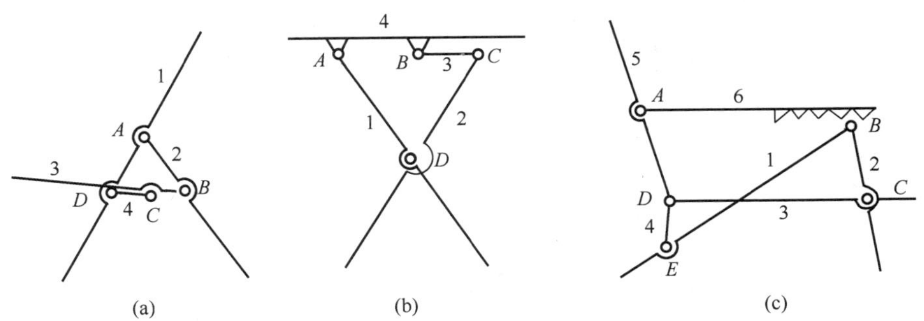

图 3-13　双摇杆机构的应用

二、滑块四杆机构

滑块四杆机构是通过改变曲柄摇杆中各杆长度或更换固定件而得到的。例如图 3-14（a）所示的曲柄摇杆机构 *ABCD* 中，*C* 点的运动轨迹是圆弧 $C''C'$。若摇杆 *CD* 的长度增加，则 *C* 点的轨迹趋于平直，当摇杆 *CD* 的长度增至无穷大时，即 *D* 点延长到无穷远处，*C* 点的轨迹 $C''C'$ 变成了直线，摇杆 *CD* 与机架 *AD* 组成的回转副则变成图 3-15 所示的移动副。此时，曲柄摇杆机构就变成了曲柄滑块机构。

1. 曲柄滑块机构

根据导路中心线是否通过曲柄转动中心 A，可分为对心曲柄滑块机构（见图 3-16）和偏置曲柄滑块机构（见图 3-17，偏距为 e）。

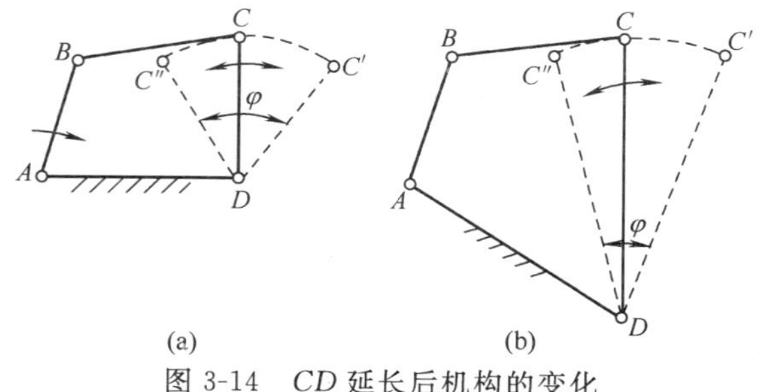

图 3-14　CD 延长后机构的变化

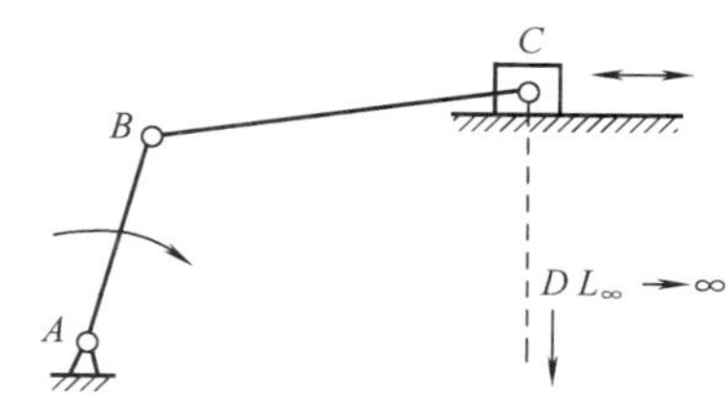

图 3-15　曲柄滑块机构

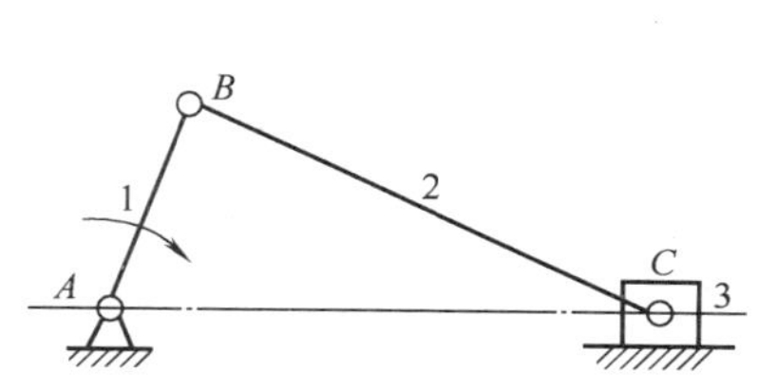

图 3-16　对心曲柄滑块机构

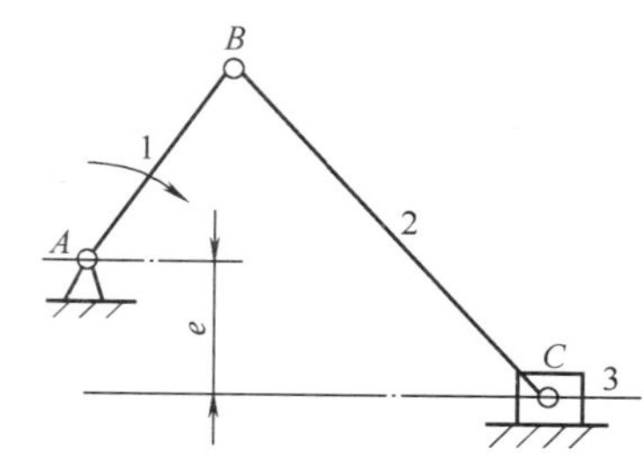

图 3-17　偏置曲柄滑块机构

曲柄滑块机构广泛应用于活塞式内燃机、空气压缩机、冲床和其他机械中。在这些机构中，有时把曲柄做成偏心轮或偏心轴的形式，使其结构简化，提高曲柄的强度和刚度，通常称为偏心轮机构，如图 3-18 所示。

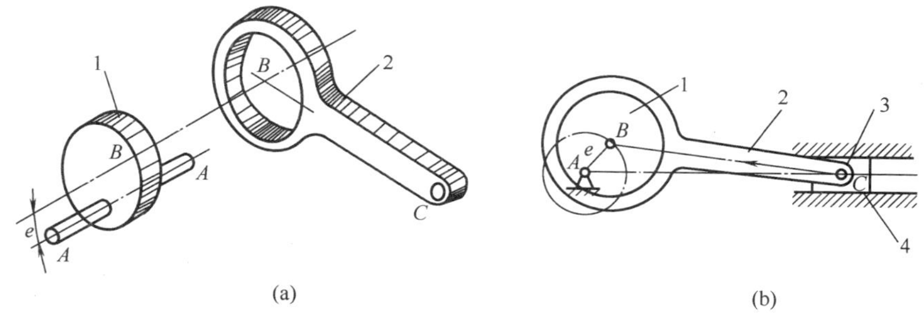

图 3-18　偏心轮机构

1—偏心轮；2—连杆；3—滑块；4—机架

2. 导杆机构

导杆机构可以看成是改变曲柄滑块机构中的固定件演化而来的。在图 3-16 所示的曲柄滑块机构中，若取曲柄为机架，即得到图 3-19 和图 3-20 所示的机构，称为导杆机构。当 $l_1<l_2$ 时，杆 2 与杆 4 均能绕 A 和 B 两点做整周转动，这种机构又称为转动导杆机构（见图 3-19），滑块 3 相对于导杆 4 滑动并随杆一起绕 A 点转动，杆 2 为原动件。当其余条件不变，$l_1>l_2$ 时，杆 2 仍为原动件，此时杆 4 不能做整周转动，只能绕 A 点在一定范围内往复摆动，因此称为摆动导杆机构（见图 3-20）。

导杆机构常用于回转式油泵、牛头刨床和插床等工作机构。图 3-21 所示为牛头刨床的摆动导杆机构。

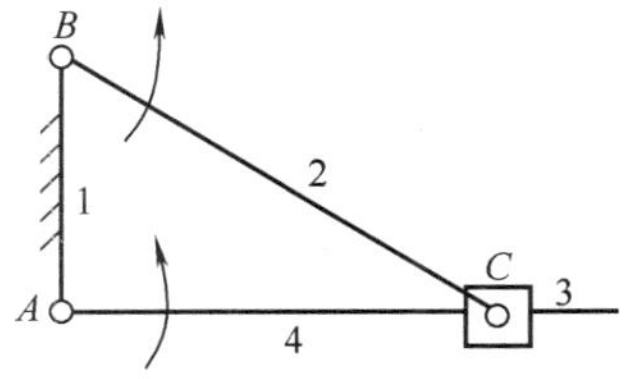

图 3-19　转动导杆机构

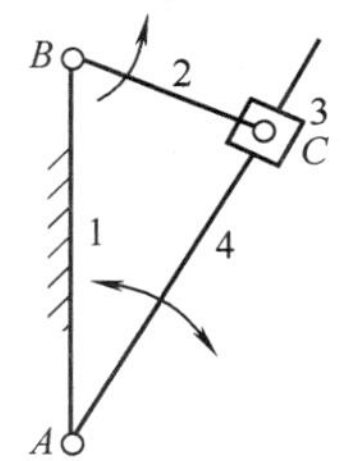

图 3-20　摆动导杆机构

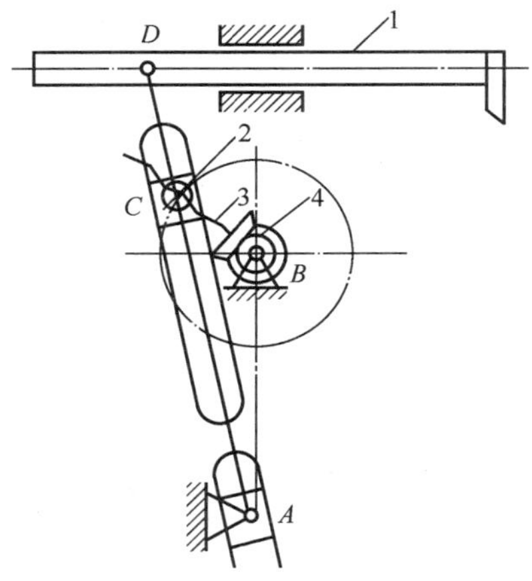

图 3-21　牛头刨床

3. 摇块机构和定块机构

摇块机构和定块机构也可看作是改变曲柄滑块机构中固定件演化而来。若取图 3-16 所示曲柄滑块机构中的杆 2 为机架，曲柄 AB 将绕 B 点转动，滑块 3 随杆 4 位置的变化而绕 C 点摆动，因此，该机构称为摇块机构（见图 3-22）。这种机构广泛运用于摆缸式内燃机和液压驱动装置。图 3-23 所示的液压自卸载重汽车，就是摇块机构运用的实例，图中摇块 3 以油缸的形式出现（工程中称为摆动油缸机构），活塞 4 在油压的作用下撑起翻斗 1 绕转动支点 B 将货物倾卸，回油时车斗复位。

若将图 3-16 中滑块 3 为机架，即变成图 3-24 所示的定块机构。这种机构常用于抽水机构和抽油泵中［参见题 2-7 图（c）］。

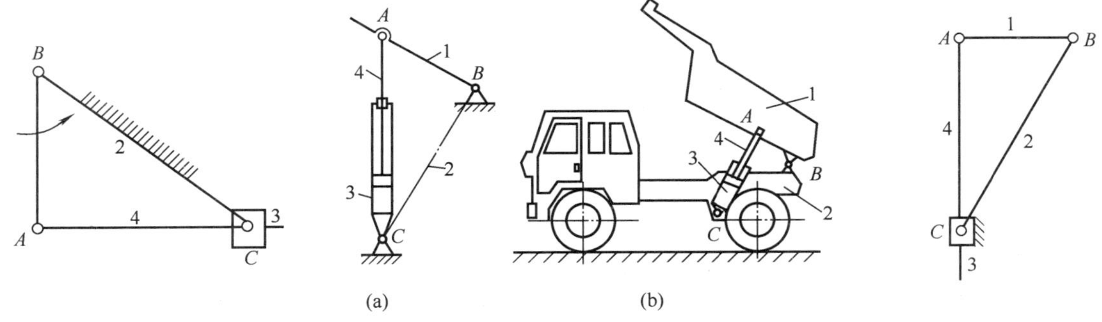

图 3-22　摇块机构　　图 3-23　摇块机构运用　　图 3-24　定块机构

4. 铰链四杆机构与滑块四杆机构的关系

由前述可知：改变曲柄滑块机构中各杆的长度或机架，将得到不同的机构。当某杆件的长度变为无穷大时，铰链四杆机构将演化成滑块四杆机构；取不同的杆件作为机架可得到几种不同的对应机构。

第二节　四杆机构的工作特性

一、曲柄存在的条件

铰链四杆机构三种基本形式的区别在于机构中有无曲柄，或有几个曲柄。下面就以铰链四杆机构有一个曲柄为例来分析曲柄存在的条件。

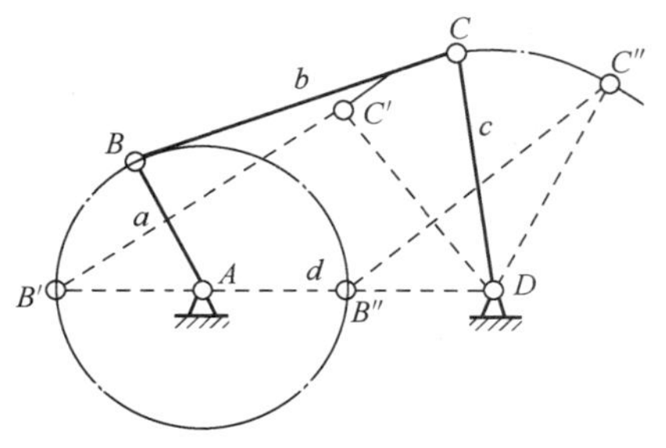

图 3-25　铰链四杆机构曲柄存在分析

如图 3-25 所示，设分别以 $AB=a$，$BC=b$，$CD=c$ 和 $AD=d$ 表示铰链四杆机构各杆的长度。为了保证曲柄 AB 作整周回转，曲柄 AB 必须能够顺利通过与机架 AD 处于一直线上的两个位置 AB' 和 AB''。当 AB 杆转至位置 AB' 时，各杆的长度应满足

$$a+d\leqslant b+c \tag{3-1}$$

当 AB 杆处于位置 AB'' 时，各杆的长度应满足

$$b\leqslant(d-a)+c \text{ 或 } c\leqslant(d-a)+b \tag{3-2}$$

整理得

$$a+b\leqslant c+d \text{ 和 } a+c\leqslant b+d \tag{3-3}$$

由式（3-1）～式（3-3）可得

$$a\leqslant b，a\leqslant c，a\leqslant d$$

即 AB 杆为四个杆中的最短杆。由此可知，铰链四杆机构存在一个曲柄的条件是：

① 曲柄是最短杆；

② 最短杆和最长杆长度之和小于或等于其余两杆长度和。

以上分析加以推广后就可以得到不同的铰链四杆机构。

① 当取与最短杆 AB 相邻的杆 BC 或杆 AD 为机架时，则得到曲柄摇杆机构。最短杆 AB 为曲柄，另一连架杆 CD 为摇杆，如图 3-26（a）、（b）所示。

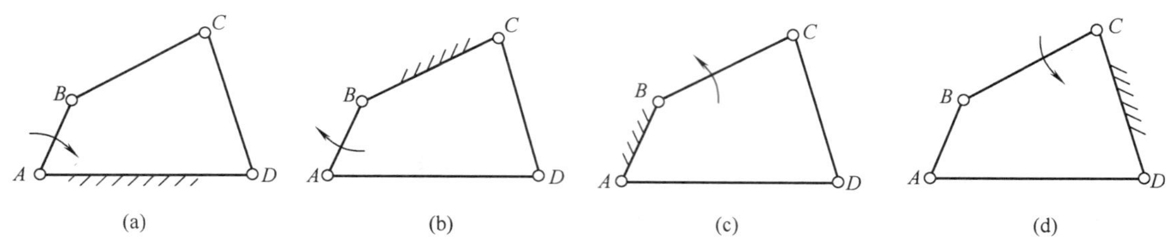

图 3-26　四杆机构存在的条件

② 当取最短杆 AB 为机架时，则得到双曲柄机构［见图 3-26（c）］。其余两连架杆 BC 和 AD 均成为曲柄。

③ 当取与最短杆 AB 相对的杆 CD 为机架时，则得到双摇杆机构［见图 3-26（d）］。两连架杆 BC 和 AD 都只能做往复摆动。

如果铰链四杆机构中最短杆与最长杆长度之和大于其余两杆长度之和，则不论取任何一杆作为机架，都不存在曲柄，故为双摇杆机构。

由上述分析可知，杆长和条件是铰链四杆机构存在曲柄的必要条件。满足这个条件的铰链四杆机构有无曲柄，还需要根据取何杆为机架来判断。

用类似的方法，可以分析滑块机构曲柄存在的条件。

二、急回特性

图 3-27 所示的曲柄摇杆机构中，其曲柄 AB 转动一周中，有两次与连杆 BC 共线，即图中 B_1C_1 和 B_2C_2 两个位置。此时，铰链中心 A 与 C 之间的距离 AC_1 和 AC_2 分别为最短和最长，摇杆 C_1D 和 C_2D 为两极限位置。两极限位置的夹角 φ 称为摇杆的摆角。

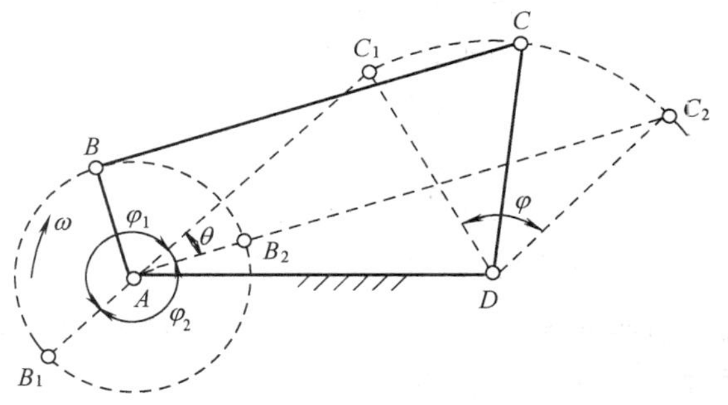

图 3-27　曲柄摇杆机构的急回特性分析

当曲柄 AB 由位置 AB_1 顺时针旋转到位置 AB_2 时，转过 $\varphi_1=180°+\theta$ 角，这时，摇杆 CD 由极限位置 C_1D 摆到极限位置 C_2D，摆角为 φ；当曲柄 AB 顺时针再转过角度 $\varphi_2=180°-\theta$时，摇杆 CD 由位置 C_2D 摆回到位置 C_1D，摆角仍为 φ，虽然摇杆摆动的角度相同，但作等速回转的曲柄，其转角不等（$\varphi_1>\varphi_2$）。设与曲柄转角 φ_1 和 φ_2 相对应的时间为 t_1 和 t_2，则 $t_1>t_2$，从而反映摇杆往复摆动的快慢不同，即表明摇杆具有急回特性。在生产实际中，常利用慢行程为工作行程，快行程为空回行程，这样既可保证加工质量，又能缩短非生产时间，提高生产率。

为了反映从动件的急回特性，常用行程速比系数 k 表示

$$k=\frac{t_1}{t_2}=\frac{\varphi_1}{\varphi_2}=\frac{180°+\theta}{180°-\theta} \tag{3-4}$$

改变式（3-4）形式，得

$$\theta=180°\frac{k-1}{k+1} \tag{3-5}$$

式中，θ 为摇杆处于两极限位置时曲柄所夹的锐角，称为极位夹角。θ 越大则急回特性越明显；当 $\theta=0$ 时，机构没有急回特性，摇杆往返摆动的速度相等。

对于一些要求具有急回特性的机械，如牛头刨床、往复式运输机等，常常根据需要先确定 k 值，然后根据式（3-5）算出极位夹角 θ，再确定机构各杆的尺寸。

摆动导杆机构也具有急回特性，例如图 3-28 所示的摆动导杆机构 ABC，当曲柄 AB 顺时针等速从 AB_1 转动到 AB_2 位置时，转过的角度 $\varphi_1=180°+\theta$，此时导杆 CD 从左极限位置 C_1D 摆动到右极限位置 C_2D；曲柄 AB 继续从 AB_2 顺时针转到 AB_1 时，转过 $\varphi_2=180°-\theta$ 角，导杆 CD 从 C_2D 回到 C_1D。由于 $\varphi_1>\varphi_2$，所以导杆往复摆动所用的时间不等，说明机构具有急回特性。图 3-21 所示牛头刨床中采用的导杆机构，就是利用了这个原理。摆动导杆机构的急回特性系数 k 与极位夹角 θ 的关系符合式（3-4）、式（3-5），从图示的几何关系中可以得出 $\theta=\varphi$。因此，极位夹角的大小取决于导杆的摆角。导杆摆角存在，极位夹角 θ 永远不会为零，所以摆动导杆机构必然存在急回特性。偏置曲柄滑块机构和一般双曲柄机构都具有急回特性，读者可自行分析。

三、压力角和传动角

在生产中，要求连杆机构不仅能保证实现预定的运动规律，而且希望运转轻便，效率

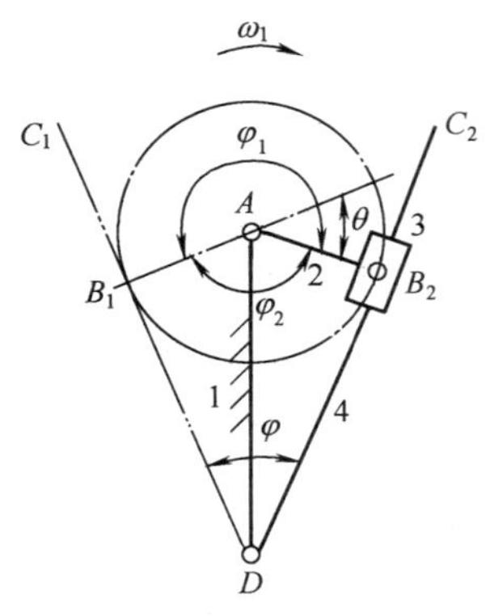

图 3-28　摆动导杆机构

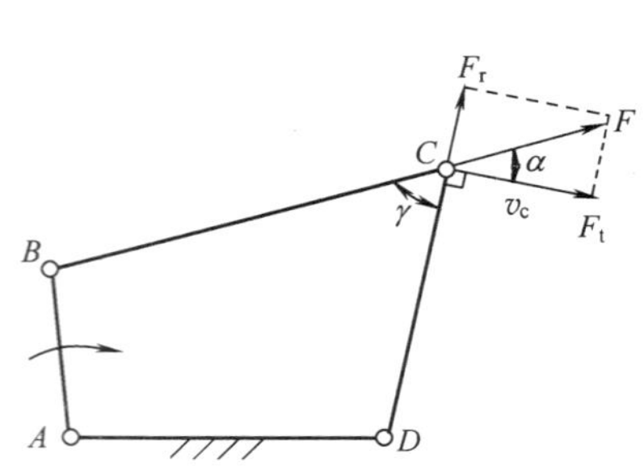

图 3-29　曲柄摇杆机构受力分析

高。图 3-29 所示的曲柄摇杆机构，若忽略各杆的质量和运动副中的摩擦影响，原动曲柄 AB 通过连杆 BC（二力杆）作用在从动摇杆 CD 上的力 F 沿 BC 方向。通过受力分析，力 F 可以分解为沿 CD 杆方向的力 F_r 和垂直于 CD 杆的力 F_t。作用力 F 与受力点绝对速度 v_c 所夹的锐角 α 称为压力角。力 F 在 v_c 方向上的有效分力为

$$F_t = F\cos\alpha \tag{3-6}$$

而

$$F_r = F\sin\alpha \tag{3-7}$$

显然，F_t 是有用分力，可推动摇杆 CD 转动；而 F_r 分力经过回转中心 D，使摇杆产生压力，是有害分力。

从式（3-6）可知，压力角 α 越小，有效分力 F_t 越大，机构的传力性能越好。在实际应用中，为了度量方便，通常以压力角 α 的余角 γ（即连杆与从动摇杆之间所夹的锐角）来判断机构的传力性能，γ 称为传动角。从图 3-29 可见，两角度的关系为 $\alpha+\gamma=90°$，故 α 越小，γ 越大，机构的传力性能就越好，反之则不利于机构中力的传递，当 α 过大（或 γ 过小）时机构就不能运动。

机构在运动过程中，传动角是变化的，为了保证机构能够正常工作，规定传动角 γ 的最小值应大于许用值，即 $\gamma_{min} \geqslant [\gamma] = 40° \sim 50°$；传动功率大时，传动角 γ_{min} 应取大些，如冲床、颚式破碎机可取 $\gamma_{min} \geqslant 50°$；而在一些控制机构、仪器仪表机构中，$\gamma_{min}$ 可以等于 40°。

不同的机构其传动角 γ_{min} 的位置不同。为了确定最小传动角的位置，我们以图 3-30 所示的曲柄摇杆机构为例，通过演示观察发现，曲柄摇杆机构的最小传动角出现在曲柄与机架共线的位置 B_1 或 B_2 处，取两个位置中的较小值 γ_{min} 为该机构的最小传动角。

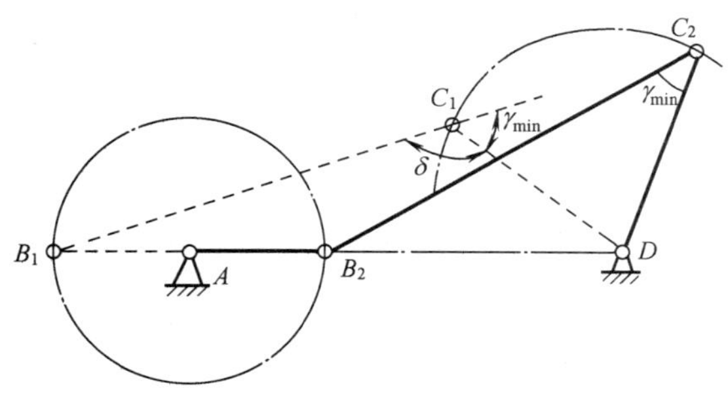

图 3-30　曲柄摇杆机构的最小传动角位置

对心曲柄滑块机构和偏置曲柄滑块机构的最小传动角位置（见图 3-31、图 3-32）：当曲柄上的 B_1 点位于 A 点的上方时，滑块 C 的压力角 α 最大，即传动角 γ 最小。

导杆机构中（见图 3-28），由于滑块 3 对导杆 4 的作用力方向始终垂直于导杆，传动角始终等于 90°，所以传力性能最好。

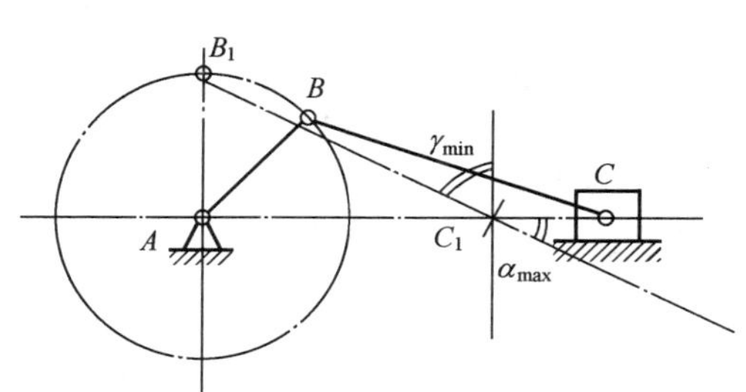

图 3-31　对心曲柄滑块机构的最小传动角

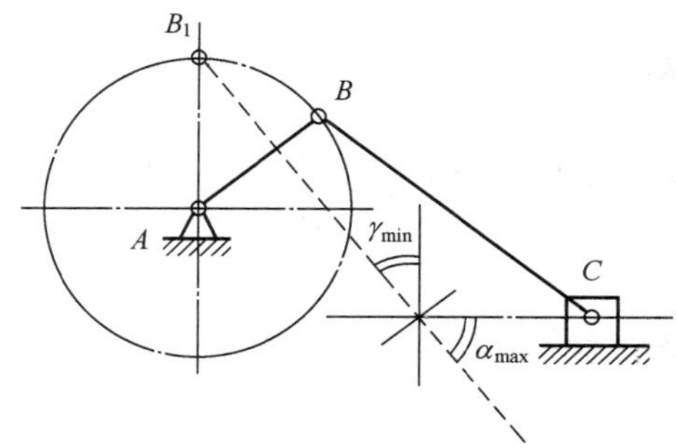

图 3-32　偏置滑块机构 γ_{min} 位置

四、死点位置

在图 3-33 所示的曲柄摇杆机构中，如果以摇杆 CD 为主动件，曲柄 AB 为从动件，当摇杆摆到极限位置 C_1D 或 C_2D 时，连杆 BC 与曲柄 AB 共线，出现了传动角 $\gamma=0°$，即 $\alpha=90°$情况。若忽略各杆的质量，则这时通过连杆传给曲柄的力通过铰链中心 A，此力对 A 点不产生力矩，因此不能使曲柄转动而出现“顶死”现象。机构的这种位置称为死点位置。

同理，对于曲柄滑块机构，如图 3-34 所示，若连杆 BC 与曲柄 AB 共线（见图中的 B_1 和 B_2 点），此时 $\gamma=0$，机构也处于死点位置。

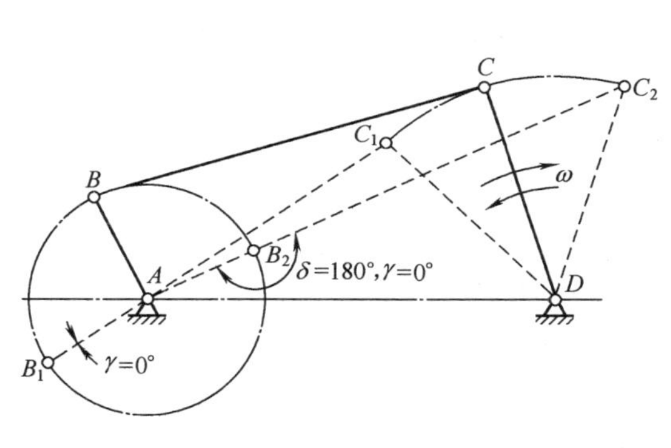

图 3-33　曲柄摇杆机构的死点位置

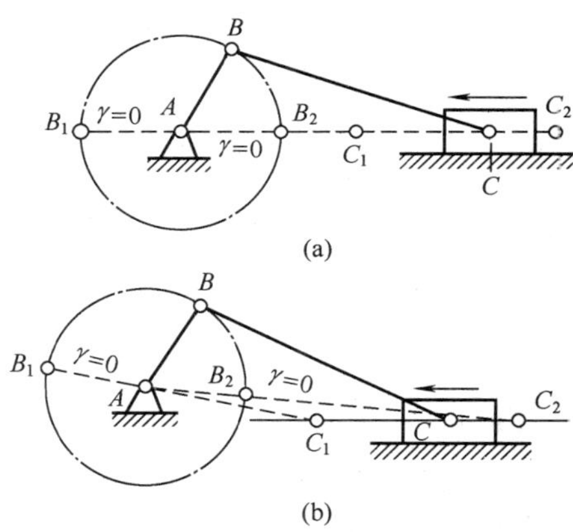

图 3-34　曲柄滑块机构的死点位置

在机构中，死点位置将使机构的从动件出现卡死或运动不确定现象，为了消除死点位置的不良影响，使机构能够正常通过死点而运转，可采取适当的措施，通常借助于飞轮的惯性来越过机构的死点位置。如缝纫机主轴右端的皮带轮做得较大，它除了传递运动外，还兼有储存能量的飞轮作用。在以滑块为主动件的曲柄滑块机构中，采用将两组以上的机构组合起

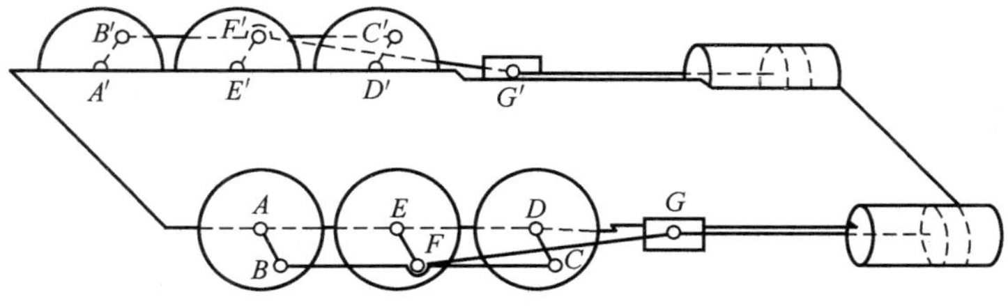

图 3-35　蒸汽机车车轮联动机构错位排列

来，使各组机构的死点相互错开排列的方法来越过死点位置，例如图 3-35 所示蒸汽机车车轮联动机构，就是靠两侧的曲柄滑块机构的曲柄位置错开 90°来越过死点位置。

对传动来说，死点位置是有害的，应设法消除其影响。但是在工程上有时也利用死点位置来实现某些特定的工作要求。例如图 3-36 所示的飞机起落架机构，当飞机将要着陆时，其着陆轮需要从机翼中放出来，在机轮放下时，主动杆 CD 与连杆 BC 成一直线，使从动杆 AB 处于死点位置，不能转动，此时即使机轮上可能承受很大的力，起落架也不会反转，使降落更加安全可靠。再如图 3-37 所示的夹紧机构，是利用机构的死点位置来固定工件。把工件 2 放到被夹紧的位置，用力 F 按下手柄 1，使夹具上的 BCD 三点成为一条直线，此时机构处于死点位置，工件被夹紧，无论工件 2 的反作用力有多大，都不会使夹具自动松脱，保证工件在被加工时夹紧的牢固性。如要卸下工件，只要给手柄 1 上一个与 F 力方向相反的力，机构脱离死点状态，工件就可以轻松卸下。

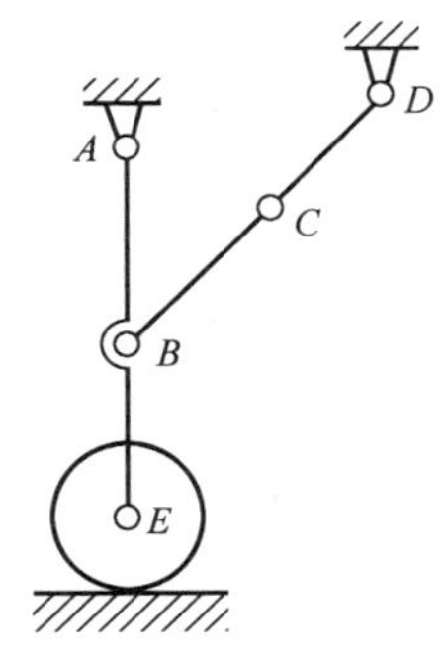

图 3-36　飞机起落架

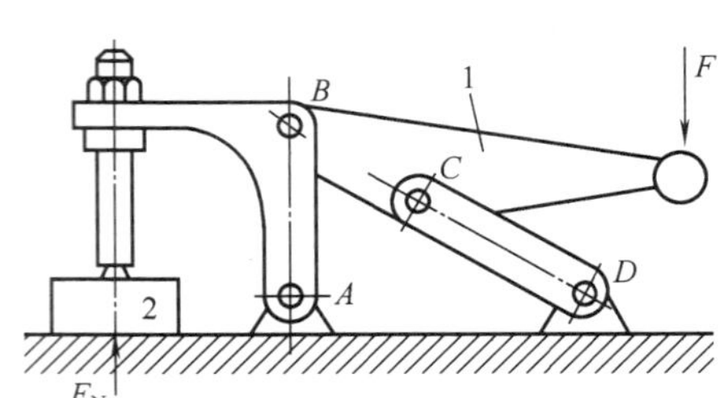

图 3-37　夹紧机构

第三节　四杆机构的设计

四杆机构设计的基本问题是根据运动要求选择机构的形式，并确定其各构件的尺寸参数。为了使机构设计得合理可靠，通常还需要考虑几何条件（如要求存在曲柄、杆长比恰当、运动副结构合理等）、动力学条件（如最小传动角）和运动连续条件等。

机械在生产中的用途多种多样，即对机构的要求各有不同，所以对连杆机构的设计也是多种多样的，但这些设计和要求，常常碰到的是以下三类问题：

① 按给定连杆的预定位置设计四杆机构；

② 按行程速比系数设计四杆机构；

③ 按连杆曲线设计四杆机构。

一、按给定连杆的预定位置设计四杆机构

图 3-38 所示为一加热炉门启闭机构，加热时炉门位于 B_1C_1 位置，关闭炉口；取炉料时，炉门凸起部位朝下，以减少热炉门对操作场地的热辐射，平面还可以作为炉台使用，如图中虚线位置所示。

现已知与炉门固连的连杆 BC 的长度 L_{BC} 及其两个位置 B_1C_1 和 B_2C_2，要求确定连架杆与机架组成的固定铰链中心 A 和 D 的位置，并求出其余三杆的长度 L_{AB}、L_{CD} 和 L_{AD}。由于 L_{BC} 上 BC 点运动轨迹分别是以 A、D 两点为圆心的两段圆弧，所以 A、D 必然分别位于 B_1B_2 和 C_1C_2 的垂直平分线 b_{12} 和 c_{12} ［见图 3-38（b）］上，由此可得设计步骤如下。

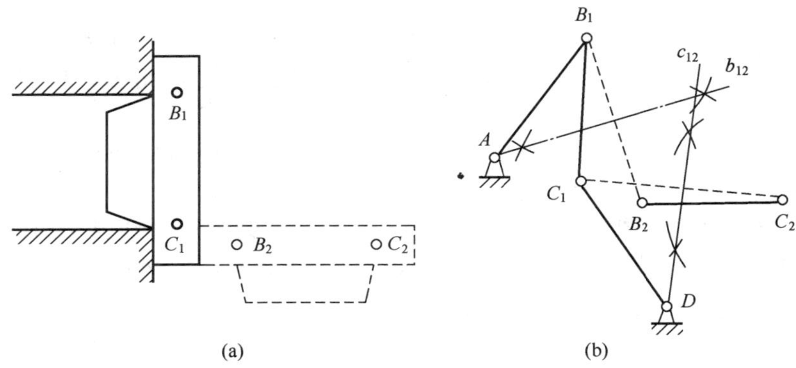

图 3-38　加热炉门启闭机构

① 根据给定的已知条件，绘出连杆 L_{BC} 的两个位置 B_1C_1 和 B_2C_2。

② 分别联接点 B_1 和 B_2、C_1 和 C_2，并作 B_1B_2、C_1C_2 的垂直平分线 b_{12} 和 c_{12}。

③ 由于 A 和 D 可以在 b_{12} 和 c_{12} 两线上取无穷多个点，所以 A、D 将得到无穷多个解。因此在实际设计中还要考虑其他辅助条件，例如最小传动角，各杆尺寸所允许的范围及其他结构上的要求等。从本炉门的设计要求可知，D 点必须在 B_2C_2 之下，A 点在 B_1C_1 左侧，炉门在开启后才能作为平台使用，取 $L_{AD}=1.5L_{BC}$。D 点到 C_1C_2 的垂直距离也是 L_{BC}。根据以上两个附加条件可确定 A 和 D，并作出所求的四杆机构 AB_1C_1D。

若已知条件给定 BC 的三个位置，其设计过程与上面的情况基本相同。但由于连杆有三个确定位置，通过 $B_1B_2B_3$（或 $C_1C_2C_3$）三点的圆只有一个，因此，固定铰链中心 A、D 的位置只有一个确定的答案。

二、按行程速比系数设计四杆机构

在设计具有急回特性的四杆机构时，往往根据实际工作需要，先给定行程速比系数 k 的数值，然后根据机构在极限位置所处的几何关系，结合有关辅助条件，确定机构运动简图的尺寸参数。现将几种常见具有急回特性机构的作图设计方法介绍如下。

1. 曲柄摇杆机构

已知摇杆的长度 L_{CD}、摆角 φ 和行程速比系数 k，要求设计此曲柄摇杆机构。设计的实质就是确定铰链中心 A 点的位置，而后定出其他三杆的尺寸 L_{AB}、L_{BC} 和 L_{AD}。其设计步骤如下。

① 由给定的行程速比系数 k，按式（3-5）算出极位夹角

$$\theta=180°\frac{k-1}{k+1}$$

② 如图 3-39 所示，任取一点为固定铰链中心 D 的位置，由摇杆长度 L_{CD} 和摆角 φ 画出等腰三角形 C_2DC_1，$\angle C_2DC_1=\varphi$，得出两极限位置 C_1D 和 C_2D。

③ 作 C_2M 垂直于 C_2C_1。

④ 作 $\angle C_2C_1N=90°-\theta$，使线 C_1N 与 C_2M 交于 P 点，由三角形的内角和等于 180°可知，

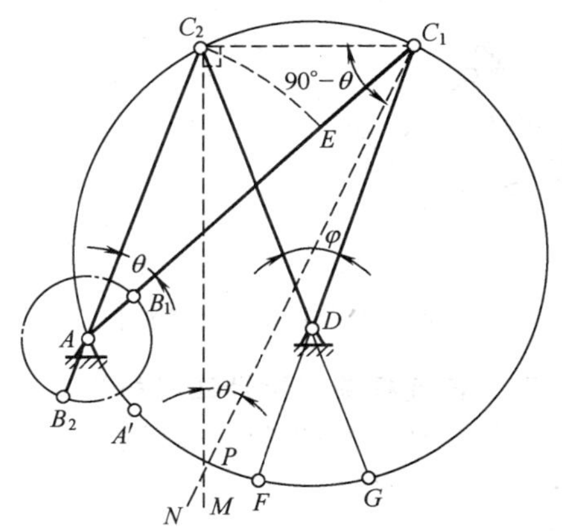

图 3-39　曲柄摇杆机构的设计

$\angle C_2PC_1=\theta$。

⑤ 作三角形 C_2PC_1 的外接圆，在圆上任取一点 A 作为曲柄与机架组成的固定铰链中心，并分别与 C_2、C_1 相连，得 $\angle C_2AC_1$，因同一圆弧上圆周角相等，故可得 $\angle C_2AC_1=\angle C_2PC_1=\theta$。

⑥ 设曲柄长度为 a，连杆长度为 b，由机构在极限位置处曲柄和连杆共线的关系可知 $L_{AC1}=a+b$，$L_{AC2}=b-a$，故 $a=(L_{AC1}-L_{AC2})/2$。

(曲柄长度也可以用作图法求得：以 A 为圆心，AC_2 为半径画圆弧交 AC_1 于 E 点，平分 C_1E 即可求得曲柄的长度 a。) 再以 A 为圆心，a 为半径作圆，交 C_2A 的延长线和 C_1A 于 B_2 和 B_1 点，从而得出 $B_2C_2=B_1C_1=b$ 及 $\overline{AD}$。

由于 A 点是三角形 C_2PC_1 的外接圆上的任取点，所以若按行程速比系数 k 设计，可得无穷多个解。A 点的位置不同，机构传动角的大小也不同，为了获得良好的传动质量，可按照最小传动角或其他辅助条件来确定 A 点的位置。

设计时应注意，曲柄的轴心 A 不能选在 FG 弧段上，否则机构不能满足运动的连续性要求。若曲柄的轴心 A 选在 C_1G 和 C_2F 两弧段上，当 A 向 G 或 F 靠近时，机构的最小传动角将随之减小。因此从增大最小传动角 γ_{min} 出发，取 A 点作为曲柄轴心显然较点 A' 有利。故 A 点的位置需要根据其他附加条件确定。

2. 曲柄滑块机构

给定条件为曲柄滑块机构的行程速比系数 k、位移 H 和偏心距 e，要求设计此机构。设计的方法和步骤与曲柄摇杆机构类似。如图 3-40 所示，根据行程速比系数 k 算出极位夹角 θ，画一条直线 C_1C_2，并取 $\overline{C_1C_2}=H$；由点 C_1、C_2 各作一条直线，并与 C_1C_2 成 $90°-\theta$ 的夹角。以此两线的交点 O 为圆心画圆并通过 C_1 和 C_2；作一条直线平行于 C_1C_2，并与 C_1C_2 的距离为 e，此线与圆弧的交点就是曲柄轴心的位置。确定 A 点后，根据机构在极限位置时曲柄与连杆共线的特点，可求出曲柄的长度 a 和连杆的长度 b。

导杆机构设计应根据极位夹角 θ 与导杆的摆角 φ 相等条件，先作出机架长和导杆的两个极限位置，即可确定曲柄的长度（见图 3-41），具体步骤请读者自行总结。

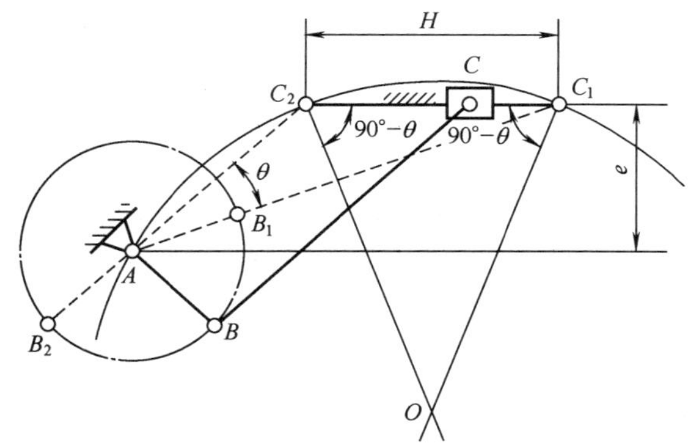

图 3-40　曲柄滑块机构的设计

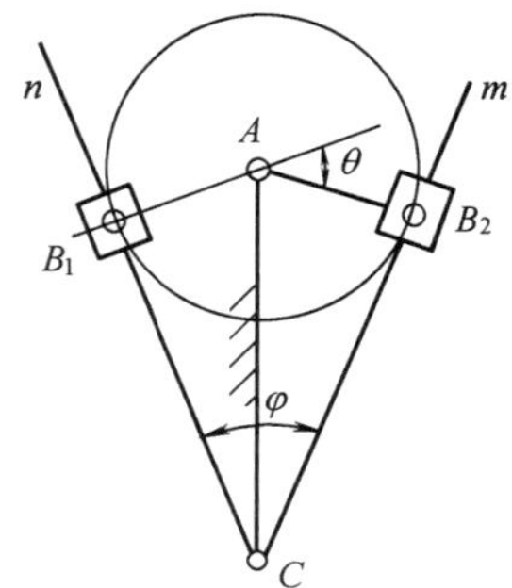

图 3-41　导杆机构的设计

三、按连杆曲线设计四杆机构

已知主动件曲柄 AB 的长度及其中心点 A 和连杆上一点 E，现要求设计一四杆机构，使连杆上的点 E 沿着预定的曲线运动。图 3-42 所示为某钢厂轧钢车间步进式冷床的传送机构，它包含两个相同的铰链四杆机构，当曲柄 AB 做整周转动时，通过连杆 BC 使摇杆 CD 往复摇动，连杆上 E（E'）点的运动轨迹为一封闭曲线，在此点上铰接推杆 5，则当两个曲柄同

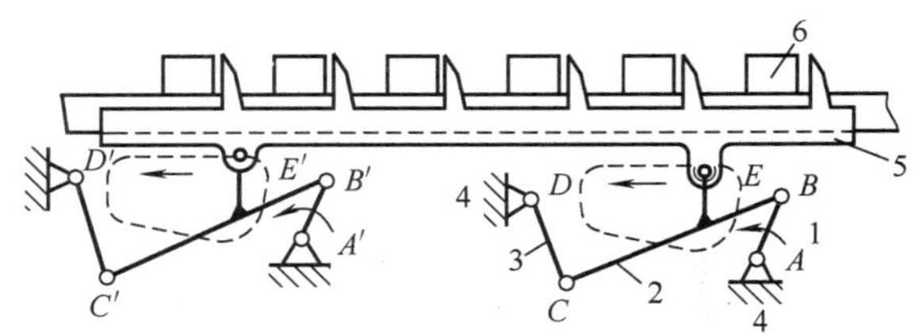

图 3-42　步进机构

步转动时，推杆也按此曲线平动。当 E 点经曲线上部时，推杆作近似水平直线运动，推动钢材向前移动。当 E 点经曲线下部时，推杆脱离钢材返回到原位。曲柄每转一周，钢材向前移动一个工作位置。由于平面连杆曲线是高阶曲线，所以设计该四杆机构十分困难。工程上常利用事先编好的图谱，从图谱中的某一尺寸直接查出该四杆机构各杆的尺寸，这种方法称为图谱法。

图 3-43 所示为描绘连杆曲线的仪器模型，图中各杆的尺寸可调，在连杆上固连一块不透明的多孔薄板。设 AB 长度为一单位长度，转动曲柄 AB，板上每个孔的运动轨迹就是一条连杆曲线，利用光束照射的办法把这些曲线印在感光纸上，就得到了一组连杆曲线。改变各杆的长度可作出许多不同的连杆曲线，把这些连杆曲线按照顺序整理汇编成册，即得到连杆曲线图谱。图 3-44 所示为《四杆机构分析图谱》中的一张图。

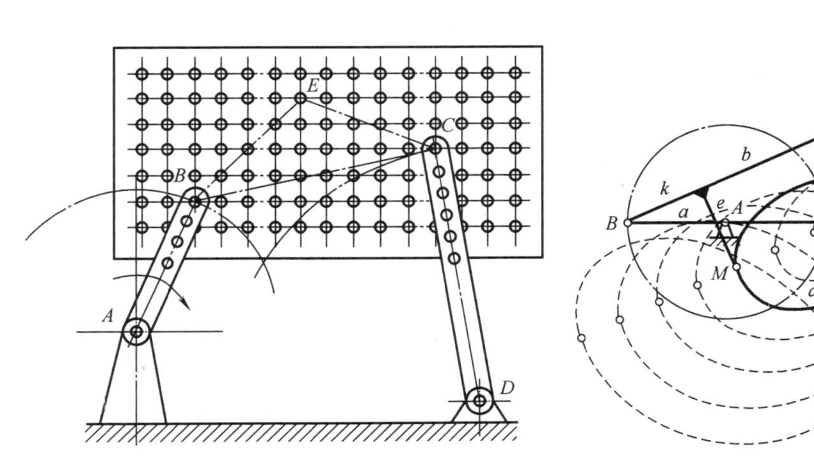

图 3-43　描绘连杆曲线的仪器模型

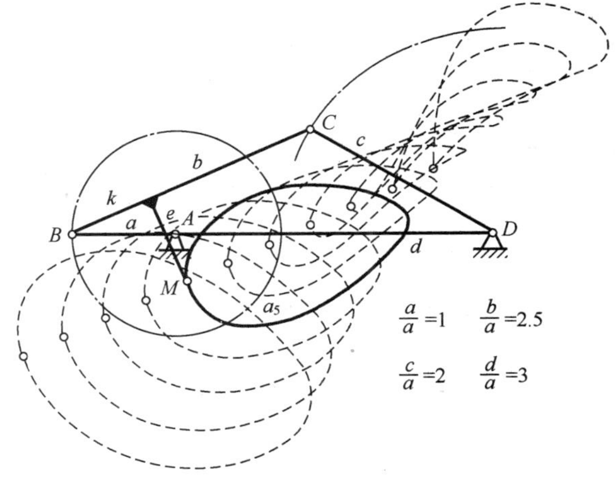

图 3-44　《四杆机构分析图谱》中的一张图

若要按运动曲线设计四杆机构，可从图谱中查找与要求的曲线相似的连杆曲线，如图中的曲线 a_5 与所要求的（见图 3-42）曲线相似，而四杆机构各杆的相对长度可从图中右下角查得，描点 M 在连杆上的位置（k，e）也可从图中求得，最后用缩放仪求出图谱中的连杆曲线和所要求的曲线之间相差的倍数，由此可得四杆机构各杆的真实尺寸。

以上介绍了四杆机构设计方法的作图法和实验法，此外，还有解析法（有关解析法的内容，请读者查阅相关资料）。这些设计方法各有特点，作图法直观、清晰、简单易行，但作图误差较大。实验法则工作较繁琐，但用它来设计运动要求比较复杂的四杆机构或作为初步设计是一种很有效的方法。解析法的位置方程有时相当复杂，计算求解较麻烦，但设计参数的精度高，随着计算技术的发展，其应用将会日益广泛。在设计工作中，则应根据具体情况加以确定。

小　　结

本章应理解和掌握以下内容。

1. 平面连杆机构是许多构件用低副组合而成的机构。

2. 平面四杆机构都是回转副时，称为铰链四杆机构，又可分为曲柄摇杆机构、双曲柄机构和双摇杆机构。通过改变曲柄摇杆机构中各杆的长度或更换固定件可以得到滑块四杆机构，包括曲柄滑块机构、导杆机构、摇块机构和定块机构。

3. 铰链四杆机构曲柄存在的条件是：最短杆和最长杆长度之和小于或等于其余两杆长度和。

4. 四杆机构的运动特性——急回特性特点及相关的概念：极位夹角与急回特性系数 k；压力角和传动角；最大传动角和死点位置。

5. 设计四杆机构的基本方法——按连杆预定位置、按行程速比系数和按连杆曲线设计四杆机构的方法。

思考与习题

3-1　铰链四杆机构、滑块四杆机构可实现何种运动转化？

3-2　曲柄摇杆机构中当曲柄为主动件时，机构是否一定存在急回特性？是否有死点位置？

3-3　四杆机构的极位和死点有何异同？

3-4　极位夹角与行程速比系数 k 两者有何联系？

3-5　四杆机构的压力角和传动角对机构的运动有何影响？

3-6　机构出现死点位置时有何特征？怎样保证机构顺利越过死点位置？

3-7　按连杆预定位置和按行程速比系数 k 设计四杆机构，其设计方法有什么不同？又有何相同之处？

3-8　根据题 3-8 图中注明的尺寸，判断各铰链四杆机构的类型。

3-9　题 3-9 图所示铰链四杆机构，已知 $L_2=50$mm，$L_3=35$mm，$L_4=30$mm，L_1 为变值。试讨论：

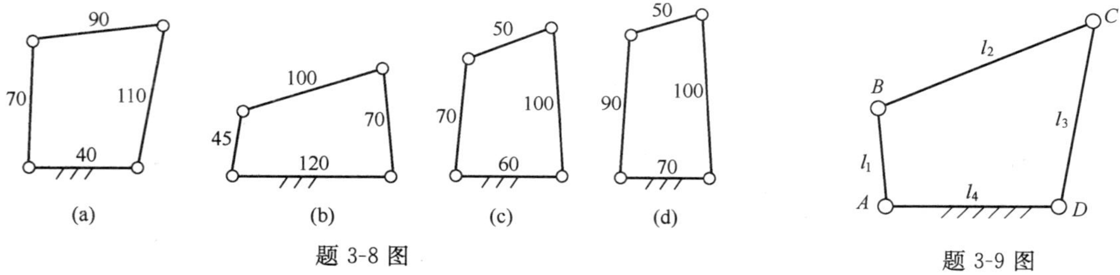

题 3-8 图　　　　题 3-9 图

(1) L_1 值在什么范围内可得到曲柄摇杆机构？

(2) L_1 值在什么范围内可得到双曲柄机构？

(3) L_1 值在什么范围内可得到双摇杆机构？

3-10　试画出题 3-10 图所示两种机构的运动简图，并说明它们各为何种机构。在图 (a) 中偏心盘 1 绕固定轴 O 转动，迫使滑块 2 在圆盘 3 的槽中来回滑动，而圆盘 3 又相对于机架转动。在图 (b) 中偏心盘 1 围绕固定轴 O 转动，通过构件 2，使滑块 3 相对于机架往复移动。

3-11　设计一脚踏轧棉机的曲柄摇杆机构（见题 3-11 图）。要求踏板 CD 在水平位置上下各摆 10°，且 $L_{CD}=500$mm，$L_{AD}=1000$mm。试求曲柄 AB 和连杆 BC 的长度。

3-12　设计一曲柄摇杆机构。已知摇杆 $L_{CD}=100$mm，摆角 $\varphi=30°$，摆杆的行程速比系数 $k=1.2$。试根据最小传动角 $\gamma_{min}>40°$的条件确定其余三杆的尺寸。

3-13　设计一曲柄滑块机构。已知滑块的行程 $H=50$mm，偏距 $e=10$mm，行程速比系数 $k=1.2$。试求曲柄和连杆的长度。

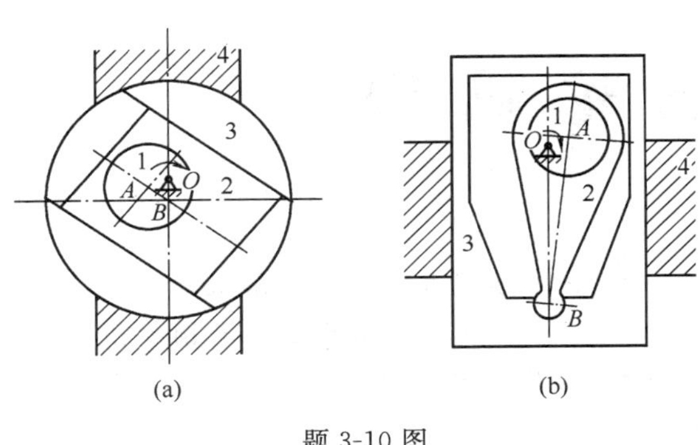

题 3-10 图

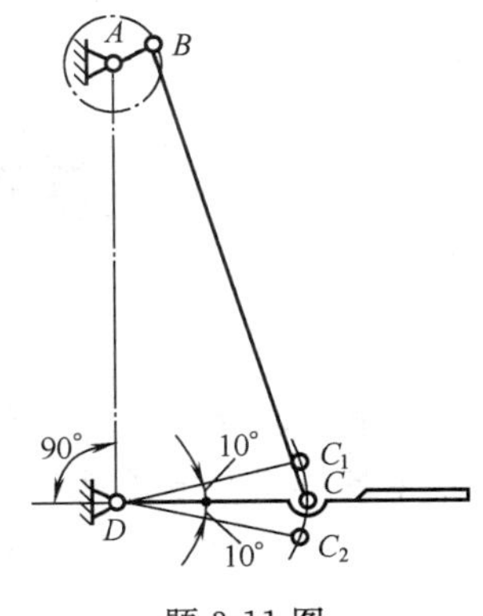

题 3-11 图

3-14 设计一导杆机构。已知机架长度 $L=100\text{mm}$，行程速比系数 $k=1.4$。试求曲柄的长度。

实践环节

1. 到实习基地、实验室或通过日常观察找出机器中的四杆机构，即曲柄摇杆机构、双曲柄机构、双摇杆机构、导杆机构、曲柄滑块机构、摇块机构和定块机构。根据他们的使用场合，总结四杆机构的结构特点、急回特性、传力性能、死点位置。

2. 根据折叠式桌椅、公共汽车车门机构、牛头刨床主运动机构、自卸式汽车翻斗机构、起重机起吊机构、内燃机曲柄滑块机构等画出机构运动简图，判断机构的类型与工作特性。

3. 自己动手设计送料机、啤酒灌装机、下料机等，绘出机构运动简图，表述设计思路。

实验一　平面连杆机构运动简图测绘

一、实验目的

1. 理解与应用有关机构运动简图方面的知识。

2. 掌握测量实际构件尺寸和绘制机构运动简图的技能。

3. 验证机构的自由度并判断属何种机构。

二、实验要求

1. 了解各测绘模型（破碎机、内燃机、摇杆泵、叶片泵、牛头刨床、行星轮系等）的机械功用和可实现哪些运动转换。

2. 找出机架、主、从动构件，根据接触情况确定运动副的类型和数目。

3. 按照选定的比例尺和构件尺寸画出机构运动简图或示意图（运动简图不按比例尺画则为示意图）。

4. 验算机构的自由度，判断属何种机构。

三、实验报告（每组至少测绘两个模型）

模型名称：　　实测尺寸：　　比例尺 μ_L：

机构运动简图：　　属何种机构：　　机构的自由度：

四、思考题

1. 绘制机构运动简图的目的是什么？

2. 绘制运动简图时，原动件的位置是否可以任意选取？为什么？

第四章 凸轮机构

学习目标

本章结合凸轮机构应用实例，熟悉凸轮机构的特点、类型与应用。了解从动件的常用运动规律。掌握尖顶与滚子移动从动件盘形凸轮的绘制、摆动从动件盘形凸轮与圆柱凸轮轮廓的设计方法。学会凸轮主要参数（滚子半径、凸轮最大压力角、凸轮基圆半径）的选择，达到在实际中能正确设计、制造各类凸轮机构的目的。

第一节 凸轮机构的特点和分类

一、凸轮机构的应用和特点

凸轮机构是由凸轮、从动件和机架三个构件组成的高副机构。凸轮是具有曲线轮廓或凹槽的构件，通常作等速转动或移动；从动件常为杆状构件，作直线移动或摆动。凸轮机构可实现任意预期的运动规律，而四杆机构则难以实现，故凸轮机构应用广泛，尤其是在各种自动化、半自动化机械中应用更广。

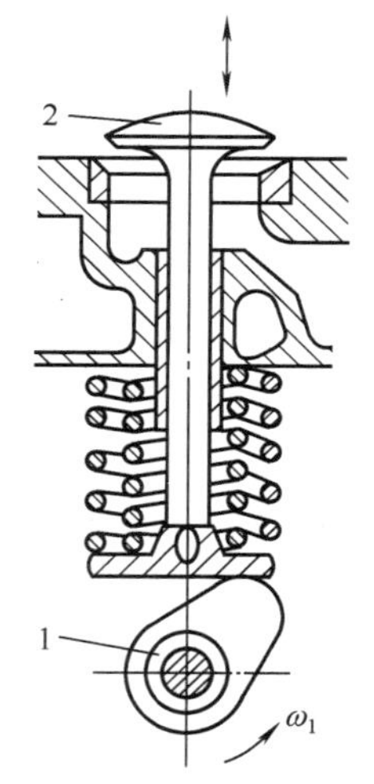

图 4-1 内燃机配气机构
1—凸轮；2—气阀

图 4-1 所示为内燃机的配气机构。当凸轮 1 连续转动时，从动件 2（气阀）按一定规律启闭气门，协调内燃机完成工作。

图 4-2 所示为缝纫机的拉线机构，具有凹槽的圆柱凸轮 1 等速转动时，通过滚子带动从动件 2 绕固定轴 A 摆动，拉动缝线工作。

图 4-3 所示为车削手柄的自动进刀机构。凸轮 1 的曲线轮廓迫使从动件 2 带动刀架进退，从而切出工件的复杂外形。凸轮机构的优点是：只要适当的设计凸轮轮廓，就可以使从动件实现预期的运动规律，结构简单、紧凑，易于设计。缺点是凸轮与从动件高副接触，易磨损，制造困难，故适用于传力不大的控制机构。

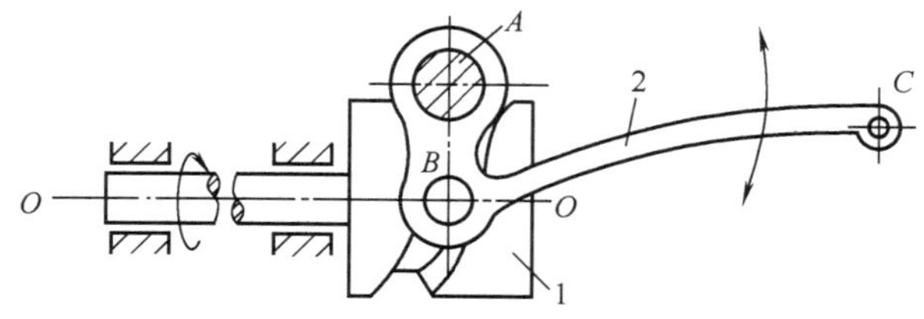

图 4-2 缝纫机拉线机构
1—圆柱凸轮；2—从动件

二、凸轮机构的类型

凸轮机构的种类很多，通常可按下列方法进行分类。

1. 按凸轮的形状分类

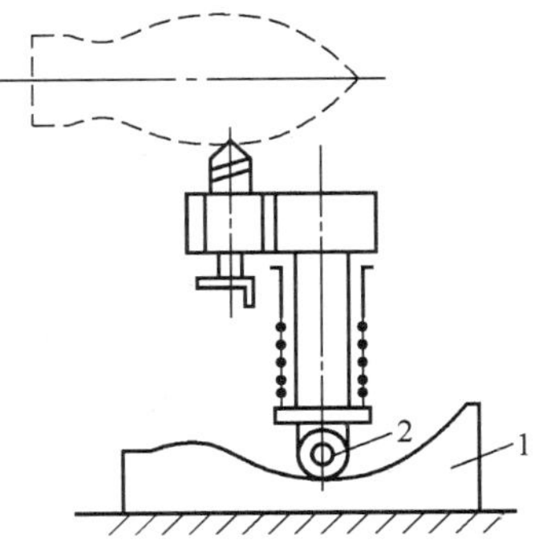

图 4-3　自动进刀机构
1—凸轮；2—从动件

(1) 盘形凸轮　如图 4-1 所示，向径变化的盘状零件为盘形凸轮。凸轮绕固定轴回转。

(2) 圆柱凸轮　如图 4-2 所示，这种凸轮是在圆柱上制出曲线凹槽或将圆柱端面做成曲面的圆柱体。

(3) 移动凸轮　凸轮相对于机架作往复直线运动，这种凸轮可以看作是回转轴在无穷远处的盘形凸轮（见图 4-3）。

2. 按从动件的端部结构分类

(1) 尖顶从动件　如图 4-4 (a) 所示，其优点是不论凸轮是何种形状，都能与凸轮上所有的点接触，可保证从动件运动准确，但尖顶从动件与凸轮间为点接触滑动摩擦，极易磨损，故一般用于传力不大的低速机构。

(2) 滚子从动件　如图 4-3 所示，滚子从动件与凸轮之间为滚动摩擦，磨损小，可以承受较大的载荷，应用普遍。

(3) 平底从动件　如图 4-1 所示，这种从动件以平面与凸轮接触，故凸轮轮廓不能凹陷，但平底与凸轮间作用力始终垂直（不计摩擦），传力性能好，有利于油膜形成，常用于高速凸轮机构中。

3. 按从动件的运动方式分类

(1) 移动从动件　从动件相对于导路作直线移动。导路通过凸轮回转中心，称为对心移动从动件（见图 4-1）；若与回转中心有一个偏心距 e，则称为偏置移动从动件。

(2) 摆动从动件　如图 4-2 所示，从动件 2 相对于机架作摆动。

4. 按凸轮与从动件保持接触的方式分类

(1) 力锁合　靠重力、弹簧力或其他外力使从动件与凸轮保持接触称为力锁合。图 4-1 所示内燃机配气机构是靠弹簧力和重力使从动件与凸轮保持接触的。

(2) 形锁合　靠一定几何形状使从动件与凸轮保持接触称为形锁合。图 4-2 所示缝纫机拉线机构是靠圆柱体上的凹槽使从动件与凸轮保持接触的。

第二节　从动件常用的运动规律

凸轮机构中，从动件的运动规律取决于凸轮轮廓。需要从动件有什么样的运动规律，就要设计出与之相适应的凸轮轮廓曲线。因此凸轮机构设计的主要任务就是根据工作要求和条件选定从动件的运动规律，进而绘制凸轮的轮廓。由于工作要求的多样性，所以从动件的运动规律也是各种各样的。下面以对心尖顶移动从动件盘形凸轮机构为例，介绍凸轮与从动件的运动关系及有关名称。

一、凸轮机构的有关名称

如图 4-4 (a) 所示，以凸轮轮廓最小向径为半径所画的圆称为基圆，基圆半径用 r_b 表示。当凸轮顺时针转过 δ_0 角时，从动件从离回转中心 O 最近位置 A（此位置称初始位置）被推到最远位置 B，这个过程称为推程，所对应的凸轮转角 δ_0 称为推程角，从动件升起的最大高度 h 叫升程（或行程）。凸轮继续转过 δ_s 时，从动件与凸轮的圆弧 BC 段接触，从动件在离回转中心 O 最远位置停止不动，此过程称为远停程，δ_s 称为远停程角。凸轮继续转过 δ_0' 时，从动件与 CD 段弧接触，从动件从最远位置回到最近位置，此过程称为回程，对应

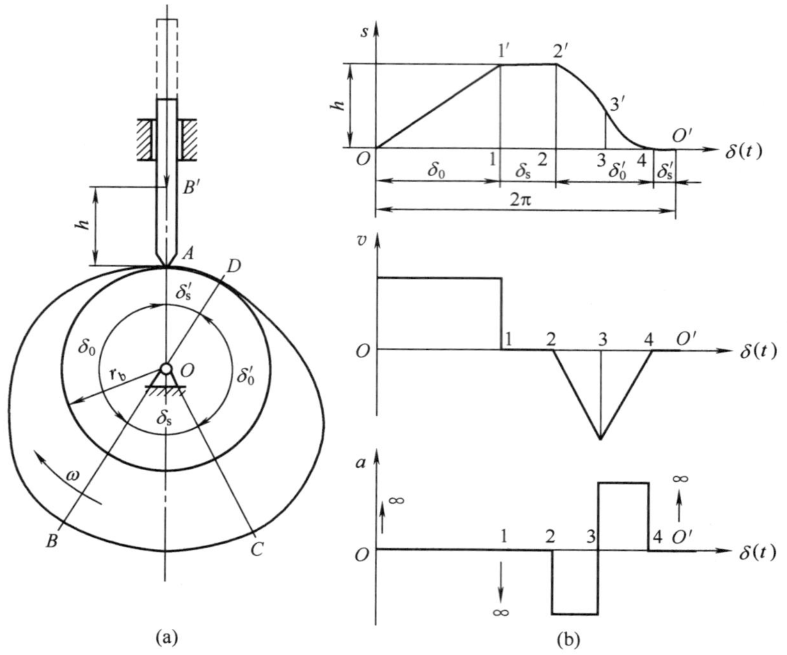

图 4-4　凸轮机构的有关名称

的凸轮转角 δ_0' 称为回程角。凸轮继续转过 δ_s' 时，从动件与凸轮上的圆弧 DA 段接触，从动件在离回转中心 O 最近位置停止不动，此过程称为近停程，δ_s' 称为近停程角。凸轮转过一周，从动件的运动过程是：升—停—降—停。凸轮继续回转，从动件重复该运动循环。当然，从动件的运动循环可以是多样的。

二、从动件常用的运动规律

从动件的运动规律是指从动件的位移、加速度随时间变化的规律。由于凸轮通常等速转动，转角与时间成正比，所以从动件的运动规律即是从动件的位移、速度、加速度随凸轮转角变化的规律。从动件运动规律以函数表示叫从动件的运动方程；用图像表示叫从动件运动线图。图 4-4（b）所示为从动件的运动线图，包括位移线图、速度线图和加速度线图。随着科技进步和计算机的广泛应用，工程上可采用的从动件的运动规律越来越多，也越来越复杂，这里只介绍几种常用的运动规律。

1. 等速运动规律

凸轮以等角速度 ω 转动，转过推程角 δ_0 时，从动件升起的高度为 h，则从动件在推程时的运动方程为

$$\left.\begin{aligned} s&=\frac{h}{\delta_0}\delta \\ v&=\frac{h}{\delta_0}\omega \\ a&=0 \end{aligned}\right\} \tag{4-1}$$

运动线图如图 4-5（a）所示，由图可见，在从动件运动的开始和终止点，速度有突变，故瞬时加速度理论上达到无穷大，从动件将产生很大的惯性力，从而使凸轮机构产生冲击、噪声和磨损。这种冲击称为刚性冲击。故等速运动规律只能用于低速轻载的场合。

从动件回程等速下降的运动方程为

$$\left.\begin{aligned}s&=h\left(1-\frac{\delta}{\delta'_0}\right)\\v&=-\frac{h}{\delta'_0}\delta\\a&=0\end{aligned}\right\}\tag{4-2}$$

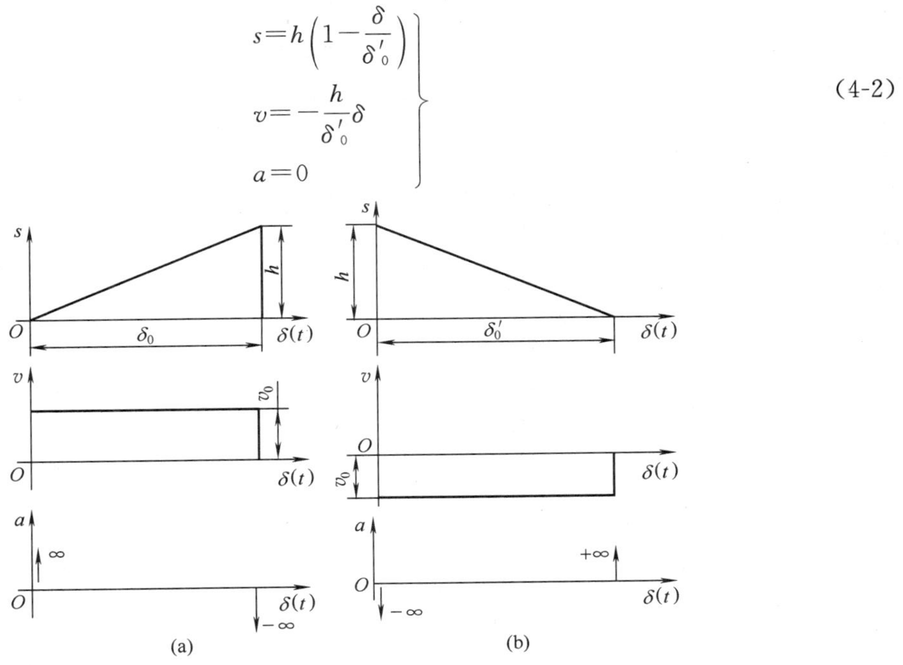

图 4-5　等速运动规律

从动件等速下降的运动线图如图 4-5（b）所示。

2. 等加速等减速运动规律（抛物线运动规律）

这种运动规律通常从动件前半段作等加速运动，后半段作等减速运动，两个加速度的绝对值相等。等加速等减速运动规律的运动方程略。

等加速等减速运动线图如图 4-6 所示，位移线图为两段开口方向不同的抛物线，推程与

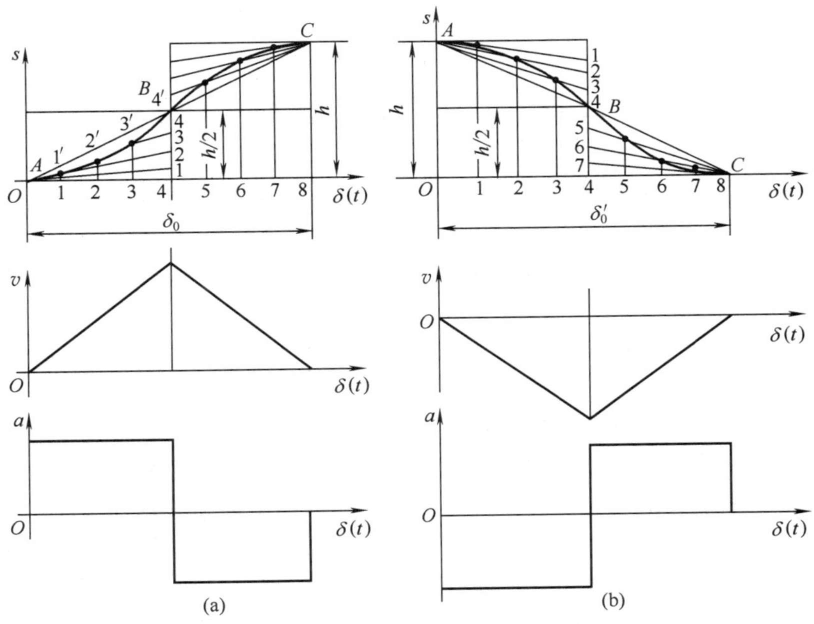

图 4-6　等加速等减速运动规律

回程的 δ-s 线图对称，用几何作图法作出。

由加速度线图可知，从动件在 0、4、8 点加速度出现有限值的突变，因此引起一定的冲击，这种冲击称为柔性冲击。等加速等减速运动规律适用于低、中速传动，如拖拉机柴油发动机中控制气门启闭的凸轮机构。

3. 简谐运动规律（余弦加速度运动规律）

一个质点在圆周上做匀速运动时，它在该圆某一直径上的投影的运动规律称为简谐运动。从动件推程做简谐运动时的运动方程略。

简谐运动规律的运动线图如图 4-7 所示。由于其速度、加速度是连续变化的，所以机构中没有冲击，可用于高速传动。

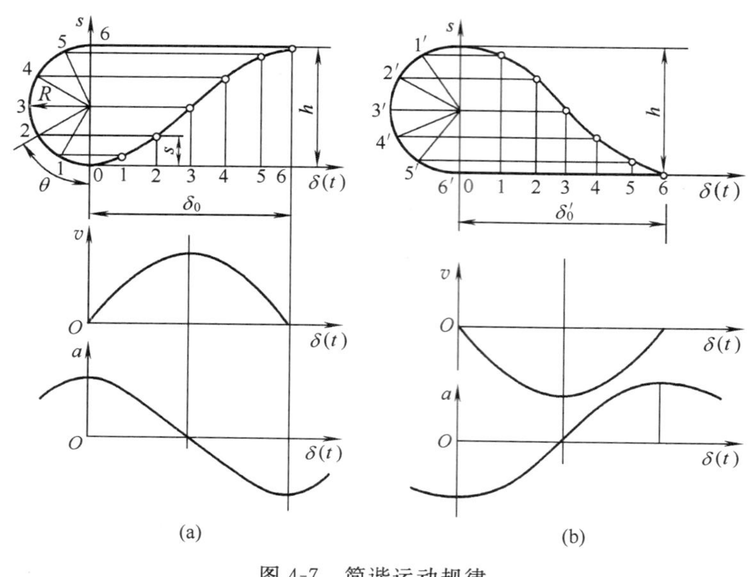

图 4-7　简谐运动规律

第三节　凸轮轮廓曲线绘制

根据工作要求合理地选择从动件运动规律后，就可按从动件的运动规律和其他具体条件绘制凸轮轮廓曲线，对于精度要求不高的凸轮，一般采用图解法，简单而直观。对于精度要求高的凸轮机构，应采用解析法。解析法设计凸轮轮廓可借助于 CAD，精度高且快捷。此处只介绍图解法。

图 4-8（a）所示为一对心尖顶移动从动件盘形凸轮机构。当凸轮以等角速度 ω 转动时，推动从动件在导路中移动。当凸轮转过 δ 角时，从动件升起位移 s［见图 4-8（b）］。由于凸轮在匀速转动，为了在图纸上画出静止的凸轮轮廓，常采用反转法。

设想给整个凸轮机构加一公共的角速度 $-\omega$，这个角速度与凸轮的角速度 ω 大小相等，方向相反。根据相对运动原理，此时凸轮与从动件间的相对运动关系并不发生变化，但此时凸轮将静止不动，而从动件一方面以 $-\omega$ 角速度绕凸轮回转中心 O 转动，同时又在其导路内按给定的运动规律运动，从动件在各个瞬时的位置如图 4-8（c）所示。把从动件各瞬时尖顶的位置光滑联接，即为所设计的凸轮轮廓曲线，这种方法就是反转法。

下面介绍几种常用凸轮轮廓曲线的绘制方法。

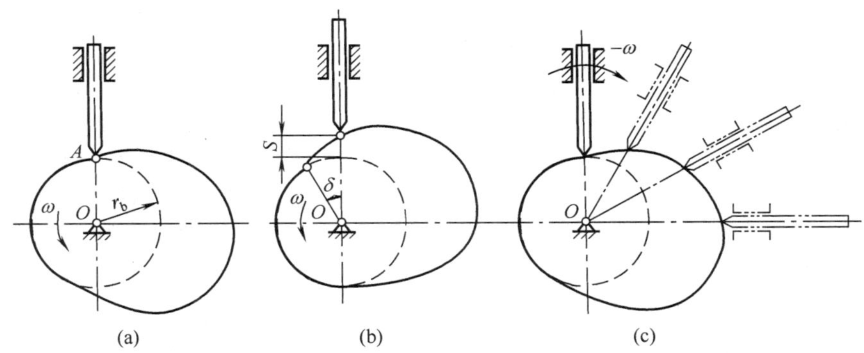

图 4-8　凸轮轮廓曲线绘制原理

一、对心尖顶移动从动件盘形凸轮轮廓绘制

已知从动件的位移线图、凸轮的基圆半径 r_b、凸轮以等角速度 ω 顺时针回转，绘制其凸轮轮廓。

① 选取适当的位移比例尺 μ_l（mm/mm）和角度比例尺 μ_δ [(°)/mm]，作出从动件的位移线图 [见图 4-9（b）]。将横坐标上的推程角和回程角分成若干等份，过这些等分点，分别作 δ 轴的垂线，这些垂线与位移曲线相交得到的线段 $11'$、$22'$、$33'$…即代表相应位置的从动件位移量。

② 取相同的长度比例尺 μ_l（mm/mm），以 O 为圆心，r_b 为半径作基圆，A_0 为从动件的初始位置 [见图 4-9（a）]。

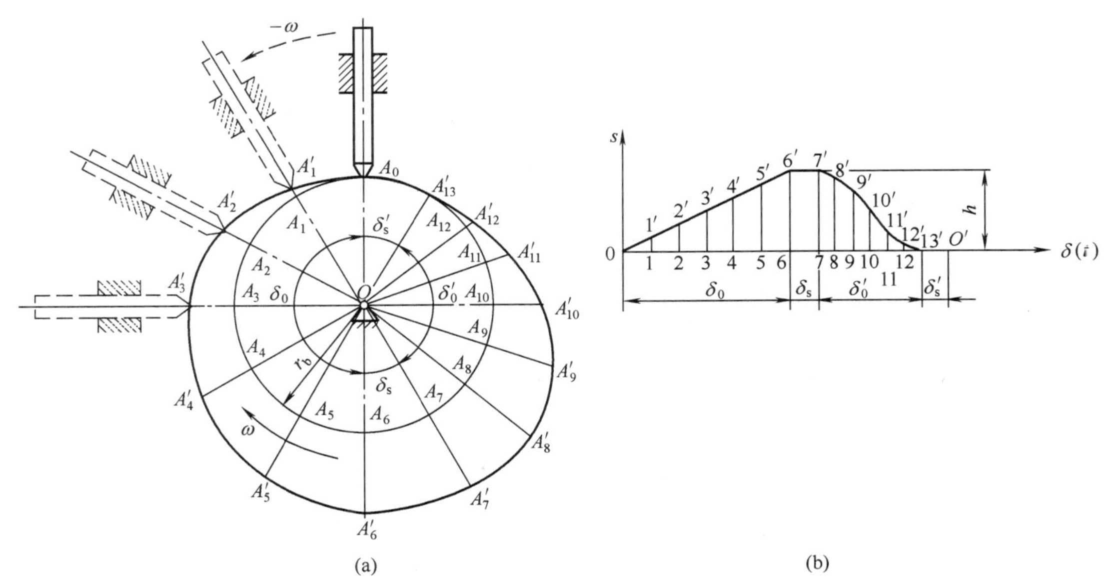

图 4-9　对心尖顶移动从动件盘形凸轮轮廓绘制

③ 从 OA_0 开始，沿 $-\omega$ 方向在基圆上量取凸轮各转角 δ_0、δ_s、δ'_0、δ'_s，再将推程角 δ_0、回程角 δ'_0 分成与位移线图相同的等份，得到 A_1、A_2、A_3…各点，联接 OA_0、OA_1、OA_2、OA_3…，其延长线即为各瞬时从动件相对凸轮的位置线。

④ 在 OA_1、OA_2、OA_3…的延长线上分别截取 $A_1A'_1=11'$、$A_2A'_2=22'$、$A_3A'_3=33'$…，得到的各点 A'_1、A'_2、A'_3…就是机构反转后从动件尖顶的一系列位置点。

⑤ 将 A_0、A'_1、A'_2…光滑联接，则得到对心尖顶移动从动件盘形凸轮轮廓曲线（其中 δ_s、δ'_s 所对应的曲线是以 O 为圆心的圆弧线）。

二、对心滚子移动从动件盘形凸轮轮廓绘制

上述已知条件不变，滚子半径为 r_T，试绘制凸轮轮廓。这种凸轮轮廓曲线的绘制方法与前类似，具体分为以下两大步。

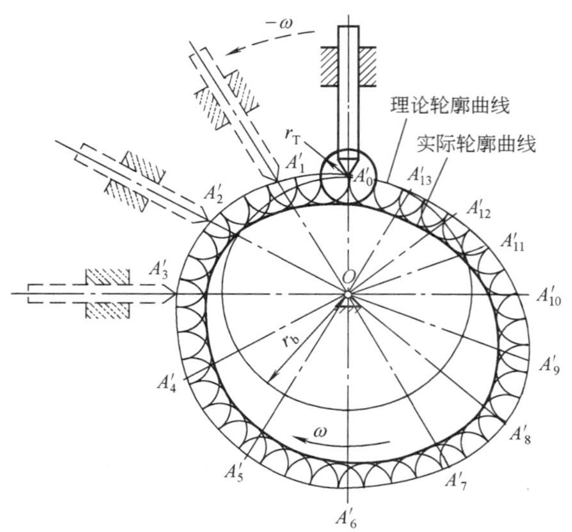

图 4-10　对心滚子移动从动件盘形凸轮轮廓绘制

① 将滚子从动件滚子的中心看作是尖顶从动件的尖顶，按前述方法绘制出凸轮轮廓，这个凸轮轮廓曲线称为理论轮廓曲线（见图 4-10）。

② 以理论轮廓曲线上各点为圆心，滚子半径 r_T 为半径画一系列滚子圆，这些圆的内包络线即为所求的凸轮实际轮廓曲线。

三、尖顶摆动从动件盘形凸轮轮廓的绘制

已知凸轮转动中心 O 和从动件摆动中心 A 的距离 l_{OA}、摆动从动件的长度 l、凸轮顺时针转动、基圆半径 r_b、从动件摆角 φ 随凸轮转角 δ 变化的位移线图，试绘制凸轮轮廓曲线。

① 选取适当的角度比例尺 μ_δ、μ_φ[(°)/mm]，绘制位移线图［见图 4-11（b)］，并将推程角 δ_0、回程角 δ'_0 等分成若干份。

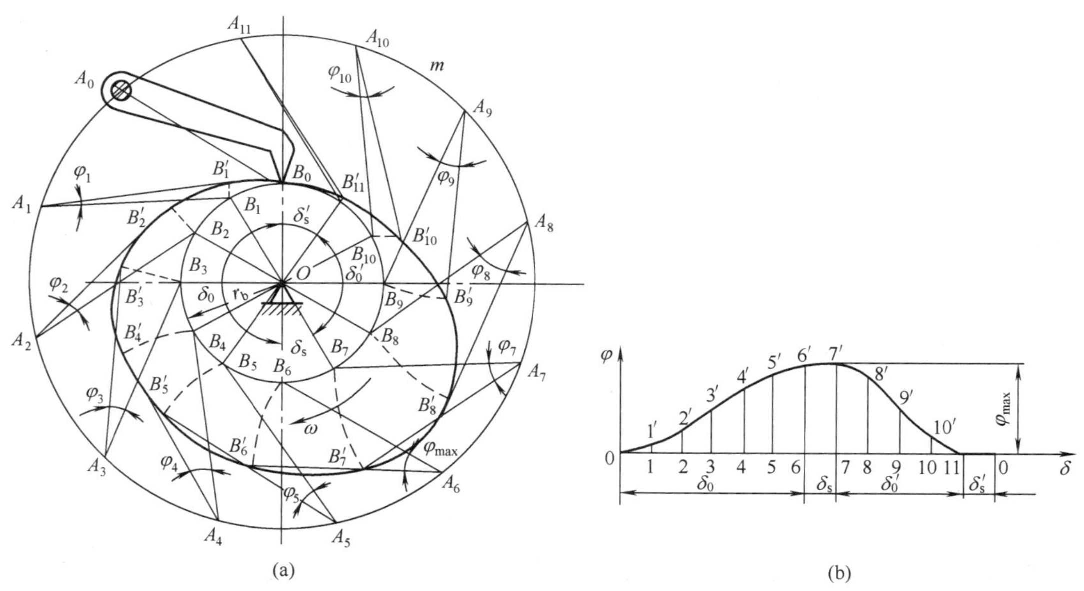

图 4-11　摆动从动件盘形凸轮轮廓绘制

② 选定长度比例尺 μ_l（mm/mm)，以 O 为圆心，r_b 为半径画基圆。从基圆的 B_0 点开始按 $-\omega$ 方向画出各行程角 δ_0、δ_s、δ'_0 和 δ'_s，并将 δ_0、δ'_0 分成与位移线图相同的等份，得到点 B_1、B_2、B_3…。

③ 以 O 为圆心，OA 为半径作从动件摆动中心所在圆 m；以 B_0、B_1、B_2…为圆心、从动件长 l 为半径画弧与圆 m 相交（交点为从动件摆动中心的位置），得到 A_0、A_1、A_2…，则 A_0B_0、A_1B_1、A_2B_2…为从动件的初始位置。

④ 根据从动件摆动方向，以从动件初始位置分别作出摆角 φ_1、φ_2、φ_3…，得到点 B_0、B'_1、B'_2、B'_3…；

⑤ 将点 B_0、B'_1、B'_2、B'_3…光滑联接，即得到摆动从动件盘形凸轮轮廓［见图4-11（a）］。

如采用滚子从动件，则以上述所画凸轮轮廓为理论轮廓线，并以理论轮廓线上各点为圆心，以滚子半径为半径，画一系列滚子圆，滚子圆的内包络线即为滚子摆动从动件盘形凸轮的实际轮廓曲线。

四、圆柱凸轮轮廓绘制简介

圆柱凸轮［见图4-12（a）］的轮廓是空间曲线，将圆柱面展成平面，展开后相当于一个移动凸轮，从而可以用平面凸轮的设计方法绘制其轮廓。

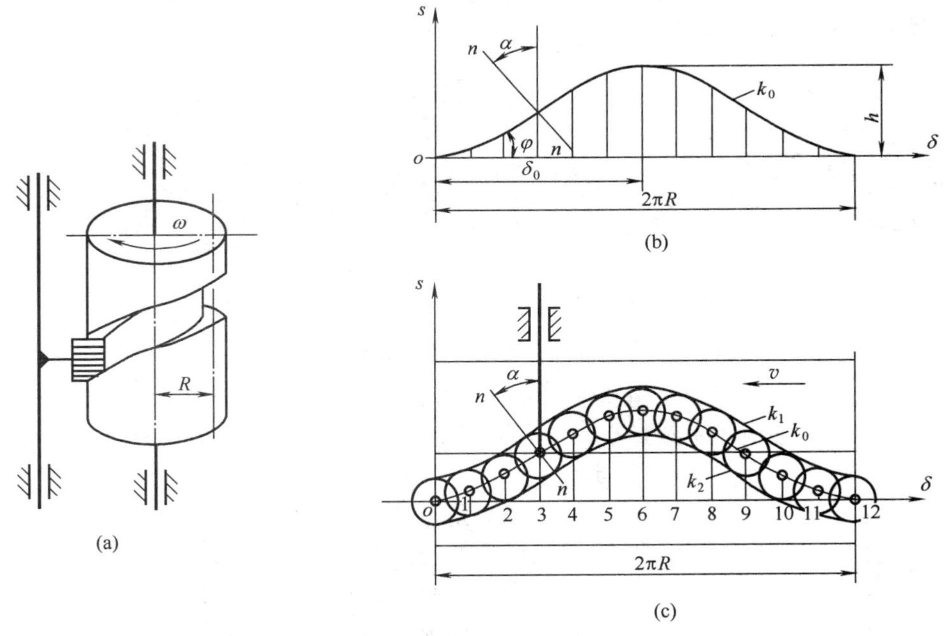

图 4-12　圆柱凸轮展开轮廓的绘制

已知凸轮以等角速度 ω 顺时针转动，凸轮凹槽的平均半径为 R，从动件的位移线图［见图4-12（b）］，试绘制滚子移动从动件圆柱凸轮的展开轮廓。

以 $2\pi R$ 长为底边作一矩形，即半径为 R 的圆柱面的展开图［见图4-12（c）］。按照反转法，将与底边平行的任一线段沿圆周速度 $v(v=R\omega)$ 的相反方向分成与图4-12（b）中对应的等份，得到等分点1、2、3…，过这些点作一系列垂直线，垂直线表示反转后从动件轴线的各个位置，并由图4-12（b）量取对应的位移量，即可绘制凸轮的理论轮廓线 κ_0，在理论轮廓上作出一系列滚子圆，然后再作这些滚子圆的两条包络线 κ_1 和 κ_2，即得到所要求的凸轮实际轮廓曲线［图4-12（c）］。

移动凸轮轮廓曲线的绘制方法同圆柱凸轮。

第四节　凸轮机构设计中的几个问题

凸轮机构设计时，除了根据工作要求合理选择从动件的运动规律外，为了保证从动件实现预定的运动规律，并具有良好的传力性能和紧凑的结构，还应考虑以下几个问题。

一、滚子半径的选择

当凸轮机构采用滚子从动件时，如果滚子大小选择不当，将使从动件不能准确实现给定的运动规律，这种情况称为运动失真。

从动件的运动是否失真，取决于滚子半径 r_T 和凸轮理论轮廓线上最小曲率半径 ρ 的相对大小关系。图 4-13 所示为滚子从动件盘形凸轮轮廓的三种情况。当 $\rho>r_T$ 时，凸轮实际轮廓曲线光滑，运动不失真；当 $\rho=r_T$ 时，凸轮实际轮廓的最小曲率半径等于 0，轮廓在该点变尖，尖点极易磨损，磨损后使从动件的运动规律改变。当 $\rho<r_T$ 时，实际轮廓曲线相交，相交部分在实际加工中将被切掉，这部分的运动规律就无法实现，导致运动失真。因此，为了保证从动件的运动不失真，就必须使滚子半经 r_T 小于凸轮理论轮廓外凸部分的最小曲率半径 ρ，通常 $r_T\leqslant 0.8\rho$。

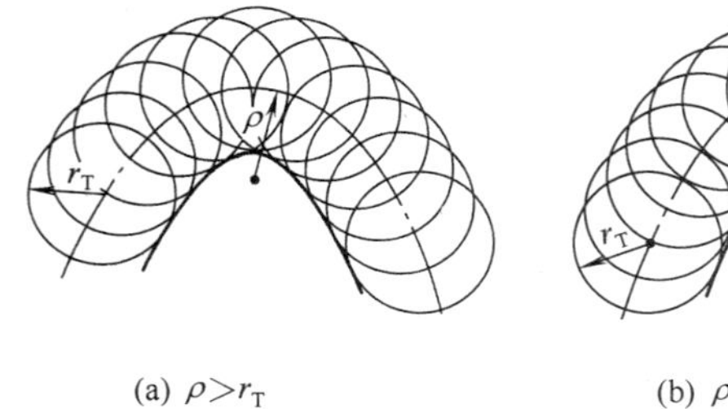

图 4-13　滚子半径的选择

值得注意的是，从滚子的结构和强度方面来考虑，滚子半径不能过小。所以为了保证从动件运动不失真，又使滚子不致过小，可以适当增加基圆半径 r_b 以增大理论轮廓的最小曲率半径 ρ。

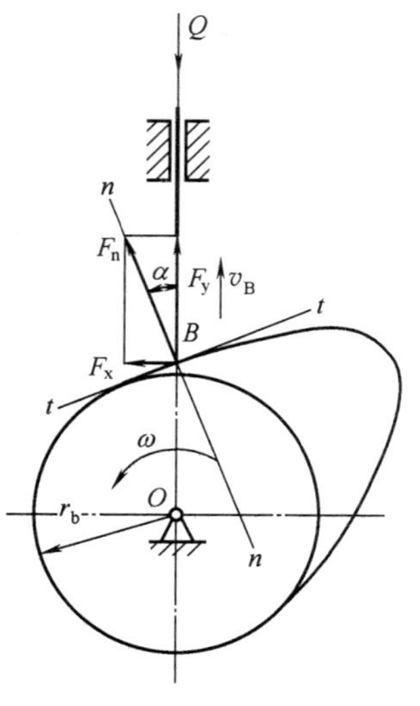

图 4-14　凸轮机构的压力角

二、压力角与传力性能

凸轮机构的压力角是凸轮对从动件的法向力 F_n 与受力点的速度方向所夹的锐角，用 α 表示（见图 4-14）。凸轮机构在工作过程中，其压力角是变化的。

把 F_n 分解成互相垂直的两个力 F_x 和 F_y，$F_x=F_n\sin\alpha$，$F_y=F_n\cos\alpha$，F_y 为有效分力，推动从动件运动；F_x 为有害分力，使导路受压，摩擦力增大。显然 α 越小，有效分力 F_y 越大，有害分力 F_x 越小，传力性能越好；反之，传力性能差。当 α 大到一定数值时，无论法向力 F_n 多大，都不能使从动件产生运动，凸轮机构将发生自锁。因此，设计凸轮机构时，应限制压力角的大小，使最大压力角 α_{max} 不超过某一许用值 $[\alpha]$，即 $\alpha_{max}\leqslant[\alpha]$。

推程许用压力角 $[\alpha]$ 的推荐值为

移动从动件 $[\alpha]=30^\circ\sim40^\circ$

摆动从动件　　　　　　　　　[α]=40°～50°

回程一般不会自锁，故取 [α]=70°～80°。α_{max}通常出现在推程起点、轮廓曲线最陡处和速度最大处。

三、基圆半径 r_b 的确定

设计凸轮时，基圆半径取值小凸轮机构紧凑，但基圆半径过小时，凸轮机构的压力角会增大。图 4-15 所示为两个基圆半径不同的凸轮，当凸轮转过相同的角度 δ 时，从动件有相同的位移 s，基圆半径小的凸轮轮廓较陡，压力角 α_1 较大，而基圆半径大的凸轮轮廓较平缓，压力角 α_2 较小。故在设计凸轮机构时，可以通过增加基圆半径来获得较小的压力角。

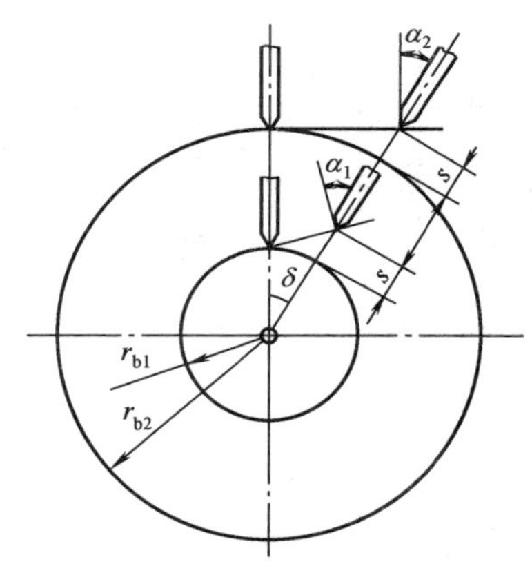

图 4-15　基圆半径对压力角的影响

凸轮基圆半径的选择需要综合考虑，通常按下面的经验公式确定

$$r_b \leqslant 1.8r_s + (7 \sim 10)\mathrm{mm} \qquad (4\text{-}3)$$

式中，r_s 为凸轮轴的半径。

四、凸轮机构的材料、结构和精度

1. 凸轮和从动件的材料

凸轮机构属于高副机构，且承受冲击载荷，故要求凸轮和从动件端部材料具有足够的抗疲劳强度和耐磨性。凸轮和从动件端部常用材料及热处理方法见表 4-1。

表 4-1　凸轮和从动件端部常用材料及热处理

工作条件	凸轮		从动件接触端	
	材料	热处理	材料	热处理
低速轻载	40、45、50、	调质 220～260HBS	45	表面淬火 40～45HRC
	HT200 HT250 HT300	170～250HBS		
	QT500－1.5 QT600－2	190～270HBS	尼龙	
中速轻载	45	表面淬火 40～45HRC		
	45、40Cr	表面高频淬火 52～58HRC	20Cr	渗碳淬火，渗碳层深 0.8～1mm，55～60HRC
	15、20、20Cr 20CrMn	渗碳淬火，渗碳层深 0.8～1.5mm，56～62HRC		
高速重载或靠模凸轮	40Cr	高频淬火，表面 56～60HRC，芯部 45～50HRC	T8 T10 T12	淬火 58～62HRC
	38CrMoAl 35CrAl	氮化，表面硬度 HV700～900(约 60～67HRC)		

注：对一般中等尺寸的凸轮机构，$n \leqslant 100$r/min 为低速，100r/min$<n<$200r/min 为中速，$n>200$r/min 为高速。

2. 凸轮机构的结构

(1) 凸轮的结构　凸轮尺寸较小，且与轴的尺寸相近时，则凸轮与轴做成一体；凸轮尺寸较大时，则凸轮与轴应分开制造而后装配在一起使用。装配时，凸轮与轴要有一定的相对位置要求，一般在凸轮上刻出起始位置线或其他标志，作为加工和装配的依据。图 4-16 所

示为凸轮在轴上的几种常见固定形式。图 4-16（a）靠圆锥销固定，图 4-16（b）靠圆锥套筒和双螺母固定，图 4-16（c）采用键联接固定。

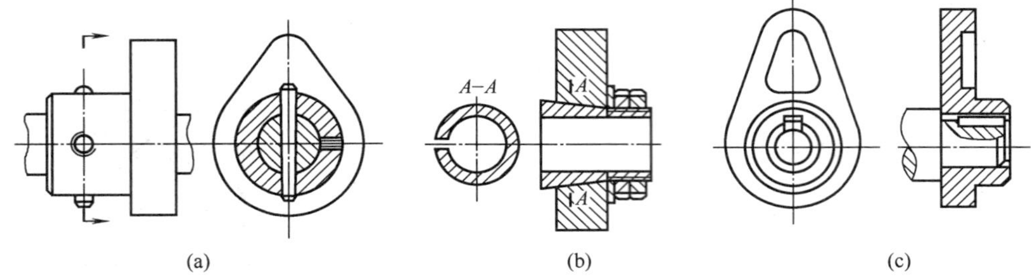

图 4-16 凸轮在轴上的固定形式

（2）从动件的端部结构 从动件的端部形式很多，图 4-17 所示为常见的滚子结构，滚子相对于从动件能自由转动。

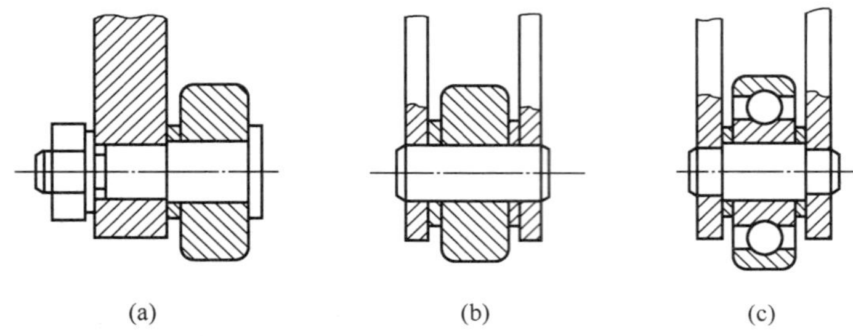

图 4-17 从动件端部的滚子结构

3. 凸轮的精度

凸轮的精度主要包括凸轮的公差和表面粗糙度。对于直径在 300～500mm 以下的凸轮，其公差和表面粗糙度可按表 4-2 选择。

表 4-2 凸轮的公差和表面粗糙度

凸轮精度	公差等级或极限偏差/mm			表面粗糙度/μm	
	向 径	凸轮槽宽	基准孔	盘形凸轮	凸 轮 槽
较 高	±(0.05～0.1)	H8(H7)	H7	$0.32<R_a\leqslant0.63$	$0.63<R_a\leqslant1.25$
一 般	±(0.1～0.2)	H8	H7(H8)	$0.63<R_a\leqslant1.25$	$1.25<R_a\leqslant2.5$
低	±(0.2～0.5)	H9(H10)	H8		

小 结

本章主要内容如下。

1. 凸轮机构的特点、类型与应用。

2. 从动件的运动规律：等速运动、等加速等减速和余弦加速度运动规律。

3. 凸轮轮廓的设计：尖顶对心移动从动件盘形凸轮、滚子移动从动件盘形凸轮、摆动从动件盘形凸轮、圆柱凸轮轮廓设计。

4. 凸轮的主要参数选择：凸轮的滚子半径 $r_T \leqslant 0.8\rho$；凸轮的压力角 $\alpha_{max} \leqslant [\alpha]$；$\alpha_{max}$发生在推程起点、轮廓曲线最陡处和速度最大处；凸轮的基圆半径越大，压力角越小，传力性能越好。

5. 凸轮的材料、结构与精度。

思考与习题

4-1　举出生产中应用凸轮机构的三个实例。

4-2　凸轮机构常用的从动件运动规律有哪几种？各有何特点？

4-3　基圆半径过大、过小会出现什么问题？

4-4　滚子从动件的滚子半径应如何选取？

4-5　什么是凸轮机构的压力角？压力角的大小对机构有何影响？当压力角太大时，采取什么措施？

4-6　什么是理论轮廓？什么是实际轮廓？以实际轮廓曲线的最小半径所画的圆是不是基圆？

4-7　试说出（题 4-7 图所示）机构的名称，画出基圆，标出行程 h 及凸轮的各个转角。

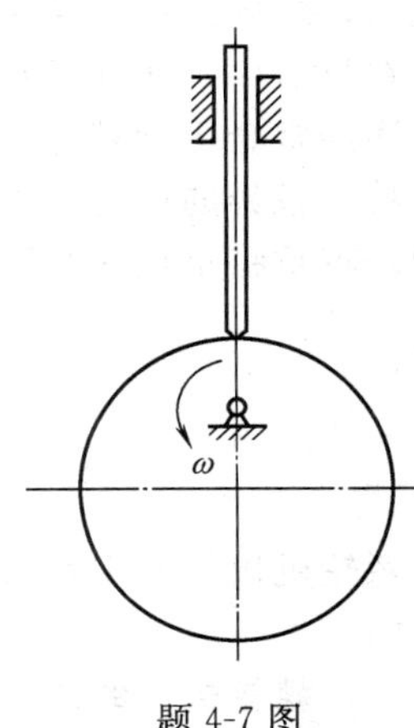

题 4-7 图

4-8　设计一对心尖顶移动从动件盘形凸轮机构。凸轮逆时针等角速度 ω 转动，基圆半径 $r_b = 40\text{mm}$，从动件的升程 $h = 30\text{mm}$，推程角 $\delta_0 = 120°$，远停程角 $\delta_s = 60°$，回程角 $\delta_0' = 120°$，近停程角 $\delta_s' = 60°$，从动件在推程作简谐运动，回程作等加速等减速运动，试绘制凸轮轮廓。

4-9　题 4-8 中，若将从动件改成滚子从动件，且滚子半径 $r_T = 10\text{mm}$，其余条件不变，试绘制此盘形凸轮轮廓，并校核推程的压力角。

4-10　绘制一尖顶摆动从动件盘形凸轮轮廓。已知从动件长 58mm，凸轮轴心到从动件摆动中心的距离为 75mm，从动件摆动中心位于凸轮轴心右侧，在一水平线上。从动件的运动规律为 $\delta_0 = 180°$，$\delta_0' = 120°$，$\delta_s' = 60°$，推程作等加速等减速运动，回程作等速运动。凸轮逆时针转动。

实 践 环 节

观察缝纫机的拉线机构、内燃机的配气机构、电子配钥匙机构、缝鞋机、靠模加工凸轮、沙箱振动筛，掌握凸轮机构的分类、应用场合、结构和安装固定方式、可实现的运动，加深对凸轮机构的认识。

第五章　其他常用机构

学习目标

熟悉常用间歇运动机构的类型、用途及使用场合。重点掌握棘轮机构、槽轮机构的工作原理、参数选择和实际应用。

通过本章学习，对间歇运动机构与齿轮机构、连杆机构、带传动机构不同之处有较深刻的认识，达到正确使用间歇机构的目的。

在机械中，尤其是在自动和半自动机械中，除前面讨论过的平面连杆机构、凸轮机构外，还经常会用到棘轮机构、槽轮机构、不完全齿轮机构和凸轮式间歇运动机构等类型繁多、功能各异的机构。主动件作连续运动，从动件作周期性间歇运动的机构，称为间歇运动机构。本章将重点介绍这些机构的工作原理、类型、特点及应用场合。

第一节　棘轮机构

棘轮机构是利用棘爪推动棘轮上的棘齿和从棘齿上滑过的方式，以实现周期性间歇运动的机构。

一、棘轮机构的工作原理和类型

1. 棘轮机构的工作原理

如图 5-1 所示，棘轮机构主要由棘轮、棘爪、摇杆和机架组成。棘轮 2 与传动轴固连，驱动棘爪 3 铰接于摇杆 1 上，摇杆 1 空套在棘轮轴 4 上，可以绕其转动。当摇杆 1 逆时针方向摆动时，与它相联的驱动棘爪 3 插入棘轮的齿槽内，推动棘轮转过一定的角度。当摇杆顺时针方向摆动时，驱动棘爪 3 便在棘轮齿背上滑过。这时，片簧 6 迫使制动棘爪 5 插入棘轮的齿间，阻止棘轮顺时针方向转动，故棘轮静止。因此，当摇杆往复摆动时，棘轮作单向的间歇运动。

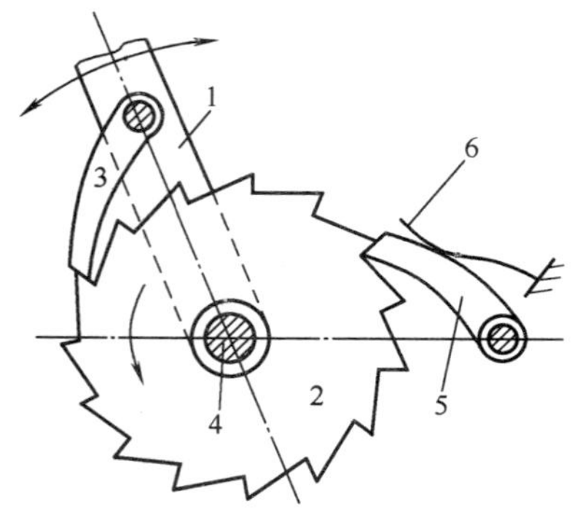

图 5-1　棘轮机构工作原理

1—摇杆；2—棘轮；3,5—棘爪；4—棘轮轴；6—片簧

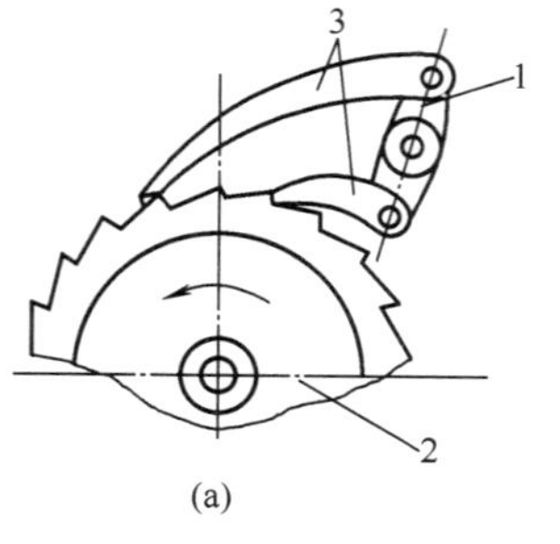

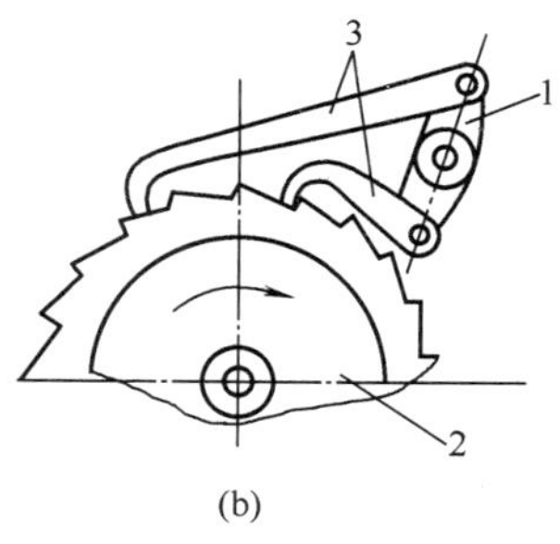

图 5-2　双动式棘轮机构（锯齿形齿）

1—摇杆；2—棘轮；3—棘爪

2. 棘轮机构的类型

按结构特点，棘轮机构可分为齿式棘轮机构和摩擦式棘轮机构两大类。

二、齿式棘轮机构

齿式棘轮机构有外啮合（见图 5-1）和内啮合（见图 5-8）两种形式。按棘轮齿形分，可分为锯齿形齿（见图 5-1、图 5-2）和矩形齿（见图 5-3）两种。矩形齿用于双向转动的棘轮机构。按其运动形式可分为以下三类。

1. 单动式棘轮机构

如图 5-1 所示，这种机构的特点是：摇杆 1 逆时针摆动时，棘爪 3 驱动棘轮 2 沿同一方向转过一定的角度；摇杆顺时针摆动时，棘轮静止。

2. 双动式棘轮机构

如图 5-2 所示，这种机构的特点是摇杆往复摆动时，能使棘轮 2 沿同一方向间歇转动两次。驱动棘爪 3 可制成平头的［见图 5-2（a）］或钩头的［见图 5-2（b）］。

以上两种机构的棘轮均采用锯齿形齿。

3. 可变向棘轮机构

图 5-3 所示为控制牛头刨床工作台进与退的棘轮机构。棘轮齿为矩形齿，棘轮 2 可双向间歇转动，从而实现工作台的往复移动。装夹工件需工作台停止时，则提起棘爪 1；需要变向时，将棘爪提起转动 180°后再放下即可。图 5-4 所示的棘轮机构也可实现变向，其棘爪 1 设有对称爪端，转动棘爪至双点划线位置，棘轮 2 即可实现反向的间歇运动。

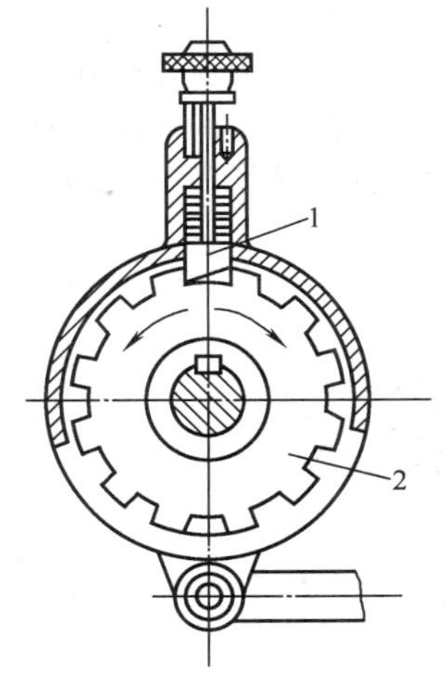

图 5-3　可变向棘轮机构（一）
1—棘爪；2—棘轮

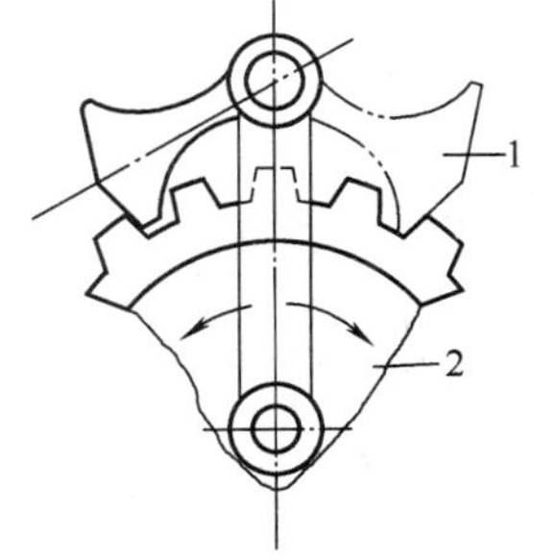

图 5-4　可变向棘轮机构（二）
1—棘爪；2—棘轮

三、齿式棘轮机构的应用

棘轮机构在机械中应用较广，常用来实现送进、输送、制动和超越等工作要求。

1. 送进和输送

图 5-3 所示的矩形齿棘轮机构，是用于图 5-5 所示牛头刨床工作台横向进给机构的，棘轮机构 1 实现正反间歇转动，然后通过丝杠、螺母带动工作台 2 作横向间歇送进运动。

图 5-6 所示为铸造车间浇铸自动线的砂型输送装置。由压缩空气为原动力的气缸带动摇杆摆动，通过齿式棘轮机构使自动线的输送带作间歇输送运动，输送带不动时，进行自动浇注。

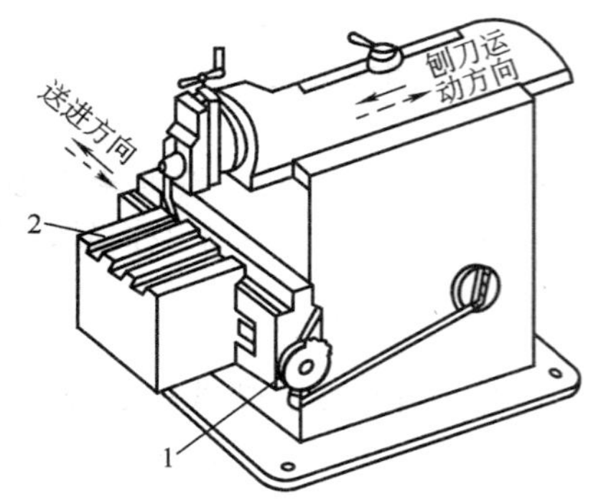

图 5-5 牛头刨床工作台横向进给机构

1—棘轮机构；2—工作台

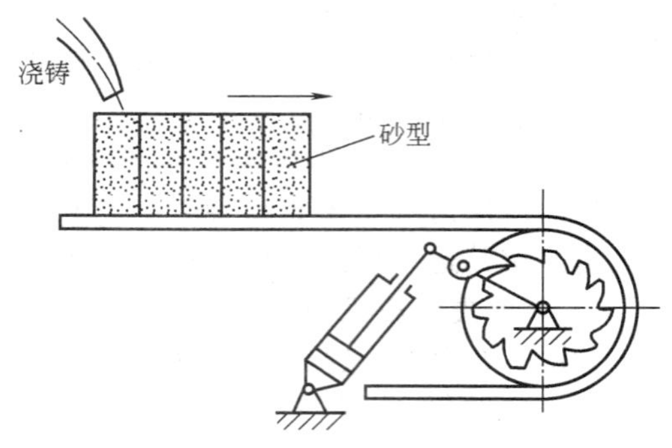

图 5-6 浇铸式流水线进给装置

2. 制动

图 5-7 所示为起重设备中的棘轮制动器。当提升重物时，棘轮逆时针转动，棘爪 2 在棘轮 1 齿背上滑过；当需使重物停在某一位置时，棘爪将及时插入棘轮的相应齿槽中，防止棘轮在重力 W 作用下顺时针转动使重物下落，以实现制动。

3. 超越

图 5-8 所示为自行车后轴上的棘轮机构。当脚蹬踏板时，经链轮 1 和链条 2 带动内圈具有棘齿的链轮 3 顺时针转动，再经过棘爪 4 推动后轮轴 5 顺时针转动，从而驱使自行车前进。当自行车下坡或歇脚不蹬踏时，踏板不动，后轮轴 5 借助下滑力或惯性超越链轮 3 而转动。此时棘爪 4 在棘轮齿背上滑过，产生从动件转速超越主动件转速的超越运动，从而实现不蹬踏板的滑行。能实现超越运动的组件称为超越离合器，超越离合器在机械上广泛应用，并已形成系列产品。

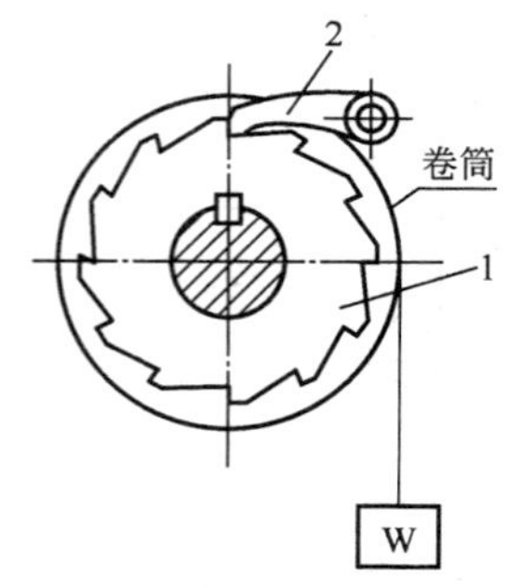

图 5-7 起重设备中的棘轮制动器

1—棘轮；2—棘爪

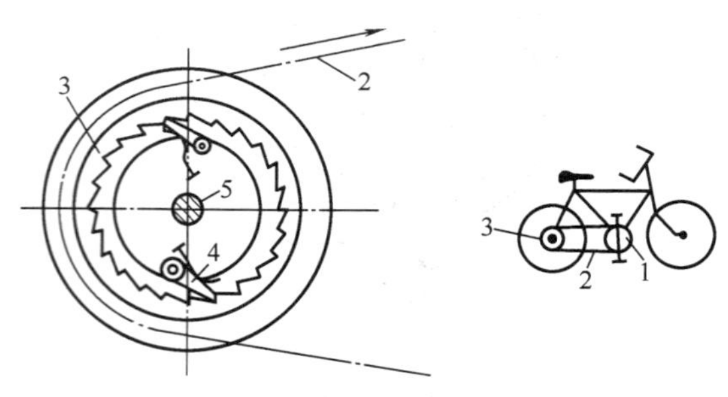

图 5-8 自行车后轴上的棘轮机构

1,3—链轮；2—链条；4—棘爪；5—后轮轴

四、摩擦式棘轮机构

为减少棘轮机构的冲击及噪声，并实现转角大小的无级调节，可采用图 5-9 所示的摩擦式棘轮机构。它由摩擦轮 3 和摇杆 1 及其铰接的驱动偏心楔块 2、止动楔块 4 和机架 5 组成。当摇杆逆时针方向摆动时，通过驱动偏心楔块 2 与摩擦轮 3 之间的摩擦力，使摩擦轮逆时针方向转动。当摇杆顺时针方向摆动时，驱动偏心楔块在摩擦轮上滑过，而止动楔块与摩擦轮之间的摩擦力促使此楔块与摩擦轮卡紧，从而使摩擦轮静止，以实现间歇运动。由于摩擦式棘轮机构是靠摩擦力来工作的，所以摩擦力应足够大。

五、棘轮机构的主要参数和几何尺寸

1. 棘轮机构的结构要求

棘轮机构在机构上要求驱动力矩最大、棘爪能顺利插入棘轮。棘爪为二力杆件，驱动力沿 O_1A 方向（见图 5-10），当其与向径 O_2A 垂直时，驱动力矩最大。工作齿面与向径间的夹角 φ，称为齿倾角。当齿倾角 φ 大于摩擦角 ρ 时，棘爪能顺利插入棘轮齿。摩擦角 ρ 为 6°～10°，齿倾角 φ 取 15°～20°为宜。

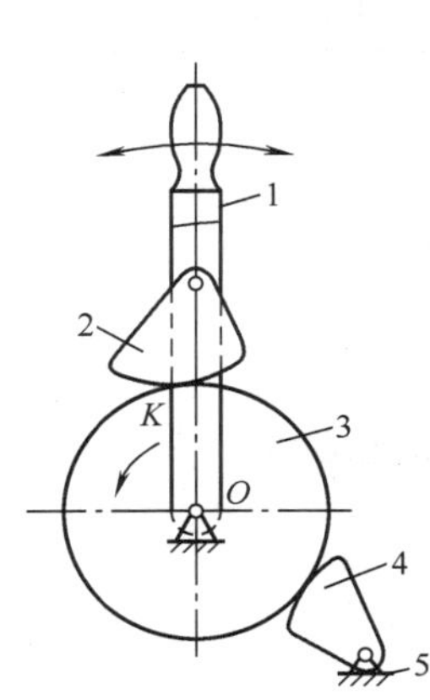

图 5-9　摩擦式棘轮机构

1—摇杆；2—偏心楔块；3—摩擦轮；4—止动楔块；5—机架

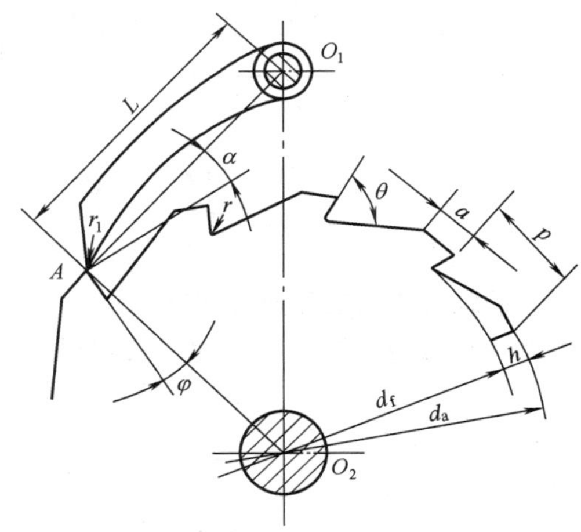

图 5-10　棘轮机构的几何参数

2. 棘轮机构的主要参数

(1) 棘轮齿数 z 和棘爪数 J　棘轮齿数 z 主要根据工作要求的转角选定。例如，牛头刨床的横向进给丝杠的导程为 S，最小进给量为 l，棘轮齿数 z 应满足

$$\frac{2\pi l}{S}\geqslant\frac{2\pi}{z}$$

即

$$z\geqslant\frac{S}{l} \tag{5-1}$$

此外，还应当考虑载荷的大小，对于传递轻载的进给机构，齿数可取得多一些，$z\leqslant 250$；传递载荷较大时，应考虑到轮齿的强度及安全，齿数取得少一些，如某些起重机械的制动器取 $z=8\sim30$。棘轮机构的驱动棘爪数通常取 $J=1$。但在载荷较大、棘轮尺寸受限制，齿数较少时，可采用双棘爪驱动。

(2) 齿距 p 和模数 m　棘轮齿顶圆上相邻两齿对应点间的弧长称为齿距，用 p 表示。令 $m=p/\pi$，m 称为模数（mm）。模数已标准化，应按标准选用，常用的 m 值为 1、1.5、2、2.5、3、3.5、4、5、6、8、10、12、14、16、18、20、22、24、26、30。

(3) 棘轮的齿形　常见的轮齿齿形为不对称梯形（见图 5-10），当棘轮承受载荷不大时，为便于加工可选用三角形齿形（见图 5-1，图 5-2）。双向驱动用的棘轮机构，常选用对称梯形（见图 5-3）。

3. 几何尺寸计算

棘轮齿数 z 和模数 m 确定后，棘轮机构主要几何尺寸可按表 5-1 中公式计算。

表 5-1　棘轮机构主要几何尺寸计算公式

名　　称	符号	计　算　公　式	名　　称	符号	计　算　公　式
齿顶圆直径	d_a	$d_a=mz$	齿槽圆角半径	r	$r=1.5m$
齿高	h	$h=0.75m$	齿槽夹角	θ	$\theta=60^\circ$或 55°
齿根圆直径	d_f	$d_f=d_a-2h$	棘爪长度	L	$L=2p$
齿距	p	$p=\pi m$	棘爪工作高度	h_1	$m\leqslant 2.5$ 时,$h_1=h+(2\sim3)$ $m=3\sim5$ 时,$h_1=(1.2\sim1.7)m$ $m=6\sim14$ 时,$h_1=m$
齿宽	b	铸钢 $b=(1.5\sim4)m$ 铸铁 $b=(1\sim2)m$			
齿顶厚	a	$a=m$	棘爪尖顶圆角半径	r_1	$r_1=2\text{mm}$

第二节　槽轮机构

一、槽轮机构的工作原理和基本形式

槽轮机构也是一种间歇运动机构，可分为外槽轮机构和内槽轮机构，其结构如图 5-11 所示。

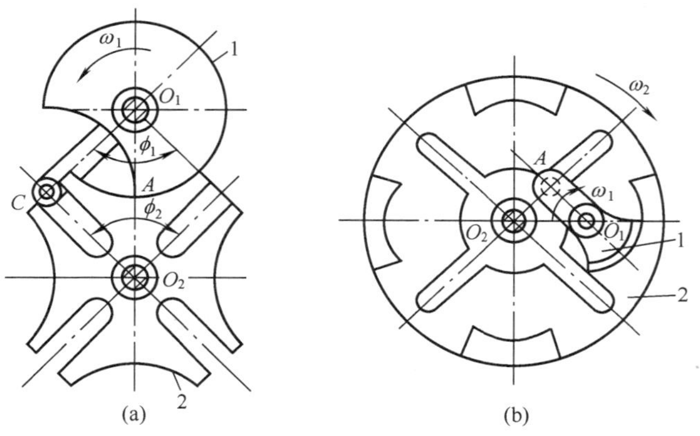

图 5-11　槽轮机构

1—拨盘；2—槽轮

槽轮机构由带圆销的主动拨盘 1、具有径向槽的从动槽轮 2 和机架所组成。拨盘 1 做匀速转动，通过主动拨盘上的圆销与槽的啮入啮出，推动从动槽轮作间歇转动。

为防止从动槽轮在生产阻力下反转，拨盘与槽轮之间设有锁止弧。拨盘上的凸圆弧与槽轮的凹弧接触时，槽轮静止不动；当圆销进入径向槽时，槽轮转动一个角度；圆销脱离径向槽时，拨盘上的凸弧又将槽轮锁住。拨盘连续转动，重复上述过程，从而实现了槽轮单向间歇转动的目的。

根据槽轮机构中圆销的数目，外槽轮机构又分为单圆销、双圆销和多圆销槽轮机构。单圆销外槽轮机构拨盘转一周，槽轮反向转动一次；双圆销外槽轮机构拨盘转一周，槽轮反向转动两次；内槽轮机构槽轮的转动方向与拨盘转向相同［见图 5-11（b)］。

二、槽轮机构的特点和应用

槽轮机构的特点是：结构简单，转位迅速，工作可靠，外形尺寸小，机械效率高，且转动平稳。但槽轮转角不能调整，转速较高时有冲击，故槽轮机构一般应用于转速较低，又不需调节转角的间歇转动的场合。

图 5-12 所示为六角车床刀架的转位槽轮机构。刀架 3 上可装 6 把刀具并与槽轮 2 固连，拨盘每转 1 周，驱使槽轮（即刀架）转 60°，从而将下一工序的刀具转换到工作位置。图 5-13所示为电影放映机卷片机构，当拨盘 1 转一周时，槽轮 2 转 90°，影片移动一个画面，并停留一定时间（即放映一个画面）。拨盘继续转动，重复上述运动。利用人眼的视觉暂留特性，当每秒钟放映 24 幅画面时即可使人看到连续的画面。

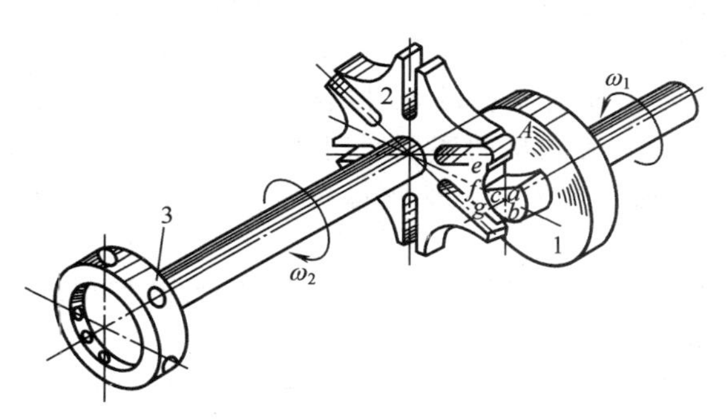

图 5-12　刀架转位槽轮机构

1—拨盘；2—槽轮；3—刀架

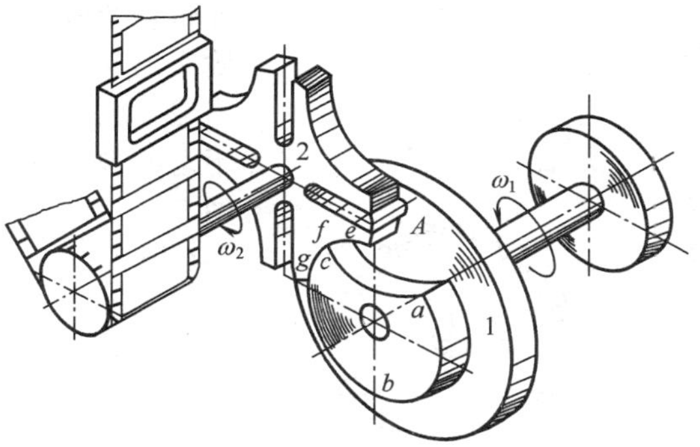

图 5-13　电影卷片槽轮机构

1—拨盘；2—槽轮

三、槽轮的主要参数和几何尺寸计算

1. 槽轮槽数 z

如图 5-14 所示，为使圆销在进入轮槽和退槽时的瞬时速度方向沿径向槽的方向，避免槽轮在开始转动和停止转动时发生冲击，并保证槽轮能做间歇运动，轮槽数 z 必须等于或大于 3。当 $z=3$ 时，槽轮转动的角速度变化太大，易引起机构的冲击和振动，故常取 $z=4\sim8$。

2. 圆销数 k 的确定

圆销数的多少直接影响槽轮的转动和停止时间，当槽轮的轮槽数 $z=3$ 时，圆销数 $k=1\sim5$；当 $z=4$、5 时，$k=1\sim3$；当 $z\geqslant6$ 时，$k=1\sim2$。总之，槽轮机构的轮槽数和圆销数多，则槽轮的运动时间长，停止时间短，反则反之。

3. 槽轮机构的尺寸计算

在槽数 z 和圆销数 k 确定后，除了中心距 a 与拨盘圆销半径 r 取决于槽轮机构的强度要求及允许的安装尺寸外，其余主要尺寸计算公式见表 5-2。

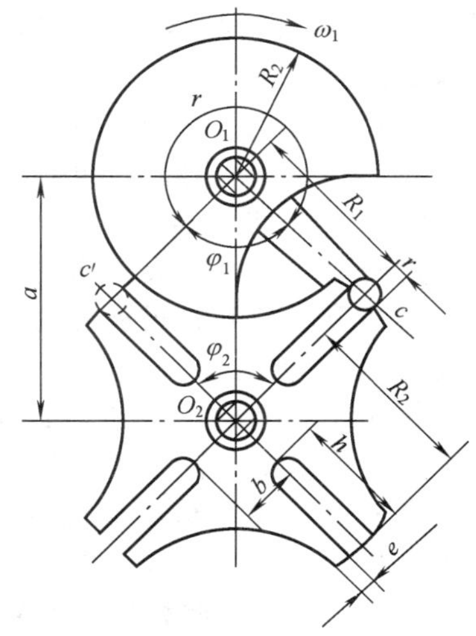

图 5-14　外槽轮机构几何参数

表 5-2　槽轮机构主要尺寸计算公式

名　　称	符号	计 算 公 式	名　　称	符号	计 算 公 式
圆销回转半径	R_1	$R_1=a\sin(\pi/z)$	槽深	h	$h=R_2-b$
圆销半径	r	$r\approx R_1/6$	锁止弧半径	R_x	$R_x=R_1-r-e$，e 为槽顶一侧壁厚，推荐 $e=(0.6\sim0.8)r$，但 e 必须大于 3～5mm
槽轮半径	R_2	$R_2=a\cos(\pi/z)$			
槽底高	b	$b=a-(R_1+r)-(3\sim5)$			

第三节　其他机构

一、不完全齿轮机构

不完全齿轮机构（见图 5-15）由具有一个或几个齿的不完全主动齿轮 1、具有正常轮齿和带锁止弧的从动齿轮 2 及机架组成。当轮 1 等速连续转动时，轮 1 的轮齿与轮 2 的正常齿相啮合，轮 1 驱动从动轮 2 转动；当轮 1 的锁止弧 S_1 与轮 2 的锁止弧 S_2 接触时，从动轮 2 停歇不动并停止在确定的位置上，从而实现周期性的单向间歇运动。图 5-15 所示的不完全齿轮机构的主动轮每转 1 周，从动轮只转 1/4 周。

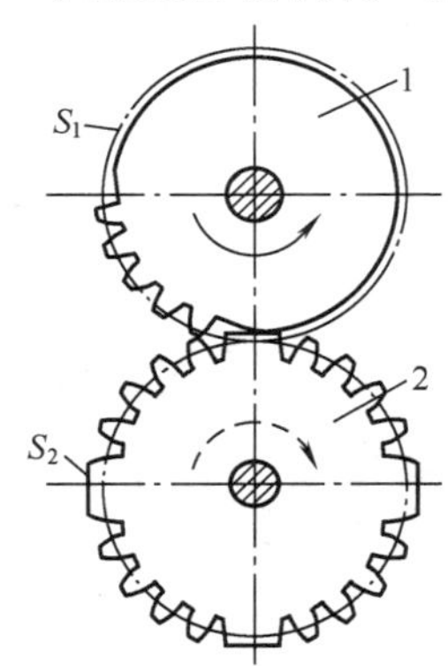

图 5-15　外啮合不完全齿轮机构

1—主动轮；2—从动轮

不完全齿轮机构有外啮合（见图 5-15）和内啮合两种型式，一般常用外啮合型式。

不完全齿轮机构的特点是：工作可靠，结构简单，传递的力大，从动轮的运动时间和静止时间的比例不受机构结构的限制；但是不完全齿轮机构的从动轮在转动开始和终止时，角速度有突变，冲击较大。

不完全齿轮机构一般只用于低速或轻载场合。如在自动机械和半自动机械中，用作工作台的间歇转位机构、间歇进给机构及计数装置中，如蜂窝煤压制机工作台转盘的间歇转位机构等。

二、凸轮式间歇机构

图 5-16 所示为一种圆柱凸轮式间歇运动机构。这种机构的主动轮 1 为具有曲线沟槽的圆柱凸轮，从动件 2 则为均布有柱销 3 的圆盘。当主动轮 1 转动时，拨动柱销 3，使从动圆盘 2 作间歇运动。从动圆盘的运动规律取决于凸轮轮廓曲线，这种机构常用在高速轻载情况下的间歇运动，间歇运动的频率每分钟可高达 1500 次左右。

凸轮式间歇机构的优点是：结构简单，运转可靠，传动平稳，承载能力较大；可以实现任何运动规律，适用于高速、中载和高精度分度的场合，故在轻工机械、冲压机械和其他自动机械中得到了广泛应用。但是凸轮加工较复杂，装配和调整要求也较高，因而其应用受到限制。

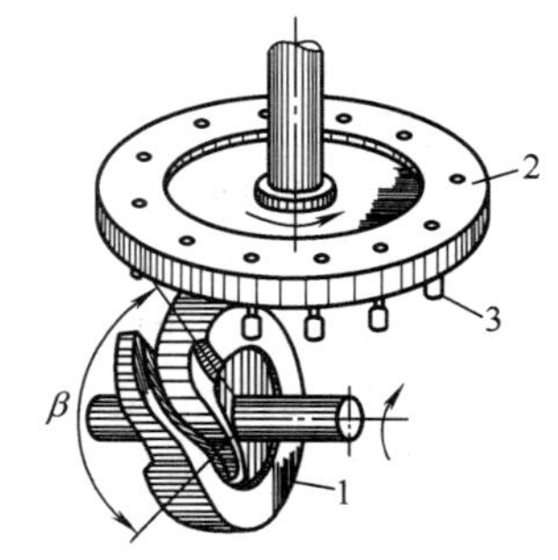

图 5-16　凸轮式间歇机构

1—主动轮；2—圆盘；3—柱销

小　　结

1. 间歇运动机构包括：棘轮机构、槽轮机构、不完全齿轮机构、凸轮式间歇机构。

2. 棘轮机构：摇杆往复摆动，驱动棘爪推动棘轮作单向间歇转动。棘轮机构能实现送进、输送、制动和超越等功能。棘轮齿数根据工作要求选定，驱动棘爪数通常为 1。齿式棘轮机构，不宜应用于高速场合。摩擦式棘轮机构传动平稳无噪声，可无级调速，但工作不十分可靠。

3. 槽轮机构：拨盘连续转动，槽轮单向间歇转动。槽轮转位迅速，转角大小随槽数 z 确定。槽轮槽数不能少于 3，一般为 4～8。当 $z=3$ 时，圆销数 $k=1\sim5$；当 $z=4$、5 时，$k=1\sim3$；当 $z\geqslant6$ 时，$k=1\sim2$。

4. 不完全齿轮机构是由普通渐开线齿轮演变而成的一种间歇运动机构，由于主动轮轮齿被切去一部分，切齿的范围可按需要设计，能满足对从动轮停歇次数、停歇和运行时间等多种要求。

5. 凸轮式间歇机构是利用凸轮的轮廓曲线，通过对圆盘上柱销的推动，将凸轮的连续运动转变为从动圆盘的间歇运动的机构。由于凸轮机构可按从动件的要求设计，故可满足机构各种运转要求。

思考与习题

5-1　常用的间歇运动机构有哪几种？

5-2　棘轮机构和槽轮机构如何从结构上实现间歇运动？

5-3　不完全齿轮机构和凸轮式间歇机构如何从结构上实现间歇运动？

5-4　棘轮机构和槽轮机构的主要参数有哪些？

5-5　在外啮合槽轮机构中，决定槽轮每次转动角度的是什么参数？当主动拨盘转动一周时，决定从动槽轮运动次数的是什么参数？

5-6　某一自动机上的棘轮机构，棘轮的最小转角为 18°，该棘轮最少齿数为多少？若棘轮的模数为 8mm，试计算棘轮、棘爪的主要几何尺寸。

5-7　某单圆销外槽轮机构的槽数 $z=6$，中心距 $a=80$mm，圆销半径 $r=5$mm。试计算该槽轮机构的主要几何尺寸。

5-8　一多轴自动车床利用单圆销六槽外槽轮机构转位。试确定槽轮机构的主要几何尺寸。

实践环节

1. 观察自行车飞轮机构、牛头刨床进给机构、电影卷片机构、加工中心换刀机构、凸轮式间歇机构，可到工厂、陈列室现场参观，归纳出各类机构的工作特点、应用场合。

2. 分小组讨论间歇机构的应用：如浇筑机构、起重机构，每组列举三个应用实例。

第六章 齿 轮 传 动

学习目标

齿轮传动应用非常广，要结合实际应用掌握齿轮传动的特点、分类。熟悉渐开线齿廓的形成、特点与啮合特性。掌握渐开线直齿圆柱齿轮的几何参数和尺寸计算。通过学习渐开线齿轮正确啮合条件、连续传动条件及标准安装掌握渐开线齿轮的加工方法和避免根切的方法，了解变位齿轮的概念。掌握直齿圆柱齿轮传动的失效、材料选择、强度计算、结构设计。熟悉斜齿轮、锥齿轮的形成、传动特点、尺寸计算和强度计算。

了解蜗轮传动的应用、特点与设计。

实践训练安排有渐开线齿廓范成实验和齿轮参数测定，通过实践操作进一步掌握直齿圆柱齿轮的参数、尺寸计算、齿轮加工和齿轮测量与参数选择。

第一节 齿轮传动的特点和分类

一、齿轮传动的特点

齿轮传动是各种机械中应用最广泛的一种传动。与其他传动相比具有以下特点：可实现任意轴之间的运动和动力传递，瞬时传动比恒定，传递的功率范围和速度范围广，工作可靠，效率高，寿命长；但制造、安装精度要求高，故成本高。

二、齿轮传动的分类

齿轮传动按轴之间的相互位置、齿向和啮合情况分类如下。

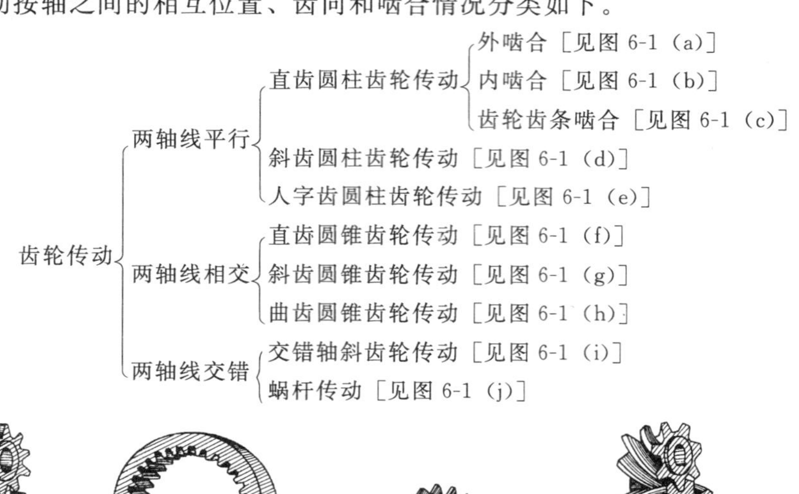

(a)

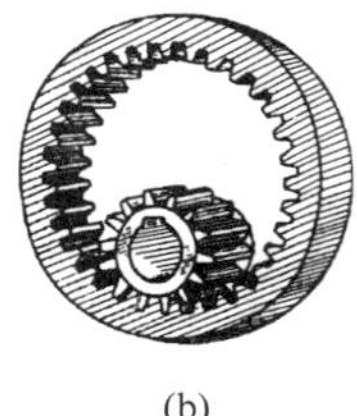
(b)

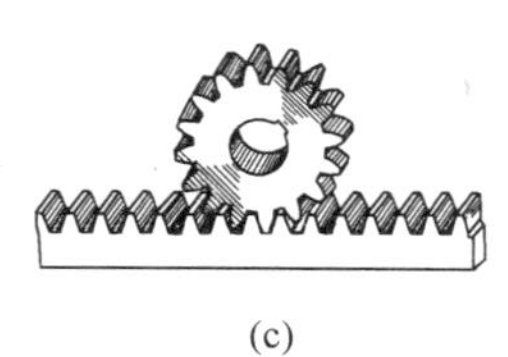
(c)

(d)

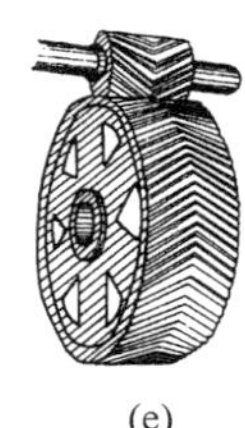
(e)

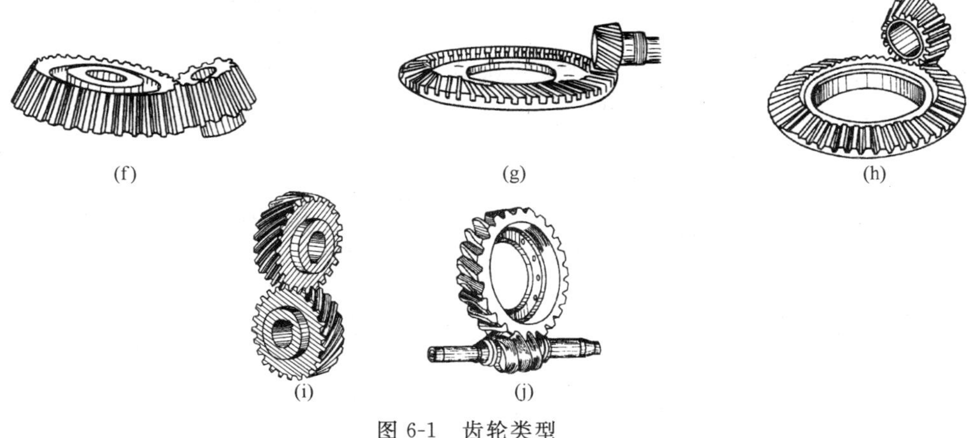

图 6-1　齿轮类型

第二节　渐开线齿轮的齿廓与啮合特性

一、齿廓啮合基本定律

一对齿轮传动必须保证主、从动轮匀角速度转动，否则将会产生惯性力，影响齿轮的强度和寿命。如何保证一对齿轮的瞬时传动比不变呢？

图 6-2 表示一对啮合齿轮的轮齿 E_1、E_2 在 K 点处接触，主、从动轮分别以 ω_1、ω_2 转动，过 K 点作两齿廓的公切线 t-t，与之相垂直的直线 n-n 即为两齿廓在 K 点处的公法线。公法线与连心线 O_1O_2 的交点为 P。此时两齿轮的瞬时传动比为

$$i_{12}=\frac{\omega_1}{\omega_2}=\frac{\overline{O_2P}}{\overline{O_1P}}=\frac{r'_2}{r'_1} \tag{6-1}$$

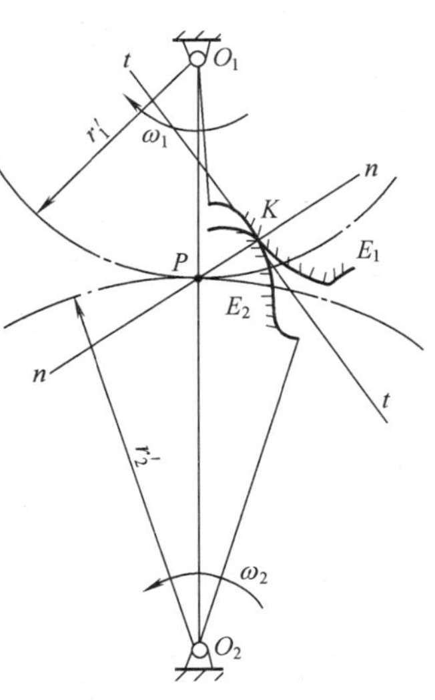

图 6-2　齿廓啮合基本定律

式中，r'_1、r'_2分别为过 P 点所作的两个相切圆的半径，这两个圆称为节圆；P 点为节点。

要保证齿轮瞬时传动比不变，则要求$\overline{O_2P}/\overline{O_1P}$ 为定值，即不论两齿廓在哪一点接触，过接触点的公法线与连心线的交点 P 都为一固定点，这一关系称为齿廓啮合基本定律。满足这一定律的齿廓称为共轭齿廓。理论上共轭齿廓很多，但从设计、制造和强度综合考虑，常用的有渐开线、摆线和圆弧线齿廓。渐开线齿廓应用最广，圆弧线齿廓用于高速重载的场合，而摆线齿廓多用于各种仪表中。

二、渐开线的形成与特性

1. 渐开线的形成

如图 6-3（a）所示，当直线 nn 沿着半径为 r_b 的圆作纯滚动时，该直线上任意一点 K 的轨迹 E 称为该圆的渐开线。这个圆称为基圆，直线 nn 称为发生线。

2. 渐开线的特性

根据渐开线的形成过程，渐开线有以下特性。

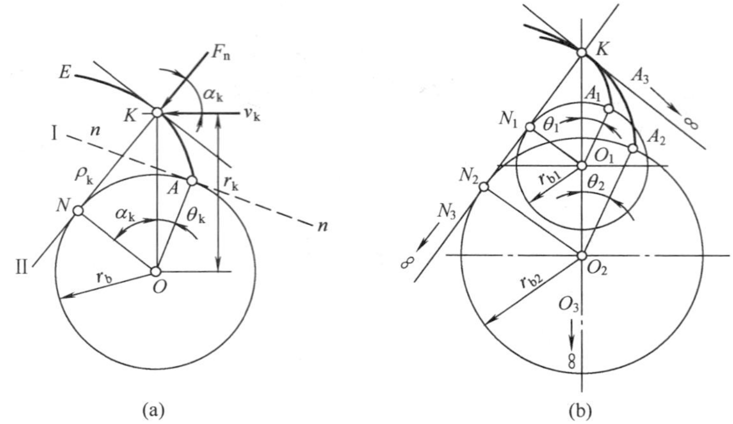

图 6-3　渐开线形成与特性

① 发生线由位置Ⅰ滚动到位置Ⅱ时，因其与基圆之间为纯滚动，故$\overline{NK}=\widehat{NA}$。

② 发生线沿基圆作纯滚动时，渐开线上任一点 K 的法线必与基圆相切。在位置Ⅱ的瞬间，K 点的轨迹（渐开线）是以 N 为圆心，NK 为半径的极短圆弧，所以 N 为曲率中心，$\overline{NK}$ 为曲率半径。渐开线上各点的曲率半径不等，远离基圆曲率半径大，反之则小。

③ 渐开线的形状取决于基圆的大小［见图 6-3（b)］。基圆越小，渐开线越弯曲；基圆越大，渐开线越平直；基圆为无穷大时，渐开线变为一条直线，渐开线齿轮变为齿条。

④ 渐开线上各点的压力角不等。由图 6-3（a）可知

$$\cos\alpha_K=\frac{r_b}{r_K} \tag{6-2}$$

即压力角随着半径 r_K 的增大而增大。基圆上的压力角 $\alpha_b=0$。

⑤ 因发生线切于基圆，故基圆内无渐开线。

三、渐开线齿廓的啮合特性

1. 渐开线齿廓满足定传动比条件

由齿廓啮合基本定律可知，只要两齿廓接触点的公法线与连心线交于一固定点 P，则齿轮的传动比恒定不变。

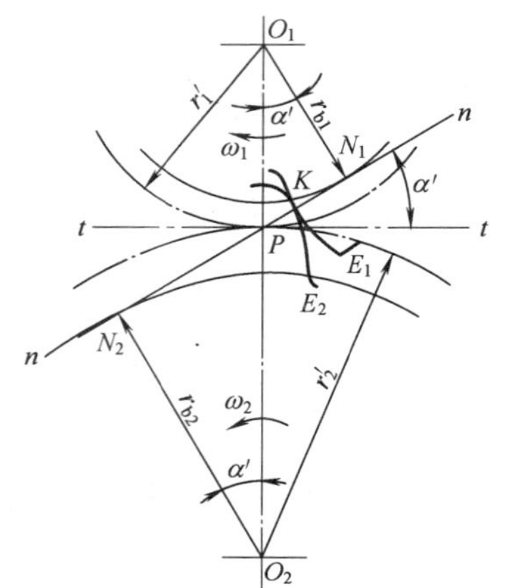

图 6-4　渐开线齿廓定传动比证明

图 6-4 所示为一对渐开线齿轮啮合，两齿轮的基圆半径为 r_{b1}、r_{b2}，当齿廓 E_1、E_2 在任意点接触时，过 K 点的公法线必与两基圆相切（渐开线性质 2），切点分别为 N_1、N_2，该公法线必为两基圆的内公切线。由于两基圆大小、位置不变，故同一方向上的内公切线只有一条，即 N_1N_2 为一定直线，它与连心线的交点 P 为一固定点，所以渐开线齿廓满足齿廓啮合基本定律。传动比为

$$i_{12}=\frac{\omega_1}{\omega_2}=\frac{r'_2}{r'_1}=\frac{r_{b2}}{r_{b1}}=\text{常数} \tag{6-3}$$

式中，r_{b1}、r_{b2} 为两齿轮的基圆半径；r'_1、r'_2 为两齿轮的节圆半径。

两齿廓的接触点又称为啮合点，啮合点的轨迹线为 N_1N_2，N_1 与 N_2 点为啮合极限点，N_1N_2 称为理论啮合线

段。啮合线 N_1N_2 与两节圆公切线 t-t 所夹的锐角为啮合角 α'。

2. 中心距的可分性

一对渐开线齿轮制成后，其基圆半径不变，当齿轮的中心距稍有变化时，根据式（6-3）可知，其传动比保持不变。这一性质称为渐开线齿轮的中心距可分性。由于存在该性质使渐开线齿轮制造、安装较为方便，且应用广泛。

3. 齿轮的传力方向不变

由于啮合线 N_1N_2 既是两基圆的内公切线，又是两齿廓接触点的公法线，故齿轮的传力方向始终沿着 N_1N_2 方向，即啮合角为定值，故渐开线齿轮传动平稳。

第三节 渐开线齿轮的主要参数和几何尺寸

一、渐开线齿轮的主要参数

图 6-5 所示为渐开线标准直齿圆柱齿轮，其各部分名称和主要参数如下。

1. 齿槽、齿厚和齿距

相邻两齿间的空间为齿槽。直径为 d_K 的圆周上齿槽间的弧长为齿槽宽 e_K，沿直径 d_K 的圆周上量得轮齿的厚度（弧长）称为齿厚 s_K，齿槽宽与齿厚之和为齿距 p_K。

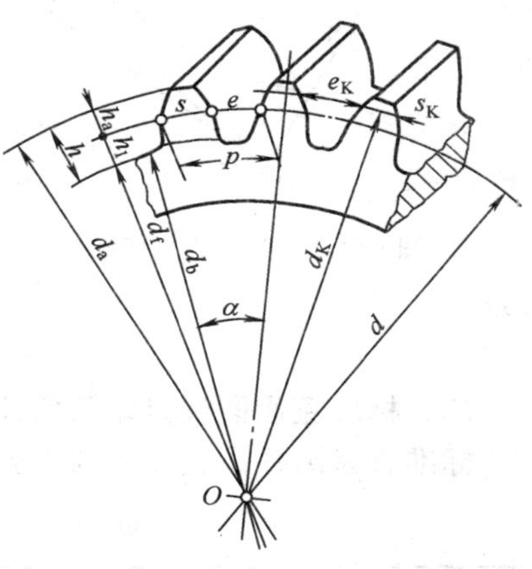

图 6-5 渐开线标准直齿圆柱齿轮

2. 齿顶圆、齿根圆

限制齿顶的圆称为齿顶圆，其直径用 d_a 表示；限制齿槽底部的圆称为齿根圆，其直径用 d_f 表示。

3. 分度圆、模数和压力角

在齿顶圆与齿根圆之间，作为计算齿轮尺寸基准的圆称为分度圆，其直径用 d 表示。在分度圆上齿厚等于齿槽宽，即 $s=e$。

分度圆周长为 $pz=\pi d$，z 为齿轮齿数，p 为分度圆齿距，则 $d=\frac{p}{\pi}z$，由于 π 为无理数，为设计制造方便，令

$$m=\frac{p}{\pi} \tag{6-4}$$

式中，m 为模数，取标准值，单位为 mm。模数反映了轮齿大小，模数越大，轮齿越大，轮齿的弯曲强度越高，承载能力也越大（见图 6-6）。标准模数见表 6-1。

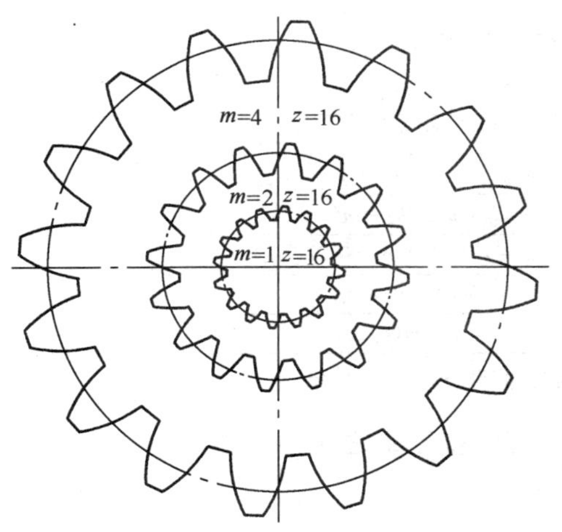

图 6-6 不同模数的轮齿比较

分度圆直径为

$$d=mz \tag{6-5}$$

渐开线齿廓与分度圆交点处的压力角称为分度圆压力角 α，为标准值。我国规定标准压力角 $\alpha=20°$，其他国家的压力角有 20°、15°和 14.5°。

分度圆也可定义为：具有标准模数和标准压力角的圆。

表 6-1　渐开线齿轮标准模数（摘自 GB/T 1357—1987，参照 ISO 54—1977）　/mm

第一系列	1	1.25	1.5	2	2.5	3	4	5	6	8	10	12	16	20	25	32	40	50
第二系列	1.75	2.25	2.75	(3.25)	3.5	(3.75)	4.5	5.5	(6.5)	7	9	(11)	14	18	22	28	36	45

注：优先采用第一系列，括号内的模数尽可能不用。

4. 齿顶高、齿根高和全齿高

从分度圆到齿顶圆的径向高度称为齿顶高，用 h_a 表示。

$$h_a=h_a^* m \tag{6-6}$$

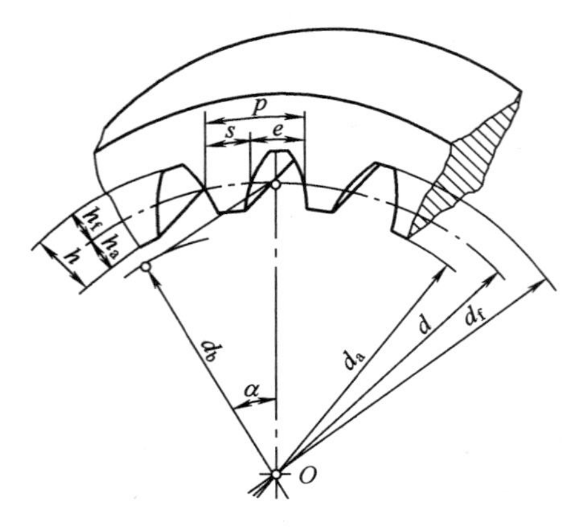

图 6-7　内齿轮的几何参数

为保证两啮合齿轮传动时不至于卡死，并贮存润滑油，齿轮沿径向方向留有间隙，这一间隙称为顶隙，以 c 表示。

$$c=c^* m \tag{6-7}$$

由分度圆到齿根圆的径向高度称为齿根高，用 h_f 表示。

$$h_f=h_a+c=(h_a^*+c^*)m \tag{6-8}$$

式中，h_a^*、c^* 分别为齿顶高系数和顶隙系数。标准齿轮规定：正常齿 $h_a^*=1$，$c^*=0.25$；短齿 $h_a^*=0.8$，$c^*=0.3$。

由齿根圆到齿顶圆的径向高度称为全齿高，用 h 表示。

$$h=h_a+h_f=(2h_a^*+c^*)m \tag{6-9}$$

二、标准直齿圆柱齿轮几何尺寸

标准直齿圆柱齿轮尺寸计算公式见表 6-2。内齿轮的几何参数如图 6-7 所示。

表 6-2　渐开线标准直齿圆柱齿轮尺寸计算公式

名　称	符　号	计　算　公　式
齿距	p	$p=\pi m=s+e$
齿厚	s	$s=\pi m/2$
齿槽宽	e	$e=\pi m/2$
齿顶高	h_a	$h_a=h_a^* m$
齿根高	h_f	$h_f=(h_a^*+c^*)m$
全齿高	h	$h=(2h_a^*+c^*)m$
分度圆直径	d	$d=mz$
齿顶圆直径	d_a	$d_a=d\pm 2h_a=m(z\pm 2h_a^*)$
齿根圆直径	d_f	$d_f=d\mp 2h_f=m(z\mp 2h_a^*\mp 2c^*)$
基圆直径	d_b	$d_b=d\cos\alpha=mz\cos\alpha$
中心距	a	$a=m(z_2\pm z_1)/2$

注：表中计算公式的上边算符适用于外齿轮、外啮合，下边算符适用于内齿轮、内啮合。

欧美国家齿轮采用径节制，径节 D 为齿数 z 与分度圆直径 d 之比，单位为 in^{-1}，即

$$D=\frac{z}{d}=\frac{\pi}{p} \tag{6-10}$$

由式（6-10）可知，径节 D 与模数 m 互为倒数，由于 1in=25.4mm，所以

$$m=25.4/D \qquad (6\text{-}11)$$

常用径节有 2、2.5、3、4、6、8、10、12、16、20。

三、齿条

齿条相当于直径无穷大的齿轮（见图 6-8），因此各圆变为相互平行的直线。与齿轮相比，齿条有下述两个重要特点。

① 在任一平行线上的齿距（$p=\pi m$）均相等。

② 各平行线上的压力角 α 均相等（$\alpha=20°$），且与齿条的齿形角相等。

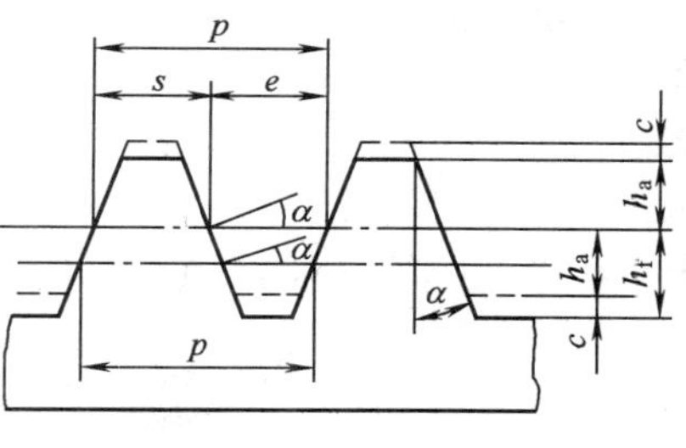

图 6-8　齿条

第四节　渐开线齿轮的啮合传动

一、正确啮合条件

一对渐开线齿轮不仅要保证定传动比传动，还应使两个齿轮正确啮合。

齿轮啮合过程中，每对齿啮合一段时间便分离，但在某段时间内，至少同时有两对齿分别在 K'、K 点接触（见图 6-9），并且前后相邻的两对齿廓间既不发生分离，也不相互嵌入，才能保证正确啮合。因此，正确啮合的条件是：两齿轮在啮合线上相邻两齿同侧齿廓间的距离相等，即

$$K'_1K_1=K'_2K_2$$

根据渐开线特性，由图 6-9 中齿轮 2 得

$$K'_2K_2=N_2K'_2-N_2K_2=\widehat{N_2i}-\widehat{N_2j}=\widehat{ji}=p_{b2}$$

同理可得

$$K'_1K_1=p_{b1}$$

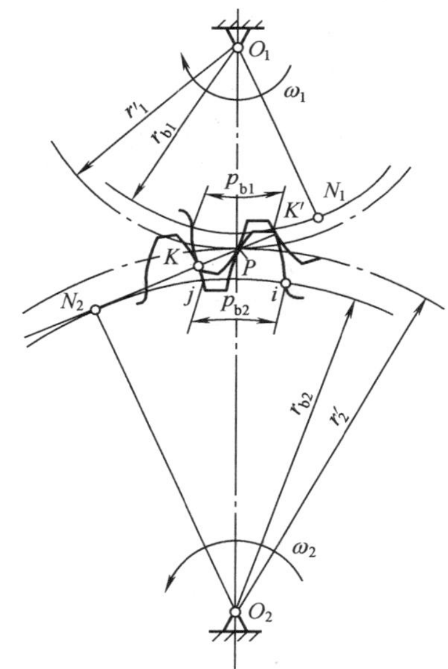

图 6-9　正确啮合条件

式中，p_{b1}、p_{b2} 分别为齿轮 1 和 2 的基圆齿距。上述条件可以写成

$$p_{b1}=p_{b2}=p_b \qquad (6\text{-}12)$$

又因基圆齿距

$$p_b=\frac{\pi d_b}{z}=\frac{\pi d\cos\alpha}{z}=\pi m\cos\alpha$$

代入式（6-12）可得

$$\pi m_1\cos\alpha_1=\pi m_2\cos\alpha_2$$

式中，m_1、m_2 和 α_1、α_2 分别为两齿轮的模数和压力角。由于齿轮的模数和压力角均为标准值，因此要满足上述关系，应当使

$$\left.\begin{array}{l} m_1=m_2=m \\ \alpha_1=\alpha_2=\alpha \end{array}\right\} \qquad (6\text{-}13)$$

渐开线齿轮正确啮合的条件是：两齿轮的模数、压力角必须分别相等。故传动比为

$$i_{12}=\frac{\omega_1}{\omega_2}=\frac{d'_2}{d'_1}=\frac{d_{b2}}{d_{b1}}=\frac{d_2}{d_1}=\frac{z_2}{z_1} \qquad (6\text{-}14)$$

二、连续传动条件

如前所述，齿轮机构的传动是由两轮轮齿依次啮合来实现的，显然，要使齿轮能连续传

动，就必须要求在前一对轮齿尚未脱离啮合时，后一对轮齿已进入啮合（见图 6-10）。实际啮合过程是：首先由主动轮齿根推动从动轮齿顶，随着主动轮继续转动，接触点沿着啮合线移动，直至主动轮齿顶与从动轮齿根相接触，啮合结束。开始啮合点为从动轮齿顶圆与理论啮合线 N_1N_2 的交点 B_2，啮合分离点为主动轮齿顶圆与啮合线 N_1N_2 的交点 B_1，故 B_1B_2 为实际啮合线段（可通过作图求得）。

显然，要保证连续传动，实际啮合线段 B_1B_2 必须大于同侧相邻齿廓在啮合线上的线段 KK'（p_b），即 $B_1B_2>p_b$，B_1B_2/p_b 的比值称为直齿圆柱齿轮传动的重合度，以 ε 表示。于是齿轮连续传动的条件为

$$\varepsilon=\frac{B_1B_2}{p_b}=\frac{B_1B_2}{\pi m\cos\alpha}>1 \tag{6-15}$$

ε 表示实际啮合区间相啮合的轮齿对数。ε 值越大，表明同时参加啮合的轮齿对数越多，传动越平稳，承载能力越大。理论上 ε=1 即可实现连续传动，考虑到齿轮的制造、安装误差，实际中取 ε>1，通常取 ε=1.1～1.4。

三、标准齿轮的安装

齿轮的标准安装如图 6-11 所示。

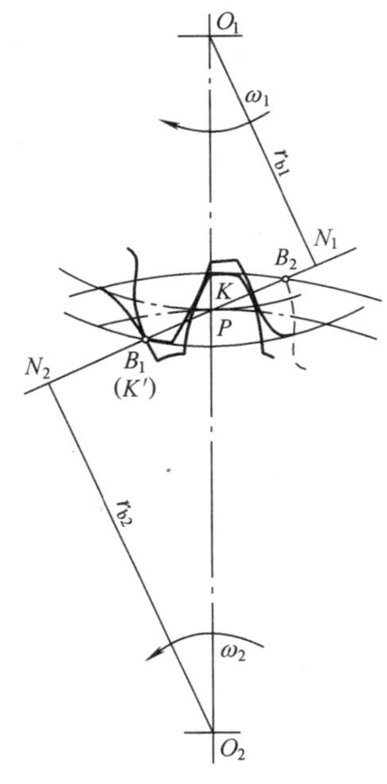

图 6-10 连续传动条件

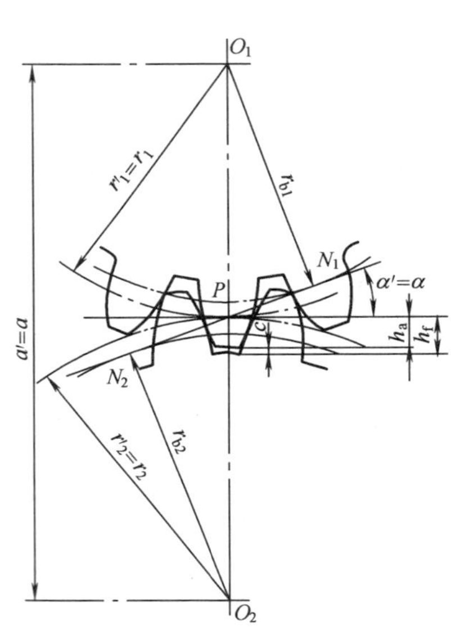

图 6-11 齿轮的标准安装

1. 无侧隙啮合

一对齿轮啮合除满足正确啮合、连续传动条件外，还必须考虑到轮齿的热变形、运转、装配和润滑方便等因素。为此，应在齿槽与齿厚的齿廓间留有一定的侧向间隙，简称侧隙。设计时认为无侧隙，即 $s_1=e_2$、$s_2=e_1$，制造时用公差来保证，即 s 略小于 e。

2. 中心距

一对标准齿轮标准安装时（即无侧隙安装），分度圆与节圆重合，其中心距为

$$a'=a=r'_1+r'_2=r_1+r_2=\frac{m}{2}(z_1+z_2) \tag{6-16}$$

式中，a' 为实际中心距；a 为标准中心距。此时啮合角与压力角重合。当一对齿轮非标准安装时 $a'\neq a$，节圆与分度圆不重合，啮合角与压力角不重合。

对于单个齿轮，只有分度圆与压力角，没有节圆与啮合角。一对齿轮啮合时，才有节圆和啮合角。

【例 6-1】 一对啮合齿轮，大齿轮已丢失，已知这对齿轮为外啮合标准直齿圆柱齿轮，$h_a^*=1$，$a=112.5\text{mm}$，$z_1=38$，$d_{a1}=100\text{mm}$，试确定丢失的大齿轮的齿数、模数和主要尺寸。

解： 先求齿轮模数

$$m=\frac{d_{a1}}{z_1+2h_a^*}=\frac{100}{38+2}=2.5\ (\text{mm})$$

再求齿数，由式（6-16）得

$$a=\frac{m}{2}(z_1+z_2)=\frac{2.5}{2}(38+z_2)=112.5$$

$$z_2=52$$

大齿轮主要尺寸

$$d_2=mz_2=2.5\times52=130\ (\text{mm})$$

$$d_{a2}=(z_2+2h_a^*)m=(52+2\times1)\times2.5=135\ (\text{mm})$$

$$d_{f2}=(z_2-2h_a^*-2c^*)m=(52-2\times1-2\times0.25)\times2.5=123.75\ (\text{mm})$$

$$d_{b2}=d_2\cos\alpha=mz_2\cos\alpha=2.5\times52\times\cos20°=122.6\ (\text{mm})$$

第五节　渐开线齿轮的加工

一、加工方法

齿轮加工方法很多，从加工原理来分，有仿形法和范成法两种。

1. 仿形法

仿形法是采用与齿槽形状完全相同的刀具或模具加工齿轮。精密铸造、模锻、电加工和成形铣刀加工等均属仿形法。

成形铣刀有盘形铣刀［见图 6-12（a)］和指状铣刀［见图 6-12（b)］两种，可在普通铣床上加工齿轮。加工时，铣刀绕刀轴转动进行铣削，轮坯沿齿轮轴线方向进给，每铣完一个齿槽，将轮坯转动 $360°/z$，再铣下一个齿槽。铣削加工属于间断切削。由于渐开线齿形由基圆大小决定，即由 m、z、α 决定，当 $\alpha=20°$时铣刀只需按 m、z 选择刀号。为了减少铣刀数目，齿数接近的齿轮用同一把刀加工。刀号及其加工的齿数范围见表 6-3。

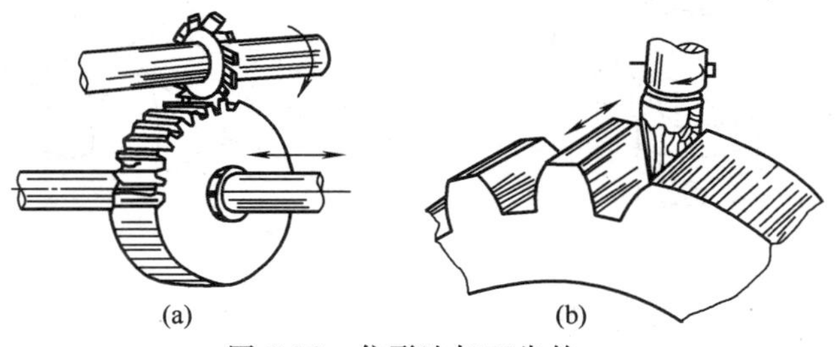

图 6-12　仿形法加工齿轮

表 6-3　刀号及其加工的齿数范围

刀　号	1	2	3	4	5	6	7	8
加工齿数范围	12～13	14～16	17～20	21～25	26～34	35～54	55～134	≥135

仿形铣削时，由于不同齿数合用一把刀，因此加工出的齿形不准确、精度低，又因是间断切削，故生产率低，但加工方法简单，无需专用机床，适用于修配或单件生产。

2. 范成法

范成法是利用一对齿轮（或齿轮与齿条）啮合传动时，两齿廓互相包络的原理加工齿轮的。

范成法切齿常用的刀具有齿轮插刀、齿条插刀和齿轮滚刀。下面以齿条插刀切削齿轮为例来说明范成法切齿过程。

齿条插刀如图 6-13 所示，齿条插刀的中线与轮坯 1 的分度圆相切，并以 $v_2 = r_1\omega_1$ 的运动关系相互滚动（范成运动），同时插刀沿轮坯轴线切削（切削运动），如图 6-13（a）所示。齿条插刀刀刃在轮坯上切出一族刀刃轮廓线，其包络线便是轮坯的渐开线齿廓，如图 6-13（b）所示。

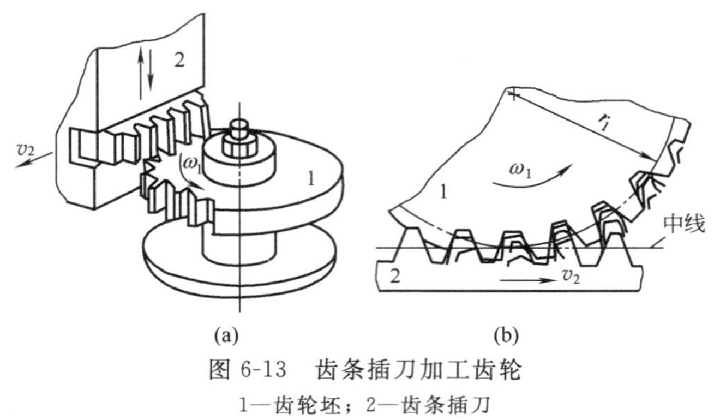

图 6-13　齿条插刀加工齿轮

1—齿轮坯；2—齿条插刀

用插齿刀加工齿轮，同一把刀可加工任意齿数的轮坯，且齿形准确。图 6-14 所示为齿轮插刀加工齿轮，其工作原理与齿条插刀相同，但仍然属间断切削，生产率低。大批量生产时，通常采用连续切削的滚刀来加工（见图 6-15），滚刀形状像蜗杆，轴面内为直线齿廓，滚刀切削轮坯相当于齿条与齿轮啮合，具有很高的生产率。同一模数的滚刀可以加工不同齿数的齿轮，只需调整轮坯的转速 ω_2 即可。由于滚齿机加工切削连续，无选刀误差，故齿轮精度高，生产中应用广泛。

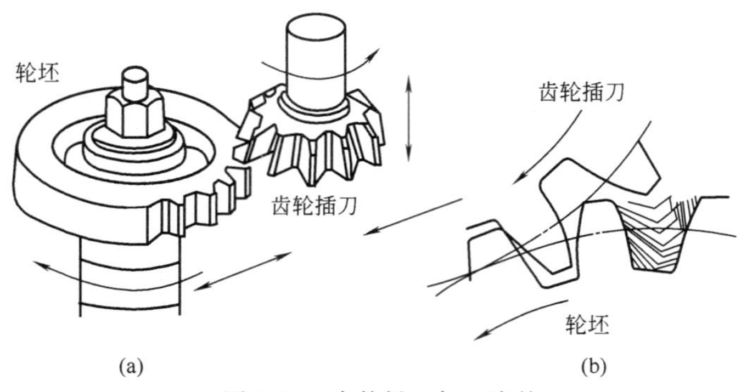

图 6-14　齿轮插刀加工齿轮

二、根切与最少齿数

用范成法加工齿轮，当齿数太少时，刀具的齿顶将把轮齿的根部渐开线切去一部分［见图 6-16（a）中虚线齿廓］，这种现象称为根切。产生根切的齿轮，由于部分渐开线被切去，一方面不能保证平稳传动，另一方面削弱了轮齿的抗弯强度，对传动十分不利。为避免根切，应弄清发生根切的原因和避免根切的条件。

图 6-16（a）中实线所示是用齿条刀具切制齿轮时的情况。如果实际啮合点 B_2 超过理

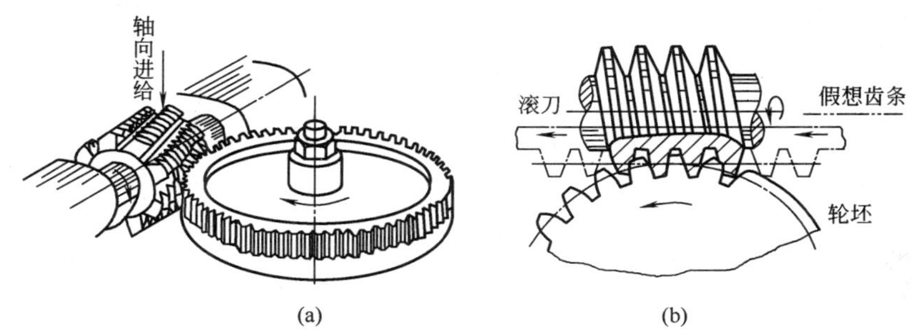

(a) (b)

图 6-15 滚刀加工齿轮

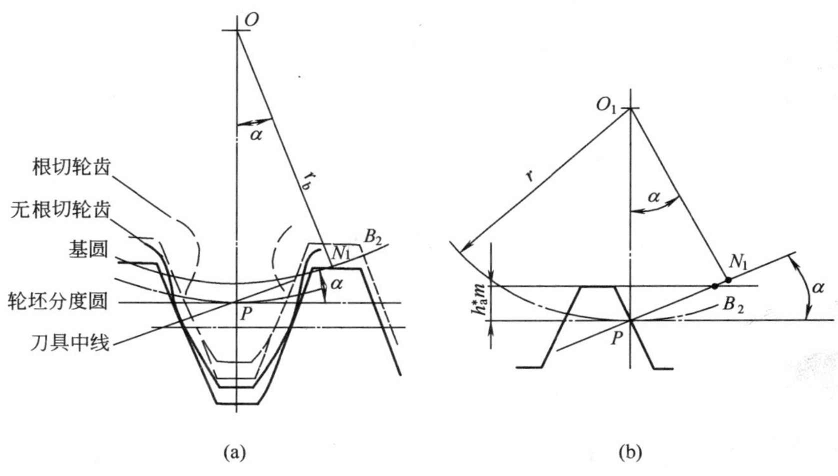

(a) (b)

图 6-16 轮齿的根切

论极限啮合点 N_1，则由于基圆内无渐开线，刀顶不但不能在基圆内切出渐开线，反将轮齿根部切去一部分，由此可知，不发生根切的条件是 B_2 点不能超过 N_1 点，即 $\overline{PB_2} \leqslant \overline{PN_1}$ [见图 6-16 (b)]，因为 $\overline{PB_2} = h_a^* m/\sin\alpha$，$\overline{PN_1} = mz_1 \sin\alpha/2$。根据不发生根切的条件可得

$$\frac{h_a^* m}{\sin\alpha} \leqslant \frac{mz_1}{2}\sin\alpha$$

即

$$z_1 \geqslant \frac{2h_a^*}{\sin^2\alpha}$$

由于标准齿制中 α 和 h_a^* 为定值，所以不根切的最少齿数 $z_{\min}$ 为

$$z_{\min} = \frac{2h_a^*}{\sin^2\alpha} \tag{6-17}$$

由式 (6-17) 可知，当 $h_a^* = 1$、$\alpha = 20°$时，$z_{\min} = 17$；若允许有微量根切时，$z_{\min} = 14$。

三、齿轮测量

在加工和检验齿轮时，需测量齿轮的公法线长度、分度圆弦齿厚和弦齿高。

1. 公法线长度

公法线长度是指在齿轮上卡尺卡脚跨过 K 个齿所测得齿廓间的直线距离，用 W 表示（见图 6-17），测量时卡尺卡脚应相切于齿廓分度圆附近。公法线长度为

$$W=(K-1)p_b+s_b$$

$$\left.\begin{aligned}W&=m[2.9521(K-0.5)+0.014z]\\K&=\frac{z}{9}+0.5\end{aligned}\right\}\tag{6-18}$$

式中，跨齿数 K 应圆整为整数；m、z 为被测齿轮的模数和齿数。W、K 也可查有关机械设计手册。

2. 分度圆弦齿厚和弦齿高

当齿轮模数 $m>10\text{mm}$ 或为锥齿轮时，因不便测公法线长度，可改测分度圆弦齿厚和分度圆弦齿高。

用标准齿条齿廓与齿轮轮齿对称相切，此时两切点间的距离称为分度圆弦齿厚，用 $\bar{s}$ 表示。从弦 cd 到齿顶的径向距离称为分度圆弦齿高 $\bar{h}$，如图 6-18 所示。

$$\left.\begin{aligned}&\text{分度圆弦齿厚}\quad \bar{s}=mz\sin\frac{90^\circ}{z}\\&\text{分度圆弦齿高}\quad \bar{h}=m\left[1+\frac{z}{2}\left(1-\cos\frac{90^\circ}{z}\right)\right]\end{aligned}\right\}\tag{6-19}$$

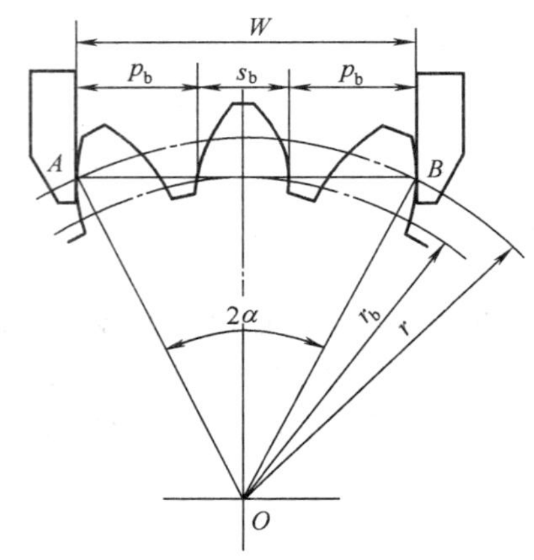

图 6-17　公法线长度

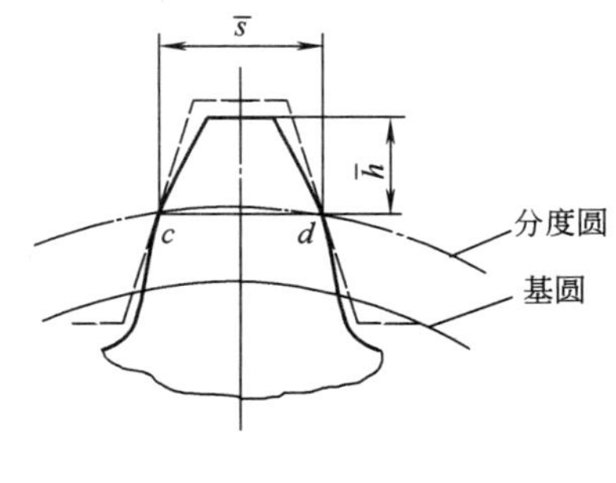

图 6-18　分度圆弦齿厚、弦齿高

第六节　变位齿轮

一、标准齿轮的局限性

① 标准齿轮齿数不能少于 z_{min}，否则会发生根切。

② 标准齿轮传动中心距 $a=\frac{m}{2}(z_1+z_2)$，不能按实际需要调整。

③ 一对标准齿轮弯曲强度相差较大：大齿轮齿数多，齿根较厚，而小齿轮齿根薄，弯曲强度低，且工作次数多，易损坏。

为改善标准齿轮的上述不足，需要对标准齿轮进行变位修正，作变位修正的齿轮称为变位齿轮。

二、变位齿轮的概念

变位齿轮是一种非标准齿轮，其加工原理与标准齿轮相同，切制刀具也相同。

如图 6-19 所示，当齿条刀具中线在位置Ⅰ与轮坯分度圆相切时，因刀具中线上的齿厚 s_2 等于齿槽宽 e_2，所以轮坯分度圆上的齿厚 s_1 等于齿槽宽 e_1，切出的是标准齿轮，如图中虚线所示。

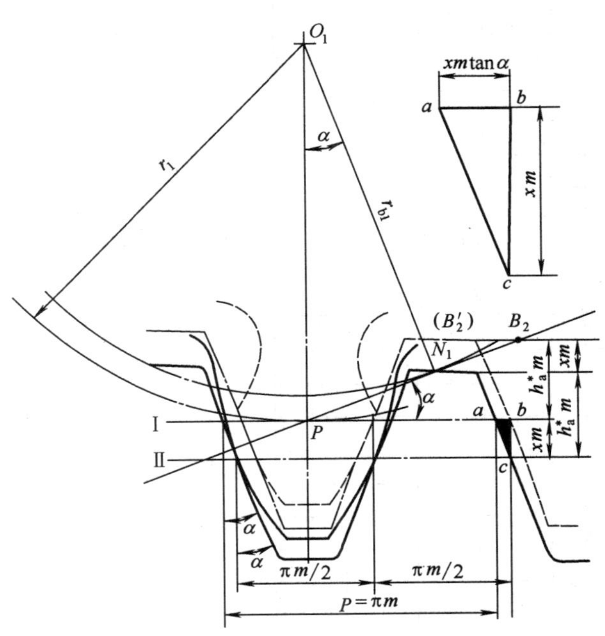

图 6-19 齿轮的变位

当刀具中线由位置Ⅰ移到位置Ⅱ时，齿条刀具中线不再与轮坯分度圆相切，而是由一条和刀具中线相平行的直线与轮坯分度圆相切，这条直线称为机床节线。这样切出的齿轮即是变位齿轮。刀具中线由位置Ⅰ移到位置Ⅱ的距离 xm 称为变位量，x 称为变位系数。当刀具中线远离轮坯中心时，$x>0$，切得的齿轮为正变位齿轮；反之，刀具靠近轮坯中心时，$x<0$，切得的齿轮为负变位齿轮。

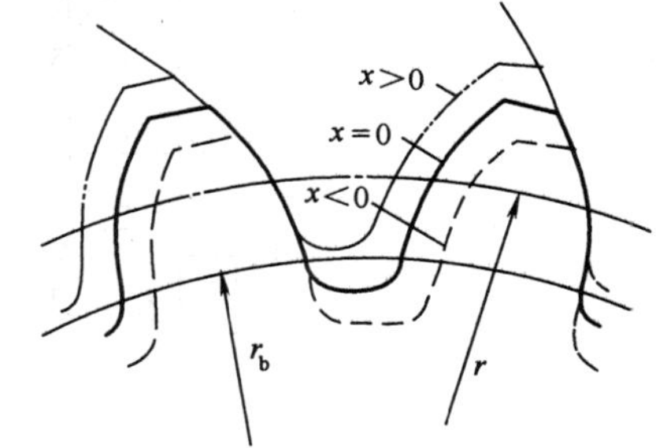

图 6-20 变位齿轮的齿廓

在切制变位齿轮时，由于齿条刀具不变，所以切出的变位齿轮 m、z、α 的值保持不变，即齿轮的分度圆（mz）、基圆（$mz\cos\alpha$）都不变，齿廓的渐开线也不变，只是随 x 的取值不同，用同一渐开线的不同区段作齿廓［见图 6-20］。另外，由于基圆不变，用范成法切制的一对变位齿轮，其瞬时传动比仍为常数。

三、变位齿轮的特点

与标准齿轮相比，变位齿轮有以下特点。

① 调整齿厚，使一对齿轮达到等强度。小齿轮采用正变位，可使齿根厚加大，抗弯强度提高。大齿轮采用负变位，使抗弯强度有所降低。

② 可不受最少齿数的限制，即加工 $z<17$ 的齿轮采用适当的正变位可避免根切。

③ 凑配中心距。在无侧隙安装时，由于齿轮的齿厚、齿槽宽发生了变化，实际中心距 a' 随变位量 x_1、x_2 而变化，这样选择合适的 x_1、x_2 可调整中心距。

负变位齿轮由于切制时刀具内移，使齿根厚变薄，强度下降，除要求调小中心距以外，一般不采用负变位齿轮。

此外，由于变位系数不是标准值，变位齿轮必须配对生产，且通用性不如标准齿轮。

四、变位齿轮传动的几何尺寸计算

1. 最小变位系数 $x_{\min}$

如图 6-19 所示，当被切齿轮齿数 $z<z_{\min}$时，为了避免根切，刀具的顶线应移到 N_1 点以下。$\alpha=20^\circ$、$h_a^*=1$ 的直齿圆柱齿轮不发生根切的最小变位系数为

$$x_{\min}=\frac{17-z}{17} \tag{6-20}$$

变位系数选择是变位齿轮传动设计的关键，选择时既要保证不产生根切，又应使轮齿齿顶厚不致过薄，图 6-21 所示为变位系数选择参考图。

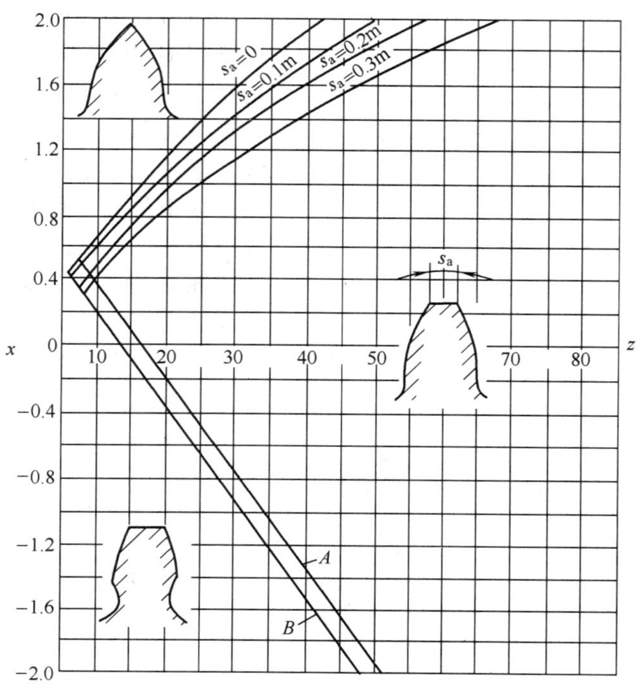

图 6-21 变位系数的选择

A—不根切；B—微量根切

2. 齿厚、齿槽宽

由于正变位齿轮刀具向下移动 xm，则与齿轮分度圆相切的节线上的齿厚增加了 $2xm\tan\alpha$（见图 6-19），而齿槽宽相应减少了 $2xm\tan\alpha$，故正变位齿轮的齿厚、齿槽宽为

$$\left.\begin{aligned} s&=\frac{\pi m}{2}+2xm\tan\alpha \\ e&=\frac{\pi m}{2}-2xm\tan\alpha \end{aligned}\right\} \tag{6-21}$$

式中，$2xm\tan\alpha$ 如图 6-19 所示。

对于负变位齿轮，x 取负值，即齿厚减小，齿槽宽增大。

3. 齿顶高、齿根高

对于正变位齿轮，齿顶高增大，齿根高减小；负变位齿轮则恰好相反。齿顶高与齿根高公式为

$$\left.\begin{aligned}h_a&=(h_a^*+x)m\\h_f&=(h_a^*+c^*-x)m\end{aligned}\right\}\qquad(6\text{-}22)$$

式中，正变位 x 取正号；负变位 x 取负号。

4. 中心距

变位齿轮传动的中心距 a' 为两齿轮节圆半径 r'_1 与 r'_2 之和。根据 $\cos\alpha_K=\dfrac{r_b}{r_K}$ 可知，又由于变位齿轮的基圆不变，所以

$$\left.\begin{aligned}r\cos\alpha&=r'\cos\alpha'\\a'=r'_1+r'_2&=a\,\frac{\cos\alpha}{\cos\alpha'}\end{aligned}\right\}\qquad(6\text{-}23)$$

五、变位传动的类型

根据一对变位齿轮变位系数之和 x_1+x_2 不同，可分为零传动、正传动和负传动三种类型。

1. 零传动

当 $x_1+x_2=0$ 时，称为零传动。零传动又可分为下述两种情况。

当 $x_1=x_2=0$ 时为标准齿轮传动，此时 $z_{min}\geqslant17$。

当 $x_1=-x_2\neq0$ 时，$a'=a$，$\alpha'=\alpha$，虽然齿顶圆、齿根圆发生变化，但中心距不变，这种传动称为高变位齿轮传动。通常为防止小齿轮根切，并使齿根变厚，小齿轮采用正变位（$x_1>0$），大齿轮采用负变位（$x_2<0$），该传动使一对啮合齿轮近似达到等强度，通常要求

$$z_1+z_2\geqslant2z_{min}$$

2. 正传动

当 $x_1+x_2>0$ 时，称为正传动。此时 $a'>a$，$\alpha'>\alpha$，正传动选择合适的变位系数，可提高齿轮传动的强度和使用寿命，两轮齿数和可以小于 $2z_{min}$，即

$$z_1+z_2<2z_{min}$$

机构中广泛应用该种传动类型。

3. 负传动

当 $x_1+x_2<0$ 时，称为负传动。由于两齿轮齿顶圆相应变小，故实际中心距较计算中心距小，即 $a'<a$，且啮合角 α' 小于压力角 α，即 $\alpha'<\alpha$。由于两轮强度有所降低，故该传动只用于调整中心距的场合。为避免根切，应满足

$$z_1+z_2>2z_{min}$$

变位齿轮的传动类型见表 6-4，供设计时选择。

表 6-4　变位齿轮的传动类型

传动类型		x_1+x_2		a' 与 α'	齿数要求	应用场合
零传动	标准传动	$x_1+x_2=0$	$x_1=x_2=0$	$a'=a$ $\alpha'=\alpha$	$z_1\geqslant z_{min}$ $z_2\geqslant z_{min}$	要求互换
	高变位传动		$x_1=-x_2\neq0$		$z_1+z_2\geqslant2z_{min}$	避免根切，提高轮齿强度，修复齿轮，缩小结构尺寸
正传动		$x_1+x_2>0$		$a'>a$ $\alpha'>\alpha$	不限	调整中心距，避免根切，提高齿轮强度
负传动		$x_1+x_2<0$		$a'<a$ $\alpha'<\alpha$	$z_1+z_2>2z_{min}$	调整中心距

【例 6-2】　一直齿圆柱齿轮传动，齿数 $z_1=12$、$z_2=38$，模数 $m=4$mm，$\alpha=20°$，两轮实际中心距 $a'=100$mm，正常齿。要求不根切，且 $s_a\geqslant0.3$m，试确定其传动类型和变位系数。

解：求理论中心距

$$a=\frac{m}{2}(z_1+z_2)=\frac{4}{2}(12+38)=100\ (\mathrm{mm})$$

由于 $a'=a$，该传动类型为零传动。

变位系数 $x_{\min}=\frac{17-z}{17}=\frac{17-12}{17}=0.294$

查图 6-21，为保证不根切，且 $s_a\geqslant 0.3m$，则

$$x_1=0.3\sim 0.5$$

$$x_2=-1.2\sim 1.4$$

因为是零传动，$x_1=-x_2\neq 0$，所以选择

$$x_1=0.4$$

$$x_2=-0.4$$

【例 6-3】 减速器中的一对外啮合标准直齿圆柱齿轮，小齿轮轮齿严重磨损，准备报废，大齿轮修复后使用。已知 $z_1=20$，$z_2=126$，$m=4\mathrm{mm}$，$\alpha=20°$，$h_a^*=1$，$c^*=0.25$，实际中心距 $a'=292\mathrm{mm}$，测得大齿轮分度圆齿厚上的磨损量为 1.2mm。求修复齿轮的变位系数。

解：大齿轮修复需采用负变位。根据图 6-19，由磨损量可求出大齿轮的变位系数。

$$2x_2 m\tan\alpha=-1.2$$

$$x_2=\frac{-1.2}{2m\tan\alpha}=\frac{-1.2}{2\times 4\tan 20°}=-0.46$$

实际制造时，按 $x_2=-0.46$ 试切，先微量进给，直到切出完全齿廓，此时的变位系数为实际值。设这时的 $x'_2=-0.5$，根据 $a'=a$，故这对齿轮采用零传动，取 $x'_1=0.5$，$x'_2=-0.5$。

第七节 齿轮的失效形式与材料选择

一、齿轮的失效形式

齿轮的失效，主要是轮齿的失效。常见的失效形式主要有五种：轮齿折断、疲劳点蚀、齿面胶合、齿面磨损和齿面塑性变形（见图 6-22）。

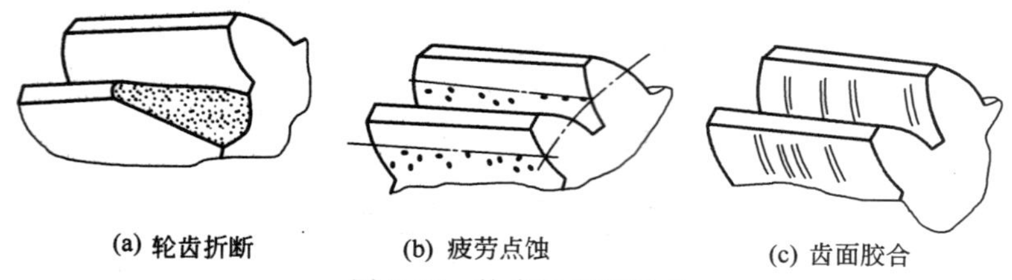

(a) 轮齿折断　(b) 疲劳点蚀　(c) 齿面胶合

图 6-22 轮齿的失效形式

1. 轮齿折断

轮齿的折断按产生的原因不同分为疲劳折断和过载折断两种。

齿轮在传递动力时，轮齿根部将产生较大的弯曲应力，此应力随时间而变化，当一对轮齿脱离啮合时，其弯曲应力为零。对于单向转动的齿轮，该应力为脉动循环应力。对于双向转动的齿轮，该应力为对称循环应力。当弯曲应力超过齿根的弯曲疲劳极限时，在载荷的多次重复作用下，齿根部将产生疲劳裂纹，随着工作继续裂纹逐渐扩展，直至轮齿被折断，此种情况属于疲劳折断。过载折断则是由于短期严重过载或受较大冲击，使齿根弯曲应力超过强度极限而引起的脆性断裂，用铸铁或淬火钢制造的齿轮容易发生过载折断。

防止轮齿折断的措施较多，通常有：采用合适的材料和热处理方法；提高齿轮的加工和安装精度；提高轴的刚度；选择合适的模数；适当增大齿根的圆角半径；采用变位齿轮等。

2．疲劳点蚀

轮齿在啮合时，齿面实际上是一小面积接触，并在接触表面产生接触压应力，接触应力为脉动循环变化。当接触应力超过接触疲劳极限时，在载荷的多次重复作用下，齿面表层将产生微小的疲劳裂纹，随之裂纹逐渐扩展，使金属微粒剥落，形成凹坑，这种现象称为疲劳点蚀。当齿面点蚀严重时，轮齿的工作表面遭到破坏，啮合情况恶化，造成传动不平稳并产生噪声，致使齿轮不能正常工作。实践表明，点蚀首先发生在齿根表面靠近节线处。

提高齿面硬度、降低齿面的粗糙度、选择合适的润滑油，是提高齿面抗点蚀能力的主要措施。

3．齿面胶合

在高速重载的齿轮传动中，若润滑不良或齿面压力过大，会引起油膜破裂，致使齿面金属直接接触，在局部接触区产生高温融化或软化而引起相互粘接，当两齿面相互滑动时，较软的齿面沿滑动方向被撕成沟纹，这种现象称为胶合。产生胶合后，同样破坏了齿轮的工作表面，使传动不平稳，产生噪声，严重时使齿轮传动失效。在低速重载传动中，由于齿面间的润滑油膜不易形成，也有可能产生胶合。

提高齿面的硬度或降低齿面的粗糙度，都能增加抗胶合能力。此外，低速传动时采用黏度较大的润滑油，高速传动时采用有抗胶合添加剂的润滑油，对提高齿面抗胶合能力也很有效。

4．齿面磨损

齿面磨损通常有两种情况，一种是由于灰尘、金属屑等硬颗粒进入齿面啮合处而引起的磨粒性磨损，另一种是因为相互啮合的两齿面间存在着相对滑动，由此而产生跑合性磨损。磨损后齿形被破坏，齿厚变薄，降低了轮齿的抗弯强度并使齿侧间隙增大，致使传动不平稳，产生冲击和噪声，严重时引起轮齿折断。

在开式传动中，齿面磨损是轮齿失效的主要形式，难于避免。采用闭式传动、提高齿面硬度、降低齿面粗糙度或采用良好的润滑方式，都可以减少磨粒性磨损。

5．齿面塑性变形

在低速、重载且启动频繁的齿轮传动中，较软的齿面可能产生局部的塑性变形，使齿面失去正确的齿形而失效。

防止塑性变形的措施有：选择黏度较大的润滑油，提高齿面的硬度，避免频繁启动或过载。

总之，开式传动的主要失效形式是齿面磨损和轮齿折断，而闭式传动的主要失效形式是齿面点蚀和胶合。

二、齿轮的材料和热处理

由齿轮的失效形式分析可以看出，对齿轮材料的基本要求是：轮齿必须具有一定的抗弯强度；齿面具有一定的硬度和耐磨性；轮齿的芯部应有一定的韧性，以具备足够的抗冲击能力；容易加工，热处理变形小。

常用的齿轮材料是锻钢，其次是铸钢和铸铁，在某些情况下也可以采用有色金属或非金属材料。

1．锻钢

钢材经过锻造以后，改善了其内部纤维组织，较轧制钢材的机械性能好。用锻钢制造的齿轮按其齿面硬度和加工工艺不同，可分为以下两类。

（1）软齿面齿轮（≤350HBS）　这类齿轮常用的材料有40、45、40Cr、35SiMn、35CrMo等，经调质或正火处理后进行精切加工。其齿面硬度对碳素钢一般要求为≤210HBS，对合金钢为≤350HBS。考虑到小齿轮工作次数较多，其齿面硬度比大齿轮应高25～50HBS。传动比愈大，则硬度差愈大，此类齿轮承载能力不高，但制造简便，适用于一般机械。

（2）硬齿面齿轮（＞350HBS） 这类齿轮常用 20Cr、20CrMnTi（表面渗碳淬火）和 45、40Cr（表面或整体淬火）等钢制造，其齿面硬度为 45～65HRC。由于齿面硬度高，一般要切齿后经热处理再磨齿。这类齿轮精度高、承载能力强，但制造工艺较复杂，多用于高速、重载和精密机械中。

当齿轮直径大于 500mm 时，因锻造加工较困难，可采用铸钢毛坯，常用铸钢材料为 ZG310-570、ZG340-640 等。

2. 铸铁

铸铁的抗弯强度及耐冲击性能都较差，但由于其耐磨性、铸造性能好、价格低廉，因此主要用于开式、低速轻载的齿轮传动中。对于齿轮传动结构尺寸不受限制的场合，有时也用来代替铸钢。常用的铸铁有 HT250、HT300、QT500-5 等。

3. 非金属材料

对于高速、轻载及精度不高的齿轮传动，为了减少噪声，可采用尼龙、塑料等材料来制造齿轮。

常用齿轮材料及其机械性能见表 6-5。

表 6-5 齿轮常用材料、热处理及其性能

材料牌号	热处理	材料力学性能/MPa		硬度		应用范围
		σ_b	σ_s	HBS	HRC	
45	正火	580	290	162～217		一般传动
	调质	650	360	217～255		
	表面淬火				40～50	小型闭式传动，重载有冲击
40MnB	调质	750	500	240～280		中低速、中载齿轮
42SiMn	调质	750	470	217～289		
	表面淬火				45～55	重载、有冲击
40Cr	调质	700	500	241～286		一般传动
	表面淬火				48～55	重载、有冲击
20Cr	渗碳、淬火	650	400		56～62	冲击载荷
20CrMnTi	渗碳、淬火	1100	850		56～62	
38CrMoAlA	调质、氮化	1000	850	229	氮化 HV＞850	无冲击载荷
ZG310-570	正火	569	314	163～207		低速重载
HT300			300	187～255		低速中载、无冲击
QT500-5	正火	500	300	147～241		代替铸钢
夹布胶木		100		25～35		高速轻载

第八节 齿轮的结构与精度

一、圆柱齿轮的结构

圆柱齿轮的结构形式与齿轮大小、材料、毛坯类型、制造方法和生产批量有关。圆柱齿轮的结构形式有以下几种。

1. 齿轮轴

如图 6-23 所示，对于直径很小的钢制圆柱齿轮，当齿顶圆直径 $d_a<2d_3$ 或齿根圆到键槽底部的距离 $\delta\leqslant 2.5m_t$ 时，应将齿轮与轴制成一体，称为齿轮轴。

2. 实心齿轮

当齿顶圆直径 $d_a \leqslant 200$mm 时，可以采用轧制圆钢或锻钢制成实心结构的齿轮，如图 6-24 所示。

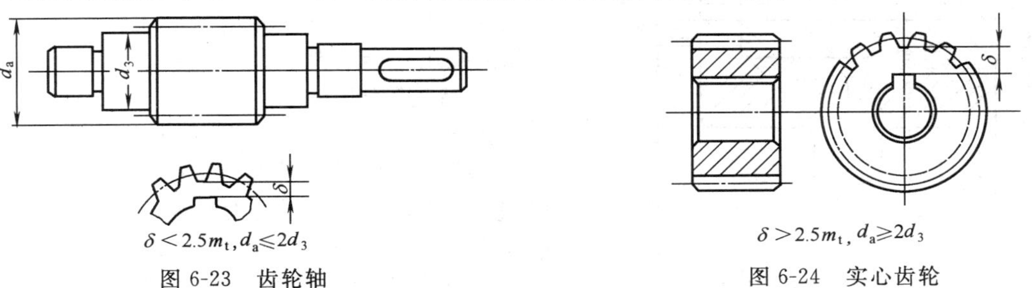

$\delta < 2.5m_t, d_a \leqslant 2d_3$

图 6-23 齿轮轴

$\delta > 2.5m_t, d_a \geqslant 2d_3$

图 6-24 实心齿轮

3. 腹板式齿轮

当齿顶圆直径 $d_a = 200 \sim 500$mm 时，常用锻钢制成腹板式结构，如图 6-25 所示。

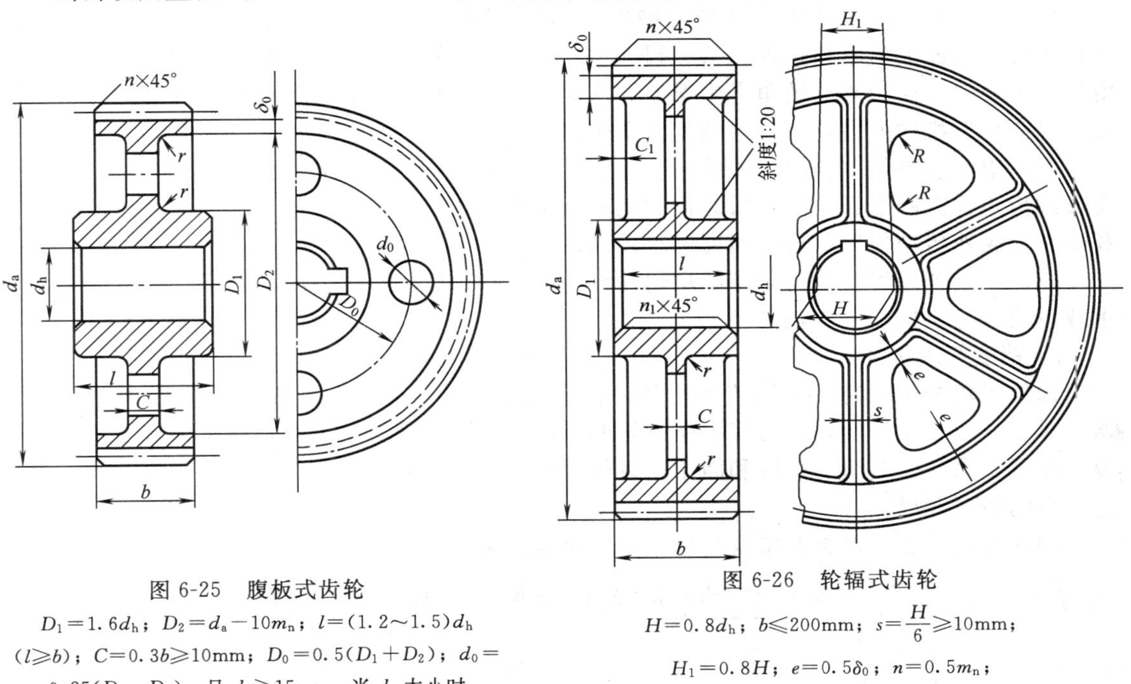

图 6-25 腹板式齿轮

$D_1 = 1.6d_h$；$D_2 = d_a - 10m_n$；$l = (1.2 \sim 1.5)d_h$（$l \geqslant b$）；$C = 0.3b \geqslant 10$mm；$D_0 = 0.5(D_1 + D_2)$；$d_0 = 0.25(D_2 - D_1)$，且 $d_0 \geqslant 15$mm，当 d_0 太小时不钻孔；$r = 0.5c$；$n = 0.5m_n$；$\delta_0 = (2.5 \sim 4)m_n$（但 δ_0 不小于 8～10mm）

图 6-26 轮辐式齿轮

$H = 0.8d_h$；$b \leqslant 200$mm；$s = \frac{H}{6} \geqslant 10$mm；

$H_1 = 0.8H$；$e = 0.5\delta_0$；$n = 0.5m_n$；

$r \approx 0.5C$；$\delta_0 = (5 \sim 6)m_n$；$D_1 = 1.6d_h$（铸钢）；

$C = \frac{H}{5} \geqslant 10$mm；$D_1 = 1.8d_h$（铸铁）

4. 轮辐式齿轮

当齿顶圆直径 $d_a = 500 \sim 1000$mm 时，由于锻造加工困难，常用铸钢或铸铁制成轮辐式结构，如图 6-26 所示。

5. 组合式齿轮和焊接齿圈

当齿顶圆直径 $d_a > 600$mm 时，为了提高齿轮强度并节省贵重材料，齿轮轮缘采用优质碳钢或合金钢制造，轮芯用铸铁或铸钢制造，二者用静配合或用螺钉连接，如图 6-27 所示。

二、齿轮精度

齿轮在加工过程中，由于刀具和机床本身的误差，以及轮坯和刀具在机床上的安装误差等原因，使齿轮在加工过程中不可避免地产生一定的误差。误差太大，则会降低精度，使齿

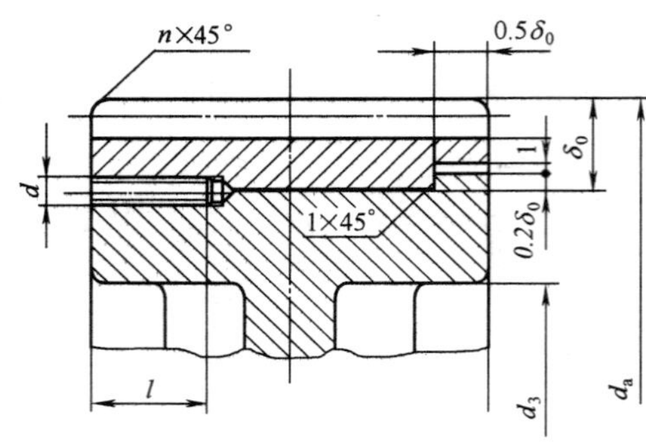

图 6-27 组合式齿轮

$\delta_0=5m_n$；$d_3=d_a-18m_n$；$d=0.05d_h$（d_h 为轴孔直径）；$l=0.15d_h$；骑缝螺钉数为 4～8

轮在工作中的准确性、平稳性降低，承载能力下降。但对精度要求过高，无疑将增加制造的难度和成本。因此应根据齿轮的实际工作情况，对加工精度提出适当的要求。

1. 精度等级

我国在 GB/T 10095—1988 齿轮精度标准中，将齿轮精度分为 12 个等级，按精度高低依次为1～12 级。其中，1、2 级是待发展级；3、4、5 级为高精度级；6、7、8 级属中等精度级，一般机器中常用；9、10、11、12 级属于低精度级。齿轮的精度指标由四部分组成，即三组公差等级和齿侧间隙。

2. 公差组

（1）第Ⅰ公差组（传递运动的准确性） 要求齿轮在传动时，从动轮在转一圈范围内，其转角误差的最大值不超过许用值。因为主、从动轮的转角理论上是按传动比准确传递，但由于加工误差，使齿轮的转角产生误差，从而影响齿轮传递的速度和分度的准确性。精密仪表和机床分度机构的齿轮对这组精度要求较高。

（2）第Ⅱ公差组（传递运动的平稳性） 要求瞬时传动比的变化不超过允许的限度。当齿形或齿距存在制造误差时，瞬时传动比不为常数，使转速发生波动，从而引起振动、冲击和噪声。高速传动齿轮对这组精度要求较高。

（3）第Ⅲ公差组（载荷分布的均匀性） 要求工作齿面接触良好，载荷分布均匀。低速重载齿轮对这组精度要求较高。

3. 精度等级选择

选择齿轮的精度时，应以传动用途、传递功率、工作条件、齿轮的圆周速度等作为依据。对于一般齿轮传动，首先应根据齿轮的圆周速度选择第Ⅱ公差组，第Ⅰ公差组的精度等级可在低于第Ⅱ公差组的两级和高于一级的范围内选取；第Ⅲ公差组精度等级不能低于第Ⅱ公差组的精度等级。

圆柱齿轮第Ⅱ公差组的精度与齿轮圆周速度的关系见表 6-6。

表 6-6 圆柱齿轮第Ⅱ公差组精度与齿轮圆周速度的关系

轮齿形式	硬度/HBS	第Ⅱ公差组精度等级					
		5	6	7	8	9	10
		圆周速度/m·s^{-1}					
直 齿	≤350 >350	>15	≤18 ≤15	≤12 ≤10	≤6 ≤5	≤4 ≤3	≤1 ≤1
非直齿	≤350 >350	>30	≤36 ≤30	≤25 ≤20	≤12 ≤9	≤8 ≤6	≤2 ≤1.5

4. 齿侧间隙

为了防止齿轮在传动时因产生弹性变形和热膨胀而相互卡死，同时也为了齿廓间贮存润滑油，应在一对轮齿的非工作齿面间留有一定的齿侧间隙。齿侧间隙的大小通过齿厚公差或公法线长度公差来保证。齿厚极限偏差规定有 14 种，分别用字母 C、D、E、F、G、H、J、K、L、M、N、P、R、S 表示。

5. 齿轮精度标注

齿轮精度等级和齿厚偏差一般标在齿轮工作图的啮合特性表内，图 6-28 所示为一齿轮零件图示例。有关圆柱齿轮传动的检测项目及偏差、齿轮精度和侧隙可查“齿轮传动公差”。

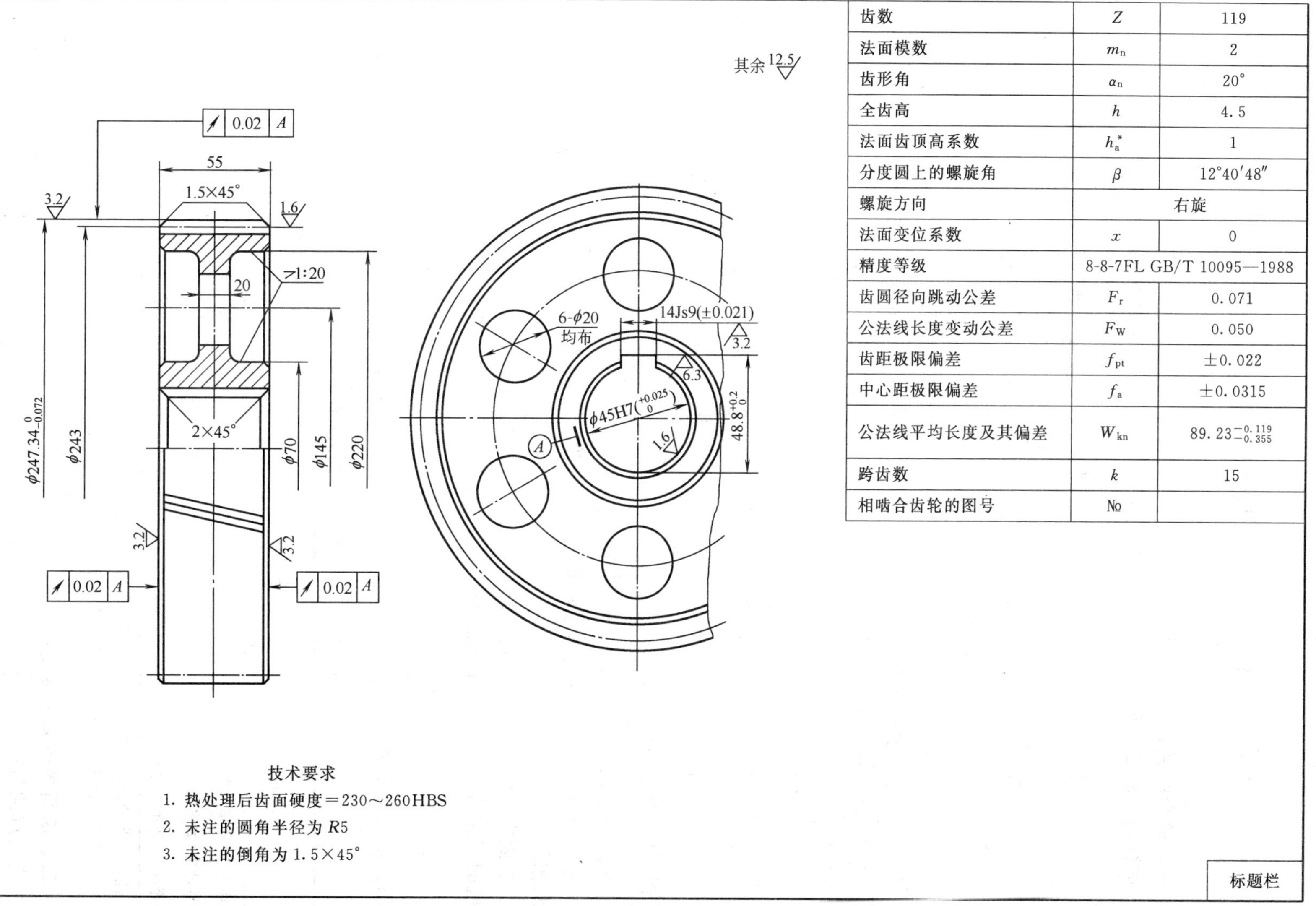

齿数	Z	119
法面模数	m_n	2
齿形角	α_n	20°
全齿高	h	4.5
法面齿顶高系数	h_a^*	1
分度圆上的螺旋角	β	12°40′48″
螺旋方向	右旋	
法面变位系数	x	0
精度等级	8-8-7FL GB/T 10095—1988	
齿圈径向跳动公差	F_r	0.071
公法线长度变动公差	F_W	0.050
齿距极限偏差	f_{pt}	±0.022
中心距极限偏差	f_a	±0.0315
公法线平均长度及其偏差	W_{kn}	$89.23_{-0.355}^{-0.119}$
跨齿数	k	15
相啮合齿轮的图号	№	

图 6-28　齿轮零件图

第九节　直齿圆柱齿轮传动的强度计算

一、轮齿的受力分析与计算载荷

进行轮齿的受力分析是计算齿轮强度的前提，也是设计轴和轴承的基础。

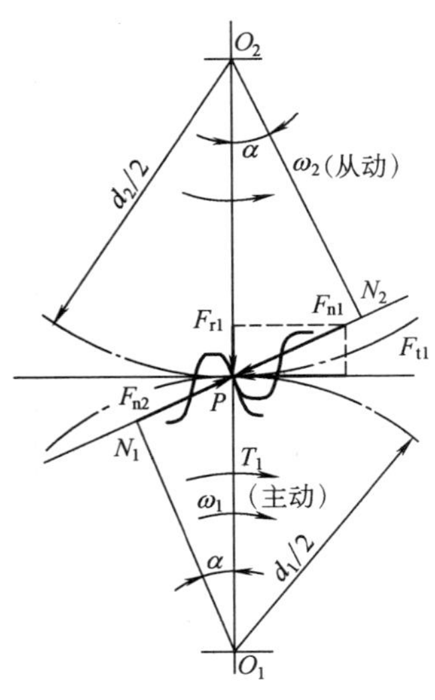

图 6-29　轮齿的受力分析

图 6-29 所示为一对外啮合标准直齿圆柱齿轮，主动轮通过轮齿啮合将转矩传递给从动轮，若不计摩擦，作用在从动轮齿上的法向力 F_{n2} 沿啮合线 N_1N_2 方向。从动轮给主动轮的反作用力方向为 F_{n1}，F_{n1} 分解为两个相互垂直的分力：圆周力 F_{t1} 和径向力 F_{r1}。

力的大小为

$$\begin{cases} \text{圆周力} \quad F_{t1}=2T_1/d_1 \\ \text{径向力} \quad F_{r1}=F_{t1}\tan\alpha \\ \text{法向力} \quad F_{n1}=F_{t1}/\cos\alpha \end{cases} \tag{6-24}$$

式中，T_1 为小齿轮传递的转矩，$T_1=9.55\times10^6\dfrac{P_1}{n_1}$，N·mm；$P_1$ 为小齿轮传递的功率，kW；n_1 为小齿轮的转速，r/min；d_1 为小齿轮的分度圆直径，mm；α 为压力角，$\alpha=20°$。

力的方向为：

$F_{r1}=-F_{r2}$，由啮合点指向各自的轮心；

$F_{t1}=-F_{t2}$，F_{t1} 的方向与主动轮的圆周速度方向相反；F_{t2} 的方向与从动轮的圆周速度方向相同。

上面提到的 F_n、F_t 为名义载荷，强度计算时应引入计算载荷。计算载荷是指考虑了原动机的工作情况、工作机的载荷特性，在强度计算中实用的实际载荷。计算载荷为

$$F_{nc}=KF_n \tag{6-25}$$

式中，K 为载荷系数（见表 6-7）；F_n 为受力分析中计算出的名义载荷。

表 6-7　载荷系数 K

原动机工作情况	工作机载荷特性		
	平稳或较平稳	中等冲击	严重冲击
工作平稳（如电动机、汽轮机等）	1～1.2	1.2～1.6	1.6～1.8
轻度冲击（如多缸内燃机）	1.2～1.6	1.6～1.8	1.9～2.1
中等冲击（如单缸内燃机）	1.6～1.8	1.8～2.0	2.2～2.4

注：1. 齿轮对称布置取较小值，不对称布置取较大值；
2. 斜齿轮、精度高、圆周速度低、齿宽较小时取小值，反之取大值。

二、齿面接触疲劳强度计算

齿面点蚀与齿面间的接触应力大小有关。点蚀通常发生在节点附近，原因是节点附近一般只有一对轮齿啮合，且节点附近滑动速度小，不易形成油膜。为避免点蚀，根据弹性力学

中的赫兹公式，一对钢制标准直齿圆柱齿轮齿面接触强度校核公式为

$$\sigma_H = 671\sqrt{\frac{KT_1}{bd_1^{\ 2}} \times \frac{i \pm 1}{i}} \leqslant [\sigma_H] \qquad (6\text{-}26)$$

将齿宽系数 $\psi_d = \dfrac{b}{d_1}$ 代入上式，可得齿面接触强度的设计公式为

$$d_1 \geqslant \sqrt[3]{\left(\frac{671}{[\sigma_H]}\right)^2 \frac{KT_1}{\psi_d} \times \frac{i \pm 1}{i}} \qquad (6\text{-}27)$$

式中，“＋”号用于外啮合；“－”号用于内啮合；σ_H、$[\sigma_H]$ 分别为齿轮的工作接触应力和许用接触应力，MPa；其他符号的意义同前。

注意事项：

1. 两齿轮啮合时工作接触应力相等，$\sigma_{H1} = \sigma_{H2}$，但许用接触应力由于材料、热处理不同而不等，故应将较小的 $[\sigma_H]_2$ 代入公式。

2. 若齿轮材料并非钢-钢，则将常数 671 修正为 $671 \times \dfrac{Z_E}{189.8}$，$Z_E$ 为材料系数，见表 6-8。

表 6-8　材料系数 Z_E

齿轮材料	Z_E	齿轮材料	Z_E
两轮均为钢	189.8	两轮均为铸铁	143
两轮为钢与铸铁	165.4		

三、齿根弯曲疲劳强度计算

轮齿折断与齿根的弯曲应力有关。进行齿根弯曲强度计算时，假定由一对轮齿传递载荷并且载荷作用于齿顶，将轮齿视为一宽度为 b 的悬臂梁。受力情况如图 6-30 所示。危险截面可用 30°切线法来确定，即 a_1a_2 处。危险截面上的弯曲应力为

$$\sigma_F = \frac{M}{W} = \frac{2KT_1}{bm^2 z_1} Y_F \leqslant [\sigma_F] \qquad (6\text{-}28)$$

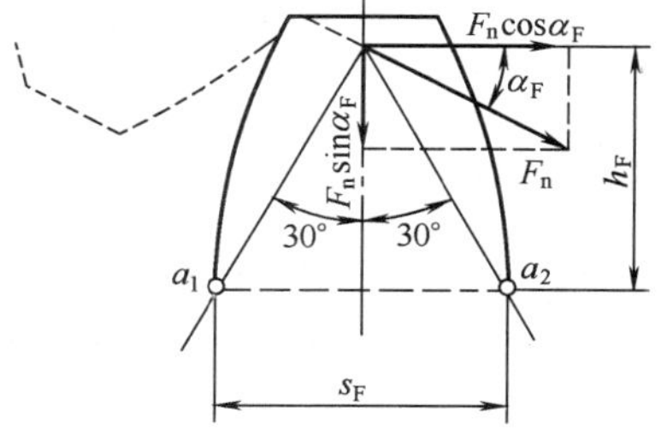

图 6-30　齿根弯曲强度计算

式中，b 为轮齿宽度，mm；Y_F 为齿形系数，反映轮齿形状对齿根弯曲应力的影响，对于标准齿轮，其值仅与齿数有关，见表 6-9。

齿根弯曲强度的校核式为

$$m \geqslant \sqrt[3]{\frac{2KT_1}{\psi_d z_1^2} \times \frac{Y_F}{[\sigma_F]}} \qquad (6\text{-}29)$$

注意事项：

1. 由公式计算出模数后应取标准值。

2. 两齿轮的齿根弯曲应力因齿数不同（Y_F 不同）而不等，$\sigma_{F1} \neq \sigma_{F2}$；由于材料不同，热处理方法不同，许用弯曲应力也不等，$[\sigma_F]_1 \neq [\sigma_F]_2$，代公式时应代入 $Y_{F1}/[\sigma_F]_1$ 与 $Y_{F2}/[\sigma_F]_2$ 中较大值。

表 6-9 标准外啮合齿轮的齿形系数 Y_F（$\alpha=20^\circ$，$h_a^*=1$，$c^*=0.25$）

$z(z_v)$	12	14	16	17	18	19	20	22	25	28	30
Y_F	3.47	3.20	3.02	2.95	2.89	2.86	2.80	2.72	2.63	2.57	2.53
$z(z_v)$	35	40	45	50	60	80	100	150	200	400	∞
Y_F	2.46	2.40	2.36	2.33	2.28	2.23	2.19	2.15	2.13	2.10	2.06

四、齿轮的许用应力

齿轮的许用应力与齿轮的材料、热处理方法有关。

$$许用接触应力\quad [\sigma_H]=\frac{\sigma_{Hlim}}{S_{Hmin}} \tag{6-30}$$

$$许用弯曲应力\quad [\sigma_F]=\frac{\sigma_{Flim}}{S_{Fmin}} \tag{6-31}$$

式中，σ_{Hlim}、σ_{Flim}分别为试验齿轮的接触疲劳极限应力和弯曲疲劳极限应力，见表 6-10；S_{Hmin}、S_{Fmin}分别为齿面接触强度的最小安全系数和齿根弯曲强度的最小安全系数，见表 6-11。

表 6-10 试验齿轮的接触疲劳极限 σ_{Hlim} 和齿根弯曲疲劳极限 σ_{Flim}

材料种类	热处理方法	齿面硬度	σ_{Hlim}/MPa	σ_{Flim}/MPa
碳素钢	正火或调质	HBS=135～300	480+0.93(HBS−135)	190+0.2(HBS−135)
碳素铸钢			420+0.93(HBS−135)	160+0.2(HBS−135)
合金钢	调　质	HBS=200～360	615+1.4(HBS−200)	240+0.4(HBS−200)
合金铸铁			535+1.4(HBS−200)	200+0.4(HBS−200)
碳素钢 合金钢	调质钢、氮化	HRC=36～45	890+12.2(HRC−36)	280+4.4(HRC−36)
		HRC=45～56	1000	320
	氮化钢，气体氮化	HRC=54～59	1225+12(HRC−54)	335+7(HRC−54)
		HRC=59～65	1285	370
	表面淬火	HRC=49～58	1142+12(HRC−49)	300+6(HRC−49)
合金钢	渗碳淬火	HRC=56～58	1350+62.5(HRC−56)	355+300(HRC−56)
		HRC=58～67	1475	415
球墨铸铁		HBS=140～300	400+1.4(HBS−140)	160+0.34(HBS−140)
灰铸铁		HBS=140～300	300+1.1(HBS−140)	55+0.23(HBS−140)

注：1. 表中所列 σ_{Flim} 数值为试验齿轮轮齿单侧工作（脉动循环），若轮齿为双侧工作（对称循环）时，所得数值再乘以 0.7。

2. 表面淬火或渗碳淬火的硬齿面齿轮，其齿根圆角经磨削或剃削时，所得的 σ_{Flim} 值乘以 0.75。

3. 正火或调质的软齿面齿轮，其齿根圆角经喷丸、辊压等冷作强化处理时，所得的 σ_{Flim} 值乘以 1.5。

4. 正火或调质的齿轮，若齿面硬度超出表中荐用的范围，表中的计算公式仍有效。

表 6-11 最小安全系数 S_{Fmin} 和 S_{Hmin}

工作可靠度	S_{Fmin}	S_{Hmin}
高度可靠	1.50	1.25
可靠度 99%（失效率 1%）	1.00	1.00

五、齿轮参数选择与设计步骤

1. 参数选择

(1) 小齿轮齿数 z_1 和模数 m 当齿轮分度圆直径确定之后，增加齿数、减小模数，可以增大重合度，提高齿轮传动的平稳性，减小切齿量，节省材料，并使结构紧凑。对于闭式传动软齿面齿轮，可取 $z_1=20\sim40$，$m=(0.01\sim0.02)a$。为防止意外断齿，传力齿轮 m 必须大于 2mm 。对于开式传动和硬齿面齿轮，为保证足够的齿根弯曲强度，应适当增大模数，减少齿数，常取 $z_1=17\sim20$ 。对载荷变动大的齿轮应使 z_1、z_2 互为质数，有利于减少或避免周期性振动。

(2) 齿宽系数 ψ_d $\psi_d=\dfrac{b}{d_1}$，增大齿宽系数可减小齿轮的直径和中心距，降低圆周速度。ψ_d 过大时，齿轮过宽，载荷沿齿宽分布不均匀。当齿轮制造精度高、轴和支承的刚度大、齿轮对称布置时，ψ_d 可取较大值，反之取较小值。开式传动通常取 $\psi_d=0.1\sim0.3$；闭式传动软齿面取 $\psi_d=0.6\sim1.2$；闭式传动硬齿面取 $\psi_d=0.3\sim0.8$ ；一般用途的减速器可取 $\psi_d=0.4$。

为了装配方便，保证一对齿轮的啮合宽度，通常小齿轮比大齿轮宽 5～10mm，强度计算时仍按 b_2 进行。

(3) 传动比 i 传动比 i 过大会使两齿轮强度差加大，机构尺寸过大。闭式传动中，直齿圆柱齿轮 $i\leqslant5$；斜齿圆柱齿轮 $i\leqslant8$ ；开式传动 $i=8\sim12$ 。传动比允许误差 $\Delta i=\pm5\%$ 左右。

2. 设计步骤

(1) 选择齿轮材料、热处理方法。

(2) 强度计算。

闭式传动软齿面，通常主要失效形式为齿面点蚀，故先按齿面接触强度设计，求出小齿轮分度圆直径后，再校核齿根弯曲强度。

闭式传动硬齿面先按齿根弯曲强度设计，再校核齿面接触强度。

开式传动或铸铁齿轮则按弯曲强度设计出齿轮模数，考虑磨损的影响，将 m 加大 10%～20%。

(3) 计算齿轮几何尺寸，选择齿轮精度。

(4) 确定齿轮结构尺寸，绘制齿轮工作图。

【例 6-4】 试设计一单级直齿圆柱齿轮减速器中的齿轮传动。此减速器由电动机驱动，工作时载荷有中等冲击，传递功率为 $P_1=12\text{kW}$，小齿轮转速 $n_1=1450\text{r/min}$ ，传动比 $i=3$，单向转动。

解： (1) 选择齿轮材料、热处理方式

根据工作条件，一般用途的减速器采用闭式传动软齿面。查表 6-5 得

小齿轮	45 钢	调质处理	$\text{HBS}_1=220$
大齿轮	45 钢	正火处理	$\text{HBS}_2=180$

(2) 确定许用接触应力

由于属闭式传动软齿面，故按齿面接触强度设计，用齿根弯曲强度校核。查表 6-10，试验齿轮的接触疲劳极限为

$$\sigma_{\text{Hlim1}}=559\text{MPa}$$

$$\sigma_{\text{Hlim2}}=522\text{MPa}$$

查表 6-11，接触疲劳强度的最小安全系数 $S_{\text{Hmin}}=1.0$，则两齿轮的许用接触应力为

$$[\sigma_{\text{H}}]_1=\frac{\sigma_{\text{Hlim1}}}{S_{\text{Hmin}}}=\frac{559}{1}=559\ (\text{MPa})$$

$$[\sigma_H]_2=\frac{\sigma_{Hlim2}}{S_{Hmin}}=\frac{522}{1}=522\ (MPa)$$

(3) 齿面接触强度设计

$$d_1 \geqslant \sqrt[3]{\left(\frac{671}{[\sigma_H]}\right)^2 \frac{KT_1}{\psi_d} \times \frac{i+1}{i}}$$

小齿轮的转矩 $T_1=9.55\times10^6\ \frac{P_1}{n_1}=9.55\times10^6\times\frac{12}{1450}=7.9\times10^4$(N·mm)，载荷系数 K 查表 6-7，取 $K=1.4$ ；齿宽系数 ψ_d 取 1（闭式传动软齿面），$[\sigma_H]$ 代入较小值 $[\sigma_H]_2$。

$$d_1 \geqslant \sqrt[3]{\left(\frac{671}{522}\right)^2 \frac{1.4\times7.9\times10^4}{1} \cdot \frac{3+1}{3}}=62.5\ (mm)$$

取 $d_1=65$mm。

(4) 几何尺寸计算

中心距 $a=\frac{d_1}{2}(1+i)=\frac{65}{2}(1+3)=130$ (mm)

齿轮模数 $m=(0.01\sim0.02)a=(0.01\sim0.02)\times130=1.3\sim2.6$ (mm)

由表 6-1，取标准模数 $m=2.5$mm（因为载荷较大，且有中等冲击）。

齿数 $z_1=\frac{2a}{m(1+i)}=\frac{2\times130}{2.5(1+3)}=26$

$z_2=iz_1=3\times26=78$

齿轮宽度 $b_2=\psi_d d_1=1\times65=65$ (mm)

$b_1=b_2+(5\sim10)=72$ (mm)

(5) 校核齿根弯曲强度

校核公式 $\sigma_F=\frac{2KT_1}{bm^2z_1}Y_F\leqslant[\sigma_F]$

查表 6-9，齿形系数为 $z_1=26\quad Y_{F1}=2.61$

$z_2=78\quad Y_{F2}=2.24$

查表 6-10，弯曲疲劳极限为 $\sigma_{Flim1}=207$MPa

$\sigma_{Flim2}=199$MPa

查表 6-11，弯曲疲劳强度的最小安全系数 $S_{Fmim}=1.0$

齿根许用弯曲应力为 $[\sigma_F]_1=\frac{\sigma_{Flim1}}{S_{Fmin}}=207$MPa

$[\sigma_F]_2=199$MPa

比较 $\frac{Y_F}{[\sigma_F]}$ 值： $\frac{Y_{F1}}{[\sigma_F]_1}=\frac{2.61}{207}=0.0126$

$\frac{Y_{F2}}{[\sigma_F]_2}=\frac{2.24}{199}=0.0113$

将较大值 $\frac{Y_{F1}}{[\sigma_F]_1}$ 和其他参数代入公式。

$$\sigma_{F1}=\frac{2\times1.4\times7.9\times10^4\times2.61}{65\times2.5^2\times26}=54.66(MPa)\leqslant[\sigma_F]_1=207\ (MPa)$$

齿根弯曲强度足够。

(6) 齿轮其他尺寸计算

分度圆直径 $d_1=mz_1=2.5\times26=65$ (mm)

$d_2=mz_2=2.5\times78=195$ (mm)

齿顶高 $h_a = h_a^* m = 1 \times 2.5 = 2.5$ (mm)

齿根高 $h_f = (h_a^* + c^*) m = (1 + 0.25) \times 2.5 = 3.125$ (mm)

全齿高 $h = h_a + h_f = 2.5 + 3.125 = 5.625$ (mm)

齿顶圆直径 $d_{a1} = d_1 + 2h_a = 65 + 2 \times 2.5 = 70$ (mm)

$d_{a2} = d_2 + 2h_a = 195 + 2 \times 2.5 = 200$ (mm)

齿根圆直径 $d_{f1} = d_1 - 2h_f = 65 - 2 \times 3.125 = 58.75$ (mm)

$d_{f2} = d_2 - 2h_f = 195 - 2 \times 3.125 = 188.75$ (mm)

中心距 $a = 130$ (mm)

齿宽 $b_1 = 72$ (mm)

$b_2 = 65$ (mm)

(7) 选择齿轮精度

齿轮圆周速度 $v_1 = \dfrac{\pi n_1 d_1}{60 \times 1000} = \dfrac{3.14 \times 1450 \times 65}{60000} = 4.93$ (m/s)

查表 6-6，选齿轮精度，第Ⅱ公差组为 7 级（一般减速器选 7 级）。由“齿轮传动公差”查得

小齿轮 8-7-7 GJ GB/T 10095—1988

大齿轮 8-7-7 HK GB/T 10095—1988

(8) 确定齿轮结构，绘制齿轮工作图

大、小齿轮结构见第八节；齿轮工作图如图 6-28 所示，此处略。

第十节 斜齿圆柱齿轮传动

一、齿廓形成

直齿轮齿廓曲面是发生面在基圆柱上作纯滚动时，发生面上与基圆柱母线 NN' 平行的直线 KK' 形成的渐开面 [见图 6-31 (a)]。两直齿轮轮齿啮合时，由于两齿面接触线平行于母线 [见图 6-31 (b)]，其全齿宽同时进入啮合和退出啮合，因而轮齿承载和卸载都是突发性的，故容易引起冲击、振动和噪声，不宜用于高速。

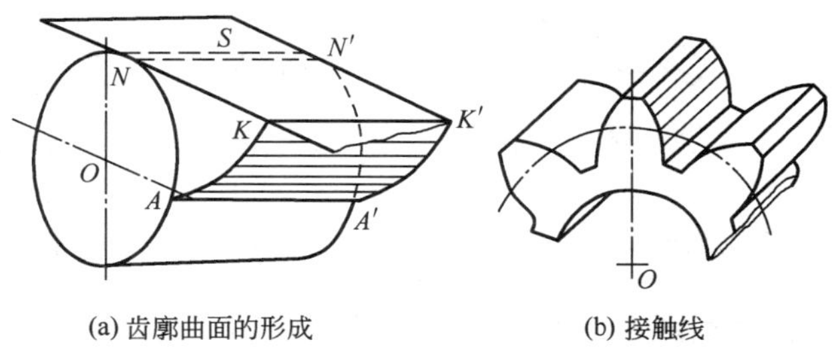

(a) 齿廓曲面的形成 (b) 接触线

图 6-31 直齿轮

斜齿轮齿廓曲面形成与直齿轮相同，只是直线 KK' 与母线 NN' 成 β_b 角（基圆柱上的螺旋角）。斜直线 KK' 在空间形成渐开螺旋面 [见图 6-32 (a)]。两斜齿轮轮齿啮合时，由于两齿面接触线 KK' 不平行于母线，轮齿由齿宽一端进入啮合，逐渐由另一端退出啮合 [见图 6-32 (b)]，因而轮齿承载和卸载是逐步的，故工作平稳，且重合度比直齿轮大，承载能

力高。

由于斜齿轮传动有上述特点，它在高速或大功率的传动中得到广泛的应用。但是，由于斜齿圆柱齿轮的轮齿倾斜，故在运动中会产生轴向力 F_x [见图 6-33 (a)]，需要使用推力轴承或向心推力轴承，这不仅使结构复杂，而且增加摩擦损失，降低传动效率。

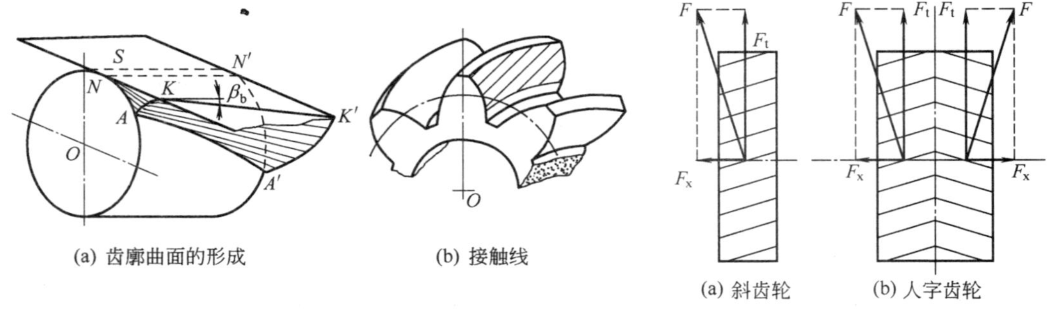

(a) 齿廓曲面的形成　(b) 接触线

图 6-32　斜齿轮

(a) 斜齿轮　(b) 人字齿轮

图 6-33　轴向力比较

为消除轴向力的影响，可采用人字齿轮 [见图 6-33 (b)]，这样，其轴向力可相互抵消。但人字齿轮加工较困难。

二、斜齿圆柱齿轮的几何尺寸

斜齿轮的几何参数有端面参数和法面参数两组。端面是与齿轮轴线垂直的平面，法面是与斜齿轮轮齿相垂直的平面。通常规定法面参数为标准值。

1. 螺旋角 β

前面已述及基圆柱上的螺旋角 β_b，通常用分度圆柱上的螺旋角 β（简称螺旋角）来表示轮齿的倾斜程度。β 大，则传动的平稳性好，但轴向力大，设计中常取 $\beta=8°\sim20°$。

斜齿轮按其轮齿的倾斜方向（旋向）可以分为左旋 [见图 6-34 (a)] 和右旋 [见图 6-34 (b)] 两种。

2. 法面模数 m_n 和端面模数 m_t

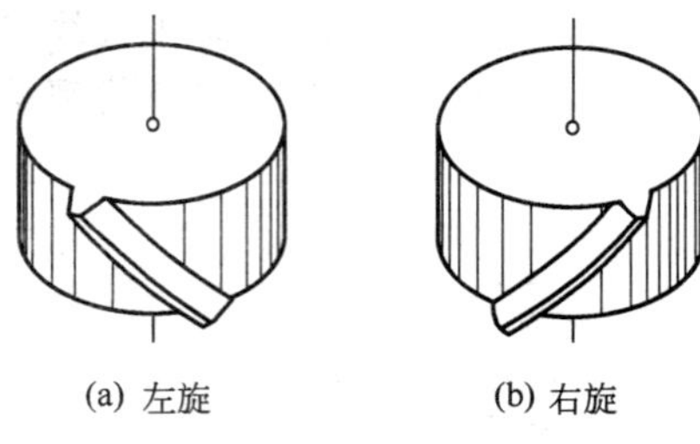

(a) 左旋　(b) 右旋

图 6-34　轮齿的旋向

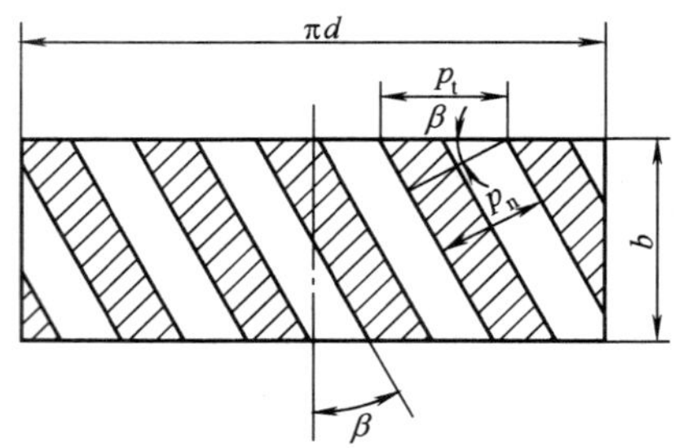

图 6-35　法面齿距与端面齿距的关系

将斜齿轮沿其分度圆柱面展开，如图 6-35 所示，由图中的几何关系可得

$$p_n=p_t\cos\beta \tag{6-32}$$

式中，p_n、p_t 分别表示分度圆柱上轮齿的法面齿距和端面齿距。因法面模数 $m_n=p_n/\pi$，端面模数 $m_t=p_t/\pi$，故由式 (6-32) 可知

$$m_n=m_t\cos\beta \tag{6-33}$$

法面模数 m_n 为标准值，见表 6-1。

3. 法面压力角 α_n 和端面压力角 α_t

斜齿轮法面压力角 α_n 和端面压力角 α_t 有如下关系（推导从略）。

$$\tan\alpha_n = \tan\alpha_t \cos\beta \tag{6-34}$$

通常法面压力角为标准值，$\alpha_n = 20°$。

4. 齿顶高系数和顶隙系数

从法面和端面观察，轮齿的齿顶高、齿根高分别相同。故只介绍法面齿顶高系数 h_{an}^* 和法面顶隙系数 c_n^*。对于正常齿 $h_{an}^* = 1.0$，$c_n^* = 0.25$；对于短齿 $h_{an}^* = 0.8$，$c_n^* = 0.3$。

5. 几何尺寸计算

斜齿轮的几何尺寸计算公式见表 6-12。

表 6-12　标准斜齿轮尺寸计算公式

名　　称	符　　号	计　　算　　公　　式
齿顶高	h_a	$h_a = h_{an}^* m_n$
齿根高	h_f	$h_f = (h_{an}^* + c_n^*) m_n$
全齿高	h	$h = (2h_{an}^* + c_n^*) m_n$
分度圆直径	d	$d = m_t z = m_n z/\cos\beta$
齿顶圆直径	d_a	$d_a = d + 2h_a = m_n(z/\cos\beta + 2h_{an}^*)$
齿根圆直径	d_f	$d_f = d - 2h_f = m_n(z/\cos\beta - 2h_{an}^* - 2c_n^*)$
中心距	a	$a = m_n(z_1 + z_2)/2\cos\beta$

三、斜齿轮的啮合传动

1. 正确啮合条件

一对斜齿轮正确啮合条件是：除了同直齿轮两个齿轮的模数及压力角应分别相等外，它们的螺旋角还必须匹配。因此，一对外啮合斜齿圆柱齿轮正确啮合的条件为

$$\left.\begin{aligned} m_{n1} &= m_{n2} = m_n \\ \alpha_{n1} &= \alpha_{n2} = \alpha_n \\ \beta_1 &= -\beta_2 \text{（负号表示旋向相反）} \end{aligned}\right\} \tag{6-35}$$

2. 重合度

当斜齿轮与直齿轮模数相等、齿宽相同时，斜齿轮接触线为斜直线，而直齿轮的接触线为与轴线平行的直线，故相同接触面积中斜齿轮接触线数多，重合度大，传动平稳，承载能力高。随着螺旋角 β 增大，重合度也增大，有的重合度 ε 可达 10。

四、当量齿数

在进行强度计算和用仿形法加工齿轮选择铣刀号时，都是以斜齿轮的法面齿形为依据，而在理论上它并不是渐开线齿形，所以要找出一个与斜齿轮法面齿形很接近的直齿圆柱齿轮，这个直齿圆柱齿轮便称为该斜齿轮的当量齿轮（见图 6-36）。当量齿轮的齿数称为当量齿数，用 z_v 表示。

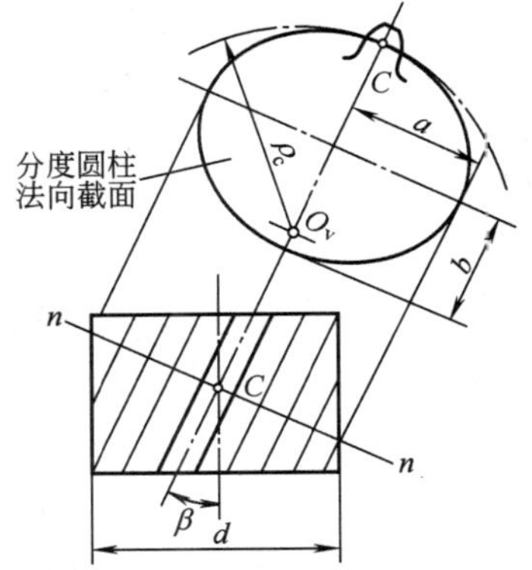

图 6-36　斜齿轮的当量齿轮

$$z_v = \frac{z}{\cos^3\beta} \tag{6-36}$$

式中，z 为斜齿轮的齿数；β 为螺旋角。

式（6-36）可以用来确定斜齿轮不产生根切的最少齿数 z_{min}。用范成法加工时，最少当量齿数 $z_{vmin} = z_{min}/\cos^3\beta$，故

$$z_{min}=17\cos^3\beta \tag{6-37}$$

由此可知，斜齿轮不产生根切的最少齿数比直齿轮少，结构更紧凑。

第十一节　斜齿圆柱齿轮传动的强度计算

斜齿轮传动的强度计算方法与直齿轮基本相同，只是由于斜齿轮齿形的特点，致使轮齿受力情况及应力分析等方面不同于直齿轮。因此在进行强度计算时，除了要掌握其共同性外，还应特别注意其特殊性。

一、斜齿轮的受力分析

图 6-37 所示为斜齿圆柱齿轮传动时，小齿轮（主动轮）分度圆柱上轮齿中点的受力分析。若不计摩擦，轮齿受到的总法向力 F_n 在法面内并与轮齿垂直，F_n 可以分解为圆周力 F_t、径向力 F_r 和轴向力 F_x 三个分力。

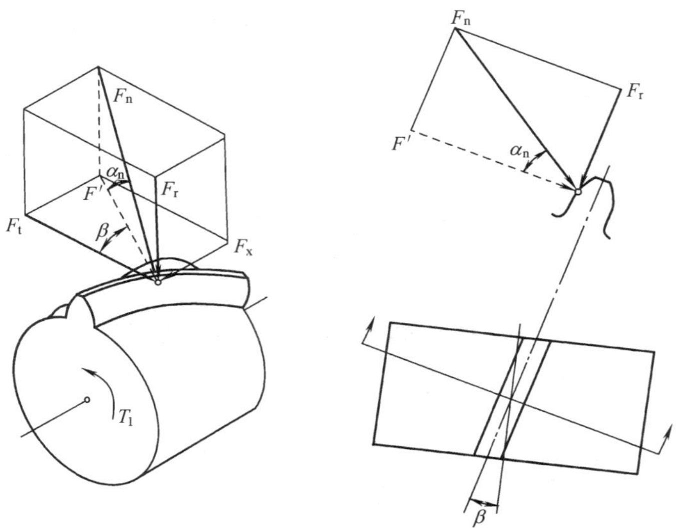

图 6-37　斜齿轮的受力分析

$$\left.\begin{aligned}&F_{t1}=2T_1/d_1=-F_{t2}\\&F_{r1}=F'\tan\alpha_n=F_{t1}\tan\alpha_n/\cos\beta=-F_{r2}\\&F_{x1}=F_{t1}\tan\beta=-F_{x2}\\&F_n=F_t/(\cos\alpha_n\cos\beta)\end{aligned}\right\} \tag{6-38}$$

公式中符号意义同前文。F_t、F_r 方向的判断同直齿圆柱齿轮。轴向力 F_{x1} 的方向与齿轮的转向和旋向有关，用“主动轮左右手定则”来判断。主动轮的轮齿为右旋时用右手，左旋时用左手，即用手握住主动轮的轴线，四指代表主动轮的转向，大拇指的指向则为主动轮轴向力 F_{x1} 的方向。从动轮轴向力 F_{x2} 的方向，可根据作用与反作用力的关系来确定。

总之，斜齿轮与直齿轮不同，F_r、F_x 都与螺旋角 β 有关。当螺旋角为零时，即为直齿轮，故直齿轮的设计又可以看成是斜齿轮的一种特殊情况。

二、强度计算

斜齿轮的强度计算应按其法面齿形的受载情况和参数来进行，即按当量直齿轮来处理。

1. 齿面接触疲劳强度

由于斜齿轮同时啮合齿数多，重合度大，承载能力高，故强度较直齿轮高。对于钢制齿轮，其齿面接触疲劳强度校核公式为

$$\sigma_H = 610\sqrt{\frac{KT_1}{bd_1^2}\cdot\frac{i\pm1}{i}} \leqslant [\sigma_H] \tag{6-39}$$

其设计公式为

$$d_1 \geqslant \sqrt[3]{\left(\frac{610}{[\sigma_H]}\right)^2\frac{KT_1}{\psi_d}\cdot\frac{i\pm1}{i}} \tag{6-40}$$

2. 齿根弯曲疲劳强度

齿根弯曲疲劳强度的校核公式为

$$\sigma_F = \frac{1.56KT_1Y_F}{bm_n^2z_1} \leqslant [\sigma_F] \tag{6-41}$$

设计公式为

$$m_n \geqslant \sqrt[3]{\frac{1.56KT_1}{\psi_d z_1^2}\cdot\frac{Y_F}{[\sigma_F]}} \tag{6-42}$$

式中，m_n 为法面模数；Y_F 为斜齿轮的齿形系数，按表 6-9 根据斜齿轮的当量齿数 z_v 查得；其余符号所代表的意义、单位及确定方法均与直齿轮相同。公式中应将 $Y_F/[\sigma_F]$的较大值代入。

【例 6-5】 试设计单级斜齿圆柱齿轮减速器中的齿轮传动。此减速器用于球磨机（载荷中等冲击），由电机驱动。已知传递的功率 $P=11\text{kW}$，小齿轮的转速 $n_1=730\text{r/min}$，传动比 $i=3.1$，单向转动。

解：（1）选择材料并确定许用接触应力

查表 6-5

小齿轮　45 钢　调质处理　齿面硬度取 $HBS_1=220$

大齿轮　45 钢　正火处理　齿面硬度取 $HBS_2=180$

查表 6-10，计算齿轮接触疲劳强度极限 σ_{Hlim}

$$\sigma_{Hlim1}=480+0.93(HBS_1-135)=480+0.93\times(220-135)=559.05\ (\text{MPa})$$

$$\sigma_{Hlim2}=480+0.93(HBS_2-135)=480+0.93\times(180-135)=521.9\ (\text{MPa})$$

由表 6-11 按一般重要性考虑，取接触强度的最小安全系数 $S_{Hmin}=1$。

两齿轮的许用接触应力为

$$\sigma_{H1}=\frac{\sigma_{Hlim1}}{S_{Hmin}}=\frac{559.05}{1}=559.05\ (\text{MPa})$$

$$\sigma_{H2}=\frac{\sigma_{Hlim2}}{S_{Hmin}}=\frac{521.9}{1}=521.9\ (\text{MPa})$$

（2）按齿面接触强度初步确定小齿轮的分度圆直径和中心距

小齿轮上的转矩为

$$T_1=9.55\times10^6\ \frac{P}{n}=9.55\times10^6\times\frac{11}{730}=143900\ (\text{N}\cdot\text{mm})$$

原动机为电动机，载荷有中等冲击，由表 6-7 查得载荷系数 $K=1.3$（斜齿轮取较小值），斜齿轮减速器属闭式传动软齿面，且对称布置，故取 $\psi_d=1.1$。

根据接触强度设计公式计算小齿轮的分度圆直径

$$d_1 \geqslant \sqrt[3]{\left(\frac{610}{[\sigma_H]_2}\right)^2 \frac{KT_1}{\psi_d} \cdot \frac{i+1}{i}} = \sqrt[3]{\left(\frac{610}{521.9}\right)^2 \times \frac{1.3\times 143900}{1.1} \times \frac{3.1+1}{3.1}} = 67.47\ (\text{mm})$$

中心距为

$$a=\frac{1}{2}(d_1+d_2)=\frac{d_1}{2}(1+i)=\frac{67.47}{2}\times(1+3.1)=138.3\ (\text{mm})$$

圆整为 $a=140\text{mm}$。

(3) 确定两齿轮的模数和齿数

由经验公式　　$m_n=(0.01\sim0.02)a=1.4\sim2.8\text{mm}$

取标准值　　$m_n=2.5\text{mm}$

初选螺旋角 $\beta=13°$，则得

$$z_1=\frac{2a\cos\beta}{m_n(1+i)}=\frac{2\times140\cos13°}{2.5\times(1+3.1)}=26.6$$

圆整为　　$z_1=27$

$$z_2=iz_1=3.1\times27=83.7$$

取　　$z_2=83$

校验传动比误差（通常不应超过±5%）。实际传动比 $i=z_2/z_1=83/27=3.074$，相对误差为 $\Delta i=\frac{3.1-3.074}{3.1}\times100\%=0.839\%<5\%$，故合适。

(4) 确定两齿轮螺旋角的大小

$$\cos\beta=\frac{m_n}{2a}(z_1+z_2)=\frac{2.5}{2\times140}\times(27+83)=0.9821428$$

所以　　$\beta=10°50'38''$

该值与初选 β 值较接近，符合要求。

(5) 确定两齿轮的几何尺寸

两齿轮的分度圆直径为

$$d_1=\frac{m_n z_1}{\cos\beta}=\frac{2.5\times27}{\cos10°50'38''}=68.727\ (\text{mm})$$

$$d_2=\frac{m_n z_2}{\cos\beta}=\frac{2.5\times83}{\cos10°50'38''}=211.273\ (\text{mm})$$

两齿轮（正常齿制，$h_{an}^*=1$、$c_n^*=0.25$）的齿顶圆直径为

$$d_{a1}=d_1+2h_{an}^*m_n=68.727+2\times1\times2.5=73.73\ (\text{mm})$$

$$d_{a2}=d_2+2h_{an}^*m_n=211.273+2\times1\times2.5=216.27\ (\text{mm})$$

全齿高　　$h=(2h_{an}^*+c_n^*)m_n=(2\times1+0.25)\times2.5=5.63\ (\text{mm})$

齿宽　　$b=\psi_d d_1=1.1\times68.727=75.6\ (\text{mm})$

取大齿轮的宽度 $b_2=75\text{mm}$；小齿轮的宽度 $b_1=75+5=80$（mm）

（6）验算轮齿的弯曲强度

根据两齿轮齿面硬度，按表 6-10 中有关公式计算两齿轮的弯曲强度极限

$$\sigma_{\text{Flim1}}=190+0.2(\text{HBS}_1-135)=190+0.2\times(220-135)=207\ (\text{MPa})$$

$$\sigma_{\text{Flim2}}=190+0.2(\text{HBS}_2-135)=190+0.2\times(180-135)=199\ (\text{MPa})$$

由表 6-11 查得弯曲强度的最小安全系数 $S_{\text{Fmin}}=1$。

两齿轮的许用弯曲应力为

$$[\sigma_{\text{F}}]_1=\frac{\sigma_{\text{Flim1}}}{S_{\text{Fmin}}}=\frac{207}{1}=207\ (\text{MPa})$$

$$[\sigma_{\text{F}}]_2=\frac{\sigma_{\text{Flim2}}}{S_{\text{Fmin}}}=\frac{199}{1}=199\ (\text{MPa})$$

两齿轮的当量齿数为

$$z_{\text{v1}}=\frac{z_1}{\cos^3\beta}=\frac{27}{\cos^3 10°50'38''}=28.50$$

$$z_{\text{v2}}=\frac{z_2}{\cos^3\beta}=\frac{83}{\cos^3 10°50'38''}=87.61$$

根据两轮的当量齿数，查表 6-9（插值法）得

$$Y_{\text{F1}}=2.64-\frac{2.64-2.54}{30-27}\times(28.5-27)=2.59$$

$$Y_{\text{F2}}=2.24-\frac{2.24-2.21}{100-83}\times(87.6-83)=2.23$$

因为 $\frac{Y_{\text{F1}}}{[\sigma_{\text{F}}]_1}=\frac{2.59}{207}=0.0140$，$\frac{Y_{\text{F2}}}{[\sigma_{\text{F}}]_2}=\frac{2.23}{199}=0.0112$，$\frac{Y_{\text{F1}}}{[\sigma_{\text{F}}]_1}$ 较大，将其代入公式，齿轮的齿根弯曲应力为

$$\sigma_{\text{F1}}=\frac{1.56KT_1Y_{\text{F1}}}{bm_{\text{n}}^2z_1}=\frac{1.56\times1.3\times143900\times2.59}{75\times2.5^2\times27}=59.71(\text{MPa})<[\sigma_{\text{F}}]_1=207\ (\text{MPa})$$

故齿轮的弯曲强度足够。

（7）绘制齿轮的工作图（略）

第十二节　直齿圆锥齿轮传动

一、圆锥齿轮传动的特点

前面讨论的圆柱齿轮，其轮齿分布在圆柱面上。轮齿分布在圆锥面上的齿轮就是圆锥齿轮，所以圆锥齿轮的齿形从大端到小端逐渐收缩。圆锥齿轮用于两相交轴之间的传动，且大多用于两轴相互垂直的情况。圆锥齿轮的轮齿有直齿、斜齿和曲齿三种类型，其中直齿圆锥齿轮应用较广。本书只讨论两轴相互垂直的标准直齿圆锥齿轮传动。

与直齿圆柱齿轮相对应，圆锥齿轮有分度圆锥、齿顶圆锥、齿根圆锥和基圆锥。一对相互啮合的圆锥齿轮有节圆锥。一对标准啮合的直齿圆锥齿轮，两轮的节圆锥分别与其分度圆锥相重合。

图 6-38 所示为一对直齿圆锥齿轮啮合传动，小齿轮和大齿轮的分度圆锥角分别为 δ_1 和 δ_2，两轴交角 $\Sigma=\delta_1+\delta_2=90°$，两齿轮的传动比为

$$i=\frac{n_1}{n_2}=\frac{z_2}{z_1}=\frac{d_2}{d_1}=\cot\delta_1=\tan\delta_2 \tag{6-43}$$

二、直齿圆锥齿轮传动的几何尺寸

直齿圆锥齿轮的轮齿大端尺寸较大，为便于测量和计算，通常取大端的参数为标准值，即大端的模数为标准模数，大端压力角 $\alpha=20°$，齿顶高系数和顶隙系数为

正常齿　　$h_a^*=1$，$c^*=0.2$

短齿　　$h_a^*=0.8$，$c^*=0.3$

为了使刀具在切齿时能顺利地通过小端齿槽，齿宽 b 不能太大，它与锥距（分度圆锥上母线的长度）R 应保持一定的比例关系，即

$$\psi_R=\frac{b}{R}\text{或}b=\psi_R R \tag{6-44}$$

式中，ψ_R 为齿宽系数，一般取 $\psi_R=0.25\sim0.35$。

图 6-38 所示的标准直齿圆锥齿轮传动的几何尺寸计算公式见表 6-13。

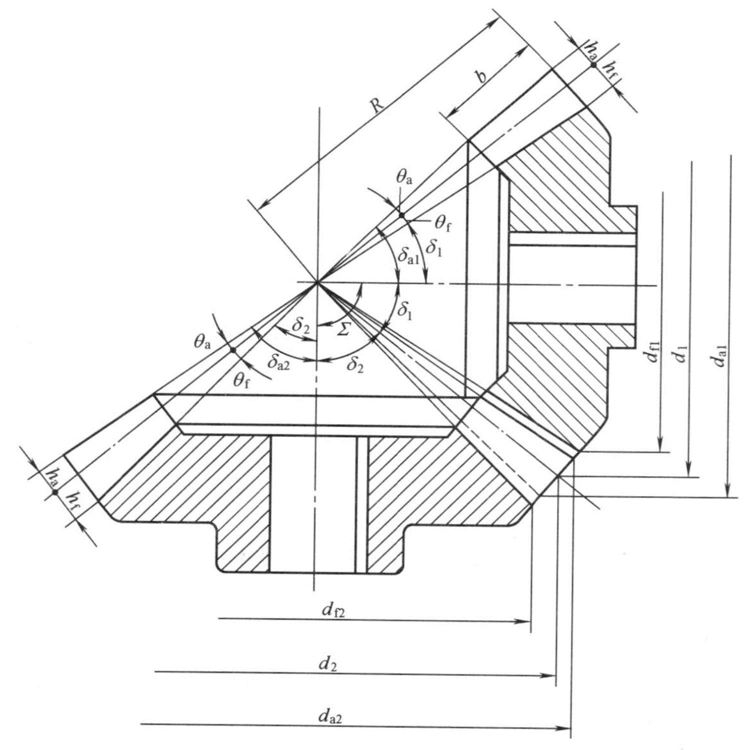

图 6-38　直齿圆锥齿轮传动的几何关系

表 6-13　直齿圆锥齿轮传动的几何尺寸计算公式

名　称	代号	计算公式	
		小 齿 轮	大 齿 轮
齿数	z	z_1	$z_2=iz_1$
分度圆锥角	δ	$\cot\delta_1=i$	$\tan\delta_2=i$
分度圆直径	d	$d_1=mz_1$	$d_2=mz_2$
齿顶高	h_a	$h_a=h_a^* m=m(h_a^*=1)$	
齿根高	h_f	$h_f=(h_a^*+c^*)m=1.2m(c^*=0.2)$	
全齿高	h	$h=h_a+h_f=2.2m$	
锥距	R	$R=\dfrac{d_1}{2\sin\delta_1}=\dfrac{d_2}{2\sin\delta_2}=\dfrac{m}{2}\sqrt{z_1^2+z_2^2}$	
齿顶角	θ_a	$\tan\theta_a=h_a/R$	
齿根角	θ_f	$\tan\theta_f=h_f/R$	
顶锥角	δ_a	$\delta_{a1}=\delta_1+\theta_a$	$\delta_{a2}=\delta_2+\theta_a$
根锥角	δ_f	$\delta_{f1}=\delta_1-\theta_f$	$\delta_{f2}=\delta_2-\theta_f$
齿顶圆直径	d_a	$d_{a1}=d_1+2h_a\cos\delta_1$	$d_{a2}=d_2+2h_a\cos\delta_2$
齿根圆直径	d_f	$d_{f1}=d_1-2h_f\cos\delta_1$	$d_{f2}=d_2-2h_f\cos\delta_2$
齿宽	b	$b=\psi_R R=(0.25\sim0.35)R$	

三、当量齿轮

圆柱齿轮的齿廓曲面是由发生面在基圆柱上作纯滚动而形成的。圆锥齿轮的齿廓曲面则是由发生面在基圆锥上作纯滚动时，发生面上的直线 KK' 所形成的，如图 6-39（a）所示。因此发生面上 K 点产生的渐开线 AK 应在以 OA 为半径的球面上，故此渐开线称为球面渐开线，其齿廓如图 6-39（b）所示。由于球面渐开线无法展成平面，这给齿轮的设计、制造及刀具的生产带来了很大的困难，为了避免这一困难，通常用一个与球面渐开线非常接近的圆锥面上的渐开线来代替，如图 6-40 中的圆锥 $O'AA'$，此圆锥与圆锥齿轮大端处的分度圆相切，该圆锥 $O'AA'$ 称为圆锥齿轮在大端处的背锥。将背锥展开成一个扇形齿轮，并将其补足成完整的齿轮，该齿轮称为圆锥齿轮的当量齿轮。当量齿轮具有的齿数称为当量齿数。

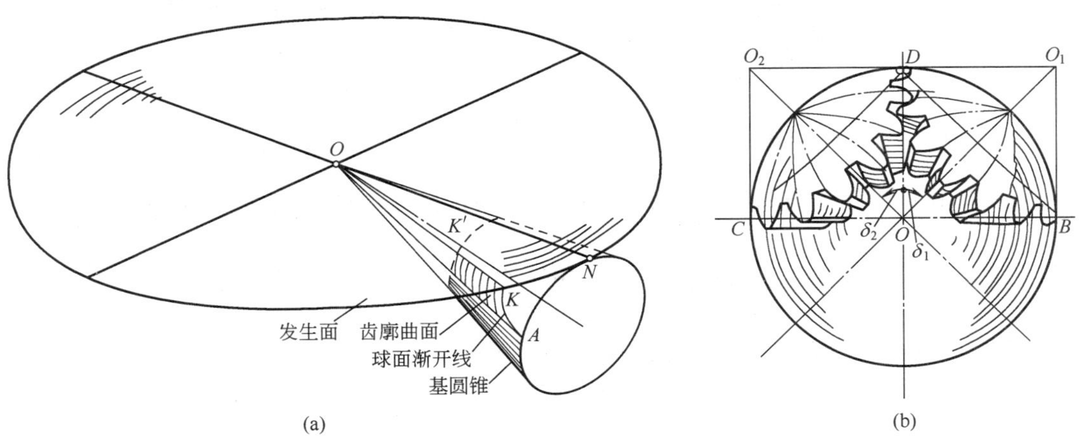

图 6-39　圆锥齿轮齿廓的形成和球面渐开线

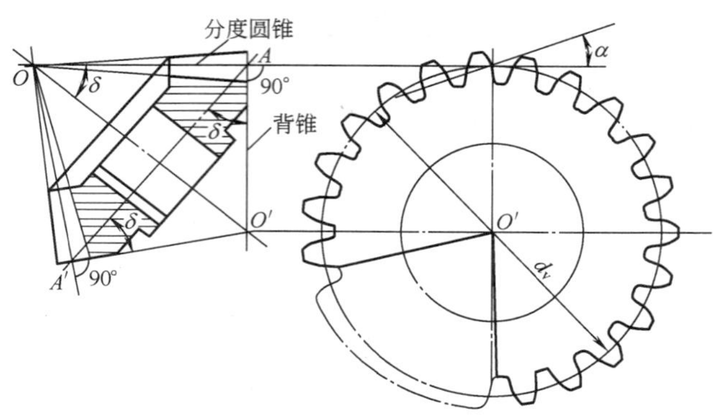

图 6-40　背锥和当量齿数

当量齿数的计算公式为

$$z_v = \frac{z}{\cos\delta} \tag{6-45}$$

与斜齿圆柱齿轮的当量齿轮一样，直齿圆锥齿轮的当量齿轮，也是进行强度计算、选择铣刀刀号的依据，同时也可确定直齿圆锥齿轮不产生根切的最少齿数。$h_a^* = 1$，$\alpha = 20°$时当量齿轮不产生根切的最少齿数 $z_{vmin} = 17$，故直齿圆锥齿轮不产生根切的最少齿数 z_{min} 为

$$z_{min} = z_{vmin}\cos\delta = 17\cos\delta \tag{6-46}$$

四、圆锥齿轮的结构和精度

1. 圆锥齿轮结构

(1) 锥齿轮轴　当圆锥齿轮的小端齿根圆到键槽底部的距离 $\delta < 1.6m$ 时（见图 6-41），为保证强度，需将齿轮和轴做成一体，称为锥齿轮轴（见图 6-42）。

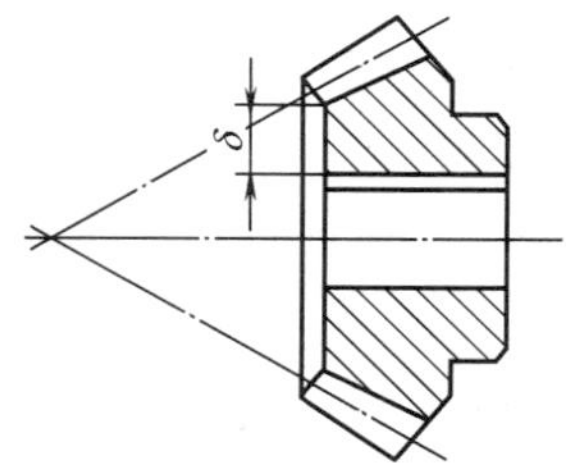

图 6-41　实心式锥齿轮

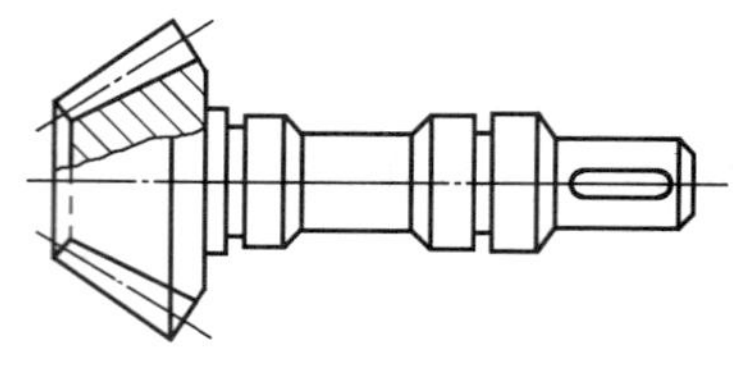

图 6-42　锥齿轮轴

(2) 实心式锥齿轮　当 $\delta \geqslant 1.6m$ 时，应将齿轮和轴分开制造，常采用实心式结构（见图 6-41）。

(3) 腹板式锥齿轮　齿顶圆直径 $d_a \leqslant 500$mm 的锻造锥齿轮，可做成腹板式结构（见图 6-43）。

(4) 带筋的腹板式锥齿轮　齿顶圆直径 $d_a > 300$mm 的铸造圆锥齿轮，可做成带加强筋的腹板式结构（见图 6-44）。

2. 锥齿轮精度

圆锥齿轮精度见机械设计手册“齿轮传动公差”中的圆锥齿轮公差（GB/T 11365—1989）。

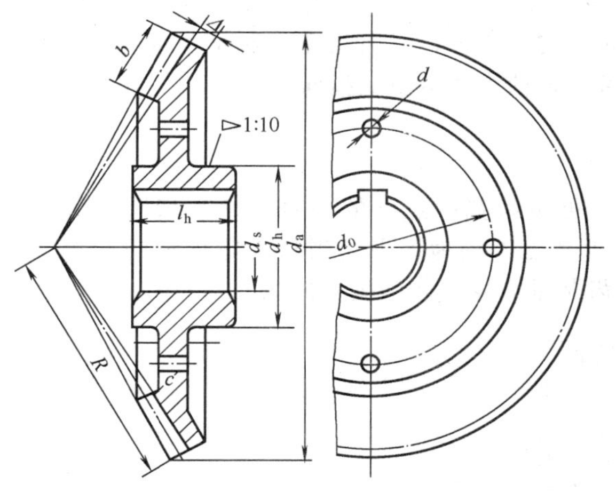

图 6-43 腹板式锥齿轮

$d_h=1.6d_s$；$l_h=(1.2\sim1.5)d_s$；$c=(0.2\sim0.3)b$；

$\Delta=(2.5\sim4)m$，但不小于 10mm；

d_0 和 d 按结构取定

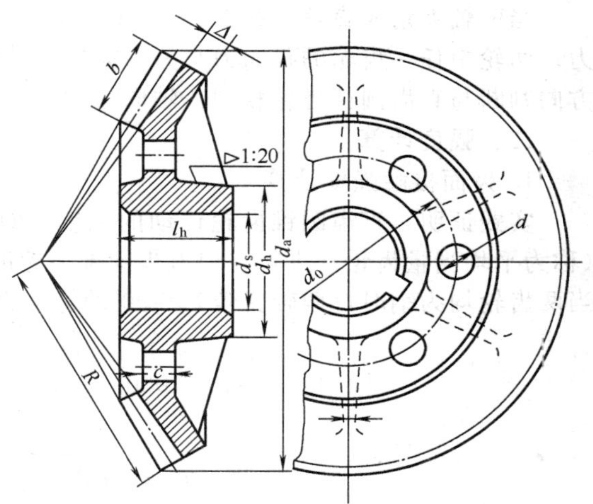

图 6-44 带加强筋的腹板式锥齿轮

$d_h=(1.6\sim1.8)d_s$；$l_h=(1.2\sim1.5)d_s$；

$c=(0.2\sim0.3)b$，$\Delta=(2.5\sim4)m$，

但不小于 10mm；d_0 和 d 按结构取定

第十三节 直齿圆锥齿轮传动的强度计算

一、轮齿的受力分析

图 6-45 所示小齿轮 1 为主动轮，所受的转矩为 T_1。假设法向力 F_n 集中在平均分度圆处，平均分度圆直径 d_{m1} 可从图中的几何关系求得。

$$d_{m1}=(1-0.5\psi_R)d_1 \tag{6-47}$$

其法向力 F_n 也可分解为圆周力 F_t、径向力 F_r 和轴向力 F_x。

$$\left.\begin{aligned}F_{t1}&=\frac{2T_1}{d_{m1}}=-F_{t2}\\F_{r1}&=F'\cos\delta_1=F_{t1}\tan\alpha\cos\delta_1=-F_{x2}\\F_{x1}&=F'\sin\delta_1=F_{t1}\tan\alpha\sin\delta_1=-F_{r2}\end{aligned}\right\} \tag{6-48}$$

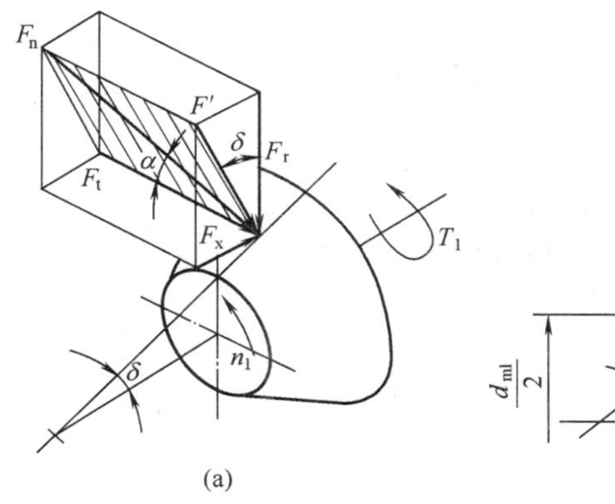

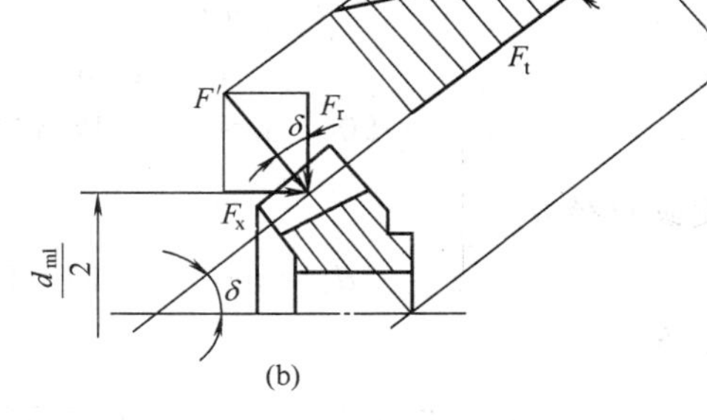

图 6-45 圆锥齿轮受力分析

当两轴夹角成直角，即 $\Sigma=\delta_1+\delta_2=90°$时，两圆锥齿轮上的圆周力互为作用力和反作用力；两轮中任一齿轮的径向力与另一齿轮的轴向力大小相等，方向相反。圆周力和径向力的方向判断与直齿圆柱齿轮相同，轴向力的方向沿齿轮轴线并由小端指向大端。

二、强度计算

1. 齿面接触强度计算

实践证明，直齿圆锥齿轮传动的强度计算，可按齿宽中点处的一对当量直齿圆柱齿轮（称为平均当量齿轮）进行，但直齿圆锥齿轮的承载能力约为该平均当量齿轮传动的85％。当两齿轮均为钢时，两轴交角$\Sigma=90°$的标准直齿圆锥齿轮接触强度公式为

$$\sigma_H=1030\sqrt{\frac{KT_1}{\psi_R(1-0.5\psi_R)^2d_1^3i}}\leqslant[\sigma_H] \tag{6-49}$$

$$d_1\geqslant\sqrt[3]{\left(\frac{1030}{[\sigma_H]}\right)^2\frac{KT_1}{\psi_R(1-0.5\psi_R)^2i}} \tag{6-50}$$

2. 齿根弯曲强度计算

齿根弯曲强度计算也是按齿宽中点处的平均当量齿轮计算的，考虑到直齿圆锥齿轮传动的承载能力约为当量齿轮的85％，因而直齿圆锥齿轮轮齿弯曲强度公式为

$$\sigma_F=\frac{2.35KT_1Y_F}{(1-0.5\psi_R)^2bm^2z_1}\leqslant[\sigma_F] \tag{6-51}$$

$$m\geqslant1.68\sqrt[3]{\frac{Y_F}{[\sigma_F]}\cdot\frac{KT_1}{z_1^2\psi_R(1-0.5\psi_R)^2\sqrt{i^2+1}}} \tag{6-52}$$

式中，m 为大端模数；Y_F 为齿形系数，其值可根据当量齿数 $z_v=z/\cos\delta$，由表6-9中查得。计算许用应力 $[\sigma_H]$ 和 $[\sigma_F]$ 时，方法与直齿轮相同。而计算齿根弯曲应力时，应将比值$Y_F/[\sigma_F]$较大者代入公式。

【例6-6】 某减速器中一对直齿圆锥齿轮，已知齿数 $z_1=21$、$z_2=65$，模数 $m=4$mm，齿宽 $b=40$mm，两齿轮均采用45钢，小齿轮调质处理，齿面硬度 $HBS_1=217\sim255$，大齿轮正火处理，齿面硬度 $HBS_2=162\sim217$。两轴交角 $\Sigma=90°$，小齿轮转速 $n_1=970$r/min，由电动机驱动，载荷较平稳，单向转动。试确定这对圆锥齿轮所能传递的功率 P。

解： 1. 几何尺寸计算

（1）传动比 i、分度圆锥角 δ_1 和 δ_2

$$i=\frac{n_1}{n_2}=\frac{z_2}{z_1}=\frac{65}{21}=3.095$$

$$\cot\delta_1=i=3.095$$

$$\delta_1=17°52'43''$$

$$\delta_2=90°-\delta_1=90°-17°52'43''=72°7'17''$$

（2）分度圆直径 d_1

$$d_1=mz_1=4\times21=84\ (\text{mm})$$

（3）锥距 R

$$R=\frac{m}{2}\sqrt{z_1^2+z_2{}^2}=\frac{4}{2}\sqrt{21^2+65^2}=136.6\ (\text{mm})$$

(4) 齿宽系数 ψ_R

$$\psi_R=\frac{b}{R}=\frac{40}{136.6}=0.29$$

(5) 当量齿数 z_{v1}、z_{v2}

$$z_{v1}=\frac{z_1}{\cos\delta_1}=\frac{21}{\cos17°52'43''}=22.01$$

$$z_{v2}=\frac{z_2}{\cos\delta_2}=\frac{65}{\cos72°7'17''}=211.73$$

2. 许用应力

(1) 两齿轮接触疲劳极限 σ_{Hlim} 和弯曲疲劳极限 σ_{Flim}

按表 6-10 中有关公式计算

$$\sigma_{Hlim1}=480+0.93(HBS_1-135)=480+0.93(220-135)=559MPa$$

$$\sigma_{Hlim2}=480+0.93(HBS_2-135)=480+0.93(190-135)=531MPa$$

$$\sigma_{Flim1}=190+0.2(HBS_1-135)=190+0.2(220-135)=207MPa$$

$$\sigma_{Flim2}=190+0.2(HBS_1-135)=190+0.2(190-135)=201MPa$$

(2) 接触强度最小安全系数 S_{Hmin} 和弯曲强度最小安全系数 S_{Fmin}

齿轮传动的重要性按一般情况考虑，由表 6-11 查得

$$S_{Hmin}=1, S_{Fmin}=1$$

(3) 许用接触应力 $[\sigma_H]$ 和 $[\sigma_F]$

$$[\sigma_H]_1=\frac{\sigma_{Hlim1}}{S_{Hmin}}=\frac{559}{1}=559\ (MPa)$$

$$[\sigma_H]_2=\frac{\sigma_{Hlim2}}{S_{Hmin}}=\frac{531}{1}=531\ (MPa)$$

$$[\sigma_F]_1=\frac{\sigma_{Flim1}}{S_{Fmin1}}=\frac{207}{1}=207\ (MPa)$$

$$[\sigma_F]_2=\frac{\sigma_{Flim2}}{S_{Fmin1}}=\frac{201}{1}=201\ (MPa)$$

3. 载荷系数 K

载荷比较平稳，且由电动机驱动，故由表 6-7 查得载荷系数 $K=1.2$。

4. 按接触强度确定小齿轮允许传递的转矩 T_1 及允许传递的功率 P

将 $[\sigma_H]_2$ 和 $i=3.1$ 代入式 (6-49)，可得小齿轮允许传递的转矩为

$$T_1\leqslant\left(\frac{[\sigma_H]_2}{1030}\right)^2\frac{\psi_R(1-0.5\psi_R)^2 d_1^3 i}{K}$$

$$=\left(\frac{531}{1030}\right)^2\frac{0.29\times(1-0.5\times0.29)^2\times84^3\times3.1}{1.2}=86271(N\cdot mm)=86.27\ (N\cdot m)$$

故允许传递的功率为

$$P=\frac{T_1 n_1}{9550}\leqslant\frac{86.27\times970}{9550}=8.8\ (kW)$$

5. 按弯曲强度确定小齿轮允许传递的转矩 T_1 及允许传递的功率 P

根据当量齿数 $z_{v1}=22.06$、$z_{v2}=212.73$ 查表 6-9，并用插值法求两齿轮的齿形系数

$$Y_{F1}=2.72, Y_{F2}=2.10$$

$$\frac{Y_{F1}}{[\sigma_F]_1}=\frac{2.72}{207}=0.01314,\quad \frac{Y_{F2}}{[\sigma_F]_2}=\frac{2.1}{201}=0.01045$$

$$\frac{Y_{F1}}{[\sigma_F]_1}>\frac{Y_{F2}}{[\sigma_F]_2}$$

所以将 $Y_{F1}/[\sigma_F]_1$ 代入式（6-52），经整理后可得小齿轮允许传递的转矩为

$$T_1\leqslant\left(\frac{m}{1.68}\right)^3\frac{[\sigma_F]_1}{Y_{F1}}\cdot\frac{z_1^2\psi_R(1-0.5\psi_R)^2\sqrt{i^2+1}}{K}$$

$$=\left(\frac{4}{1.68}\right)^3\frac{207}{2.72}\cdot\frac{21^2\times0.29\times(1-0.5\times0.29)^2\sqrt{3.1^2+1}}{1.2}$$

$$=260674.6\ (\mathrm{N\cdot mm})=260.67\ (\mathrm{N\cdot m})$$

故允许传递的功率为

$$P=\frac{T_1n_1}{9550}\leqslant\frac{260.67\times970}{9550}=26.48\ (\mathrm{kW})$$

由于弯曲强度的承载能力大，因此该对齿轮允许传递的功率应按接触强度考虑，即允许传递的功率为 $P=8.8\mathrm{kW}$。

第十四节　蜗杆传动

一、蜗杆传动的类型和特点

1. 蜗杆传动的类型

蜗杆传动由蜗杆、蜗轮和机架组成。蜗杆与蜗轮的轴线在空间成90°交错（见图 6-46），通常蜗杆为主动件，蜗轮为从动件。蜗杆传动类型很多，按蜗杆分度曲面形状不同，可分为圆柱蜗杆传动［见图 6-47（a)］和环面蜗杆传动［见图 6-47（b)］。圆柱蜗杆制造简单，应用广泛；环面蜗杆便于润滑，效率高，但制造困难，用于大功率传动。

圆柱蜗杆传动按其螺旋面的形状可分为阿基米德蜗杆传动（ZA 蜗杆）和渐开线蜗杆传动（ZI 蜗杆)。机械中常用的是阿基米德蜗杆传动。阿基米德蜗杆在轴向剖面内的齿形为直线，在垂直于轴线的截面内的齿形为阿基米德螺旋线。

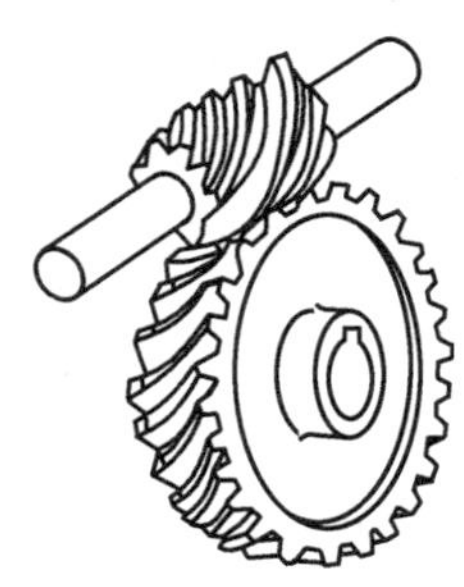

图 6-46　蜗杆传动

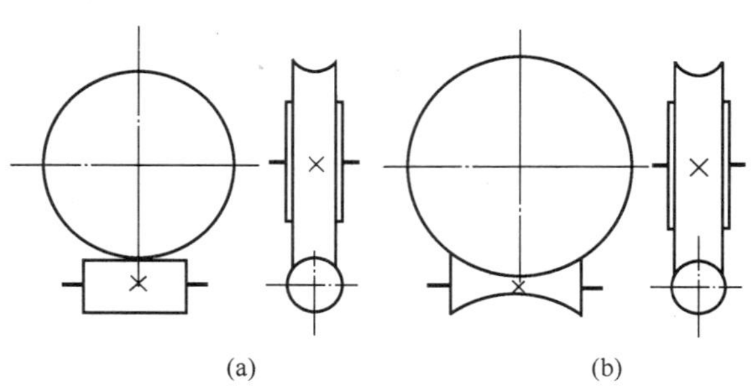

图 6-47　蜗杆传动类型

2. 蜗杆传动的特点

（1）传动比大　因为 $i=\frac{n_1}{n_2}=\frac{z_2}{z_1}$，$z_1$ 可以很小或等于 1，所以传动比大，结构紧凑。在动力传动中，单级传动比为 5～80；在分度机构中，传动比可达 1000。

（2）传动平稳，噪声小　蜗杆好像一螺杆，当蜗杆推动蜗轮传动时，相当于螺杆的连续传动。

（3）具有自锁性能　即蜗杆只能带动蜗轮，而蜗轮不能带动蜗杆。如手动葫芦、铸工车间使用的浇注机械等，常采用蜗杆传动来保证自锁。

（4）效率低，制造成本高　一般效率为 0.7～0.9，对于自锁蜗杆效率更低，仅为 0.4 左右。因此工作时发热量大，如散热不良，则不能持续工作。为了减小摩擦和磨损，蜗轮常用青铜制造，故成本较高。

二、几何尺寸

1. 蜗杆传动的基本参数

（1）模数 m 和压力角 α　国标中规定在中间平面（包含蜗杆轴线并垂直于蜗轮轴线的平面）内的参数为标准参数。所以蜗杆的轴面模数（等于蜗轮的端面模数）m 为标准值（见表 6-1），而且也规定蜗杆的轴面压力角 α（等于蜗轮的端面压力角）为标准值，即 $\alpha=20°$（见图 6-48）。

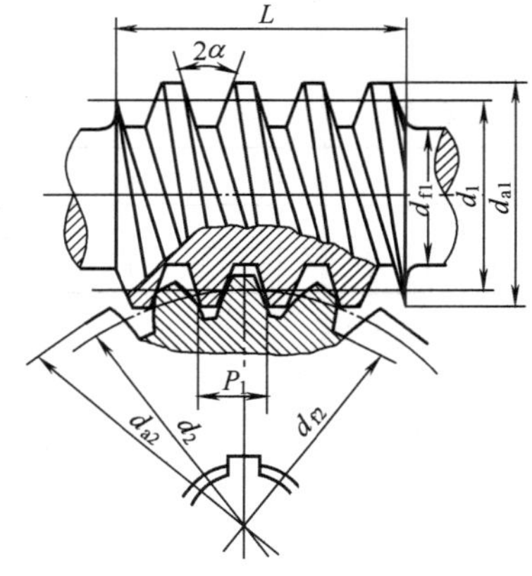

图 6-48　蜗杆传动的主要参数

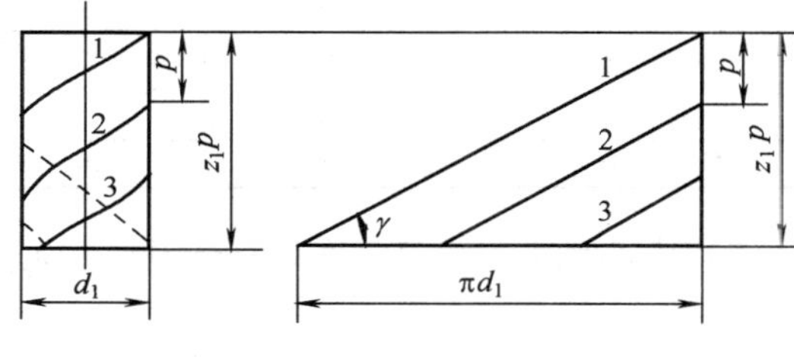

图 6-49　蜗杆展开图

（2）蜗杆的直径系数为 q 和螺旋导程角 γ　设蜗杆头数为 z_1，模数为 m，分度圆直径为 d_1，螺旋导程角为 γ，则由图 6-49 可得

$$\left.\begin{aligned}\tan\gamma=\frac{z_1P}{\pi d_1}=\frac{z_1m}{d_1}\\ 或\ d_1=\frac{z_1}{\tan\gamma}m\end{aligned}\right\}\tag{6-53}$$

为了方便计算，令 $\frac{z_1}{\tan\gamma}=q$，则

$$d_1=mq\tag{6-54}$$

式中，q 称为蜗杆直径系数，并已标准化（见表 6-14）。

为了设计计算方便，将 m、q、m^2d_1 的对应关系列于表 6-14。

表 6-14　蜗杆传动的模数 m、直径系数 q 与 m^2d_1 值（摘自 GB/T 10085—1988）

m/mm	2.5	3.15	4	5	6.3	8	10	12.5	16	20	25
$\frac{q}{m^2d_1}$	$\frac{11.2}{175}$ $\frac{18}{281}$	$\frac{11.27}{352}$ $\frac{17.778}{556}$	$\frac{10}{640}$ $\frac{17.75}{1136}$	$\frac{10}{1250}$ $\frac{18}{2250}$	$\frac{10}{2500}$ $\frac{17.778}{4445}$	$\frac{10}{5120}$ $\frac{17.5}{8960}$	$\frac{9}{9000}$ $\frac{16}{16000}$	$\frac{8.96}{17500}$ $\frac{16}{31250}$	$\frac{8.75}{35840}$ $\frac{15.625}{64000}$	$\frac{8}{64000}$ $\frac{15.75}{126000}$	$\frac{8}{125000}$ $\frac{16}{250000}$

注：1. 本表未列入第二系列数值。

2. 表中分子为 q 值；分母为 m^2d_1 值，单位为 mm^3。

(3) 蜗杆传动的正确啮合条件

$$\left.\begin{aligned} m_{x1}&=m_{t2}=m\\ \alpha_{x1}&=\alpha_{t2}=\alpha\\ \gamma&=\beta \end{aligned}\right\} \tag{6-55}$$

式中，m_{x1}、m_{t2}分别为蜗杆的轴面模数和蜗轮的端面模数；α_{x1}、α_{t2}分别为蜗杆的轴面压力角和蜗轮的端面压力角；β为蜗轮的螺旋角。

(4) 传动比 i 与蜗杆头数 z_1、蜗轮齿数 z_2　在传动中一般取蜗杆头数 $z_1=2\sim4$。蜗杆传动的传动比为

$$i=\frac{n_1}{n_2}=\frac{z_2}{z_1}=\frac{d_2}{d_1\tan\gamma} \tag{6-56}$$

式中，n_1、n_2 为蜗杆和蜗轮的转速，r/min；z_1、z_2 为蜗杆头数和蜗轮齿数，对于一般动力传动，z_1、z_2 可按表 6-15 选用。

表 6-15　蜗杆头数 z_1 和蜗轮齿数 z_2 的荐用值

传动比 i	≈5	7～15	14～30	29～82
蜗杆头数 z_1	6	4	2	1
蜗轮齿数 z_2	29～31	29～61	29～61	29～82

(5) 中心距 a　对于标准蜗杆传动，中心距为

$$a=\frac{d_1+d_2}{2}=\frac{m}{2}(q+z_2) \tag{6-57}$$

2. 蜗杆传动的几何尺寸计算

在设计蜗杆传动时，一般先根据传动比选择 z_1，计算 z_2，然后按强度计算确定 m 与 q，在上述基本参数确定后，可按表 6-16 计算出蜗杆、蜗轮的几何尺寸（标准传动）。

表 6-16　普通圆柱蜗杆传动的几何尺寸计算（参见图 6-48）　/mm

名　称	计　算　公　式	
	蜗　杆	蜗　轮
分度圆直径	$d_1=mq$	$d_2=mz_2$
齿顶高	$h_a=h_a^*m$	
齿根高	$h_f=(h_a^*+c^*)m$	
顶圆直径	$d_a=d+2h_a$	
根圆直径	$d_f=d-2h_f$	
齿顶高系数	$h_a^*=1$	
顶隙系数	$c^*=0.2$	
中心距	$a=\frac{d_1+d_2}{2}=\frac{m}{2}(q+z_2)$	

三、蜗杆、蜗轮的材料和结构

1. 蜗杆、蜗轮的材料

蜗杆传动的主要失效形式为胶合、磨损和点蚀。通常失效多发生在蜗轮上。所以蜗杆、蜗轮的材料应具有足够的强度、良好的耐磨性和抗胶合能力。蜗轮材料多采用青铜，滑动速度很低时，也可采用灰铸铁，如 HT150、HT200 等。蜗杆常采用碳钢或合金钢制造，并经过淬火、磨削和研磨，以增加齿面的耐磨性和减小表面粗糙度。

表 6-17 和表 6-18 介绍了几种常用的蜗杆、蜗轮材料及其许用应力。

表 6-17　蜗杆常用材料

材　料　牌　号	热处理	齿面硬度	齿面粗糙度 $R_a/\mu m$
45,40Cr,42SiMn,38SiMnMo	表面淬火	45～55HRC	0.8～0.4
20Cr,20MnVB,20SiMnVB,20CrMnTi	渗碳淬火	58～63HRC	0.8～0.4
45	调质	＜270HBS	3.2～1.6

表 6-18　蜗轮常用材料及其许用接触应力 $[\sigma_H]$①

蜗轮材料	铸造方法	适用的滑动速度 $v_s/m \cdot s^{-1}$	蜗杆齿面硬度 ≤350HBS	蜗杆齿面硬度 ≥45HRC
			$[\sigma_H]$/MPa	
ZQSn10-1	砂型	≤12	118	131
	金属型	≤25	131	145
ZQSn6-6-3	砂型	≤10	72	82
	金属型	≤12	88	98

蜗　轮　材　料	蜗　杆　材　料	滑动速度 $v_s/m \cdot s^{-1}$ 0.25	0.5	1	2	3	4	6	8
		$[\sigma_H]$/MPa							
ZQA19-4	钢(淬火)②	—	245	226	206	177	157	118	88.3
ZHMn58-2-2	钢(淬火)②	—	211	196	177	147	132	98.2	73.6
HT150、HT200	渗碳钢	157	127	113	88.3	—	—	—	—
HT150	钢(调质或正火)	137	108	88.3	68.7	—	—	—	—

① 锡青铜的许用应力为长期使用时的数值。

② 蜗杆未经淬火时，表中的许用应力数值要降低 20%。

2. 蜗杆、蜗轮的结构

蜗杆与轴常制成一体，这种整体式蜗杆有车制蜗杆［见图 6-50（a）］和铣制蜗杆［见图 6-50（b）］两种。

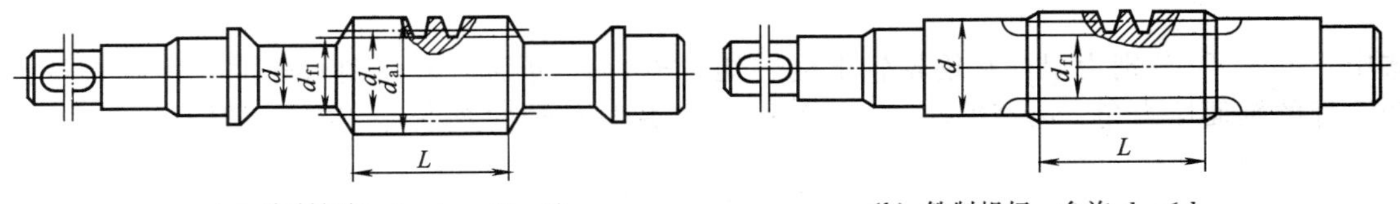

(a) 车制蜗杆，$d=d_{f1}-(2\sim4)$mm　　(b) 铣制蜗杆，允许 $d_{f1}<d$

图 6-50　蜗杆结构

直径较小的蜗轮和铸铁蜗轮常采用整体式结构［见图 6-51（a）］。对于直径较大的蜗轮，为了节约有色金属，常采用将齿圈装在铸铁轮芯上的结构［见图 6-51（b）］，齿圈与轮芯的配合可用 H7/r6 或 H7/m6，为了增加连接的可靠性，在接缝处再拧入 4～6 个螺钉。对于直径再大些的蜗轮，可用铰制孔用螺栓来连接［见图 6-51（c）］。

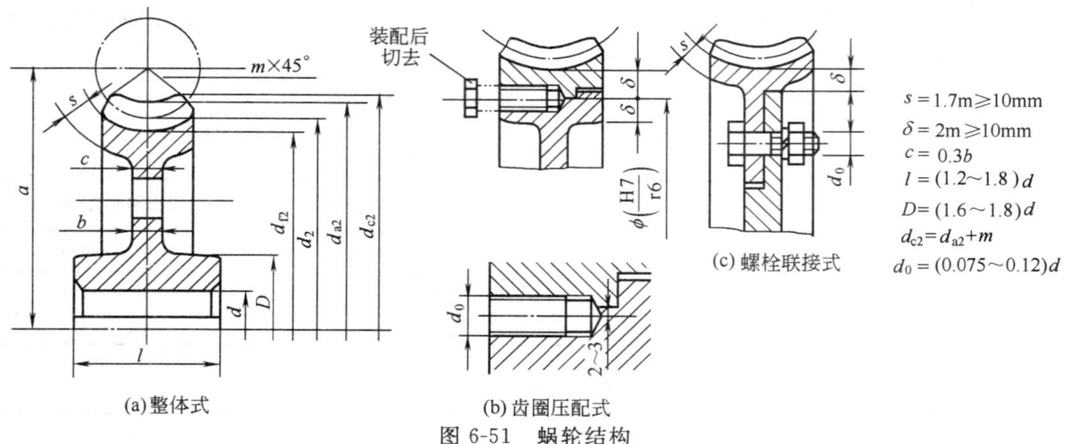

图 6-51　蜗轮结构

四、蜗杆传动的受力分析

与斜齿轮一样，作用在齿面上的法向力 F_n 可分解为圆周力 F_t、径向力 F_r 和轴向力 F_x（图 6-52）。

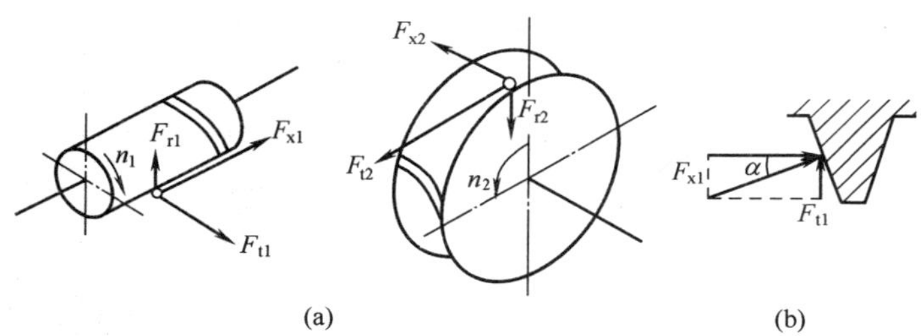

图 6-52　蜗杆传动的受力分析

各分力的大小为

$$\left.\begin{aligned}F_{t1}&=\frac{2T_1}{d_1}=-F_{x2}\\F_{x1}&=\frac{2T_2}{d_2}=-F_{t2}\\F_{r1}&=F_{x1}\tan\alpha=-F_{r2}\\\frac{T_2}{T_1}&=i\eta\end{aligned}\right\}\tag{6-58}$$

式中，T_1、T_2 分别为蜗杆和蜗轮轴上的转矩；d_1、d_2 分别为蜗杆和蜗轮的分度圆直径；α 为蜗杆的轴面压力角，$\alpha=20°$；i 为传动比；η 为蜗杆传动的效率，可按下式估计。

$$\eta\approx(100-3.5\sqrt{i})\%\tag{6-59}$$

蜗杆所受力 F_{t1}、F_{r1} 的方向判断同斜齿轮，轴向力 F_{x1} 判断仍采用“主动轮左右手定则”；蜗轮受力方向根据作用力与反作用力的关系，由蜗杆来判断。

五、蜗杆传动的强度计算

在蜗杆传动中，由于蜗杆材料的强度比蜗轮高得多，而蜗轮轮齿疲劳折断又很少发生，故不必进行齿根弯曲强度计算。由于蜗轮轮齿主要的失效形式为胶合和点蚀，目前尚无成熟的胶合计算方法，一般按齿面接触强度计算，在选择许用应力时可适当考虑胶合和磨损的影响。

蜗杆传动接触强度校核式为

$$\sigma_H=\frac{480}{d_2}\sqrt{\frac{KT_2}{d_1}}\leqslant[\sigma_H]_2 \tag{6-60}$$

设计公式为

$$m^2d_1\geqslant KT_2\left(\frac{480}{z_2[\sigma_H]_2}\right)^2 \tag{6-61}$$

$$T_2=9.55\times10^6\frac{P_2}{n_2}=9.55\times10^6\frac{P_1\eta}{n_2} \tag{6-62}$$

式中，T_2 为蜗轮上的转矩，N·mm；K 为载荷系数，一般可取 $K=1.1\sim1.6$，加工装配良好，蜗杆刚性好，经过跑合，载荷平稳时取较小值，反之则取较大值；$[\sigma_H]_2$ 为蜗轮的许用应力，MPa，见表 6-18。当蜗轮的材料为铝铁青铜、锰黄铜或铸铁等强度较高的材料时，轮齿的失效形式主要是胶合，而胶合不仅与接触应力的大小有关，而且还与齿面的相对滑动速度 v_s 有关。

【例 6-7】 设计一输送装置中的蜗杆传动，已知蜗轮轴输出的转矩为 $T_2=1200$N·m，转速为 $n_2=35$r/min，载荷平稳，现若采用 $n_1=960$r/min 的电动机，试确定电动机功率 P_1 并设计此蜗杆传动（断续工作）。

解：（1）计算输出功率 P_2

$$P_2=\frac{T_2n_2}{9.55\times10^6}=\frac{1200\times10^3\times35}{9.55\times10^6}=4.4\ (\text{kW})$$

（2）计算传动比 i，估计效率 η，并求出电动机功率 P_1

$$i=\frac{n_1}{n_2}=\frac{960}{35}=27.42$$

由式（6-59）得

$$\eta\approx(100-3.5\sqrt{i})\%=(100-3.5\times\sqrt{27.42})\%\approx82\%$$

所以
$$P_1=\frac{P_2}{\eta}=\frac{4.4}{0.82}=5.37\ (\text{kW})$$

（3）选择材料，确定许用应力 $[\sigma_H]$

蜗杆用 20Cr 渗碳后淬火为 58～63HRC。

蜗轮用 ZQSn10-1 青铜、砂模铸造，因 n_1 不太高，估计滑动速度 $v_s<12$m/s，按表 6-18 取 $[\sigma_H]_2=131$MPa。

（4）确定蜗杆头数 z_1 和蜗轮齿数 z_2

由 $i=27.42$ 查表 6-15，取 $z_1=2$，$z_2=iz_1=27.42\times2=54.84$，取 $z_2=55$。

（5）确定模数 m 和蜗杆直径系数 q

由式（6-61）得 $$m^2d_1 \geqslant KT_2\left(\frac{480}{z_2[\sigma_H]_2}\right)^2$$

取 $K=1.2$（考虑载荷平稳，加工良好），于是

$$m^2d_1 \geqslant 1.2\times1200\times10^3\times\left(\frac{480}{55\times131}\right)^2=6391\ (\mathrm{mm}^3)$$

查表 6-14，取 $m=8\mathrm{mm}$，$q=17.5$，$m^2d_1=8960>6391$

（6）主要尺寸

$$d_1=mq=8\times17.5=140\ (\mathrm{mm})$$

$$d_2=mz_2=8\times55=440\ (\mathrm{mm})$$

$$a=\frac{m}{2}(q+z_2)=\frac{8}{2}(17.5+55)=290\ (\mathrm{mm})$$

（7）其他结构尺寸（略）

六、蜗杆传动的热平衡计算

蜗杆传动由于相对滑动速度 v_s 大，故发热量大，效率低。如果箱体散热不好，则温度将很快升高，使润滑油变稀，从而导致蜗轮胶合加剧。因此，对于连续工作的闭式蜗杆传动要进行热平衡计算。

蜗杆传动每秒钟摩擦消耗的功所转化的热量为

$$Q_1=1000P_1(1-\eta) \qquad (6\text{-}63)$$

式中，P_1 为蜗杆的输入功率，kW；η 为蜗杆传动的效率。

每秒钟通过箱体表面散发出的热量为

$$Q_2=K_tA(t-t_0) \qquad (6\text{-}64)$$

式中，t 为润滑油或箱体温度，℃；t_0 为环境温度，℃；A 为箱体表面散热面积，m^2；K_t 为散热系数，即当温度差为 1℃时，箱体每 $1\mathrm{m}^2$ 表面积在 1s 内所散出的热量，单位为 $\mathrm{J/(s\cdot m^2\cdot ℃)}$，通风良好时 $K_t=14\sim17.5\mathrm{J/(s\cdot m^2\cdot ℃)}$，通风不良时 $K_t=8\sim10\mathrm{J/(s\cdot m^2\cdot ℃)}$。

当 $Q_1=Q_2$ 时，发热量与散热量保持平衡，则热平衡条件为

$$t=\frac{1000P_1(1-\eta)}{K_tA}+t_0 \qquad (6\text{-}65)$$

油温 t 不应超过 80℃，如果超出，则应采取适当的措施，如箱体加散热片、加强通风或用冷却水循环降温等方法来帮助散热。

小　　结

本章的主要内容如下。

1. 齿轮的类型、特点。

2. 渐开线齿轮的啮合特点：恒定的传动比；中心距有可分性；齿轮的传力方向不变。

3. 齿轮的主要参数：模数、齿数、压力角、分度圆、基圆、齿距等；直齿轮、斜齿轮、锥齿轮、蜗杆传动的参数之间的异同点。

4. 直齿轮、斜齿轮、锥齿轮和蜗杆传动的正确啮合条件、连续传动条件以及齿轮的标准安装。

5. 渐开线齿轮的加工方法：仿形法、范成法。

6. 各类齿轮不根切的最少齿数：直齿圆柱齿轮 $z_{min}\geqslant17$；斜齿圆柱齿轮 $z_{min}\geqslant\frac{17}{\cos^3\beta}$；直齿圆锥齿轮 $z_{min}\geqslant\frac{17}{\cos\delta}$。

7. 标准齿轮与变位齿轮：当变位量 $x=0$ 时，为标准齿轮；当 $x>0$ 时，为正变位齿轮；当 $x<0$ 时，

为负变位齿轮。正变位齿轮 s_f 增大，s_a 减小；负变位齿轮 s_f 减小，s_a 增大。

变位齿轮可弥补标准齿轮的三大不足：z_{min}限制、一对齿轮的等强度要求、凑配中心距。

8. 齿轮传动的失效形式与设计准则：闭式传动主要的失效形式是齿面点蚀和胶合。设计准则为：闭式传动软齿面按齿面接触强度设计，齿根弯曲强度校核；闭式传动硬齿面按齿根弯曲强度设计，齿面接触强度校核。

开式传动主要的失效形式是轮齿磨损，设计准则是按齿根弯曲强度设计，然后将模数增大10%～20%。

低速重载齿轮传动主要的失效形式是轮齿塑性变形。

9. 各种齿轮的受力分析和强度计算公式；直齿轮、斜齿轮、锥齿轮和蜗杆传动受力大小与方向；各种传动的齿面接触疲劳强度和齿根弯曲疲劳强度公式。

10. 各类传动的结构和零件工作图。

思考与习题

6-1 根据渐开线性质，解释一对外啮合渐开线齿廓为何具有以下性质。

(1) 瞬时传动比为常数。

(2) 两轮中心距允许有微量变动。

(3) 传力线是一条方向不变的直线。

6-2 分度圆与节圆、齿根圆与基圆、压力角与啮合角各有什么不同?

6-3 一对标准直齿轮，安装中心距比标准值略大，试定性说明：

(1) 齿侧间隙；

(2) 节圆直径；

(3) 啮合角的变化。

6-4 一对齿轮正常运行，要满足哪些条件? 说明这些条件的含义和满足这些条件的办法。

6-5 试说明渐开线齿廓的公法线、两基圆公切线、传力线和啮合线是同一条线。

6-6 分别解释标准齿制、标准齿轮和标准安装。

6-7 与标准齿轮相比，变位齿轮在齿廓方面有什么变化，在应用方面有什么特点?

6-8 齿条与齿轮相比有什么特点，齿条与齿轮啮合传动有什么特点?

6-9 轮齿的失效形式有哪几种? 如何防止这些失效形式的发生?

6-10 开式传动和闭式传动的失效形式有何不同? 软齿面齿轮和硬齿面齿轮的失效形式又有什么不同?

6-11 齿轮精度等级、齿轮侧隙各由什么确定? 齿轮各公差组和齿轮传动要求有什么关系?

6-12 试比较直齿轮、斜齿轮、锥齿轮、蜗杆传动的正确啮合条件；它们的标准参数各定在什么地方?

6-13 试比较直齿轮、斜齿轮、锥齿轮的齿廓曲面的区别 。

6-14 试比较直齿轮、斜齿轮、锥齿轮、蜗杆传动的受力情况和力与力之间的关系。

6-15 已知一正常齿制的渐开线直齿圆柱齿轮。$m=4$mm，$z=50$，试求齿廓在分度圆上的曲率半径，以及渐开线齿廓在齿顶圆、齿根圆上的压力角。

6-16 有一对正常齿制外啮合直齿圆柱齿轮机构，实测两轮轴孔中心距 $a=132$mm，小轮齿数 $z_1=38$，齿顶圆直径 $d_{a1}=120$mm，试配一大齿轮，确定其齿数 z_2、模数 m 及其他尺寸。

6-17 已知一对外啮合标准直齿圆柱齿轮机构的传动比 $i_{12}=2.5$，$z_1=40$，$h_a^*=1$，$c^*=0.25$，$m=10$mm，$\alpha=20°$，试求这对齿轮的主要尺寸。

6-18 已知一对正常齿制的标准直齿圆柱齿轮，$m=10$mm，$z_1=17$，$z_2=21$，实际中心距 $a=200$mm，要求：

(1) 绘制两轮的齿顶圆、分度圆、节圆、齿根圆和基圆；

(2) 作出理论啮合线、实际啮合线和啮合角；

(3) 检验是否满足连续传动条件。

6-19 已知一对外啮合直齿圆柱齿轮的齿数 $z_1=30$，$z_2=40$，$m=20$mm，$\alpha=20°$，$h_a^*=1$，当中心距 $a'=725$mm 时，求啮合角 α'；如果 $\alpha'=22°3'$，求中心距 a'。

6-20 已知一对外啮合直齿圆柱齿轮，齿数 $z_1=10$，$z_2=25$，分度圆压力角 $\alpha=20°$，模数 $m=10$mm，

齿顶高系数 $h_a^*=1$，安装中心距 $a'=175\text{mm}$，试设计这对齿轮，并计算各部分的尺寸。

6-21 直齿圆锥齿轮——斜齿圆柱齿轮减速器，当主动锥齿轮的转向如题 6-21 图所示时：

(1) 画出输出轴Ⅲ的转向；

(2) 为了使Ⅱ轴的轴承少受一些轴向力，则低速级斜齿轮的螺旋线方向应如何？

(3) 在条件 (2) 下，画出中间轴Ⅱ上齿轮的受力图；

(4) 在条件 (2)、一般情况下，分析中间轴两齿轮的轴向力合力指向哪一边轴承；

(5) 设 $z_1=17$，$z_2=51$，$z_3=24$，$z_4=95$，$n_{\text{I}}=1470\text{r/min}$，问 n_{III} 为多少？

6-22 题 6-22 图所示为 YW4232 型万能剃齿机剃齿刀径向进给传动的前两级，已知蜗杆右旋，齿数 $z_1=1$，蜗轮齿数 $z_2=42$，锥齿轮 $z_3=25$，$z_4=35$，$m_{3,4}=2\text{mm}$，试求：

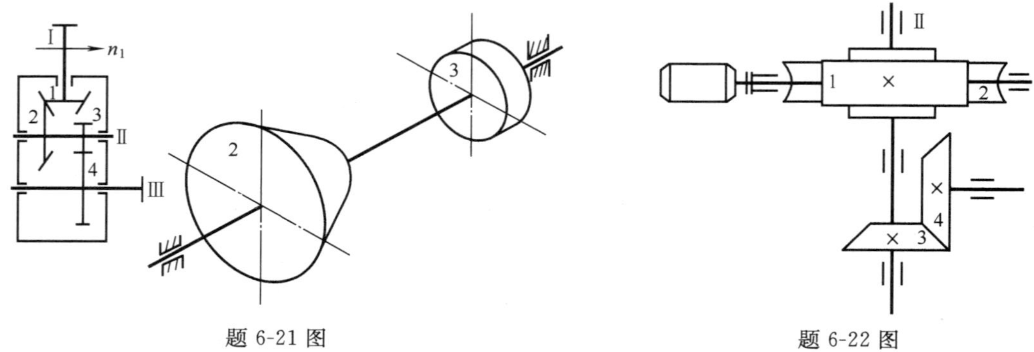

题 6-21 图　　题 6-22 图

(1) 为使Ⅱ轴上蜗轮的轴向力方向与锥齿轮 3 的相反，确定电动机的转向；

(2) 画出轴上蜗轮和齿轮 3 各自分力的方向。

6-23 试设计单级减速器的直齿圆柱齿轮传动。已知传递的功率 $P=6\text{kW}$，输入轴转速 $n_1=600\text{r/min}$，输出轴转速 $n_2=150\text{r/min}$，减速器由电动机驱动，双向运转，载荷比较平稳。

6-24 已知一对斜齿轮的齿数 $z_1=32$，$z_2=128$，模数 $m_n=2\text{mm}$，压力角 $\alpha_n=20°$，螺旋角 $\beta=14°8'28''$，正常齿制。试计算其主要尺寸 (d_1、d_2、h、d_{a1}、d_{a2}、d_{f1}、d_{f2}、a)。

6-25 试设计单级斜齿圆柱齿轮减速器中的一对斜齿轮。已知小齿轮的转速 $n_1=720\text{r/min}$，大齿轮的转速 $n_2=200\text{r/min}$，传递的功率 $P=11\text{kW}$，由电动机驱动，单向转动，载荷有中等冲击。

6-26 一对直齿圆锥齿轮的齿数 $z_1=11$，$z_2=23$，模数 $m=2.5\text{mm}$，压力角 $\alpha=20°$，齿顶高系数 $h_a^*=1$，顶隙系数 $c^*=0.2$，齿宽系数 $\psi_R=0.3$，试确定这对齿轮的几何尺寸。

6-27 设计一直齿圆锥齿轮减速器，$\Sigma=90°$，传递功率 $P=22\text{kW}$，$n_1=1470\text{r/min}$，$i=3.5$，单向运转，有轻微冲击，小齿轮悬臂布置，电机驱动。

6-28 试设计一蜗杆传动。已知电动机功率为 $P=4\text{kW}$，$n_1=960\text{r/min}$，传动比 $i=28$，载荷有轻度冲击。

实践环节

1. 学生根据生产生活经验，找出汽车、车床、变速器、溜板箱、压面机、定时器、减速装置等机械中各类齿轮的应用。归纳齿轮类型、应用场合，齿轮标准参数与尺寸计算，材料选择、承载能力和设计计算方法。通过工厂实习掌握直齿轮、斜齿轮的加工方法。

2. 通过到工厂观察废旧齿轮，掌握齿轮的失效类型，能正确选择齿轮材料和设计方法。

实验二　渐开线齿廓范成实验

一、实验目的

1. 掌握范成法切制渐开线齿廓的原理，观察齿廓曲线形成过程。

2. 了解齿轮根切的原因和避免根切的方法，建立变位齿轮的概念。

二、实验要求

用齿轮范成仪（见图 2′-1）切制渐开线标准齿轮、正负变位齿轮的 3～5 个齿廓。

三、实验步骤

1. 根据范成仪尺寸选定被切齿轮的模数和齿数以及正负变位量，计算标准齿轮和正、负变位齿轮的分度圆、齿顶圆和齿根圆，并画在图纸上（各占 120°），沿最大圆+(2～3) mm 剪下毛坯（见图 2′-2）。

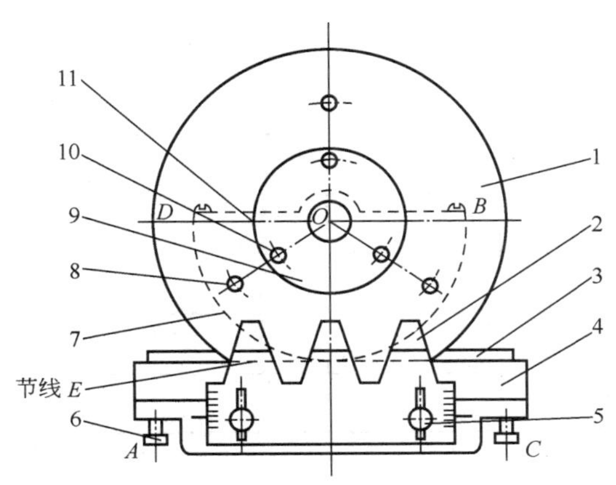

图 2′-1　齿轮范成仪

1—图纸托盘；2—齿条刀具；3—机架；4—溜板；5—锁紧螺母；6—调节螺钉；7—钢丝；8—定位销；9—压板；10—锁紧螺母；11—半圆盘

分界线
齿顶圆
轮坯外廓
齿顶圆
基圆
分度圆
齿根圆
负变位
正变位
齿根圆
标准
2～3
分界线
分界线
齿顶圆
齿根圆
安装孔

图 2′-2　轮坯图样

2. 将毛坯安装在范成仪上，把切齿刀推到极限位置，分别切出标准齿轮、正负变位齿轮（见图 2′-3）。

四、实验报告

1. 已知数据

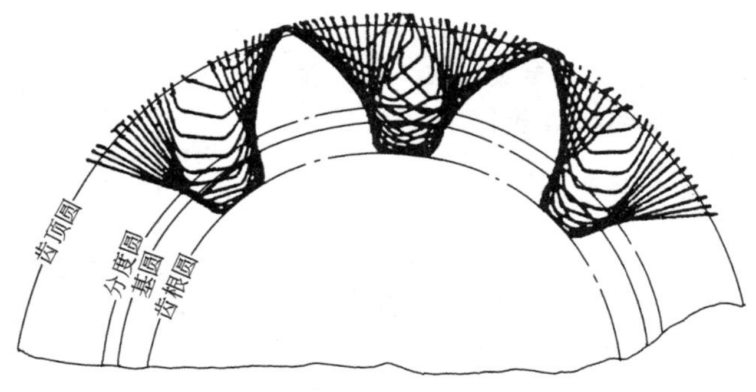

图 2′-3　切制出的齿轮轮廓

基本参数　$m=$　；$\alpha=$　；$z=$　；$h_a^*=$　；$c^*=$　；变位量 $xm=$

2. 实验结果

序　号	项　　目	计　算　公　式	计算结果		
			标准齿轮	变位齿轮	
				正变位	负变位
1	分度圆直径	$d=mz$			
2	变位系数	$x=\frac{\text{变位量}}{m}$			
3	齿根圆直径	$d_f=m(z-h_a^*-2c^*\pm 2x)$			
4	齿顶圆直径	$d_a=m(z+2h_a^*\pm 2x)$			
5	基圆直径	$d_b=mz\cos\alpha$			
6	齿距	$p=\pi m$			
7	分度圆齿厚	$s=m(\frac{\pi}{2}+2x\tan\alpha)$			
8	分度圆齿槽宽	$e=m(\frac{\pi}{2}-2x\tan\alpha)$			
9	齿顶高	$h_a=m(h_a^*\pm x)$			
10	齿根高	$h_f=m(h_a^*+c^*\mp x)$			

3. 齿廓范成图（标准齿轮、正负变位齿轮各剪一个齿距）

4. 思考题

(1) 同一齿条刀为什么可加工标准齿轮和变位齿轮？正、负变位齿轮与标准齿轮相比，哪些参数不变，哪些变化，为什么？

(2) 根切现象是如何产生的？避免根切的措施有哪些？

实验三　渐开线直齿圆柱齿轮参数测定

一、实验目的

掌握用普通量具测定渐开线直齿圆柱齿轮基本参数的方法，加深理解渐开线的性质及齿轮各参数间的关系，培养学生解决实际问题的能力。

二、实验要求

测量选定的齿轮，确定其基本参数（m、α），并判断是否为标准齿轮。对非标准齿轮，求出变位系数 x。

三、实验步骤

1. 测定模数 m 和压力角 α

如图 3′-1 所示，跨过 K 个齿时，公法线长 $W_K=(K-1)p_b+s_b$；跨过 $K+1$ 齿时，公法线长 $W_{K+1}=Kp_b+s_b$。所以

$$p_b=W_{K+1}-W_K=\pi m\cos\alpha$$

即
$$m=\frac{W_{K+1}-W_K}{\pi\cos\alpha} \tag{3'-1}$$

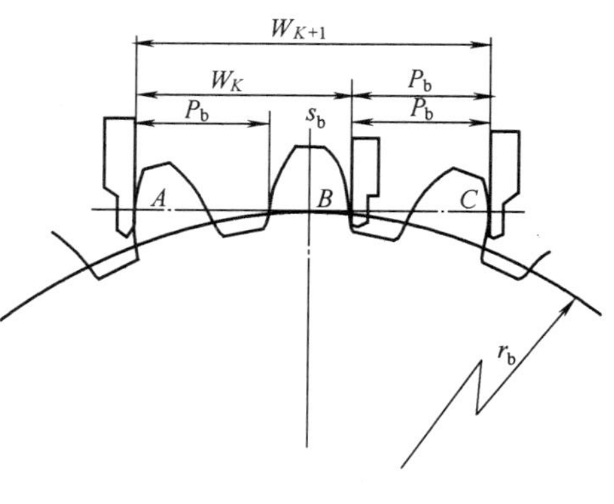

图 3′-1　公法线的测定

对于标准齿轮，α 为 15°或 20°，将两值代入式（3′-1），求出两个模数，其数值最接近标准模数的一组 m、α 即为被测齿轮的模数和压力角。

跨齿数 K 查表 3′-1。

表 3′-1　跨齿数 K

z	12～18	19～27	28～36	37～45	46～54	55～63	64～72	73～81
K	2	3	4	5	6	7	8	9

2. 测定变位系数 x

由于变位齿轮齿厚发生了变化，故公法线长度与标准齿轮的公法线长度不等，二者之差为公法线的增量，等于 $2xm\sin\alpha$。即

$$W_K-W'_K=2xm\sin\alpha$$

所以

$$x=\frac{W_K-W'_K}{2m\sin\alpha} \tag{3'-2}$$

式中，W_K 为被测齿轮跨 K 个齿的公法线长；W'_K 为 m、z、α 与被测齿轮相同的标准齿轮跨 K 个齿的公法线长，W'_K 可计算出。由式（3′-2）可求出变位系数 x。

3. 测定齿顶高系数 h_a^* 和顶隙系数 c^*

先测出齿根圆直径 d_f。偶数齿直接测出；奇数齿间接测出。

齿根高为

$$h_f=\frac{mz_1-d_f}{2}$$

$$h_f=m(h_a^*+c^*-x) \tag{3'-3}$$

式中，h_a^*、c^* 为未知数，对于不同齿制 h_a^*、c^* 为 1 和 0.25 以及 0.8 和 0.3，代入式（3′-3），哪一组最接近，即为所求的 h_a^* 和 c^* 值。

四、实验报告

1. 测量数据

齿轮编号								
z								
K								
测量次数	1	2	3	平均值	1	2	3	平均值
W_K/mm								
W_{K+1}/mm								
d_f/mm								

2. 计算结果

项　目	计　算　公　式	计　算　结　果	
p_b	$p_b=W_{K+1}-W_K$	$p_{b1}=$	$p_{b2}=$
m 和 α	$m=\dfrac{p_b}{\pi\cos\alpha}$	$m_1=$ $\alpha_1=$	$m_2=$ $\alpha_2=$
W'_K	$W_K'=m[2.9521(K-0.5)+0.014z]$	$W'_{K1}=$	$W'_{K2}=$
x	$x=\dfrac{W_K-W'_K}{2m\sin\alpha}$	$x_1=$	$x_2=$
h_f	$h_f=\dfrac{mz-d_f}{2}$	$h_{f1}=$	$h_{f2}=$
h_a^*	$h_f=m(h_a^*+c^*-x)$	$h_{a1}^*=$ $c_1^*=$	$h_{a2}^*=$ $c_2^*=$

3. 思考题

两齿轮的参数测定后，怎样判断它们能否正确啮合？如能，又怎样判断它们的传动类型？

第七章 带 传 动

学习目标

带传动应用广泛，本章学习目标是了解带传动工作原理和结构与应用场合、带的类型、V带与带轮结构。熟悉带传动的受力分析、弹性滑动与打滑、带传动应力分析和带传动设计准则。

掌握带传动设计步骤和主要参数选择。

第一节 带传动的工作原理和结构

一、带传动的工作原理

如图 7-1 所示，带传动由主动带轮 1、从动带轮 2 和紧套在两带轮上的环形传动带 3 组成。根据工作原理不同，它可分为摩擦式和啮合式两种带传动。图 7-1（a）所示为摩擦式带传动，工作时，它依靠传动带和带轮接触面间产生的摩擦力来传递运动和动力。图 7-1（b）所示为啮合式带传动，工作时，它依靠传动带工作面的齿槽和带轮上轮齿的啮合作用来传递运动和动力，由于传动带与带轮间没有相对滑动，故又称为同步带传动，这种带主要用于数控机床、纺织机械中。本章主要介绍摩擦式带传动。

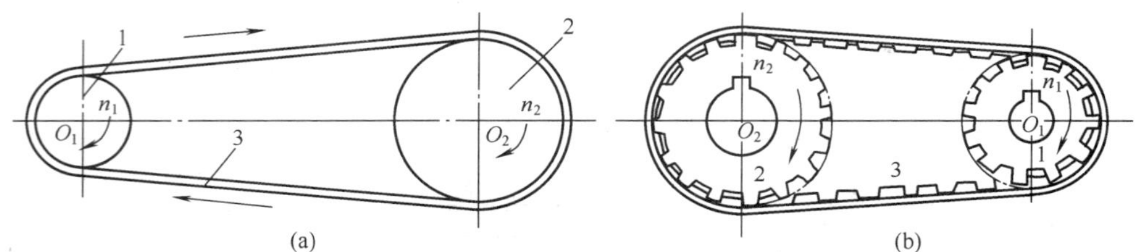

图 7-1 摩擦式与啮合式带传动

1—主动带轮；2—从动带轮；3—传动带

二、摩擦式带传动的分类

在工程上，根据带的横截面形状不同，摩擦式带传动可分为平带传动、V 带传动、圆形带传动、多楔带传动等类型，如图 7-2 所示。

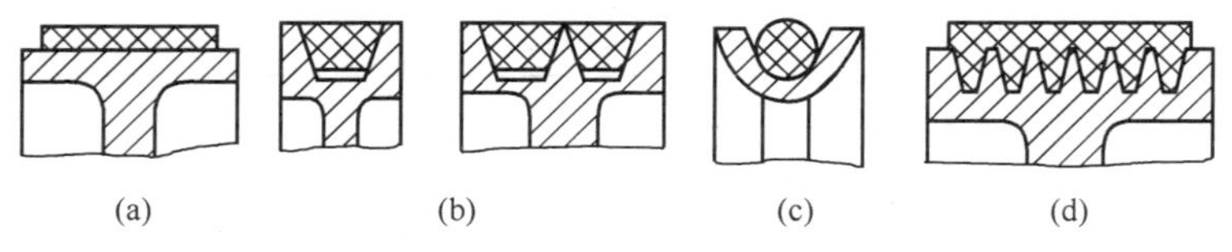

图 7-2 带的类型

1. 平带传动［见图 7-2（a)］

平带的横截面形状为矩形，其工作面为内表面，已标准化。平带主要用于两带轮轴线平行、转向相同的较远距离的传动，如粮食加工机械。

2. V 带传动［见图 7-2（b）］

V 带有普通 V 带，窄 V 带与宽 V 带等多种类型，其中普通 V 带最常用，其截面形状为梯形，已标准化。V 带传动是靠带的两个侧面与轮槽产生摩擦力来传递运动和动力。故 V 带的两个侧面是工作面。由理论力学可知，在相同的压紧力 F_0 作用下，V 带产生的摩擦力要比平带产生的摩擦力大得多，故 V 带传递功率大，传动能力强，结构紧凑，因此 V 带在机械传动中应用最广，本章主要介绍普通 V 带传动。

3. 圆形带传动［见图 7-2（c）］

该类型带的横截面形状为圆形。圆形带传动只适用低速、轻载的机械，如缝纫机、磁带盘等传动机构。

4. 多楔带传动［见图 7-2（d）］

多楔带是在平带基体上由若干根 V 带组成的传动带。它用于结构要求紧凑、传递力较大的场合。

三、带传动的工作特点

（1）由于带是挠性件，故能缓冲、吸振，传动平稳，噪声小。

（2）过载时带在小带轮上打滑，防止其他零件因过载而破坏，起安全保护作用。

（3）结构简单，制造、安装、维护方便，成本低廉，适于两轴中心距较大的场合。

（4）传动比不准确，外廓尺寸较大，不适于高温和有化学腐蚀物质的场合。

综上所述，带传动主要用于传递功率 $P\leqslant 50\text{kW}$；带速 $v\leqslant 5\sim 25\text{m/s}$，特种高带速 v 可达 60m/s；传动比 $i\leqslant 5$，最大可达到 10；且要求传动平稳，但传动比不准确的机械中。

四、V 带的结构和标准

1. V 带的结构

V 带的横截面结构如图 7-3 所示，它主要是由包布、顶胶、抗拉体和底胶四部分组成。包布的材料是帆布，它是 V 带的保护层。顶胶和底胶的材料主要是橡胶，当带在带轮上弯曲时外侧受拉内侧受压。抗拉体主要承受带的拉力，其结构有帘布结构和线绳结构两种，帘布结构的 V 带制造方便，抗拉强度高，价格低廉，应用较广。线绳结构的 V 带柔韧性好，抗弯强度高，适用于带轮直径小，转速较高的场合。

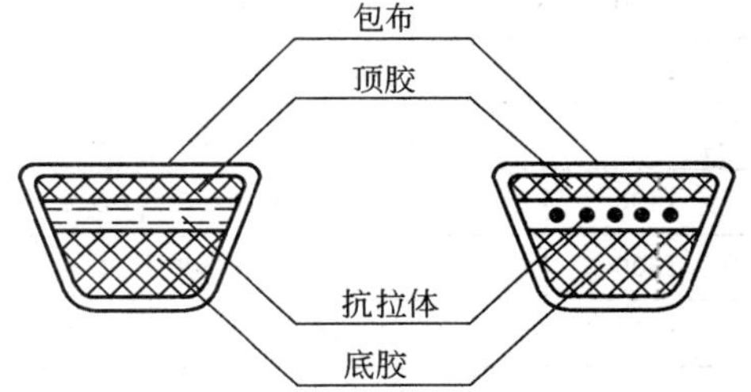

图 7-3　V 带的横截面结构

2. V 带的标准

V 带是标准件，按横截面尺寸由小到大可分为 Y、Z、A、B、C、D、E 七种型号，其横截面尺寸见表 7-1。

表 7-1　V 带的横截面尺寸/mm

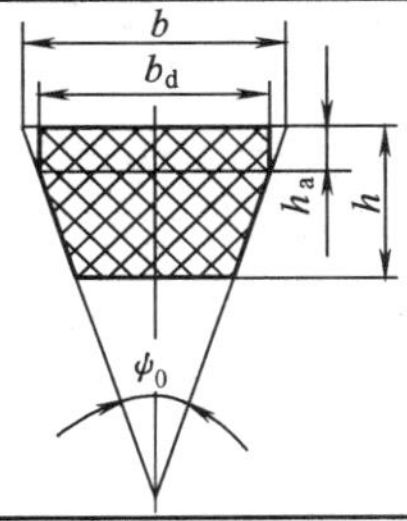 型号	Y	Z	A	B	C	D	E
节宽 b_d	5.3	8.5	11.0	14.0	19.0	27.0	32.0
顶宽 b	6.0	10.0	13.0	17.0	22.0	32.0	38.0
高度 h	4.0	6.0	8.0	11.0	14.0	19.0	25.0
楔角 φ_0	40°						

V 带是一种无接头的环形带，当带绕过带轮弯曲时，顶胶伸长，底胶压缩，在二者之

间有一层既不伸长，也不缩短，长度和宽度均保持不变的纤维层称为中性层，其宽度称为节宽 b_d。其测量长度称为基准长度，即 V 带的公称长度 L_d，见表 7-2。带轮轮槽与带的节宽接触处的直径称为基准直径，即 V 带的公称直径 d_d。

表 7-2 普通 V 带的基准长度系列与带的长度系数 K_L（摘自 GB/T 11544—1989 等效 ISO 4184—1980）

基准长度 L_d/mm	K_L					基准长度 L_d/mm	K_L				
	Y	Z	A	B	C		A	B	C	D	E
200	0.81					2000	1.03	0.98	0.88		
224	0.82					2240	1.06	1.00	0.91		
250	0.84					2500	1.09	1.03	0.93		
280	0.87					2800	1.11	1.05	0.95	0.83	
315	0.89					3150	1.13	1.07	0.97	0.86	
355	0.92					3550	1.17	1.10	0.98	0.89	
400	0.96	0.87				4000	1.19	1.13	1.02	0.91	
450	1.00	0.89				4500		1.15	1.04	0.93	0.90
500	1.02	0.91				5000		1.18	1.07	0.96	0.92
560		0.94				5600			1.09	0.98	0.95
630		0.96	0.81			6300			1.12	1.00	0.97
710		0.99	0.82			7100			1.15	1.03	1.00
800		1.00	0.85			8000			1.18	1.06	1.02
900		1.03	0.87	0.81		9000			1.21	1.08	1.05
1000		1.06	0.89	0.84		10000			1.23	1.11	1.07
1120		1.08	0.91	0.86		11200				1.14	1.10
1250		1.11	0.93	0.88		12500				1.17	1.12
1400		1.14	0.96	0.90		14000				1.20	1.15
1600		1.16	0.99	0.93	0.84	16000				1.22	1.18
1800		1.18	1.01	0.95	0.85						

在工程上，V 带的标记由型号、基准长度和标准编号等三部分组成，例如标记为：B1000　GB/T 11544—1989，表示 B 型 V 带，基准长度为 1000mm。

3. 带轮材料和结构

（1）V 带轮的材料　在工程上，V 带轮的材料通常为灰铸铁，当带速 $v<25$m/s 时，采用 HT150；带速 $v=25\sim30$m/s 时，采用 HT200。当带速 v 更高时，宜采用铸钢或钢的焊接结构。此外，当传递小功率时，V 带轮也可采用铝合金或塑料等。

（2）V 带轮的结构　V 带轮一般由轮缘、轮毂和轮辐三部分组成，根据轮辐的结构不同，V 带轮可分为四种，如图 7-4 所示。图 7-4（a）所示为实心式（S 型），适用于 $d_d\leqslant(2.5\sim3)d_s$（$d_s$ 为带轮轴孔直径）；图 7-4（b）所示为腹板式（P 型），适用于 $d_d\leqslant300$mm；图 7-4（c）所示为孔板式（H 型），适用于 $d_d\leqslant400$mm；图 7-4（d）所示为轮辐式（E 型），适用于 $d_d>400$mm。

此外，在 V 带轮结构设计中，还要求其有足够的强度，良好的结构工艺性，质量分布均匀，重量轻，轮槽两侧工作面有一定的精度等。V 带轮轮缘横截面尺寸见表 7-3。

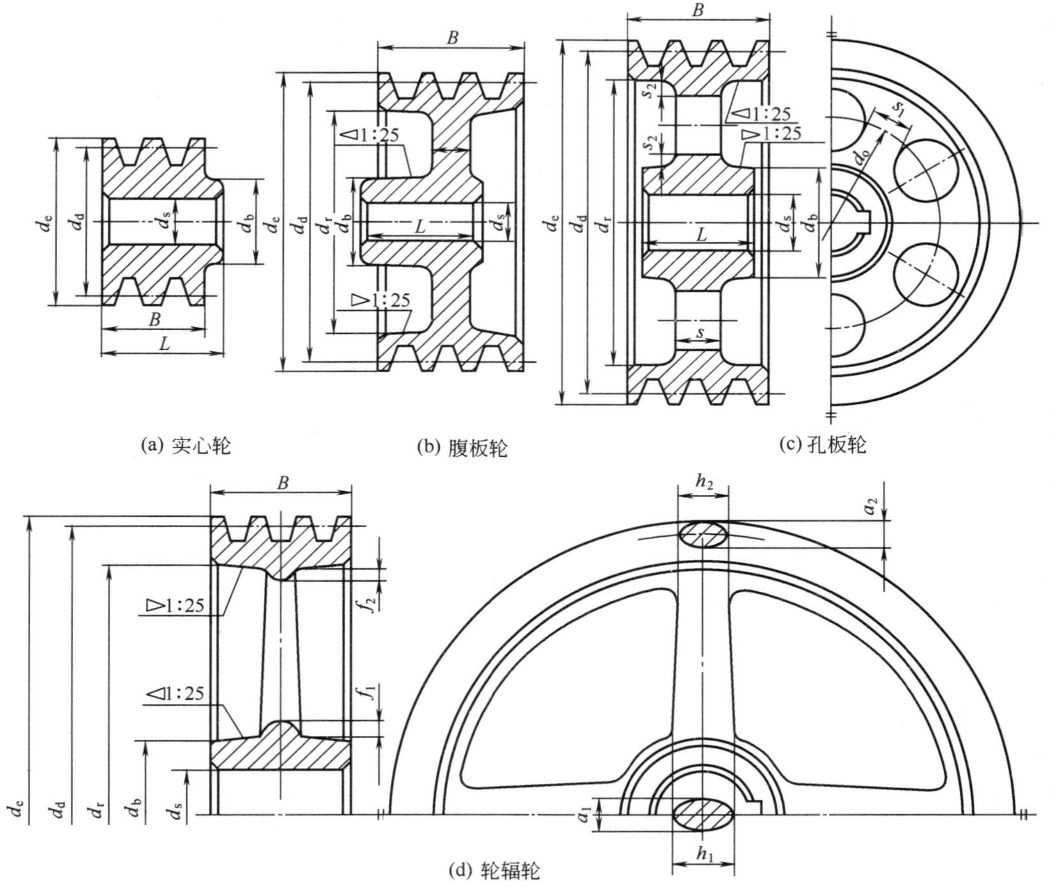

(a) 实心轮　(b) 腹板轮　(c) 孔板轮

(d) 轮辐轮

图 7-4　带轮结构

$d_b=(1.8\sim2)d_s$；$d_r=d_d-2(h_f+\delta)$；δ 见表 7-3；$d_0=\dfrac{d_b+d_r}{2}$；$h_1=290\sqrt[3]{\dfrac{P}{nA}}$（$P$ 为功率，kW；n 为转速，r/min；A 为辐条数）；$h_2=0.8h_1$；$a_1=0.4h_1$；$a_2=0.8a_1$；$s=(0.2\sim0.3)B$；$L=(1.5\sim2)d_s$；$s_1\geqslant1.5s$；$s_2\geqslant0.5s$；$f_1=f_2=0.2h_1$

表 7-3　V 带轮轮缘横截面尺寸

尺寸 \ 型号	Y	Z	A	B	C	D	E
b_0	6.3	10.1	13.2	17.2	23	32.7	38.7
h_a	1.6	2.0	2.75	3.5	4.8	8.1	9.6
h_{fmin}	4.7	7.0	8.7	10.8	14.3	19.9	23.1

续表

尺寸 \ 型号			Y	Z	A	B	C	D	E
e			8±0.3	12±0.1	15±0.3	19±0.4	25.5±0.5	37±0.6	45±0
f			7±1	8±1	$10.0\pm^{2}_{1}$	$12.5\pm^{2}_{1}$	$17\pm^{2}_{1}$	$23\pm^{2}_{1}$	29±4
δ			5	5.5	6	7.5	10	12	15
B			$B=(z-1)e+2f$ （z 为轮槽数）						
d_e			$d_e=d_d+2h_a$						
轮槽角 ψ	32°	对应的 d_d	≤60						
	34°			≤80	≤118	≤190	≤315		
	36°		>60					≤475	≤600
	38°			>80	>118	>190	>315	>475	>600

第二节　带传动工作能力分析

一、带传动的受力分析和打滑

1. 带传动的受力分析

（1）工作前，V 带紧套在带轮上，由于张紧使带上下两边所受的拉力相等，这种拉力称为初拉力 F_0，如图 7-5（a）所示。

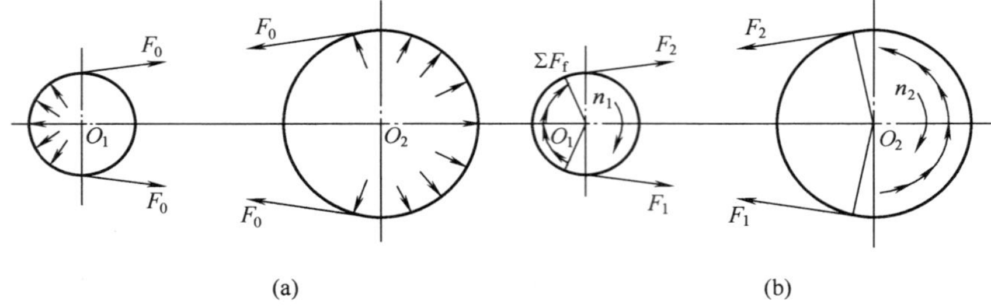

图 7-5　带的拉力

（2）工作时，由于 V 带与带轮接触面间摩擦力的作用，使带绕入主动轮的一边被拉紧，称为紧边，其拉力由 F_0 增大到 F_1；带绕入从动轮的一边被放松，称为松边，其拉力由 F_0 减小到 F_2，如图 7-5（b）所示。把紧边与松边的拉力差值称为带传动的有效拉力，记为"F_e"。即 V 带所传递的有效圆周力为

$$F_e=F_1-F_2 \tag{7-1}$$

此时，V 带传动所能传递的功率 P 为

$$P=\frac{F_e v}{1000}$$

式中，v 为带速，m/s。

2. 带传动的打滑

当初拉力 F_0 一定，传递的功率增加，带传递的有效圆周力 F_e 超过带与带轮接触面间的最大摩擦力时，带将在小带轮上发生全面滑动，这种现象称为打滑。打滑将使带传动丧失工作能力，在工作中应予以避免。

带在即将打滑时，紧边拉力 F_1 与松边拉力 F_2 之间的关系可用欧拉公式表示，即

$$\frac{F_1}{F_2}=e^{f_v \alpha_1} \tag{7-2}$$

式中　e——自然对数的底，e≈2.718；

f_v——当量摩擦系数，$f_v=\dfrac{f}{\sin\dfrac{\psi}{2}}$（$\psi$ 为轮槽角）；

α_1——带在小带轮上的包角，即带与小带轮接触弧所对应的圆心角，rad（见图 7-7）。

将式（7-2）代入式（7-1），得 V 带传动在不打滑条件下所能传递的最大有效圆周力为

$$F_{max}=F_1\left(1-\frac{1}{e^{f_v \alpha_1}}\right) \tag{7-3}$$

由式（7-3）可知：F_{max} 随 α_1 的增大而增大，故在一定的条件下，为了提高 V 带传动的传动能力，要求 V 带在小带轮上的包角 $\alpha_1 \geqslant 120°$。

二、带传动的应力分析

1. 带横截面上的三种应力

带在工作过程中，带的横截面上将存在三种应力。

（1）由离心力产生的离心应力　带工作时，带绕过带轮作圆周运动而产生离心力，离心力将使带受拉，在横截面上产生离心应力，大小为

$$\sigma_c=qv^2/A \tag{7-4}$$

式中　A——V 带的横截面面积，m^2；

v——带速，m/s；

q——带单位长度的质量，kg/m；各型号 V 带的单位长度质量分别为：Y，0.02kg/m；Z，0.06kg/m；A，0.10kg/m；B，0.17kg/m；C，0.30kg/m；D，0.62kg/m；E，0.90kg/m。

由式（7-4）可知：带速 v 越高，离心应力 σ_c 越大，摩擦力减小，同时也降低了带的传动能力。因此一般要求带速 $v \leqslant 25$m/s。

（2）拉力所产生的拉应力　带工作时，由于紧边与松边的拉力不同，拉应力也不同，它们分别是

$$\sigma_1=\frac{F_1}{A}$$

$$\sigma_2=\frac{F_2}{A} \tag{7-5}$$

式中，A 为 V 带的横截面面积，mm^2。

拉应力的分布为：绕在主动带轮上的拉应力沿转动方向由 σ_1 逐渐降到 σ_2；绕在从动带轮上的拉应力由 σ_2 逐渐增大到 σ_1。

（3）带弯曲产生的弯曲应力　带绕过带轮时，带因弯曲变形而产生弯曲应力，由于主动

带轮和从动带轮的基准直径不同，带在两带轮上产生的弯曲应力也不相同。由材料力学可知，其弯曲应力分别为

$$\sigma_{b1}=\frac{2Eh}{d_{d1}}$$

$$\sigma_{b2}=\frac{2Eh}{d_{d2}} \tag{7-6}$$

式中 E——带材料的拉压弹性模量，MPa；

h——带的中性层到最外层的距离，mm；

d_{d1}、d_{d2}——分别为小带轮和大带轮的基准直径，mm。

由式（7-6）可知：带越厚，带轮基准直径越小，带的弯曲应力就越大，即 $\sigma_{b1}>\sigma_{b2}$。所以小带轮的基准直径 d_{d1} 一般应大于或等于该型号带所规定的 V 带轮最小基准直径 d_{dmin}，即 $d_{d1}\geqslant d_{dmin}$。其中各种型号 V 带轮的 d_{dmin} 值见表 7-7。

2. 带的总应力

综上所述，带工作时，在不同横截面处的应力是不同的，其分布情况如图 7-6 所示。由图可知，带绕入小带轮处的应力最大，其值为

$$\sigma_{max}=\sigma_c+\sigma_1+\sigma_{b1} \tag{7-7}$$

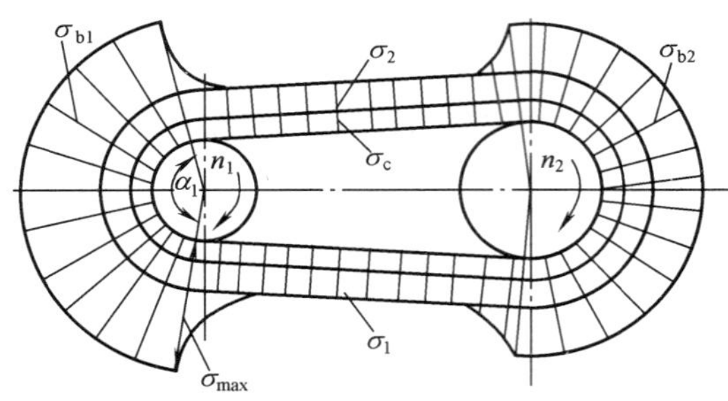

图 7-6 带传动的应力分布

由于带各截面上的应力是随着带的运动而变化的，因此带工作一段时间后，将会产生疲劳破坏而失效。

三、V 带传动的弹性滑动和设计准则

1. V 带传动的弹性滑动和传动比

V 带是弹性件，在拉力作用下会产生弹性伸长，其弹性伸长量随拉力大小而变化。工作时，由于 $F_1>F_2$，因此紧边产生的弹性伸长量大于松边弹性伸长量。如图 7-7 所示，带绕入主动带轮时，带上的 B 点和轮上的 A 点相重合且速度相等。主动轮以圆周速度 v_1 由 A 点转到 A_1 点时，带所受到的拉力由 F_1 逐渐降到 F_2，带的弹性伸长量也相应减少，从而使带沿带轮表面逐渐向后收缩而产生相对滑动，带上的 B 点滞后于主动轮上的 A 点而转到 B_1 点，使带速 v 小于主动轮圆周速度 v_1。同理，这种滑动也发生在从动轮上。所以，从动轮圆周速度 v_2 小于主动轮圆周速度 v_1。这种由于拉力差和带的弹性变形而引起的滑动称为弹性滑动。弹性滑动在摩擦式带传动中不可避免，它将使带传动难以保证准确的传动比。

在工程上，从动轮圆周速度降低的程度可用滑动率 ε 表示，即

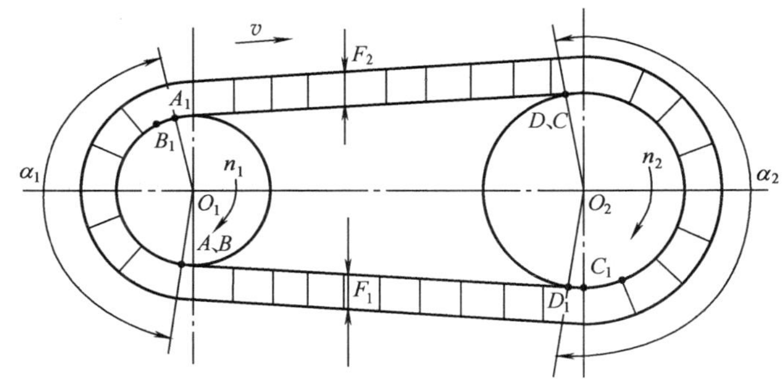

图 7-7　带的弹性滑动

$$\varepsilon=\frac{v_1-v_2}{v_1}=\frac{\pi d_{d1}n_1-\pi d_{d2}n_2}{\pi d_{d1}n_1}$$

因此从动带轮实际转速为

$$n_2=\frac{d_{d1}(1-\varepsilon)n_1}{d_{d2}} \tag{7-8}$$

带传动的实际传动比为

$$i=\frac{n_1}{n_2}=\frac{d_{d2}}{d_{d1}(1-\varepsilon)} \tag{7-9}$$

带正常工作时，由于 $\varepsilon=1\%\sim2\%$，故在一般情况下可忽略不计。

2. 带传动的设计准则

通过带传动的受力分析和应力分析可知，V 带传动的失效形式主要有三种，它们分别是带在小带轮上打滑、带的疲劳破坏以及磨损。因此，带传动的设计准则是在保证不打滑的前提下，使带具有一定的疲劳强度和使用寿命。

为了便于设计，将在特定条件下（载荷平稳，包角 $\alpha_1=\alpha_2=180°$，带长为特定基准长度，带为一定材质和结构）单根 V 带不打滑，又具有一定的疲劳强度和寿命时所能传递的功率称为额定功率 P_0，各种型号 V 带的 P_0 值见表 7-4。

实际上，大多数 V 带传动的工作条件与上述特定条件不同，故需要对 P_0 值进行修正，将单根 V 带在实际工作条件下所能传递的功率称为许用功率，用 $[P_0]$ 表示 。其计算式为

$$[P_0]=(P_0+\Delta P_0)K_\alpha K_L \tag{7-10}$$

式中　ΔP_0——功率增量，考虑传动比 $i\neq1$ 时，带在大带轮上的弯曲应力较小，在相同寿命条件下，可增大传递的功率，其增大量称为功率增量，具体数值见表 7-4；

K_α——包角系数，考虑 $\alpha_1\neq180°$时对传动能力的影响，其值见表 7-5；

K_L——长度系数，考虑实际带长不等于特定基准长度对传动能力的影响，其值见表 7-2。

表 7-4　额定功率 P_0 及功率增量 ΔP_0（GB/T 13575.1—1992）/kW

带型	小带轮转速 n/r·min^{-1}	P_0 小带轮直径 d_1/mm					ΔP_0 传动比 i 1.00～1.01	1.02～1.04	1.05～1.08	1.09～1.12	1.13～1.18	1.19～1.24	1.25～1.34	1.35～1.50	1.51～1.99	>1.99
Z		50	56	63	71	80										
	950	0.12	0.14	0.18	0.23	0.26	0.00	0.00	0.00	0.01	0.01	0.01	0.01	0.02	0.02	0.02
	1200	0.14	0.17	0.22	0.27	0.30	0.00	0.00	0.01	0.01	0.01	0.01	0.02	0.02	0.02	0.03
	1450	0.16	0.19	0.25	0.30	0.35	0.00	0.00	0.01	0.01	0.01	0.02	0.02	0.02	0.02	0.03
	1600	0.17	0.20	0.27	0.33	0.39	0.00	0.01	0.01	0.01	0.01	0.02	0.02	0.03	0.03	0.04
	2000	0.20	0.25	0.32	0.39	0.44	0.00	0.01	0.01	0.02	0.02	0.03	0.03	0.03	0.04	0.04
A		75	90	100	112	125										
	950	0.51	0.77	0.95	1.15	1.37	0.00	0.01	0.03	0.04	0.05	0.06	0.07	0.08	0.10	0.11
	1200	0.60	0.93	1.14	1.39	1.66	0.00	0.02	0.03	0.05	0.07	0.08	0.10	0.11	0.13	0.15
	1450	0.68	1.07	1.32	1.61	1.92	0.00	0.02	0.04	0.06	0.08	0.09	0.11	0.13	0.15	0.17
	1600	0.73	1.15	1.42	1.74	2.07	0.00	0.02	0.04	0.06	0.09	0.11	0.13	0.15	0.17	0.19
	2000	0.84	1.34	1.66	2.04	2.44	0.00	0.03	0.06	0.08	0.11	0.13	0.16	0.19	0.22	0.24
B		125	140	160	180	200										
	950	1.64	2.08	2.66	3.22	3.77	0.00	0.03	0.07	0.10	0.13	0.17	0.20	0.23	0.26	0.30
	1200	1.93	2.47	3.17	3.85	4.50	0.00	0.04	0.08	0.13	0.17	0.21	0.25	0.30	0.34	0.38
	1450	2.19	2.82	3.62	4.39	5.13	0.00	0.05	0.10	0.15	0.20	0.25	0.31	0.36	0.40	0.46
	1600	2.33	3.00	3.86	4.68	5.46	0.00	0.06	0.11	0.17	0.23	0.28	0.34	0.39	0.45	0.51
	1800	2.50	3.23	4.15	5.02	5.83	0.00	0.06	0.13	0.19	0.25	0.32	0.38	0.44	0.51	0.57
C		200	224	250	280	315										
	950	4.58	5.78	7.04	8.49	10.05	0.00	0.09	0.19	0.27	0.37	0.47	0.56	0.65	0.74	0.83
	1200	5.29	6.71	8.21	9.81	11.53	0.00	0.12	0.24	0.35	0.47	0.59	0.70	0.82	0.94	1.06
	1450	5.84	7.45	9.04	10.72	12.46	0.00	0.14	0.28	0.42	0.58	0.71	0.85	0.99	1.14	1.27
	1600	6.07	7.75	9.38	11.06	12.72	0.00	0.16	0.31	0.47	0.63	0.78	0.94	1.10	1.25	1.41
	2000	6.28	8.00	9.63	11.22	12.67	0.00	0.18	0.35	0.53	0.71	0.88	1.06	1.23	1.41	1.59
D		355	400	450	500	560										
	950	16.15	20.06	24.01	27.50	31.04	0.00	0.33	0.66	0.99	1.32	1.60	1.92	2.31	2.64	2.97
	1100	16.98	20.99	24.84	28.02	30.85	0.00	0.38	0.77	1.15	1.53	1.91	2.29	2.68	3.06	3.44
	1200	17.25	21.20	24.84	26.71	29.67	0.00	0.42	0.84	1.25	1.67	2.09	2.50	2.92	2.34	3.75
	1300	15.26	21.06	24.35	26.54	27.58	0.00	0.45	0.91	1.35	1.81	2.26	2.71	3.16	3.61	4.06
	1450	16.77	20.15	22.02	23.59	22.58	0.00	0.51	1.01	1.51	2.02	2.52	3.02	3.52	4.03	4.53
E		500	560	630	710	800										
	400	18.55	22.49	26.95	31.83	37.05	0.00	0.23	0.55	0.153	1.00	1.315	1.65	1.93	2.20	2.48
	500	21.65	26.25	31.36	36.85	42.53	0.00	0.34	0.64	1.03	1.38	1.72	2.07	2.41	2.75	3.10
	600	24.21	29.30	34.83	40.58	46.26	0.00	0.41	0.83	1.24	1.65	2.07	2.48	2.89	3.31	3.72
	700	26.21	31.59	37.26	42.87	47.96	0.00	0.43	0.97	1.45	1.93	2.41	2.89	3.38	3.86	4.34
	800	27.57	33.03	38.52	43.52	47.38	0.00	0.55	1.01	1.65	2.21	2.76	3.31	3.86	4.41	4.96

表 7-5　包角系数 K_α

包角 α_1	180°	170°	160°	150°	140°	130°	120°	110°
K_α	1.00	0.98	0.95	0.92	0.89	0.86	0.82	0.78

第三节　带传动设计计算

一、已知条件和设计内容

V带传动设计的已知条件一般为：传动用途和工作条件、载荷性质、传递的功率 P、带轮的转速 n_1 与 n_2（或 n_1 和传动比 i）及对外廓尺寸的要求等。

设计的主要内容是：确定V带的型号、基准长度和根数、确定传动中心距，带轮基准直径及结构尺寸，计算初拉力及对轴的压力等。

二、设计步骤

1. 确定设计功率 P_c 及选择V带型号

V带传动的设计功率为

$$P_c = K_A P \tag{7-11}$$

式中　P——传递的名义功率，kW；

K_A——工作情况系数，其值见表7-6。

根据 P_c 与小带轮转速 n_1，可由图7-8选取V带型号。

表7-6　工作情况系数 K_A

载荷性质	工作机举例	原动机					
		空载,轻载启动			重载启动		
		一天工作时间/h					
		<10	10～16	>16	<10	10～16	>16
载荷平稳	液体搅拌机,通风机和鼓风机(≤7.5kW),轻型运输机,离心水泵,压缩机	1.0	1.1	1.2	1.1	1.2	1.3
载荷变动小	带式运输机,发电机,机床,剪床,压力机,印刷机,旋转式水泵	1.1	1.2	1.3	1.2	1.3	1.4
载荷变动较大	运输机,锻锤,粉碎机,纺织机,木工机械,起重机,重载运输机,制砖机	1.2	1.3	1.4	1.4	1.5	1.6
载荷变动很大	破碎机(旋转式、颚式),球磨机,起重机,挖掘机	1.3	1.4	1.5	1.5	1.6	1.8

注：1. 空载，轻载启动——电动机（交流启动、三角启动、直流启动），四缸以上内燃机，装有离心式离心器。

2. 重载启动——电动机（联机交流启动、直流复励或串励），四缸以下内燃机。

3. 反复启动，正、反转频繁，工作条件恶劣等场合，K_A 乘以1.2；当松边外侧加张紧轮时，K_A 乘以1.1。

2. 确定大、小带轮基准直径，并验算带速

（1）选择小带轮基准直径 d_{d1}　小带轮基准直径愈小，V带的弯曲应力愈大，会降低带的使用寿命，且带速降低，使带的传动能力降低；反之，若小带轮基准直径过大，则带传动的整体外廓尺寸增大，使结构不紧凑，故设计时小带轮基准直径应满足 $d_{d1} \geqslant d_{dmin}$，最后应圆整成表7-7中的直径系列值，其中 d_{dmin} 值见表7-7。

表7-7　V带轮基准直径 d_{dmin} 及基准直径 d_d 系列/mm

带　型	Y	Z	A	B	C	D	E
d_{dmin}	20	50	75	125	200	355	500
基准直径系列	20　22.4　25　28　31.5　35.5　40　45　50　56　63　71　80　85　90　95　100　106　112　118　125　132　140　150　160　170　180　200　212　224　236　250　265　280　315　355　375　400　425　450　475　500　530　560　630　710　800　900　1000　1120　1250　1600　2000　2500						

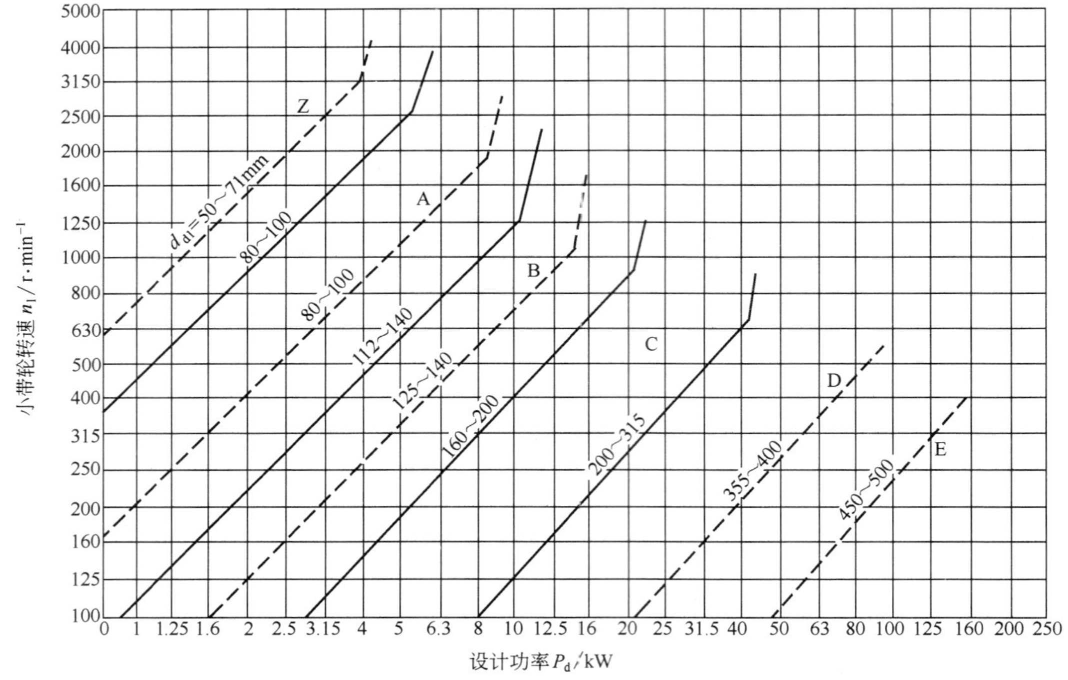

图 7-8 普通 V 带选型图

(2) 验算带速 v

$$v=\frac{d_{d1}n_1\pi}{60\times1000} \tag{7-12}$$

一般应使带速 v =5～25m/s 范围内，若 v 过大，则离心力大，降低带的传动能力和带的使用寿命；反之，若 v 过小，则传递的圆周力增大，使所需 V 带的根数增多。

(3) 计算并确定大带轮基准直径 d_{d2}

$$d_{d2}=d_{d1}i=d_{d1}\frac{n_1}{n_2}$$

由上式计算出的 d_{d2} 值，最后应圆整成表 7-7 中的直径系列值。

3. 确定中心距和带长，验算小带轮包角 α_1

(1) 初选中心距 a_0　中心距过大，则传动结构尺寸大，且 V 带易颤动；中心距过小，小带轮包角 α_1 减小，降低传动能力，且带的绕转次数增多，降低带的使用寿命。因此中心距通常按下式选取。

$$0.7(d_{d1}+d_{d2})\leqslant a_0\leqslant 2(d_{d1}+d_{d2}) \tag{7-13}$$

(2) 计算带长 L_0

$$L_0=2a_0+\frac{\pi(d_{d1}+d_{d2})}{2}+\frac{(d_{d1}-d_{d2})^2}{4a_0}$$

(3) 确定带的基准长度 L_d

根据 L_0 和带型号，由表 7-2 选取相应带的基准长度 L_d。

(4) 确定实际中心距 a

$$a\approx a_0+\frac{L_d-L_0}{2} \tag{7-14}$$

为了便于带的安装与张紧，中心距应可调并留有适当的调整余量。

（5）验算小带轮包角 α_1

$$\alpha_1=180^\circ-\frac{d_{d2}-d_{d1}}{a}\times 57.3^\circ \qquad (7\text{-}15)$$

一般要求 $\alpha_1 \geqslant 120^\circ$，否则应采用加大中心距或减小传动比以及加张紧轮等方式来增大 α_1 值，也可使带传动的松边在上。

4. 确定 V 带根数 z

V 带的根数 z 可按下式计算

$$z=\frac{P_c}{[P_0]}=\frac{P_c}{(P_0+\Delta P_0)K_\alpha K_L} \qquad (7\text{-}16)$$

计算出的 z 值应圆整为整数，为了使每根 V 带所受的载荷比较均匀，V 带的根数不宜过多，一般取 $z=3\sim6$ 根为宜，最多不超过 10 根，否则应改选型号并重新计算。

5. 确定带的初拉力 F_0

初拉力过小，则产生的摩擦力小，易出现打滑；反之，初拉力过大，则降低带的使用寿命，增大对轴的压力。单根 V 带的初拉力可按下式计算

$$F_0=\frac{500P_c}{vz}\left(\frac{2.5}{K_\alpha}-1\right)+qv^2 \qquad (7\text{-}17)$$

式中各符号的含义和单位同前。

6. 计算带对轴的压力 Q

带对轴的压力 Q 是设计带轮所在轴与轴承的依据。为了简化计算，可近似按两边的初拉力 F_0 的合力来计算，如图 7-9 所示。

$$Q=2zF_0\sin\frac{\alpha_1}{2} \qquad (7\text{-}18)$$

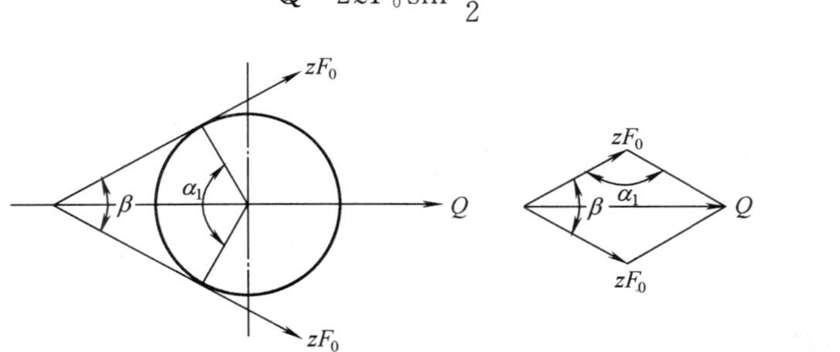

图 7-9　带对轴的压力

【例 7-1】 设计一链式输送机上的 V 带传动。已知传递功率 $P=5.5\text{kW}$，普通异步电动机驱动，满载转速 $n_1=960\text{r/min}$，从动轮转速 $n_2=320\text{r/min}$，三班制工作，要求中心距 a 为 500mm 左右。

解：解题步骤如下。

1. 选择 V 带型号

由表 7-6 查得 $K_A=1.3$，由式（7-11）得 $P_c=K_AP=1.3\times5.5=7.15$（kW），再由 $n_1=960\text{r/min}$，查图 7-8，选 A 型 V 带。

2. 确定带轮基准直径，并验算带速

由图 7-8 可知，推荐的小带轮基准直径为 112～140mm。根据表 7-7，取 $d_{d1}=125\text{mm}$，故

$$d_{d2}=d_{d1}n_1/n_2=125\times960/320=375\ (\text{mm})$$

取标准直径 $d_{d2}=375\text{mm}$。

带速 $v=\frac{\pi d_{d1} n_1}{60\times1000}=\frac{3.14\times125\times960}{60\times1000}=6.28$ (m/s)

v 在 5～25m/s 范围内，所以两带轮直径合适。

3. 确定带长和中心距

由式（7-13）知 $0.7(125+375)\leqslant a_0\leqslant2(125+375)$

即 $$350\leqslant a_0\leqslant1000$$

按题意取 $a_0=450$mm。

由公式知
$$\begin{aligned}L_0&=2a_0+\pi(d_{d1}+d_{d2})/2+(d_{d2}-d_{d1})^2/4a_0\\&=2\times450+3.14\times(125+375)/2+(375-125)^2/(4\times450)\\&=1719.7\ (\text{mm})\end{aligned}$$

由表 7-2，取 $L_d=1800$mm。

由式（7-14）得 $a\approx a_0+(L_d-L_0)/2=450+(1800-1719.7)/2=490$ (mm)，符合题意。

4. 验算小带轮包角 α_1

由式（7-15）知
$$\begin{aligned}\alpha_1&=180°-(d_{d2}-d_{d1})\times57.3°/a\\&=180°-(375-125)\times57.3°/490=150.8°>120°\end{aligned}$$

合适。

5. 确定 V 带根数

由表 7-4 查得 $P_0=1.40$kW，$\Delta P=0.11$kW。

由表 7-5 查得 $K_\alpha=0.92$，由表 7-2 查得 $K_L=1.01$。

由式（7-16）得
$$\begin{aligned}z&=\frac{P_c}{[P_0]}=\frac{P_c}{(P_0+\Delta P_0)K_\alpha K_L}\\&=\frac{7.15}{(1.4+0.11)\times0.92\times1.01}=5.09\end{aligned}$$

取 $z=5$ 根。

6. 计算对轴的压力 Q

查得 $q=0.1$kg/m，由式（7-17）可得单根 V 带的初拉力为
$$\begin{aligned}F_0&=\frac{500P_c}{zv}\left(\frac{2.5}{K_\alpha}-1\right)+qv^2\\&=\frac{500\times7.15}{5\times6.28}\left(\frac{2.5}{0.92}-1\right)+0.1\times6.28^2=199.47\ (\text{N})\end{aligned}$$

则由式（7-18）得作用在轴上的压力 Q 为
$$Q=2zF_0\sin\frac{\alpha_1}{2}=2\times5\times199.47\times\sin\frac{150.8}{2}=1930.29\ (\text{N})$$

7. V 带轮结构设计

(1) 轮缘尺寸

小带轮基准直径 $d_{d1}=125$mm，做成实心式结构，参照图 7-4（a）和表 7-3，可求出其结构尺寸和轮缘横截面尺寸。

大带轮基准直径 $d_{d2}=375$mm，做成孔板式结构，参照图 7-4（c）和表 7-3，可求出其结构尺寸，最后画出大带轮零件工作图。

带轮宽　$B=(z-1)e+2f=(5-1)15+2\times10=80$ (mm)

顶圆直径　$d_{e2}=d_{d2}+2h_a=375+2\times2.75=380.5$ (mm)

轮槽深　$h=h_a+h_f=2.75+8.7=11.45$ (mm)

轮槽角　$\psi=38°$

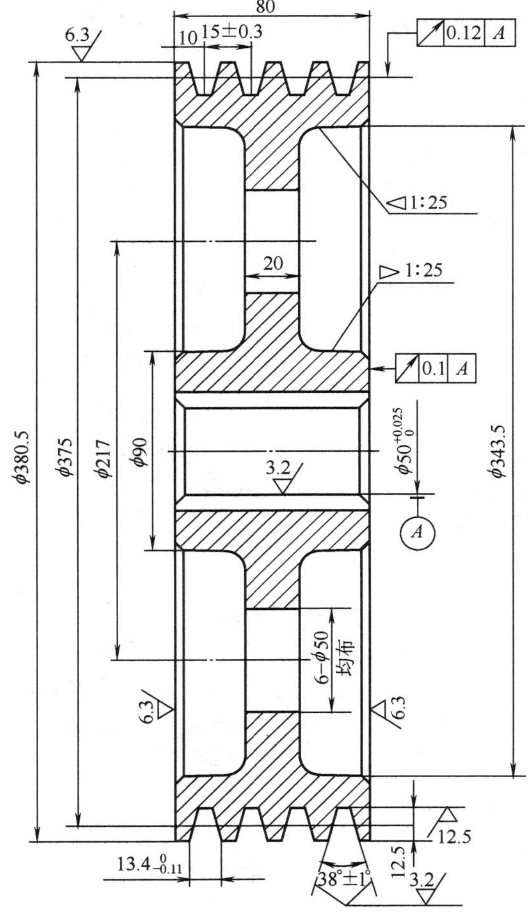

其余

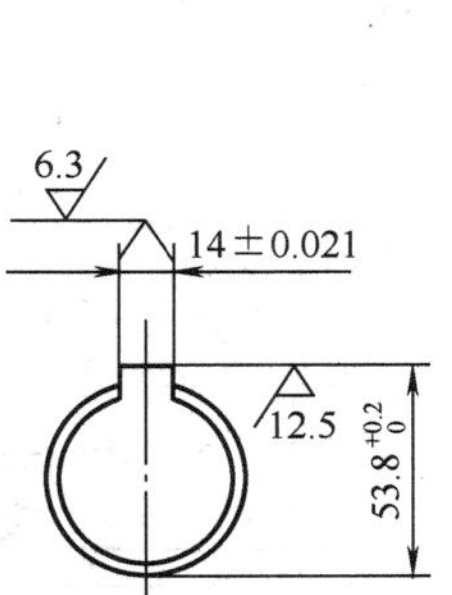

技术要求

1. 铸造圆角R5；
2. 倒角2×45°，粗糙度2.5。

图7-10　大带轮零件图

槽宽　$b_0=13.2$mm

轮缘直径　$d_{r2}=d_{e2}-2(h_f+\delta)=380.5-2(8.7+6)=351.1$ (mm)

(2) 轮毂尺寸

轴径　$d_s=50$mm

轮毂长度　$L=(1.5\sim2)d_s=(1.5\sim2)\times50=75\sim100$ (mm)

取　$L=80$mm。

(3) 轮辐尺寸

凸缘直径　$d_b=(1.8\sim2)d_s=(1.8\sim2)\times50=90\sim100$ (mm)

取　$d_b=90$mm。

辐板厚　$s=(0.2\sim0.3)B=(0.2\sim0.3)\times80=16\sim24$ (mm)

取　$s=20$mm。

$$d_0=(d_b+d_t)/2=(90+343.5)/2=216.75\ (\text{mm})$$

取　$d_0=217\text{mm}$。

（4）其他尺寸（略）

绘制大带轮零件工作图，如图 7-10 所示。

第四节　V 带传动的张紧、安装和维护

一、V 带传动张紧

为了获得和控制带的初拉力，保证带传动能正常工作，V 带传动工作一定时间后，必须对其重新张紧。常见的张紧装置如图 7-11 所示。

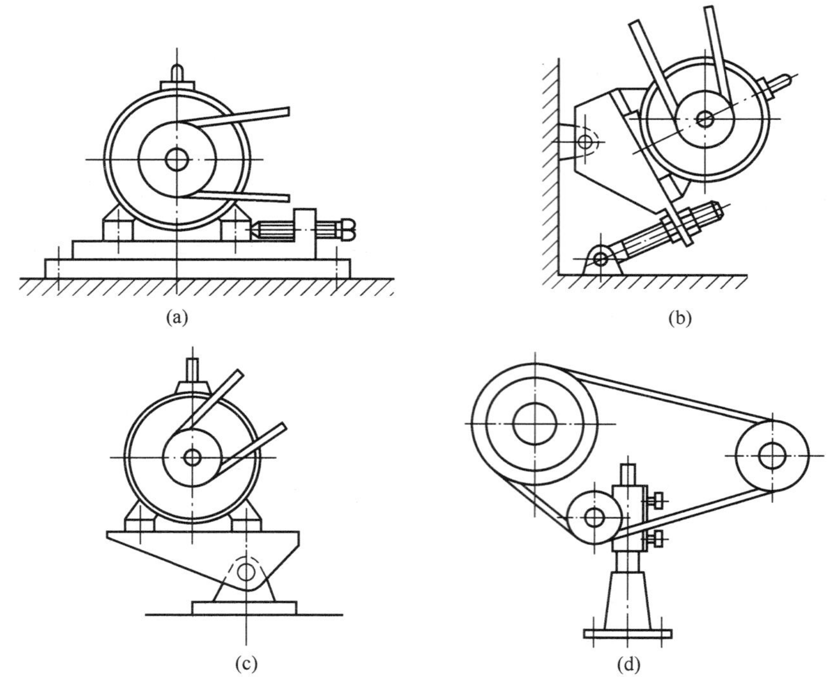

图 7-11　带传动的张紧

1. 定期张紧

如图 7-11（a）所示，通常用调节螺杆来改变电动机在滑道上的位置，以增大中心距，从而达到张紧的目的。此方法常用于水平布置的 V 带传动。

如图 7-11（b）所示，通过调节螺杆来改变摆动架的位置，以增大中心距，从而达到张紧的目的。此方法常用于近似垂直布置的 V 带传动。

2. 自动张紧

如图 7-11（c）所示，靠电动机和机座的自重，使带轮绕固定轴摆动，以自动调整中心距达到张紧的目的。此方法常用于小功率近似垂直布置的 V 带传动。

3. 张紧轮张紧

如图 7-11（d）所示，是利用张紧轮张紧，张紧轮一般安装在带的松边内侧，尽量靠近大带轮，以避免使带受双向弯曲应力作用以及小带轮包角 α_1 减小过多。此方法常用于中心距不可调节的 V 带传动场合。

二、V 带的安装和维护

为了保证 V 带传动的正常工作，延长带的使用寿命，必须正确地掌握安装、使用和维护方法，一般应注意以下几点。

（1）安装时，两带轮轴线应平行，轮槽应对齐，其误差不得超过 20′，如图 7-12 所示。

（2）安装时，应先缩小中心距，将 V 带套入带轮槽中后，再增大中心距并张紧，严禁硬撬，以免损坏带的工作表面和降低带的弹性。

（3）为了使每根带受力均匀，同组 V 带的型号、基准长度、公差等级及生产厂家应相同。新旧不同的带不能同时使用。

（4）安装时，还应保证适当的初拉力 F_0，一般可凭经验来控制，即在 V 带与两带轮切点的跨度中点，以大拇指能按下 15mm 为宜，如图 7-13 所示。

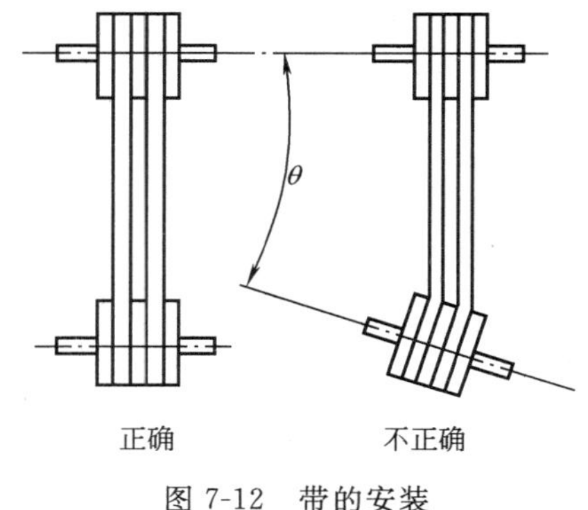

图 7-12　带的安装

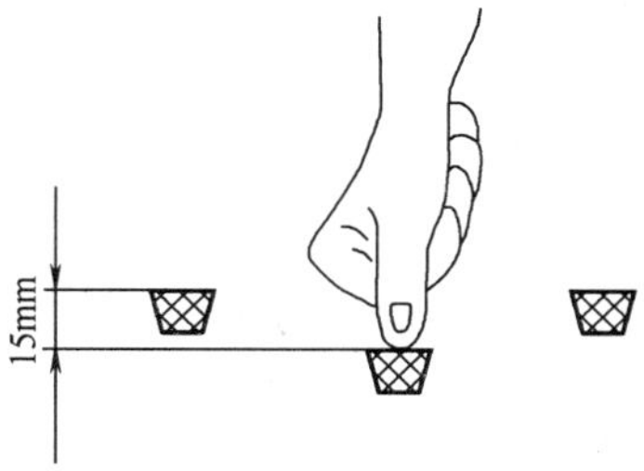

图 7-13　带的松紧度控制

（5）带传动要加防护罩，以免发生意外事故。

（6）带不应与酸、碱、油等有腐蚀作用的物质接触，工作温度不宜超过 60℃，以免带过早的老化。

小　　结

本章主要内容如下。

1. 带传动的工作原理、类型及特点；V 带是标准件，分 Y、Z、A、B、C、D、E 七种型号（见表 7-1），并制成基准长度系列（见表 7-2）。设计 V 带传动时，应合理地确定型号、长度和根数。

2. 摩擦式带传动是靠带与带轮接触面间的摩擦力来传动运动和动力。摩擦力的大小与初拉力 F_0 有关，如果 F_0 过小，V 带易过载打滑；如果 F_0 过大，V 带会因过分拉伸而降低其使用寿命，因此 F_0 的大小要适当。根据式（7-3）可知，如果 F_0 和摩擦系数 f_v 一定时，带的有效拉力 F 随小带轮包角 α_1 的增加而增大，因此，为了提高带传动的工作能力，在设计时一般要求 $\alpha_1 \geqslant 120°$。

3. V 带工作时，在不同横截面上的应力大小不同，带在紧边绕入小带轮处横截面上的应力最大。V 带工作一段时间后，会产生疲劳破坏而失效。因此要求小带轮最小基准直径尽可能取得大一些，且带速应控制在 $5\text{m/s} \leqslant v \leqslant 25\text{m/s}$ 范围内。

4. 根据 V 带传动的设计准则，通过实验求得各种型号的单根 V 带所能传递的基本额定功率 P_0（见表 7-4），当所设计的 V 带传动的工作条件与实验条件不相同时，应引入相应系数（见表 7-5～表 7-7）对 P_0 进行修正。

5. 在 V 带传动设计时，应注意设计步骤的先后顺序，不能随意颠倒。

思考与习题

7-1　摩擦式带传动的工作原理及主要特点是什么？并举例说明。

7-2 V带传动工作时，在带的横截面上会产生哪些应力？最大应力发生在何处？

7-3 V带传动的弹性滑动现象是怎样产生的？它对V带传动有什么影响？能否避免？

7-4 V带传动的失效形式有哪些？V带传动的设计准则是什么？

7-5 V带传动不产生打滑的条件是什么？为什么打滑常发生在小带轮上？

7-6 将V带轮轮槽工作面加工得粗糙一些，以增大带传动的工作能力，这样做是否合理，为什么？

7-7 V带传动的设计步骤有哪些？在设计中应注意哪些事项？

7-8 在V带传动中，为什么V带需要张紧？其张紧方法有哪些？

7-9 在机械传动系统中，为什么经常将V带传动布置在高速级上？

7-10 题7-10图所示的V带在带轮轮槽中的三种安装情况，哪种正确？为什么？

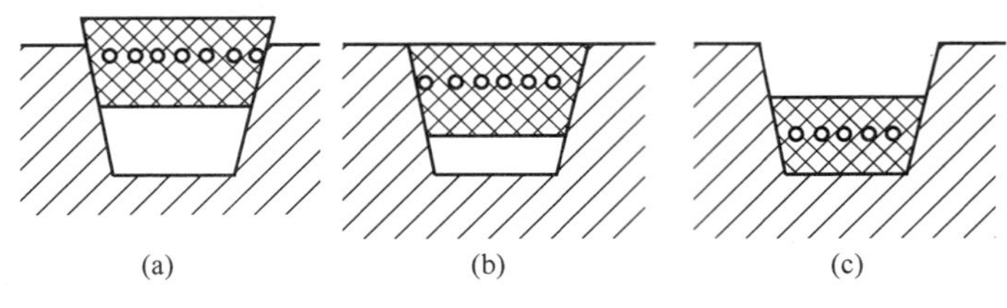

题7-10图

7-11 V带传动的传递功率 $P=7.5\text{kW}$，带的速度 $v=10\text{m/s}$，紧边拉力 F_1 是松边拉力 F_2 的两倍，即 $F_1=2F_2$，试求紧边拉力 F_1 和有效圆周力 F_e。

7-12 V带传动中，小带轮的直径 $d_{d1}=100\text{mm}$，大带轮的直径 $d_{d2}=400\text{mm}$，若小带轮（主动轮）的转速 $n_1=600\text{r/min}$，带传动的弹性滑动率 $\varepsilon=2\%$，试求大带轮（从动轮）的转速 n_2。

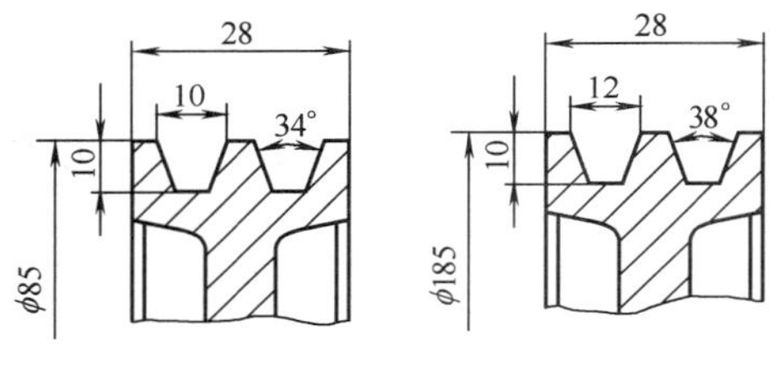

题7-13图

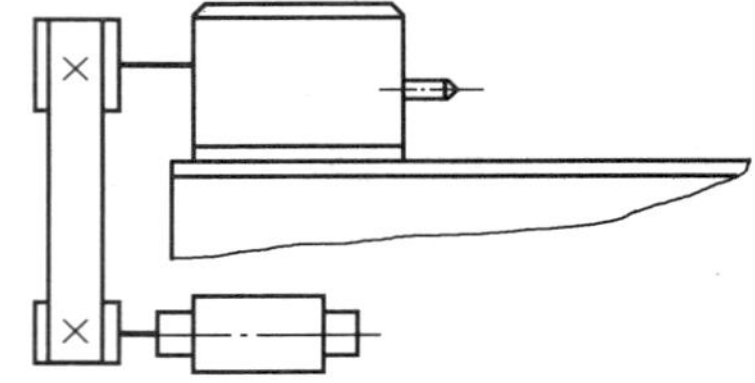

题7-15图

7-13 现有两个旧带轮，其尺寸如题7-13图所示。现将它们用作某一带传动中的主动轮和从动轮，要求两轮中心距约为500mm，试选择V带型号，并确定V带的基准长度和两带轮中心距。

7-14 试设计一带式输送机中的V带传动。已知电动机的额定功率 $P=7.5\text{kW}$，小带轮转速 $n_1=1000\text{r/min}$，传动比 $i=2.5$，要求两轮中心距约为600mm，两班制工作。

7-15 试设计一车床中的V带传动见题7-15图。已知电动机的额定功率 $P=4\text{kW}$，小带轮转速 $n_1=1440\text{r/min}$，大带轮转速 $n_2=700\text{r/min}$，要求两轮中心距约为800mm，两班制工作。

实践环节

1. 学生要利用下厂实训，观察带的类型、应用，重点掌握V带为何在工业中应用广泛。带打滑的原因与预防，带型号与承载能力的关系。带设计时主要参数有哪些，如何选择，熟悉带传动的安装、使用与维护知识。

2. 家中洗衣机洗涤能力下降时如何处理？分析原因。

3. 深入实训车间观察，车床在切削加工时，当切削量突然增大时会发生什么现象？当小带轮打滑时如何解决？电动机是否会烧坏？

第八章　链　传　动

学习目标

了解链传动的应用场合和结构类型，熟悉套筒滚子链的相关标准与链轮，以及链传动的工作特性。

掌握链传动参数的选择和设计步骤。

了解链传动的安装布置与润滑方式。

第一节　链传动的应用和结构

一、链传动的类型

如图 8-1 所示，链传动是靠挠性件链条与链轮的啮合来传递运动和动力的。链传动按工作方式的不同，可分为传动链、起重链和牵引链三种。传动链主要用在一般机械中传递运动和动力；起重链主要用在起重机械中提升重物；牵引链用在运输机械中移动重物。按结构不同，又将传动链分为两种类型：滚子链和齿形链。齿形链工作时传动平稳，噪声和震动很小，又称无声链（见图 8-2）。同时它承受冲击载荷的能力也较高，但它结构复杂、重量大、价格贵、拆装困难，因此，除特别的工作环境要求使用外，一般运用较少。而滚子链的结构简单，成本较低，运用范围很广，所以本章只讨论滚子链。

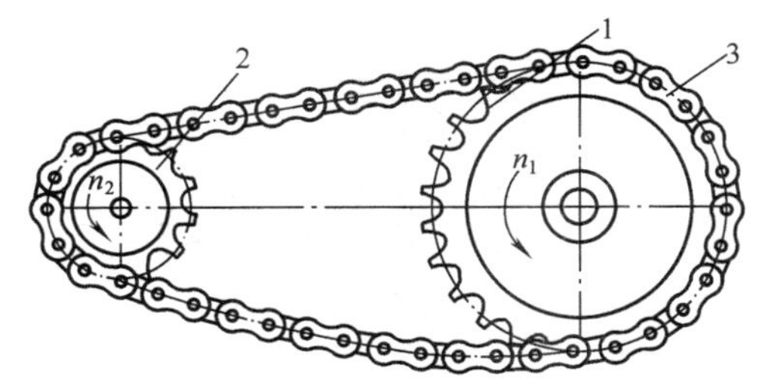

图 8-1　链传动

1—主动链轮；2—从动链轮；3—链条

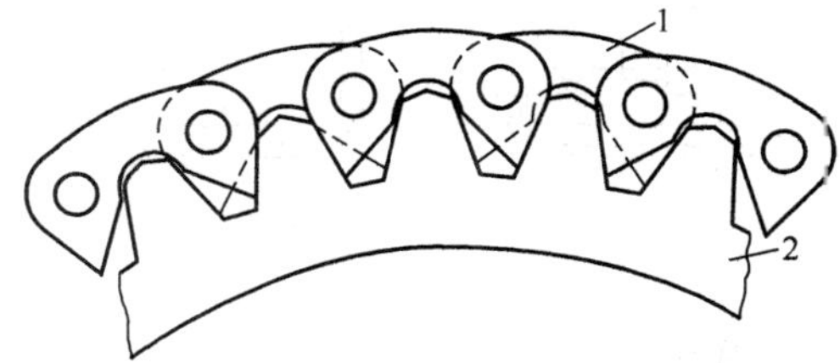

图 8-2　齿形链

1—齿形链；2—链轮

二、链传动的特点和应用

1. 链传动的特点

① 由于是啮合传动，因此工作可靠，没有打滑和弹性滑动现象，平均传动比准确，传动效率高。

② 与带传动相比，在工况相同时，传动尺寸比较紧凑；装拆方便，使用成本低。

③ 由于链传动有中间挠性件，故传动中心距较大，初拉力小，对轴的作用力小。

④ 能在高温、多粉尘、多油污、湿度大等恶劣环境下工作。

2. 链传动的使用

由链传动的特点可知，链传动主要用于两轴线平行、中心距较大、对瞬时传动比和传动平稳要求不严格以及对工作条件要求不高的环境下使用。因此它被广泛地运用于采矿、冶金、石油化工和农业机械中。

通常，链传动的实际设计参数的选择范围为：传动功率 $P\leqslant1000\text{kW}$，传动速度 $v\leqslant18\text{m/s}$，传动比 $i\leqslant8$，中心距 $a\leqslant6\text{m}$，传动效率 $\eta=0.90\sim0.98$。

三、滚子链和链轮

（一）滚子链

1. 滚子链的结构

图 8-3 所示为单排滚子链的链结构，它由内链板 1、外链板 2、销轴 3、套筒 4 和滚子 5 组成。其中，内链板与套筒采用过盈配合联接，销轴穿过套筒与外链板过盈配合并铆死，这样形成一个铰链，使内外链板可以相对转动。滚子与套筒之间为间隙配合，当链条与链轮啮合时，形成滚动摩擦，可减少磨损。内外链板制成“8”字形，在减轻质量的同时还能保持链条各横截面的强度大致相等。链条各零件由碳钢或合金钢制成，并进行热处理以提高零件的强度和耐磨性。

链条上相邻两销轴中心的距离称为链的节距，用 p 表示，它是链条的主要参数，当传动功率较大时，可选用双排链（见图 8-4）或多排链。

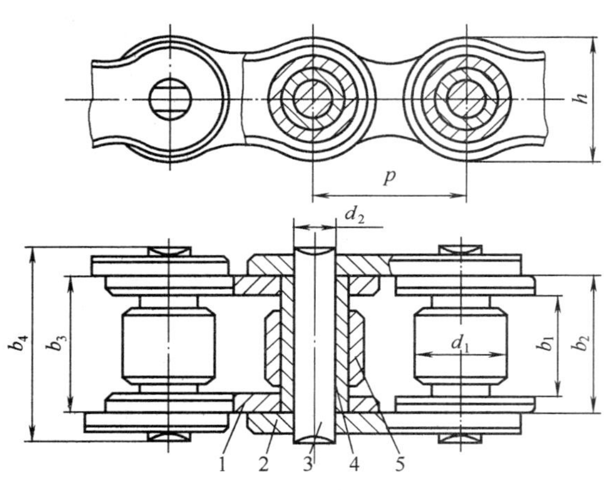

图 8-3 滚子链结构

1—内链板；2—外链板；3—销轴；4—套筒；5—滚子

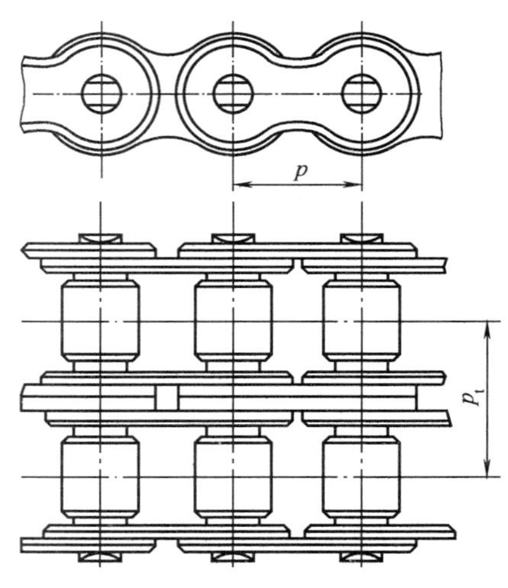

图 8-4 双排链

链条的节数最好取偶数，如图 8-5 所示，在链节数为偶数时，内链节与外链节首尾相接，可以用开口销［见图 8-5（a）］或弹簧卡［见图 8-5（b）］将销轴锁紧。而当链节数为奇数时，需要用一个过渡链板联接［见图 8-5（c）］，工作时，过渡链板将受到附加弯曲应力

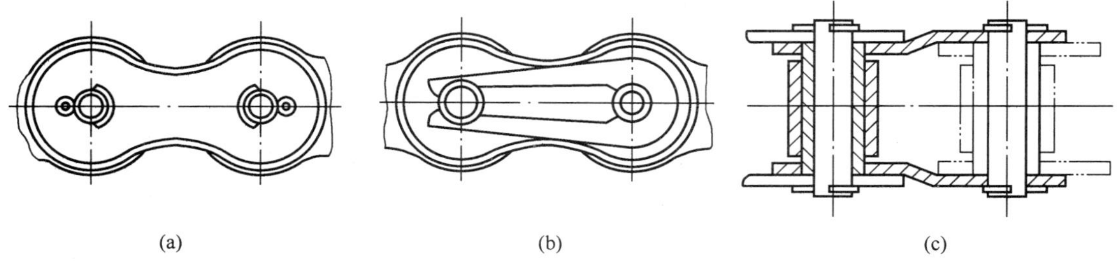

图 8-5 链节数为奇、偶数时链板的联接方式

作用，故最好不用。所以链节数采用偶数为好。

2. 滚子链的标准

滚子链的结构、基本参数和尺寸都已标准化，现摘录部分于表 8-1 中。

表 8-1　滚子链的基本参数

链　号	节距 p/mm	排距 p_t/mm	滚子外径 d_r/mm	内链节内宽 b_1/mm	销轴直径 d_2/mm	内链板高度 h_2/mm	极限拉伸载荷 F/N	每米质量 q/kg·m^{-1}
05B	8.00	5.64	5.00	3.00	2.31	7.11	4400	0.18
06B	9.525	10.24	6.35	5.72	3.28	8.26	89000	0.40
08A	12.7	14.38	7.95	7.85	3.96	12.07	13800	0.60
08B	12.7	13.92	8.51	7.75	4.45	11.81	17800	0.70
10A	15.875	18.11	10.16	9.40	5.08	15.09	21800	1.00
12A	19.05	22.78	11.91	12.57	5.94	18.08	31100	1.50

注：1. 表中 F 值为单排链值，多排链时应以排数×F 计算；每米质量 q 为单排链的数值。

2. 过渡链节的极限拉伸载荷按表列数值的 80%计算。

根据国家标准 GB/T 1243—1997 的规定，滚子链分 A、B 两个系列。A 系列链用于高速、重载和重要传动，B 系列用于一般传动。滚子链的标记方法是：链号、系列、排数、节数、国家标准编号。例如节距为 19.05mm，A 系列，单排 88 节的滚子链，其标记为 12A—1×88　GB/T 1243—1997。

（二）链轮

1. 链轮的齿形

链轮应满足其齿形与链节能够平稳而自由地进入和退出啮合，且受力均匀，便于加工。

国家标准 GB/T 1243—1997 规定了滚子链链轮端面的齿形，如图 8-6 所示，它由三段圆弧 aa、ab、cd 和一段直线 bc 组成。这种齿形工作时啮合处的接触应力较大，承载能力大，可用标准刀具加工。凡设计符合 GB/T 1243—1997 规定的齿形，在零件工作图上不用画出，只注明“齿形按 GB 1244—85 制造”即可。但在工作图上，必须绘出链轮的轴面齿形［见图 8-6（b)］，并在图纸上注明分度圆直径 d（链轮上链条销轴中心所在的圆）、齿顶圆直径 d_a，齿根圆直径 d_f、凸缘直径 d_g 及其他轴面参数，并用表列出节距 p、滚子外径 d_r、排距 p_t 和齿数 z 等基本参数，以便于链轮的加工。

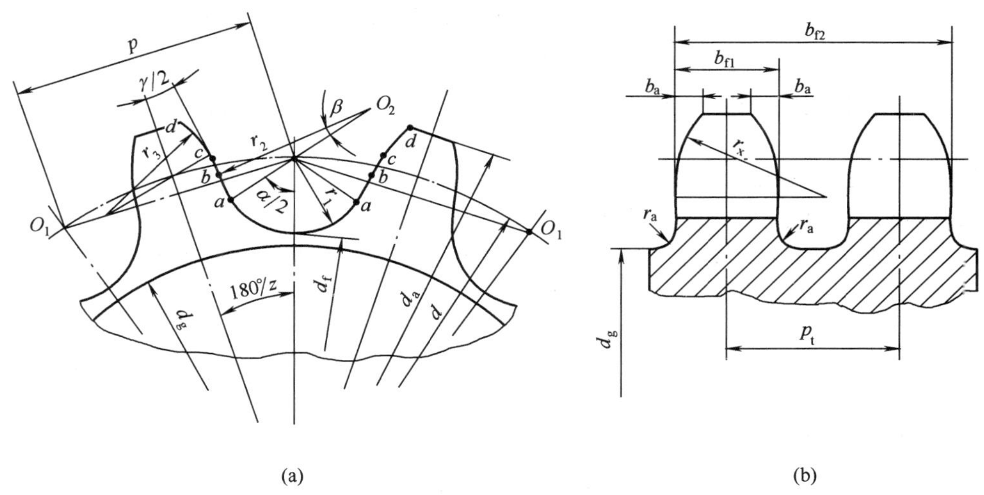

图 8-6　链轮齿形

各参数的基本关系如下。

分度圆直径 $$d=\frac{p}{\sin 180°/z} \tag{8-1}$$

齿顶圆直径 $$d_a=p(0.54+\cot 180°/z) \tag{8-2}$$

齿根圆直径 $$d_f=d-d_r \tag{8-3}$$

当链传动的速度、精度要求都不高，可按《机械设计手册》推荐的简化齿形，采用非标准刀具加工。

2. 链轮的结构

链轮的结构如图 8-7 所示，小直径的链轮一般都制成整体实心式［见图 8-7（a）］；中等直径的链轮可做成腹板式或孔板式［见图 8-7（b）］，当链轮直径较大时，可制成组合式结构［见图 8-7（c）］，如轮齿因磨损而失效，可更换齿圈。链轮轮毂部分的设计可参考带轮。

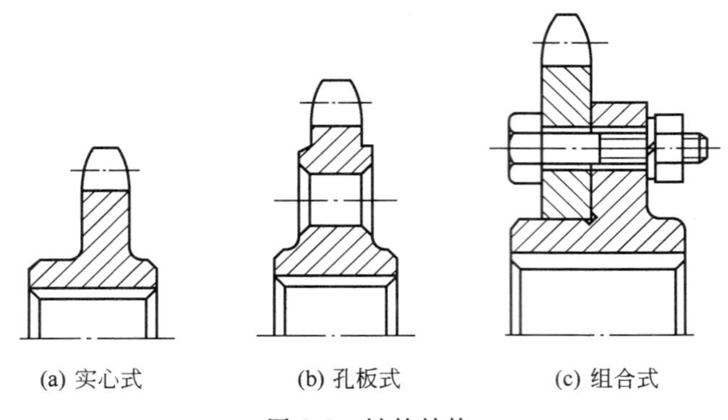

图 8-7　链轮结构

链轮的材料应保证轮齿有足够的接触强度和耐磨性，因此常用的材料有灰铸铁（HT200）、优质碳素钢（如 35 钢）和合金结构钢（如 40Cr）等，并且多数齿面都经过热处理，使表面硬度达到 40～60HRC。同时，由于小链轮的啮合次数比大链轮多，所以小链轮的材料应优于大链轮。

第二节　链传动的工作特性

一、链传动的工作特性

1. 平均传动比

由链条和链轮的结构可知，当链条进入链轮后形成折线，因此链传动实质上相当于两多边形间的传动，如图 8-8 所示。当链条绕在正多边形的链轮上，这个正多边形的边长即为链条节距 p，边数为链轮的齿数 z。设两链轮的转速为 n_1、n_2，则链条的平均速度为

$$v=\frac{z_1pn_1}{6\times1000}=\frac{z_2pn_2}{60\times1000} \tag{8-4}$$

式中　z_1、z_2——分别为主、从动轮的齿数；

n_1、n_2——分别为主、从动轮的转数，r/min。

链条的平均传动比为

$$i_{12}=\frac{n_1}{n_2}=\frac{z_2}{z_1} \tag{8-5}$$

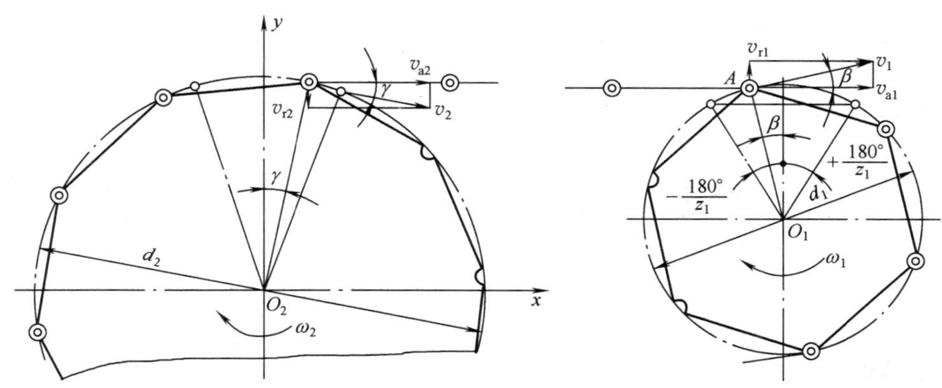

图 8-8 链传动的平均速度和瞬时速度

显然，链传动的平均传动比是恒定的。

2. 瞬时传动比

为便于分析，假定链条的紧边处于水平位置，如图 8-8 所示。当主动轮以等角速度 ω_1 回转时，链轮上 A 点的圆周速度 v_1 可以分解为沿链条前进方向的分速度 v_{a1} 和垂直于前进方向的横向速度 v_{r1}。即

$$v_{a1}=v_1\cos\beta=\frac{d_1}{2}\omega_1\cos\beta \tag{8-6}$$

$$v_{r1}=v_1\sin\beta=\frac{d_1}{2}\omega_1\sin\beta \tag{8-7}$$

式中，β 为 v_1 与前进方向的夹角。当一链节从进入啮合到脱离啮合，主动轮所对应的中心角为 $360°/z_1$，而 β 角总在 $\pm 360°/(2z_1)$ 的范围内做周期性的变化。由此可知，链的速度呈现周期性的变化，故链传动的瞬时传动比是变化的。

3. 链传动的不均匀性

由上述讨论可知，链传动在其转动过程中由于瞬时传动比变化，引起链条和链轮的速度发生周期性变化，由此引起动载荷。同时，由链轮和链条的结构可知，链轮的转速愈高，链节距愈大，齿数愈少，则传动过程中的动载荷也愈大，冲击和噪声也随之加大，传动愈不平稳。链条和链轮的磨损速度也就愈加剧。因此，为减少链传动的冲击、振动和噪声，要求尽量选择节距较小的链条，齿数较多的链轮和限制链传动的转速。

二、链传动的失效形式

在正常工作情况下，根据链传动的运动特点，其主要失效形式有以下几种。

(1) 链条疲劳破坏　与带传动相似，链条两边所受的拉应力不相等，交变应力在经过一定的循环次数后，滚子表面发生疲劳点蚀，链板发生疲劳断裂，这是链传动的主要失效形式。

(2) 链条铰链磨损　铰链的销轴和套筒在工作过程中产生相对转动而发生磨损，润滑密封不良时，其磨损加剧。铰链磨损后链节变长，在工作中易引起跳齿或脱链。

(3) 冲击破坏　由于经常反复启动、制动及反转引起重复冲击载荷，滚子、套筒和销轴可能在疲劳破坏之前发生断裂。

(4) 销轴与套筒胶合　在润滑不良、速度过高或载荷过大时，销轴与套筒的工作表面可

能产生胶合，胶合限制了链传动的极限转速。

(5) 静力拉断　在低速、重载或超载的传动中，若载荷超过链条的静力强度，链条就会被拉断。

因此，在不同的工作条件下链传动会有不同的失效形式。

第三节　链传动的选择与计算

由于链传动存在运动不均匀性，所以对链传动的主要参数应作适当的选择以延缓其失效时间，延长各零件的使用寿命。

一、主要参数的选择

1. 链轮齿数的选择

链轮齿数的选择应根据其传动比进行选择。齿数少则增加传动的不均匀性和磨损；齿数多，特别是大链轮的齿数过多，容易产生脱链。根据经验，大链轮的齿数一般为 $z_2 \leqslant 150$。在低速传动时，z_1 最小可取 $z_{1\min}=9$，显然，此时链轮尺寸小。小链轮齿数 z_1 按传动比的推荐值（见表 8-2）选取。

表 8-2　小齿轮齿数 z_1

传动比 i	1～2	3～4	5～6	>6
主动链轮齿数	31～27	25～23	21～17	17

2. 链节距 p 的选择

链节距 p 愈大，链条和链轮各零件的相关尺寸也愈大，其承载能力愈强。但 p 愈大，链传动的运动不均匀性和冲击愈严重，因此，在设计时应选择较小的节距 p，以减少其振动和噪声。

链传动的节距 p 根据功率曲线来选择。功率曲线是在一定的实验条件下，求得链传动不失效所能传递的有效功率（见图 8-9）。它的实验条件是：小齿轮齿数 $z_1=19$，链长 $L_P=100$ 节，单排链，载荷平稳，两链轮安装在水平轴上，推荐的润滑方式如图 8-11 所示，工作寿命为 15000h。

由于实际工作条件与上述实验条件不符，故需用特定条件下所传递的功率 P_0 和小链轮的转速 n_1 查图 8-9 来确定链的型号，然后再根据表 8-1 确定相应的链节距。计算功率 P_c 为

$$P_c = K_A P \leqslant P_0 K_z K_p K_L \tag{8-8}$$

式中　P——链传动的理论功率，kW；

K_z——小链轮齿数系数，见表 8-3；

K_p——多排链系数，见表 8-4；

K_L——链长系数，如图 8-10 所示，图中曲线 1 用于链板疲劳，曲线 2 用于滚子、套筒冲击疲劳破坏；

K_A——载荷系数，见表 8-5。

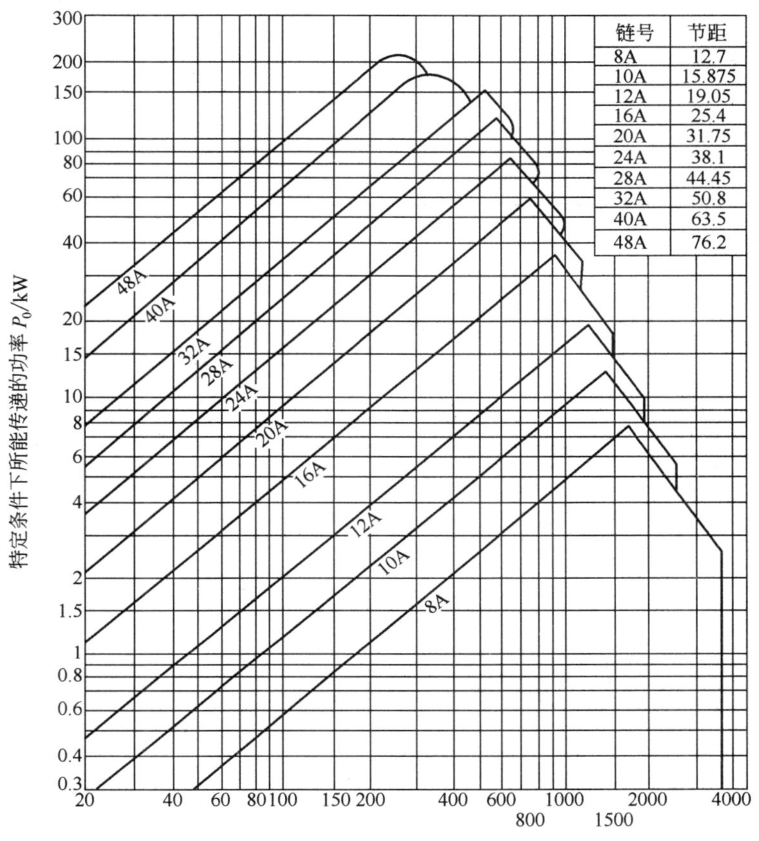

图 8-9　功率曲线

表 8-3　链轮齿数系数 K_z

Z_1	17	19	21	23	25	27	29	31	33	35
K_z	0.893	1.00	1.12	1.23	1.34	1.46	1.58	1.7	1.81	1.93

表 8-4　多排链系数 K_p

排数	1	2	3	4	5	6
K_p	1.0	1.7	2.5	3.3	4.1	5.0

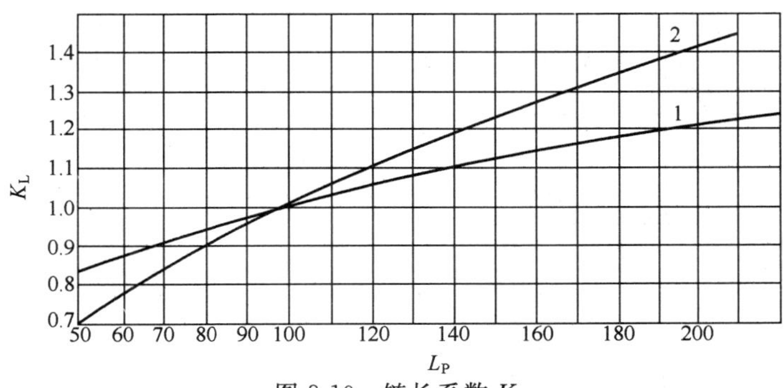

图 8-10　链长系数 K_L

表 8-5 载荷系数 K_A

载荷种类	原动机	
	电动机或汽轮机	内燃机
载荷平稳	1.0	1.2
中等冲击	1.3	1.4
较大冲击	1.5	1.7

3．中心距和链节数

中心距过小，使链条在小链轮上的包角减小，轮齿受力增加，同时，单位时间内链条绕过链轮的次数增多，加速零件的磨损和疲劳，降低了链的使用寿命。中心距过大，易引起链条松边上下颤动。一般最佳中心距选 $a_0=(30\sim50)p$，小链轮的最小包角为 120°，最大中心距 $a_{0\max}=80p$。

中心距与链节数 L_p、链节距 p 和链轮齿数的关系为

$$a=\frac{p}{4}\left[\left(L_p-\frac{z_1+z_2}{2}\right)+\sqrt{\left(L_p-\frac{z_1+z_2}{2}\right)^2-8\left(\frac{z_2-z_1}{2\pi}\right)^2}\right] \tag{8-9}$$

而链节数 L_{p0} 为

$$L_{p0}=\frac{L}{p}=\frac{2a_0}{p}+\frac{z_1+z_2}{2}+\frac{p}{a_0}\left(\frac{z_2-z_1}{2\pi}\right)^2 \tag{8-10}$$

4．链速 v 的验算

因为动载荷及噪声大小与链速有关，所以应对链速加以限制。链速为

$$v=\frac{n_1z_1p}{60\times1000}=\frac{n_2z_2p}{60\times1000} \tag{8-11}$$

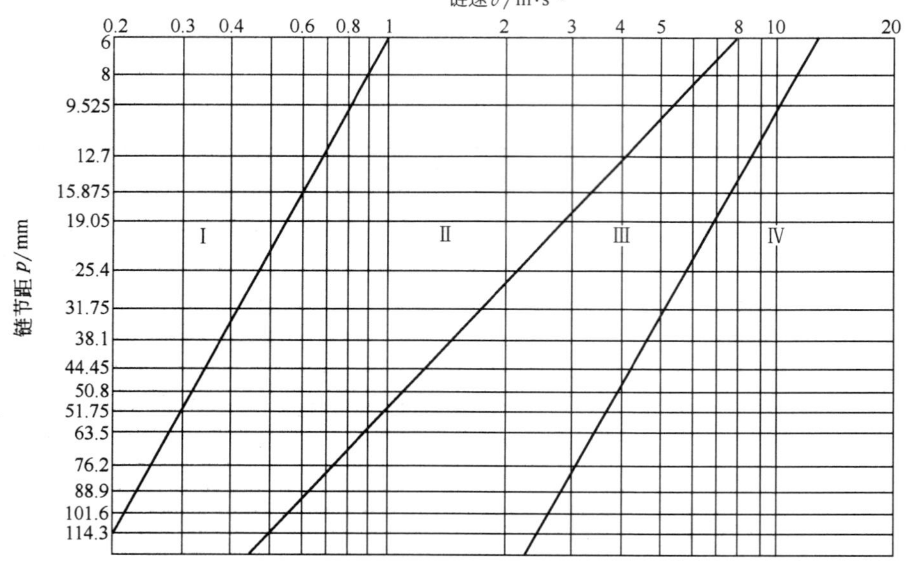

图 8-11 推荐的润滑方式

Ⅰ—人工定期润滑；Ⅱ—滴油润滑；Ⅲ—油浴式飞溅润滑；Ⅳ—压力喷油润滑

链速 v 确定后，可根据链节距 p 在图 8-11 中选用适当的润滑方式。

5. 链条对轴的作用力

链传动不需要太大的张紧力，因此对轴的压力较小，一般为

$$Q=(1.2\sim1.3)F_t \tag{8-12}$$

其中链有效拉力 $F_t=1000P_c/v$

6. 链轮结构设计及链轮工作图绘制

按前述公式计算链轮结构，并绘制工作图。

二、链传动的设计计算

进行链传动设计计算时，首先要考虑链传动在工作环境中的失效形式，然后确定链的型号、节距、排数、链轮齿数及传动中心距等。

1. 低速链传动的设计计算

低速链传动 $v<0.6\text{m/s}$ 的主要失效形式是抗拉强度不足而拉断，所以应按静力强度确定链的节距和排数。设计时需要计算静力强度的安全系数

$$S=F_Qn/K_AF\geqslant4\sim8 \tag{8-13}$$

式中 F_Q——单排链的极限拉伸载荷，见表 8-1；

n——链条排数；

K_A——传动链的载荷系数，见表 8-5；

F——链的有效工作拉力。

2. 中速或高速链传动的设计计算

中速（$v=0.6\text{m/s}$）和高速（$v>8\text{m/s}$）的链传动，应以疲劳破坏为主要失效形式，按前述公式设计计算。

【例 8-1】 设计一套筒滚子链传动输送机，已知电动机的功率 $P=6\text{kW}$，转速 $n_1=1000\text{r/min}$，链传动比 $i=3.2$，工作时有中等冲击。

解：根据题意，该链传动属中、高速传动。设计步骤如下。

1. 确定链轮齿数 z_1 和 z_2

假定链速 $v=3\sim8\text{m/s}$，由表 8-2 选取 $z_1=23$，则 $z_2=23i=73.6$，取 $z_2=74$。

2. 初定中心距

$$a_0=40p$$

3. 确定计算功率

查表 8-5 得 $K_A=1.3$，由式（8-8）得

$$P_c=K_AP=1.3\times6=7.8\ (\text{kW})$$

4. 确定链节数

由式（8-10）得

$$L_{p0}=\frac{2a_0}{p}+\frac{z_1+z_2}{2}+\frac{p}{a_0}\left(\frac{z_2-z_1}{2\pi}\right)^2=\frac{2\times40p}{p}+\frac{23+74}{2}+\frac{p}{40p}\left(\frac{74-23}{2\pi}\right)^2=128.70$$

取 $L_p=129$。

5. 确定链条的节距

查表 8-3 得 $K_z=1.23$，由表 8-4 得 $K_p=1.0$，查图 8-10 得 $K_L=1.07$，由式（8-8）得

$$P_0=\frac{P_c}{K_z K_p K_L}=\frac{7.8}{1.23\times1.0\times1.07}=5.93\ (\text{kW})$$

根据 P_0 值及 $n_1=1000\text{r/min}$，由图 8-9 查得链号为 8A，链节距 $p=12.7\text{mm}$。

6. 确定实际中心距

由式（8-9）得

$$a=\frac{p}{4}\left[\left(L_p-\frac{z_1+z_2}{2}\right)+\sqrt{\left(L_p-\frac{z_1+z_2}{2}\right)^2-8\left(\frac{z_2-z_1}{2\pi}\right)^2}\right]$$
$$=\frac{12.7}{4}\left[\left(129-\frac{97}{2}\right)+\sqrt{\left(129-\frac{97}{2}\right)^2-8\left(\frac{51}{2\pi}\right)^2}\right]=500.55\ (\text{mm})$$

而 $a_0=40p=40\times12.7=508\ (\text{mm})\approx a$，因此取 $a=502\text{mm}$。

7. 计算链速，选择润滑方式

由式（8-11）得

$$v=\frac{n_1 z_1 p}{60\times1000}=\frac{1000\times23\times12.7}{60\times1000}=4.868\approx4.87\ (\text{m/s})$$

速度符合估算的范围，根据 v 和 p 的值，由图 8-11 选择的润滑方式是：滴油润滑。所选链条的标记为：8A-1×129　GB/T 1243—1997。

8. 计算对轴的作用力

由式（8-12）得

$$F_t=1000P_c/v=1000\times7.8/4.87=1601.64\ (\text{N})$$

作用在轴上的力为

$$Q=1.3F_t=1.3\times1601.64=2082.13\ (\text{N})$$

9. 设计链轮主要尺寸（只确定主动轮尺寸，从动轮读者自己计算）

（1）分度圆直径

$$d_1=\frac{p}{\sin\frac{180^\circ}{z_1}}=\frac{12.7}{\sin\frac{180^\circ}{23}}=103.56\ (\text{mm})$$

（2）齿顶圆直径

由表 8-1 得 $d_r=7.95\text{mm}$。

$$d_{a1}=p(0.54+\cot180^\circ/z)=12.7\times(0.54+\cot180^\circ/23)=99.26\ (\text{mm})$$

（3）齿根圆直径

$$d_{f1}=d_1-d_r=103.56-7.95=95.61\ (\text{mm})$$

其他尺寸如齿侧凸缘直径和轴向齿廓直径请读者查阅有关设计手册自己计算。

10. 根据计算尺寸，绘制链轮零件工作图（略）

第四节　链传动的安装和润滑

一、链传动的安装与布置

（1）为保证传动过程中的正确啮合，以减小链传动两边的受力不均。因此，在安装时两链轮应在同一平面内，两链轮轴的位置应相互平行。

（2）如两链轮轴线不在同一水平面，安装时应将松边放在下面，以免因松边下垂量增大引起链条与链轮卡死。同时两轮中心连线与水平线的夹角不得大于45°。

（3）当两链轮轴线在同一铅垂面内时，为减少下垂量，使链轮有效啮合齿数增多，增强传动能力，安装时应布置为：有中心距可调装置；加张紧装置。

各种链传动的安装布置方式参见表8-6。

表8-6　链传动的安装布置

传动参数	正 确 布 置	不正确布置	说　明
$i>2$ $a=(30\sim50)p$	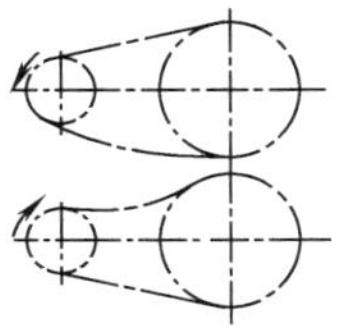		两轮轴线处于同一水平面，安装时紧边在上、在下均可
$i>2$ $a<30p$	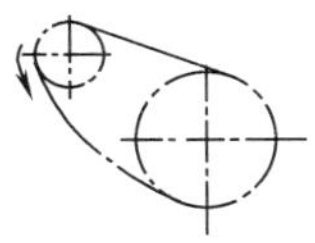	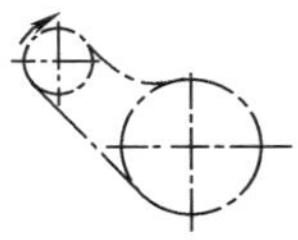	两轮轴线不在同一水平面，松边应在下，否则链条易与链轮卡死
$i<1.5$ $a>60p$			虽然两轮轴线处于同一水平面，松边也应在下，以免松边碰紧边
i、a为任意值	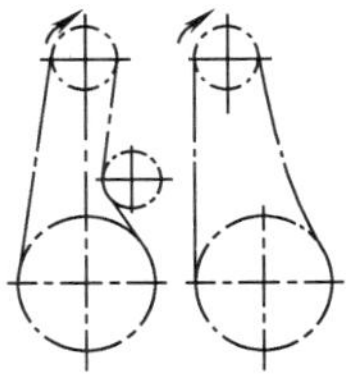	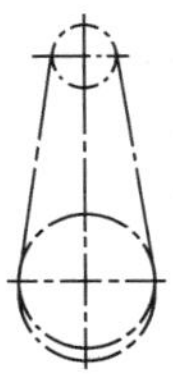	两轮轴线的连线不应铅垂于水平面，以增强链轮的有效啮合齿数。还可增设可调张紧装置

二、链传动的润滑与维护

1. 链传动的润滑

润滑的作用是缓和冲击，减少磨损，延长链传动的使用寿命。根据链节距 p 和链速 v 的不同，可采用不同的链传动润滑方式（见图8-11）。常选用的润滑剂有N32、N48、N68等机械油。值得注意的是，高温环境下工作应选用黏度大的机械油。

2. 链传动的维护

其维护有两层含义，一是给链传动系统润滑；二是链传动运行一段时间后因链条、链齿磨损，链节距变长而需调节张紧，以免运行过程中产生较强振动，跳齿脱链。

常用的链传动张紧方法有：

① 调整链轮中心距张紧链条；

② 调整张紧轮张紧链条；

③ 缩短链长，使链条变得张紧。

小 结

1. 链传动的类型：按传动方式不同分为传动链、起重链和牵引链三种；按结构方式不同分为滚子链和齿形链。

2. 运动特点是链传动具有运动不均匀性，瞬时传动比不准确。

3. 正确分析滚子链传动失效类型是选择滚子链设计参数的依据。

思考与习题

8-1 为什么要区分链传动的主要失效形式?

8-2 链传动有哪些主要参数选择?

8-3 功率曲线是如何获得的? 它有什么作用?

8-4 链传动的安装布置形式有哪些? 根据 i 和 a 的不同，安装时应注意什么?

8-5 设计一滚子链的输送装置（需自己选择电动机功率），要求链速 $v=6.5\text{m/s}$。已知：$z_1=23$，$n_1=1450\text{r/min}$。

8-6 如将［例 8-1］中所选择的链号改为 10A，试重新计算该题的所有设计参数。

8-7 已知自行车用链传动，大小链轮齿数分别为 $z_1=19$、$z_2=48$，节距 $p=12.7\text{mm}$，链长 $L_p=114$ 节，试求中心距 a、传动比 i、两轮的分度圆直径 d_1、d_2。

8-8 设计一滚子链传动，传递的功率为 5.5kW，主动轮的转速 $n_1=265\text{r/min}$，传动比 $i=2.5$，由电动机驱动，工作时有中等冲击。

实 践 环 节

1. 结合生产生活经验，套筒滚子链、同步齿形链用于什么机器中? 自行车、摩托车、机床、叉车哪些使用链传动，哪些使用带传动? 为什么? 如果互换会怎样?

2. 自己动手拆装自行车的链传动，找出主动链轮、从动链轮，变速车为何能变速? 数数大小链轮的齿数，传动比是多少? 普通自行车大轮带动小飞轮是增速还是降速传动? 是费力机械还是省力机械。观察链传动的失效形式，脱链时应采取什么措施?

第九章　轮　　系

学习目标

轮系广泛使用，通过本章学习进一步掌握齿轮传动的特点与应用以及轮系的分类与用途。

能准确地判断定轴轮系、行星轮系，学会定轴轮系、行星轮系传动比的计算方法。熟悉组合轮系和其他行星轮系应用与传动比计算。

第一节　轮系的用途和分类

在实际生产中，为了获得大的传动比、实现变速变向，一对齿轮传动往往不能满足工作要求。例如，机床需要通过齿轮变速箱将电动机的一种转速变成主轴的多种转速；机械式手表需要一套齿轮系统来保持时针、分针和秒针的一定运动关系等。在工程上，将由一系列齿轮所组成的齿轮传动系统称为轮系。

在轮系中，根据各齿轮几何轴线相对机架是否固定，可以分为两种基本类型：定轴轮系和行星轮系。还有两种轮系的组合，即组合轮系。

一、定轴轮系

当轮系传动时，其上所有齿轮的几何轴线相对于机架都是固定不动的，该轮系称为定轴轮系。

图 9-1 所示为圆柱齿轮减速器，它是由两对圆柱齿轮传动串联组成，属于定轴轮系。图 9-2 所示为普通车床进刀箱用的三轴滑移齿轮，轴Ⅰ和轴Ⅲ上各有一个双联滑移齿轮 1、2 和 9、10，它们都是标准齿轮；在轴Ⅱ上左、右两边各有三个固连在轴上的齿轮 3、4、5 和 6、7、8，它们都是变位齿轮。齿轮 1 和 9 可以分别与齿轮 3、4、5 啮合传动，齿轮 2 和 10 可以分别与齿轮 6、7、8 啮合传动，因此主动轴Ⅰ输入一种转速时，轴Ⅱ可以得到 6 种转速：又轴Ⅱ有一种转速时，轴Ⅲ也可以得到 6 种转速，因此这种机构的输出轴Ⅲ共有 36 种转速，可以满足车制不同螺距螺纹的需要。图 9-3 所示也属于定轴轮系。

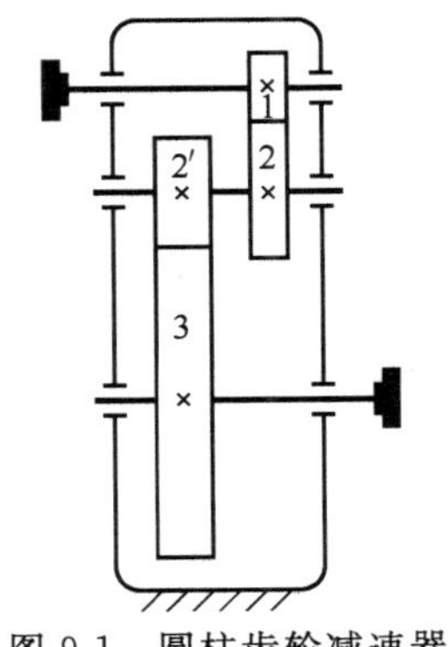

图 9-1　圆柱齿轮减速器

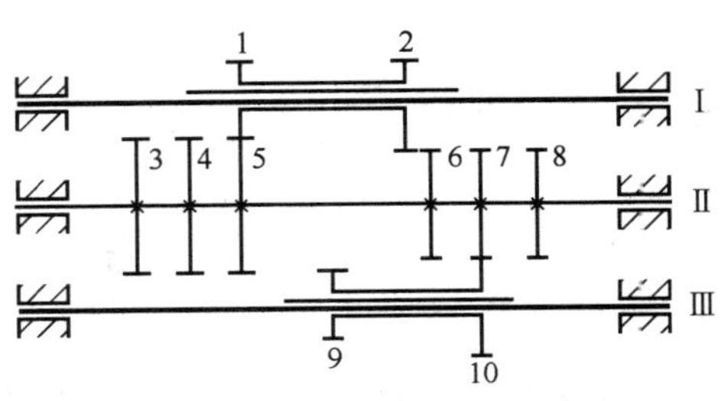

图 9-2　车床进刀箱齿轮机构

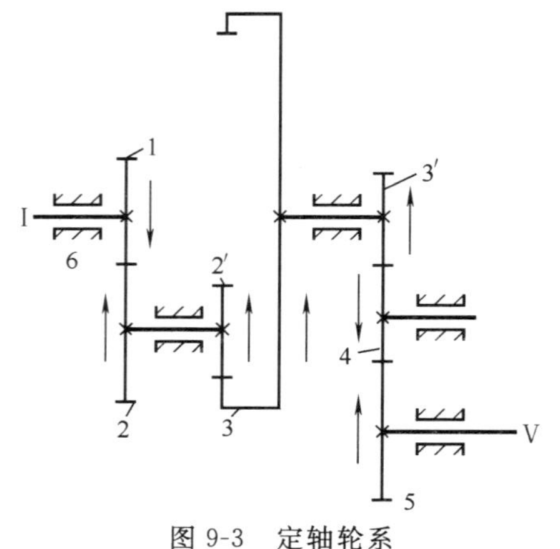

图 9-3　定轴轮系

二、行星轮系

轮系传动时，其中至少有一个齿轮的几何轴线是绕另一个齿轮的固定轴线转动，该轮系称为行星轮系。图 9-4 所示的行星轮系由轴线固定不动的太阳轮 1、3 和行星轮 2 及行星架（系杆）H 组成，行星轮 2 活套在行星架 H 的轴上，它一方面绕自身的几何轴线 O_2 转动（自转），另一方面随行星架 H 绕几何轴线 O_H 转动（公转），其运动犹如天上的太阳和行星，故称为行星轮系。外力矩通常从轴线固定的太阳轮或行星架输入，这些能承受外力矩的构件称为基本构件。

行星轮系一般由一个行星架、一个或多个行星轮以及与行星轮相啮合的太阳轮组成。根据自由度不同，行星轮系又可分为下述两种类型。

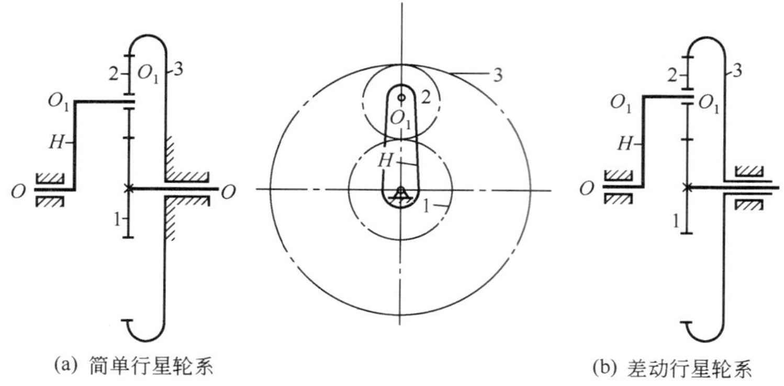

(a) 简单行星轮系　　(b) 差动行星轮系

图 9-4　行星轮系

（1）差动行星轮系　这种轮系的自由度为 2，如图 9-4（b）所示，机构中应有 2 个原动件，才能使其他构件的运动确定。

（2）简单行星轮系　这种轮系有一个太阳轮固定，且自由度为 1，如图 9-4（a）所示。只要给定一个基本构件的转速，则其他构件的转速便可确定。

在工程中除经常遇到单一的定轴轮系和行星轮系外，还遇到定轴轮系和行星轮系的组合，这种轮系称为组合轮系（见图 9-5）。

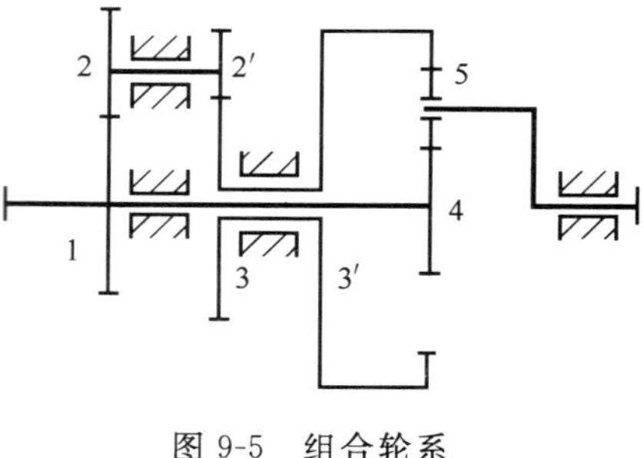

图 9-5　组合轮系

第二节　定轴轮系的传动比

通常将首轮 1 与末轮 k 的转速之比称为轮系的传动比，以 i_{1k}表示，即

$$i_{1k}=\frac{n_1}{n_k}$$

轮系的传动比确定包括传动比大小和末轮转向的确定。

一、传动比的大小

图 9-3 所示为一定轴轮系，轴Ⅰ为输入轴，轴Ⅴ为输出轴，各齿轮的齿数为 z_1、z_2、z_2'、z_3、z_3'、z_4、z_5，各齿轮的转速为 n_1、n_2、n_2'、n_3、n_3'、n_4、n_5，求该轮系的传动比。

由于轮系是由若干对齿轮构成，故先求出轮系中各对齿轮的传动比。

$$i_{12}=\frac{n_1}{n_2}=-\frac{z_2}{z_1}$$

$$i_{2'3}=\frac{n_2'}{n_3}=+\frac{z_3}{z_2'}$$

$$i_{3'4}=\frac{n_3'}{n_4}=-\frac{z_4}{z_3'}$$

$$i_{45}=\frac{n_4}{n_5}=-\frac{z_5}{z_4}$$

式中，“－”号表示一对圆柱齿轮外啮合转向相反；“＋”号表示一对圆柱齿轮内啮合转向相同。由于齿轮 2、2′，3、3′同轴，故 $n_2=n_2'$，$n_3=n_3'$。

将各式两边分别相乘，得

$$i_{12}i_{2'3}i_{3'4}i_{45}=\frac{n_1}{n_2}\cdot\frac{n_2'}{n_3}\cdot\frac{n_3'}{n_4}\cdot\frac{n_4}{n_5}=\left(-\frac{z_2}{z_1}\right)\left(+\frac{z_3}{z_2'}\right)\left(-\frac{z_4}{z_3'}\right)\left(-\frac{z_5}{z_4}\right)$$

化简得

$$\frac{n_1}{n_5}=i_{15}=(-1)^3\frac{z_2z_3z_5}{z_1z_2'z_3'}$$

由上式可知，定轴轮系的传动比等于该轮系中各对齿轮传动比的连乘积。根据传动比的定义，定轴轮系的传动比等于首轮与末轮转速之比，也等于从首轮 1 到末轮 k 所有从动轮齿数的连乘积与所有主动轮齿数的连乘积之比，定轴轮系传动比的一般表达式为

$$i_{1k}=\frac{n_1}{n_k}=\frac{\text{所有从动轮齿数的连乘积}}{\text{所有主动轮齿数的连乘积}} \tag{9-1}$$

式中，n_1 为首轮 1 的转速；n_k 为末轮 k 的转速。

二、首末轮转向的确定

(1) 轮系中当各齿轮的轴线平行时，用 $(-1)^m$ 来确定，m 为外啮合齿轮的对数。i_{1k}为正时，说明首末两轮转向相同；i_{1k}为负时，说明首末两轮转向相反。

(2) 当齿轮轴线不平行时，用画箭头法确定。圆柱齿轮传动外啮合箭头相反，内啮合则相同；圆锥齿轮传动箭头相对或相离；蜗杆传动先判断蜗轮的圆周力方向再判定其转向。

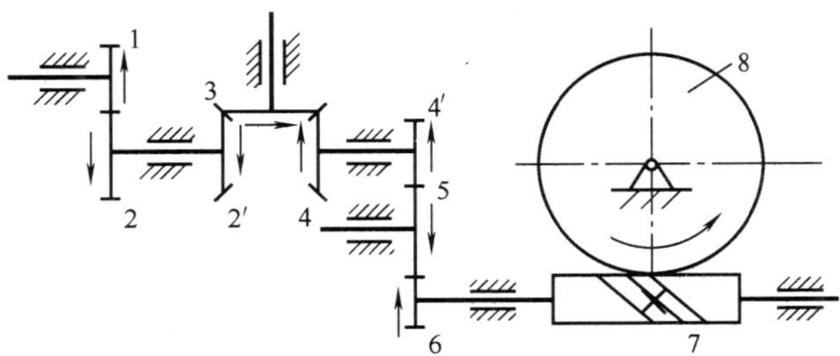

图 9-6　定轴轮系

在图 9-3 所示的轮系中，齿轮 4 既是从动轮，又是主动轮，它的齿数不影响传动比的大小，但可改变末轮的转向，这种齿轮称为惰轮或介轮。

【例 9-1】 在图 9-6 所示的轮系中，已知 $z_1=15$，$z_2=20$，$z_3=25$，$z_2'=z_4=18$，$z_4'=20$，$z_5=30$，$z_6=32$，$z_7=1$，$z_8=60$，若 $n_1=600\text{r/min}$，求传动比 i_{18} 和蜗轮 8 的转速与转向。

解：该轮系为定轴轮系，传动比 i_{18} 的大小为

$$i_{18}=\frac{n_1}{n_8}=\frac{z_2z_3z_4z_5z_6z_8}{z_1z_2'z_3z_4'z_5z_7}=\frac{20\times25\times18\times30\times32\times60}{15\times18\times25\times20\times30\times1}=128$$

$$n_8=\frac{n_1}{i_{18}}=\frac{600}{128}=4.69\ (\text{r/min})$$

因轮系中齿轮轴线不平行，故用画箭头法确定蜗轮转向，如图 9-6 所示。

第三节 行星轮系的传动比

一、行星轮系的组成

在图 9-7 中，齿轮 1、3 的轴线均固定，而齿轮 2 的轴线不固定，空套在杆 H 上，既随杆 H 公转又绕自身轴线 O_2 自转，轮 2 称为行星轮。支承行星轮 2 的杆 H 称为行星架（或系杆）；与行星轮 2 啮合且轴线固定的齿轮 1 和 3 为太阳轮。所以行星轮系由行星轮、行星架、太阳轮和机架组成。

太阳轮与行星架的轴线必须重合，否则不能转动。

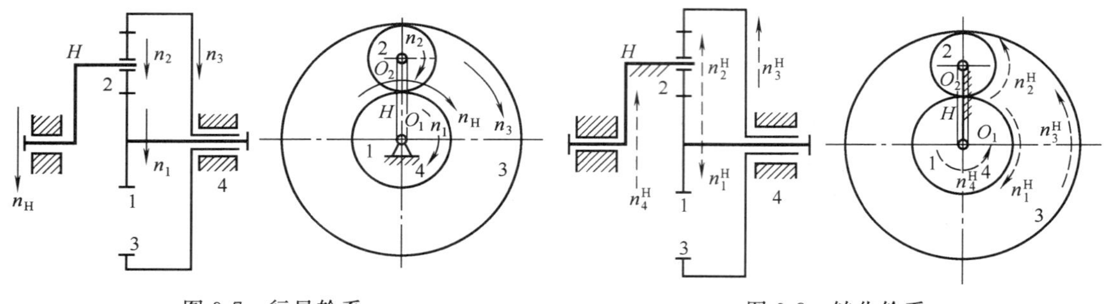

图 9-7 行星轮系　　　　图 9-8 转化轮系

二、行星轮系的传动比

行星轮系与定轴轮系的本质区别在于行星轮的轴线不固定。如果将行星轮的轴线加以固定，即成为定轴轮系，便可用定轴轮系传动比公式计算行星轮系的传动比。

设行星轮系中各构件的转速分别为 n_1、n_2、n_3、n_H，转向如图 9-7 所示。由于 $n_H\neq0$，根据相对运动原理，给整个轮系附加一个 $-n_H$ 后，则行星架静止不动，其他构件的相对运动并没有发生改变，这样行星轮系就转化成了假想的定轴轮系，即转化轮系（见图 9-8）。这种方法称为转化机构法。

各构件在行星轮系和转化轮系中的转速如下。

构　　件	行星轮系中的转速	转化轮系中的转速	构　　件	行星轮系中的转速	转化轮系中的转速
太阳轮 1	n_1	$n_1^H=n_1-n_H$	行星架 H	n_H	$n_H^H=n_H-n_H=0$
行星轮 2	n_2	$n_2^H=n_2-n_H$	机架 4	$n_4=0$	$n_4^H=0-n_H$
太阳轮 3	n_3	$n_3^H=n_3-n_H$			

n_1^H、$n_2^H\cdots n_H^H$ 表示在转化轮系中构件 1、2…H 的转速，它相对于行星架而言；n_1、$n_2\cdots n_H$ 是行星轮系中的实际转速，它相对于机架而言。两者截然不同，这一点要特别注意。

对转化轮系可按定轴轮系传动比公式计算。

$$i_{13}^{H}=\frac{n_1^H}{n_3^H}=\frac{n_1-n_H}{n_3-n_H}=(-1)^1\frac{z_3}{z_1} \tag{9-2}$$

行星轮系传动比的一般通式为

$$i_{1k}^{H}=\frac{n_1-n_H}{n_k-n_H}=\pm\frac{\text{所有从动轮的齿数积}}{\text{所有主动轮的齿数积}} \tag{9-3}$$

三、注意事项

(1) n_1、n_k、n_H 是平行向量，计算时要连同大小、转向一起代入。

(2) 齿数比前必须有正负号，确定方法用定轴轮系两种判断方法之一［$(-1)^m$ 或画箭头］。

(3) $i_{1k}^H \neq i_{1k}$，$i_{1k}^H=\frac{n_1^H}{n_k^H}$，它是转化轮系中的传动比；$i_{1k}=\frac{n_1}{n_k}$是行星轮系中的传动比，行星轮系中的 n_1、n_k 必须由计算求得其大小和转向，不能用画箭头法直接画出。

【例 9-2】 图 9-8 所示的轮系中，已知 $z_1=20$，$z_2=30$，$z_3=80$，$n_1=120\text{r/min}$，$n_3=20\text{r/min}$，试求：

(1) n_1 与 n_3 转向相同时，$n_H=?$

(2) n_1 与 n_3 转向相反时，$n_H=?$

解：该轮系为行星轮系，代入式 (9-3) 得

$$i_{13}^{H}=\frac{n_1-n_H}{n_3-n_H}=-\frac{z_3}{z_1}=-\frac{80}{20}=-4$$

整理得

$$n_H=\frac{n_1+4n_3}{5}$$

(1) 当 n_1 与 n_3 转向相同时，都取“+”号，得

$$n_H=\frac{120+4\times20}{5}=40\ (\text{r/min})$$

n_H 为正，说明行星架转向与 n_1、n_3 相同。

(2) 当 n_1 与 n_3 转向相反时，设 n_1 为正，n_3 为负，得

$$n_H=\frac{120+4\times(-20)}{5}=8\ (\text{r/min})$$

n_H 为正，说明 n_H 转向与 n_1 相同，与 n_3 相反。

【例 9-3】 图 9-9 所示的轮系中，已知 $z_1=z_3=45$，$z_2=30$，试求：

(1) $n_3=0$ 时，$i_{1H}=?$

(2) 当 $n_H=60\text{r/min}$、$n_1=0$ 时，$n_3=?$

解：该轮系为轴线不平行的行星轮系，齿数比前的正负号用画箭头法确定，由于所设转速是转化轮系中的，故用虚线表示，在转化轮系中齿轮 1、3 转向相反，故齿数比前取负号，代入式 (9-3) 得

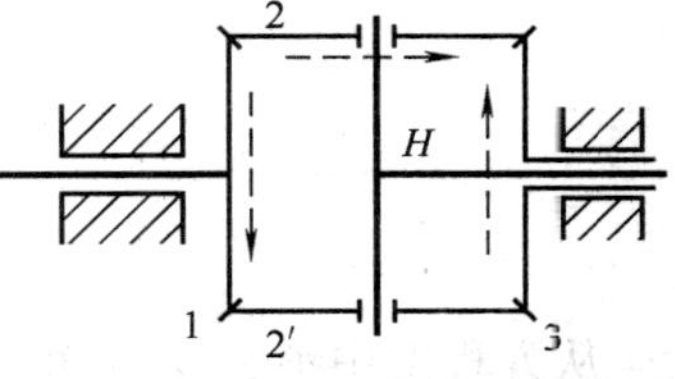

图 9-9 锥齿轮组成的行星轮系

$$i_{13}^{H}=\frac{n_1-n_H}{n_3-n_H}=-\frac{z_3}{z_1}=-1$$

(1) 令 $n_3=0$，则$\frac{n_1-n_H}{-n_H}=-1$，即$-\frac{n_1}{n_H}+1=-1$，所以 $i_{1H}=\frac{n_1}{n_H}=2$。

(2) 令 $n_1=0$，则 $\frac{-n_H}{n_3-n_H}=-1$，整理得 $n_3=2n_H$，所以 $n_3=2\times60=120(r/min)$。n_3 的转向与 n_H 相同。

注意：由于 n_2 与 n_1、n_3、n_H 不平行，故不能用行星轮系传动比公式求 n_2。

第四节　组合轮系的传动比

一、组合轮系传动比计算

在工程机械中，经常将行星轮系和其他轮系组合在一起（见图 9-10），这种轮系称为组合轮系。

组合轮系传动比的计算步骤如下。

(1) 分解轮系　首先把组合轮系分解成单一轮系。先找行星轮，再找支承行星轮的构件行星架、与行星轮相啮合的太阳轮，确定出行星轮系，剩余轮系再继续分解，直到全部分解为单一轮系。应注意，有时行星架不是杆状，而是其他形状。

(2) 分别列方程　用传动比公式对行星轮系和定轴轮系分别列方程。

(3) 联立求解　找出各轮系间的运动关系，联立求出组合轮系的运动参数。

【例 9-4】 图 9-10 所示为电容微调机构，已知各齿轮的齿数 $z_1=18$，$z_2=36$，$z_3=26$，$z_4=24$，$z_5=78$，$z_6=80$，求传动比 i_{16}。

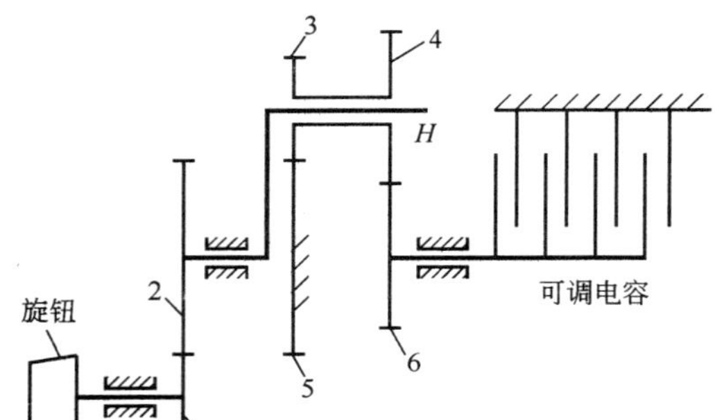

图 9-10　电容微调机构

解：(1) 分解轮系　该轮系为组合轮系，齿轮 3、4、5、6 和构件 H 构成行星轮系，齿轮 1、2 构成定轴轮系。

(2) 分别列方程

定轴轮系的传动比为

$$i_{12}=\frac{n_1}{n_2}=-\frac{z_2}{z_1}=-\frac{36}{18}=-2$$

行星轮系的传动比为

$$i_{56}^{H}=\frac{n_5-n_H}{n_6-n_H}=+\frac{z_3z_6}{z_5z_4}=\frac{26\times80}{78\times24}=\frac{10}{9}$$

(3) 联立求解

由图可知　$n_5=0$，$n_H=n_2$，代入 (2) 中所列的方程中，得

$$\begin{cases}\frac{n_1}{n_2}=-2\\ \frac{-n_2}{n_6-n_2}=\frac{10}{9}\end{cases}$$

从方程组中消去 n_2 可得

$$i_{16}=\frac{n_1}{n_6}=-20$$

即旋钮转一周，可调电容的齿轮 6 反向转 1/20 周，可实现电容微调的功能。

【例 9-5】 图 9-11 所示为汽车后桥差速机构，汽车发动机的运动经传动轴传给齿轮 1 后

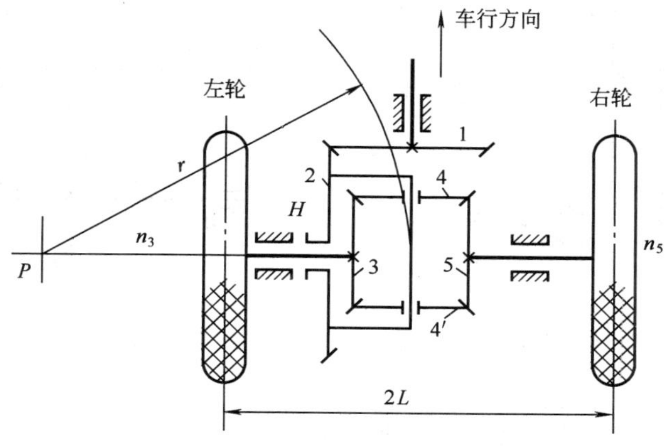

图 9-11 汽车后桥差速器

经轮系将一个运动分解为两车轮的独立运动，求汽车直线行驶和转弯时两轮的转速。

解：该轮系为组合轮系，齿轮 1、2 构成定轴轮系，齿轮 3、4、4′、5 和构件 H 组成行星轮系。

$$i_{12}=\frac{n_1}{n_2}=\frac{z_2}{z_1}$$

$$i_{35}^{\mathrm{H}}=\frac{n_3-n_{\mathrm{H}}}{n_5-n_{\mathrm{H}}}=\frac{z_4 z_5}{z_3 z_4}=-1$$

由于 $n_2=n_{\mathrm{H}}$，所以

$$n_2=\frac{1}{2}(n_3+n_5) \tag{a}$$

1. 当汽车绕着 P 点转弯时，两轮回转半径不等，要求两轮行驶的路程也不等，转速比为

$$\frac{n_3}{n_5}=\frac{r-L}{r+L} \tag{b}$$

联立式（a)、式（b）得两轮在转弯时的转速为

$$n_3=\frac{r-L}{r}n_2$$

$$n_5=\frac{r+L}{r}n_2$$

2. 当汽车直线行驶时，$r\rightarrow\infty$，$n_3=n_5=n_2$，表明整个差动轮系如同一个固联的刚体，一起随车向前。

二、轮系的应用

轮系被广泛应用于各种机械中，其主要功能有以下几个方面。

(1) 获得大的传动比　图 9-12 所示为少齿差行星轮系，当 $z_1=z'_2=100$，$z_2=101$，$z_3=99$ 时，该轮系的传动比可达 $i_{\mathrm{H}1}=10000$，远远大于一对齿轮的传动比。

(2) 实现变速变向传动　图 9-13 所示的轮系中，当齿轮 1、3 啮合或 2、4 啮合时，可使Ⅱ轴得到不同的转速。当齿轮 6 与 5 啮合时，可使输出轴Ⅲ轴的转向与Ⅱ轴相反，即实现

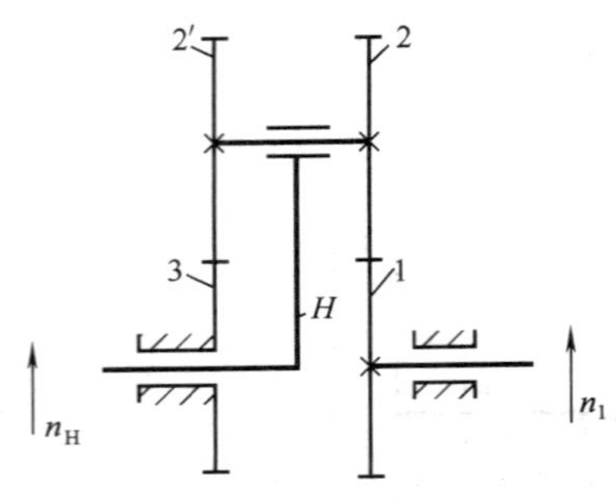

图 9-12　少齿差行星轮系

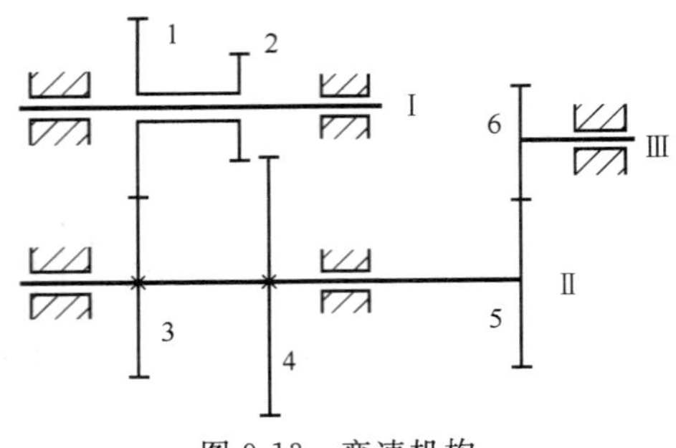

图 9-13　变速机构

变速、变向。

(3) 用于运动合成与分解　图 9-9 所示的差动轮系可将齿轮 1 和 3 的运动合成一个运动 n_H。图 9-11 所示的汽车差速机构，则将齿轮 2 的运动分解为两个车轮的分别运动。

轮系还可实现较远距离的传动和要求特殊运动的传动。

第五节　其他行星轮系传动简介

一、渐开线少齿差行星传动

图 9-14 所示为渐开线少齿差行星轮系，它由太阳轮 1、行星轮 2、行星架 H、输出轴 V 和等速比机构 W 组成。等速比机构通常采用两个万向联轴器。太阳轮 1 与行星轮 2 的齿数差很小，但可获得很大的传动比 $i_{H2}=\frac{z_2}{z_1-z_2}$。

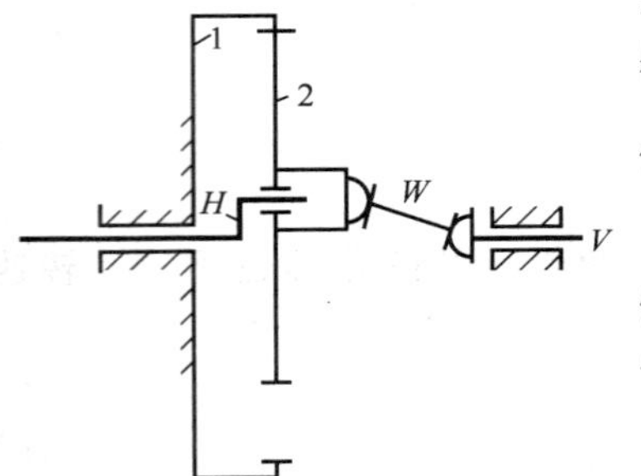

图 9-14　渐开线少齿差行星轮系

渐开线少齿差行星轮系传动比大，体积小，容易加工，但同时啮合对数少，承载能力小，传动效率低，常采用变位齿轮。

二、摆线针轮行星传动

图 9-15 所示为摆线针轮行星传动，太阳轮 1 为固定于机壳上的圆柱销，行星轮 2 的齿廓采用摆线而非渐开线。它是由渐开线少齿差行星轮系改进发展而来的，行星轮与太阳轮的齿数差为 1，该轮系的传动比为

$$i_{H2}=\frac{n_H}{n_2}=-\frac{z_2}{z_1-z_2}=-z_2$$

摆线针轮行星传动承载能力大，效率高，但摆线轮加工困难，在军工、冶金、石油等部门得到了广泛应用。

三、谐波齿轮传动

图 9-16 所示为谐波齿轮传动，中心轮为一刚性齿圈，行星轮 2 为一柔性轮，柔性轮是一薄壁圆柱外齿圈，它可产生很大的弹性变形。柔轮比刚轮少一到几个齿，H 为波发生器，相当于行星架，它大于柔轮直径。当行星架 H 装入并转动时，柔轮变成椭圆形，长轴处柔轮与刚轮啮合，短轴处的轮齿脱开，其余处的轮齿处于过渡状态。波发生器 H 转动，啮合区随着发生变化，从而实现了运动传递。该传动的传动比为

$$i_{H2}=-\frac{z_2}{z_1-z_2}$$

动力由柔轮输出。该轮系同时参加啮合的齿数多，承载能力高，传动平稳，但柔轮易疲劳老化，且柔轮加工复杂。

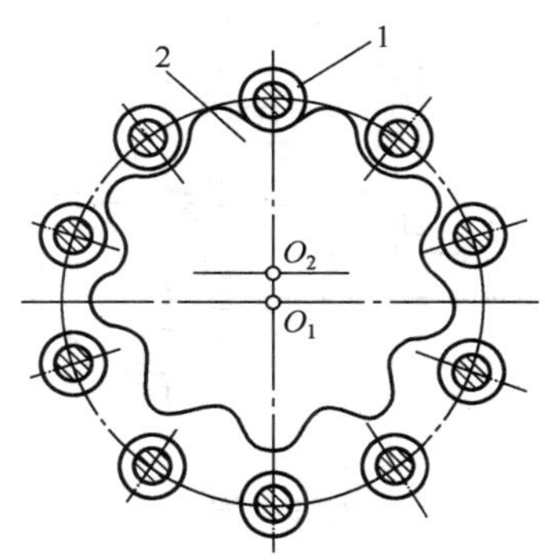

图 9-15　摆线针轮行星传动

1—圆柱销（太阳轮）；2—摆线齿轮（行星轮）

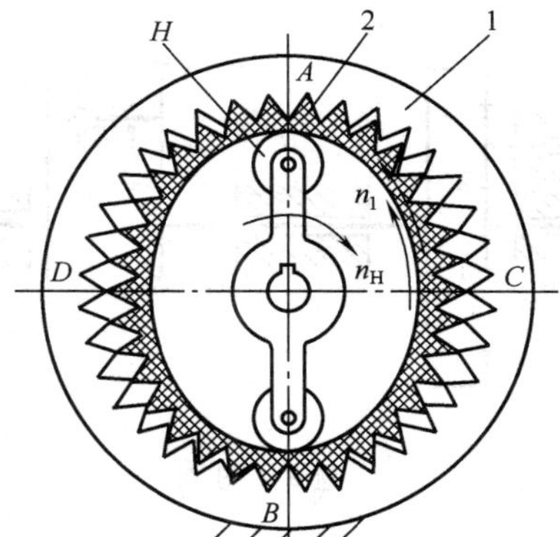

图 9-16　谐波齿轮传动

1—中心轮；2—行星轮

小　　结

本章主要内容如下。

1. 轮系的组成、应用和分类。

2. 定轴轮系、行星轮系和组合轮系传动比的计算。计算时应注意：

(1) 正确判断属于何种轮系，选择相应的传动比公式；

(2) 代入公式时要注意代入转速的大小与方向，并设定某一转向为正，另一转向则为负；

(3) 行星轮系传动比计算要特别注意各符号的含义。

3. 其他行星轮系传动简介。

思考与习题

9-1　如何区别定轴轮系与行星轮系？题 9-1 图所示为车床尾架套筒进给机构，慢速进给时［见图 (a)］齿轮 1、2 啮合；快速退回时［见图 (b)］齿轮 1、4 啮合。试判断各属于何种类型的轮系。

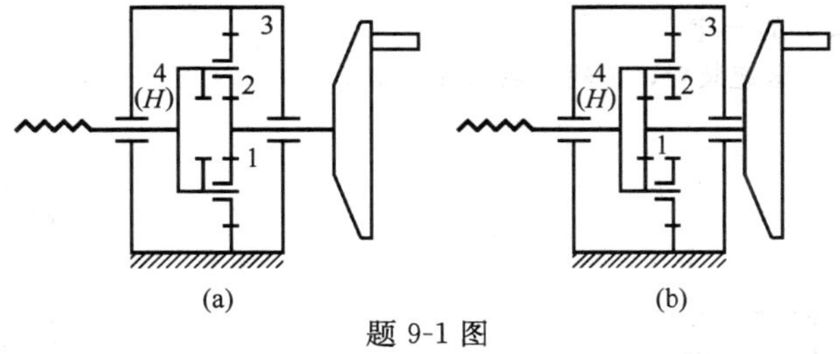

题 9-1 图

9-2　惰轮有什么特点？何时采用惰轮？

9-3　什么是行星轮系的转化轮系？i_{1k}^{H}表示什么意义？i_{1k}^{H}为负时，是否说明行星轮系中齿轮 1 与齿轮 k 的实际转向相反？i_{1k}为正时又说明了什么？

9-4　题 9-4 图所示轮系中，各齿轮均为标准圆柱齿轮，齿数为 $z_1=z_2=20$，$z_3'=24$，$z_4=32$，$z_4'=24$，

$z_5=36$，试求齿轮 3 的齿数 z_3 及传动比 i_{15}。

9-5 题 9-5 图所示为滚齿机传动系统，传动路线有两条：电动机—I—1—2—A（滚刀）；电动机—I—3—4—5—6—7—8—9—B（齿轮毛坯）。已知 $z_1=15$，$z_2=28$，$z_3=15$，$z_4=35$，$z_8=1$，$z_9=40$，A 为单头滚齿刀，被切齿轮 B 为 65 齿，要求滚刀 A 转一周，齿坯 B 转过一个齿，问传动比 i_{75} 应取多大？

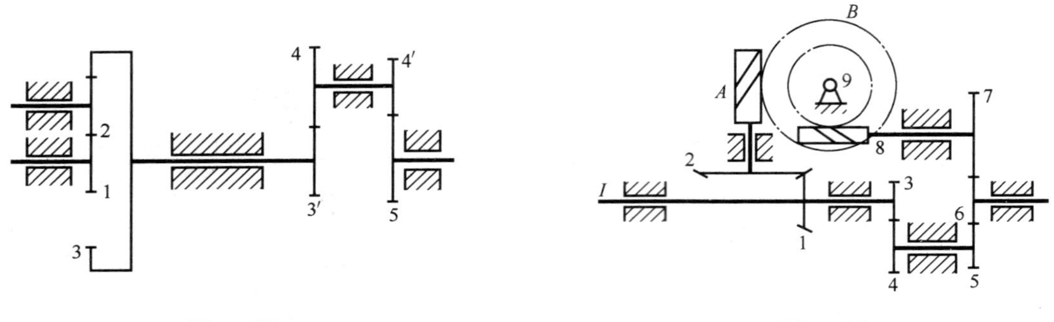

题 9-4 图　　　　题 9-5 图

9-6 在题 9-6 图示车床变速箱中，移动三联滑移齿轮 A、可使齿轮 3′与 4′啮合，3″、4″啮合；移动双联齿轮 B 使 5′和 6′啮合。已知各轮齿数为 $z_1=42$，$z_2=58$，$z_3=40$，$z_4=40$，$z_3'=38$，$z_4'=42$，$z_3''=36$，$z_4''=43$，$z_5=30$，$z_6=62$，$z_5'=50$，$z_6'=48$，电动机转速为 1440r/min，求带轮有几级转速？各是多少？写出传动路线。

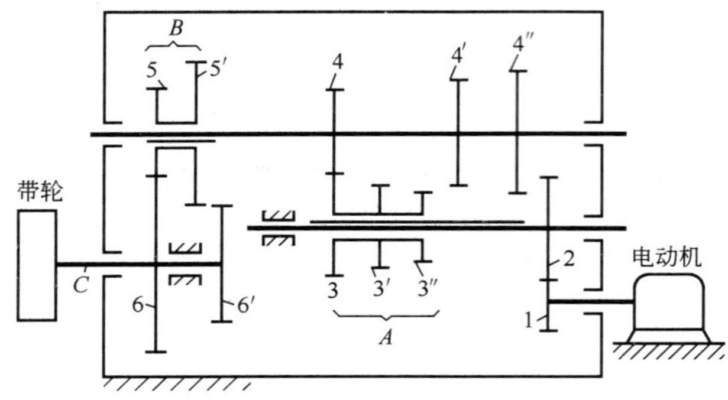

题 9-6 图

9-7 在题 9-1 图中，若齿轮齿数为 $z_1=z_2=z_4'=16$，$z_3=48$，螺杆的螺距 $P=4$ mm，求手轮转动 1 周时，螺杆慢速进给和快速退回的距离各为多少？

9-8 题 9-8 图所示为矿井用电钻的传动机构，已知各轮的齿数为 $z_1=17$，$z_3=51$，电动机 m 的转速 $n_1=3000$r/min，试求钻头 h 的转速。

9-9 题 9-9 图所示为一减速装置，齿轮齿数为 $z_1=30$，$z_2=20$，$z_2'=15$，$z_3=16$，求输入轴与输出轴的传动比 i_{1H}。

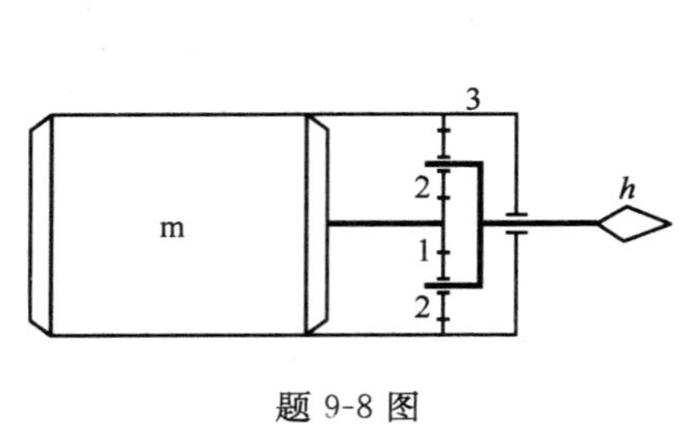

题 9-8 图

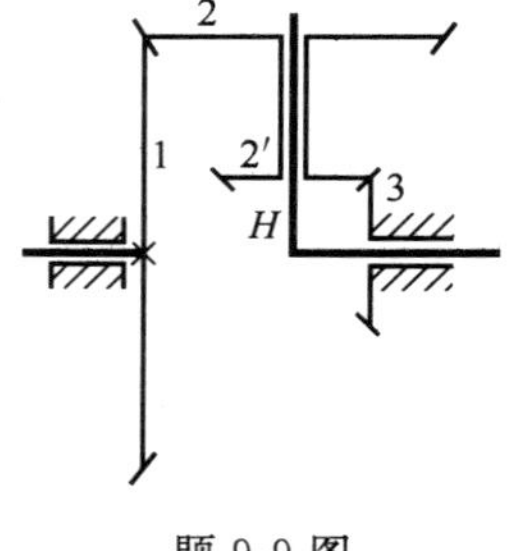

题 9-9 图

9-10 题 9-10 图所示为一电动卷扬机用减速器，各齿轮齿数为 $z_1=24$，$z_2=48$，$z'_2=30$，$z_3=90$，$z'_3=40$，$z_4=20$，$z_5=80$，求传动比 i_{1H}。当电动机转速 n_1 为 1440r/min时，卷筒的转速 n_5 为多少？

9-11 题 9-11 图所示为自行车里程表机构。C 为车轮，有效直径 $D=0.7$m，当自行车行 1km 时，里程表指针 P 应转动 1 周。若 $z_1=17$，$z_2=68$，$z_4=19$，$z'_4=20$，$z_5=24$，求齿轮 3 应为多少齿？

9-12 题 9-12 图所示为双螺旋桨飞机的减速器，已知 $z_1=26$，$z_2=20$，$z_4=30$，$z_3=z_6=66$，$z_5=18$，$n_1=15000$r/min，试求双螺旋桨 n_P 和 n_Q 的大小和方向。

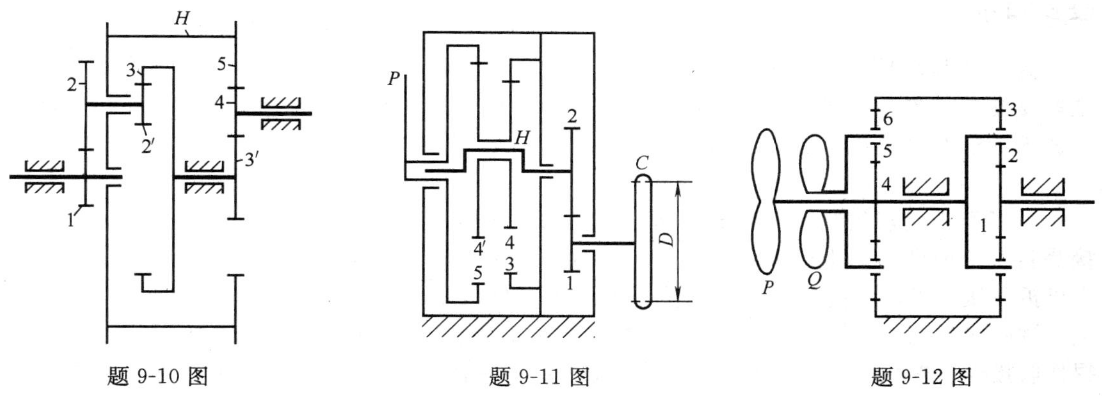

题 9-10 图　　题 9-11 图　　题 9-12 图

实践环节

1. 在日常生产、生活中，轮系与齿轮哪种应用广泛，举例说明。
2. 轮系与齿轮传动相比有哪些特点？
3. 结合观察车床主轴箱、汽车差速器、行星减速器实物或模型，深刻理解轮系的几大特点。

第十章 联 接

学习目标

熟悉可拆联接与不可拆联接的区别。重点了解可拆联接的种类与应用。如应用最广的螺纹联接类型、用途、受不同载荷时的强度计算，螺栓组件选择等。熟悉键联接和销联接，掌握选择方法与强度校核。

为了便于机器的制造、安装、运输及维修，机器中各零部件之间广泛采用各种联接。联接是将两个或两个以上的零部件连成一体的结构。联接按拆卸性质可分为两类：可拆联接和不可拆联接。可拆联接是不损坏联接中的任一零件，就可将被联接件拆开的联接，如螺纹联接、键联接及销联接等。这种联接经多次装拆而不影响其使用性能。不可拆联接是必须破坏或损伤联接件或被联接件才能拆开的联接，如焊接、铆接及粘接等。本章重点介绍可拆联接。

第一节 螺纹联接

螺纹联接是利用螺纹零件构成的可拆联接，其结构简单，装拆方便，成本低廉，广泛应用于各类机械设备中。

一、螺纹的类型与参数

1. 螺纹的形成

如图 10-1 所示，将一底边长为 πd_2 的直角三角形 abc 绕在直径为 d_2 的圆柱体表面上，则三角形的斜边 amc 在圆柱体表面形成一条螺旋线 am_1c_1。若在圆柱体表面上用不同形状的刀具沿着螺旋线切制出的沟槽则称为螺纹。

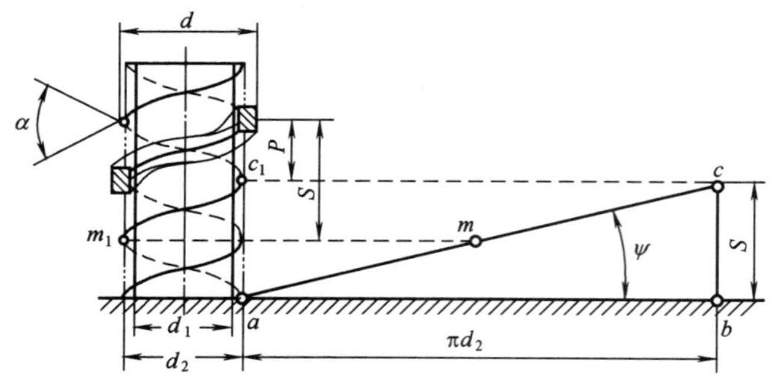

图 10-1 螺纹的形成

根据螺旋线绕行的方向，螺纹可分为右旋螺纹和左旋螺纹，如图 10-2 所示，常用右旋螺纹，特殊需要时采用左旋螺纹，如煤气管道阀门。

按螺纹的线数（头数），可分为单线螺纹［见图 10-2（a）］、双线螺纹［见图 10-2（b）］和多线螺纹。由于加工制造的原因，多线螺纹的线数一般不超过 4。

2. 螺纹的主要参数

螺纹的主要参数如图 10-3 所示。

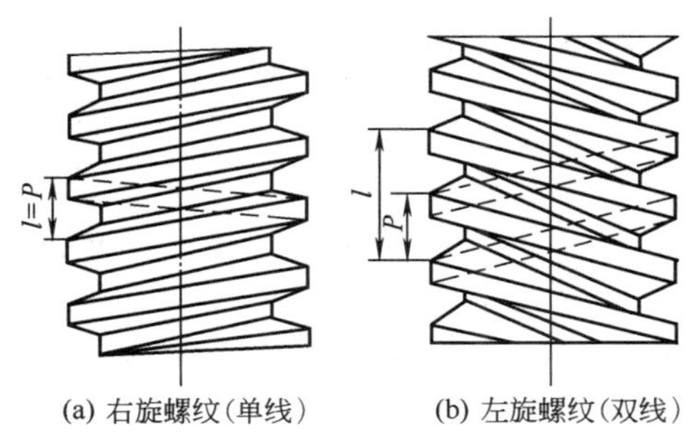

图 10-2 螺纹的旋向和线数

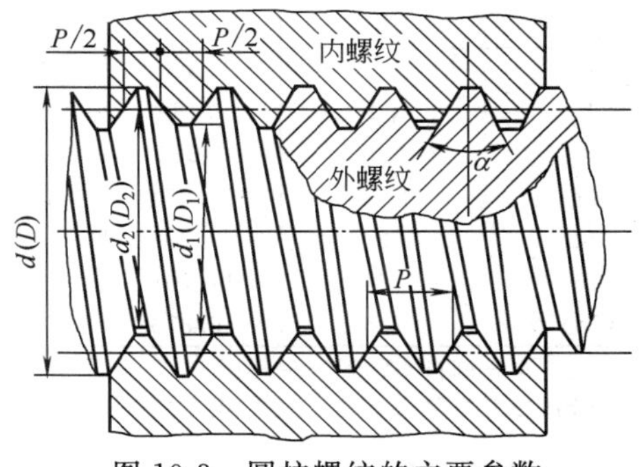

图 10-3 圆柱螺纹的主要参数

(1) 大径 (d、D) 螺纹的最大直径，标准中规定为螺纹的公称直径。外螺纹记为 d，内螺纹记为 D。

(2) 小径 (d_1、D_1) 螺纹的最小直径，螺杆强度计算时的危险剖面的直径，外螺纹记为 d_1，内螺纹记为 D_1。

(3) 中径 (d_2、D_2) 它是一个假想圆柱的直径，该圆柱母线上的螺纹牙厚等于牙间宽。外螺纹记为 d_2，内螺纹记为 D_2。

(4) 螺距 P 相邻两牙在中径线上对应两点间的轴向距离。

(5) 线数 n 即螺纹的头数。

(6) 导程 S 同一条螺旋线上相邻两牙在中径线上对应点之间的轴向距离。导程、螺距和线数的关系为

$$S=nP$$

(7) 螺旋升角 ψ 在中径圆柱上，螺旋线的切线与垂直于螺纹轴线的平面的夹角，用来表示螺旋线倾斜的程度。

$$\psi=\arctan\frac{S}{\pi d_2}=\arctan\frac{nP}{\pi d_2}$$

(8) 牙形角 α 在轴向剖面内螺纹牙型两侧边的夹角。三角形螺纹的牙形角 $\alpha=60°$。

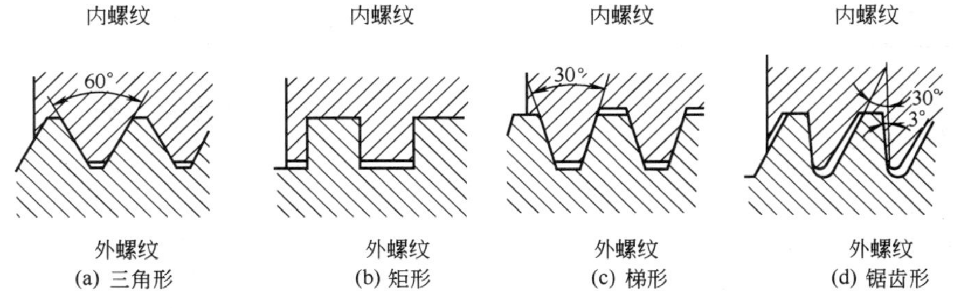

图 10-4 螺纹的牙形

根据螺纹轴向剖面的形状，常用的螺纹牙型有三角形、矩形、梯形和锯齿形等，如图 10-4 所示。三角形螺纹也称为普通螺纹，多用于联接，其余三种螺纹用于传动。普通螺纹分粗牙和细牙两种，公称直径相同时，细牙螺纹的螺距小、升角小、自锁性好，适用于受冲击、振动及薄壁零件的联接，但细牙螺纹易滑扣，故粗牙螺纹广泛应用于生产中。粗牙普通螺纹的基本尺寸见表 10-1。

表 10-1　粗牙普通螺纹的基本尺寸/mm

公称直径 d	螺距 P	中径 d_2	小径 d_1	公称直径 d	螺距 P	中径 d_2	小径 d_1
6	1	5.350	4.917	20	2.5	18.376	17.294
8	1.25	7.188	6.647	(22)	2.5	20.376	19.294
10	1.5	9.026	8.376	24	3	22.051	20.752
12	1.75	10.863	10.106	(27)	3	25.051	23.752
(14)	2	12.701	11.835	30	3.5	27.727	26.211
16	2	14.701	13.835	(33)	3.5	30.727	29.211
(18)	2.5	16.376	15.294	36	4	33.402	31.670

注：1. 本表摘自 GB/T 196—2003。
2. 带括号者为第二系列，应优先选用第一系列。

二、普通螺纹联接

1. 螺纹联接的主要类型

（1）螺栓联接　结构特点是：螺栓穿过被联接件的通孔后，拧合螺母固定在一起，主要用于两联接件较薄的场合。根据联接的要求不同，螺栓联接分为普通螺栓联接和铰制孔螺栓联接。

① 普通螺栓联接［见图 10-5（a)］　被联接件上的通孔和螺杆间有间隙，杆与孔的加工精度要求低，装拆方便，应用最广泛。

② 铰制孔螺栓联接［见图 10-5（b)］　孔与螺杆间多采用基孔制过渡配合，杆与孔的加工精度要求高（孔要铰孔)，能承受与螺栓轴线垂直方向的横向载荷并起定位作用。

（2）双头螺柱联接　图 10-6 所示为双头螺柱联接，当被联接件之一较厚而不宜制成通孔又需经常拆卸时，可采用双头螺柱联接。

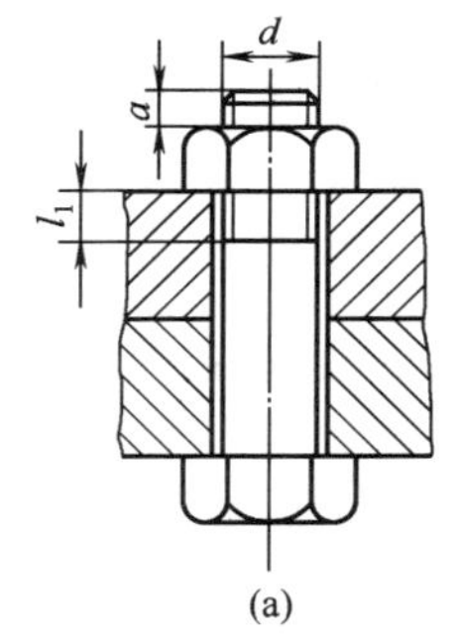

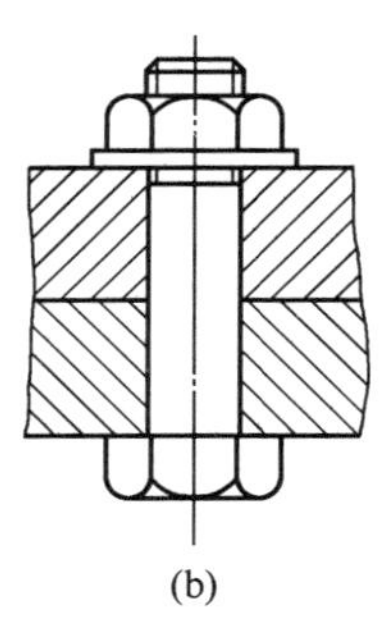

螺纹余留长度 l_1
静载荷　$l_1 \geqslant (0.3 \sim 0.5)d$
变载荷　$l_1 \geqslant 0.75d$
螺纹伸出长度 $a \approx (0.2 \sim 0.3)d$

图 10-5　螺栓联接

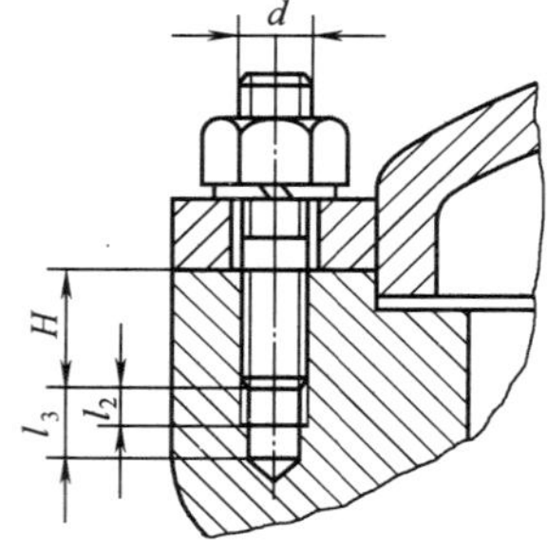

不同螺孔材料的拧入深度 H
钢或青铜 $H \approx d$
铸铁　$H = (1.25 \sim 1.5)d$
铝合金　$H = (1.5 \sim 2.5)d$
$l_3 = (2 \sim 2.5)d$
$l_2 = (0.7 \sim 1.2)d$

图 10-6　双头螺柱联接

（3）螺钉联接　图 10-7 所示为螺钉联接，其特点是不用螺母，直接将螺钉的螺纹部分拧进被联接件的螺纹孔中，其应用场合与双头螺柱联接相似，多用于不需经常拆卸的场合。

（4）紧定螺钉联接　图 10-8 所示为紧定螺钉联接，将紧定螺钉旋入被联接件的螺纹孔中，并以其末端顶住另一被联接件的表面或嵌入相应的凹坑中，以固定两个零件的相对位置，并传递不大的力或转矩。

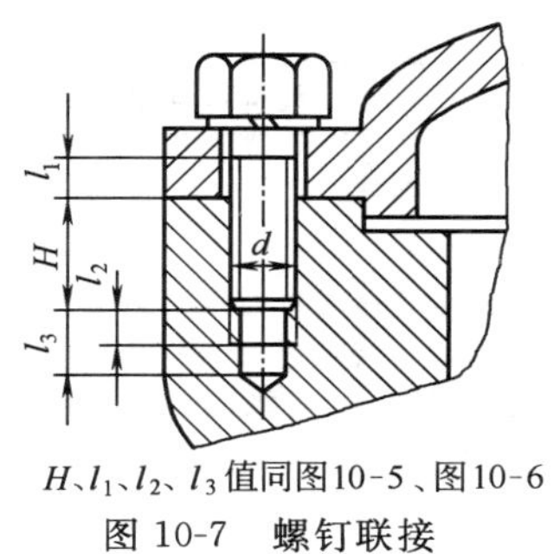

H、l_1、l_2、l_3 值同图10-5、图10-6

图 10-7 螺钉联接

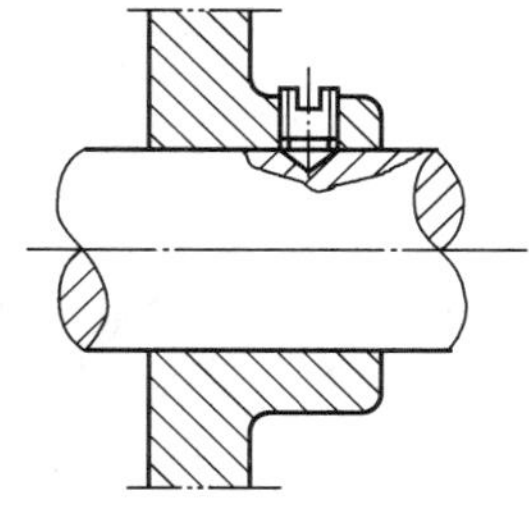
图 10-8 紧定螺钉联接

2. 常用螺纹联接件

常用的螺纹联接件有螺栓、双头螺柱、螺钉、紧定螺钉、螺母、垫圈等，这些零件的结构和尺寸都已标准化，设计时可根据标准选用。螺纹联接件的结构特点和使用情况参见表 10-2。

表 10-2 螺纹联接件的结构特点

类型	图　　例	结构特点及应用
六角头螺栓	15°～30°；r；辗制末端；d；l_o；l_g；b；k；l；e；N	种类很多，应用最广，分为 A、B、C 三级，通用机械中多用 C 级。螺栓杆部可制出一段螺纹或全螺纹，螺纹可用粗牙或细牙（A、B 级）
双头螺柱	c×45°；c×45°；d；b；b_m；l	螺柱两端都有螺纹，两端螺纹可相同或不同。螺柱可带退刀槽或制成全螺纹，螺柱的一端常用于旋入铸铁或有色金属的螺孔中，旋入后即不拆卸；另一端则用于安装螺母以固定其他零件
螺钉	d_k；n；R；r；d；t；k；b；l；十字槽盘头；六角头；内六角侧柱头；一字开槽沉头；一字开槽圆头	螺钉头部形状有六角头、圆柱头、圆头、盘头和沉头等，头部旋具（起子）槽有一字槽、十字槽和内六角孔等形式。十字槽螺钉头部强度高，对中性好，易于实现自动化装配；内六角孔螺钉能承受较大的扳手力矩，联接强度高，可代替六角头螺栓，用于要求结构紧凑的场合
紧定螺钉	t；n；R；d；90°；l	紧定螺钉的末端形状，常用的有锥端、平端和圆柱端。锥端适用于被顶紧零件的表面硬度较低或不经常拆卸的场合；平端接触面积大，不伤零件表面，常用于顶紧硬度较大的平面或经常拆卸的场合；圆柱端压入轴上的零件位置

续表

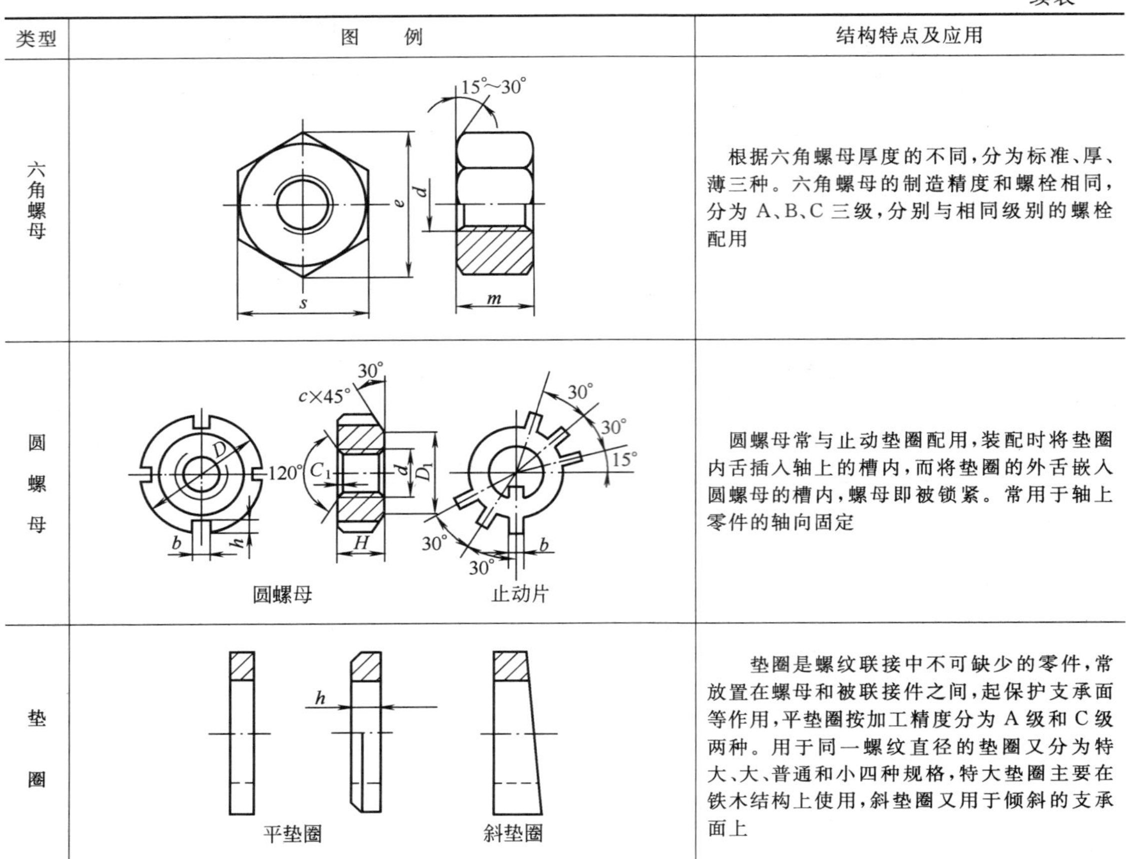

类型	图　例	结构特点及应用
六角螺母	15°～30° e　d　s　m	根据六角螺母厚度的不同，分为标准、厚、薄三种。六角螺母的制造精度和螺栓相同，分为A、B、C三级，分别与相同级别的螺栓配用
圆螺母	c×45°　30°　120°　D　C₁　d　D₁　b　h　H　30°　15° 圆螺母　止动片	圆螺母常与止动垫圈配用，装配时将垫圈内舌插入轴上的槽内，而将垫圈的外舌嵌入圆螺母的槽内，螺母即被锁紧。常用于轴上零件的轴向固定
垫圈	h 平垫圈　斜垫圈	垫圈是螺纹联接中不可缺少的零件，常放置在螺母和被联接件之间，起保护支承面等作用，平垫圈按加工精度分为A级和C级两种。用于同一螺纹直径的垫圈又分为特大、大、普通和小四种规格，特大垫圈主要在铁木结构上使用，斜垫圈又用于倾斜的支承面上

三、螺纹联接的预紧和防松

1. 螺纹联接的预紧

在生产实践中，大多数螺纹联接在安装时都需要拧紧，通常称为预紧。联接在工作前因预紧所受到的力称为预紧力，用 F_0 表示。预紧的目的在于增强联接的可靠性和紧密性，防止受载后被联接件间出现缝隙或发生相对移动。

预紧力 F_0 的大小由螺栓联接的要求决定。一般情况下，螺栓联接的预紧力规定为

合金钢螺栓　　$F_0 \leqslant (0.5 \sim 0.6)\sigma_s A_1$　　(10-1)

碳素钢螺栓　　$F_0 \leqslant (0.6 \sim 0.7)\sigma_s A_1$　　(10-2)

式中　σ_s——螺栓材料的屈服极限，MPa；

A_1——螺栓杆最小横截面（按螺纹小径计算）的面积，mm^2。

对一般螺纹联接，可凭经验控制；对重要螺纹联接，通常借助测力矩扳手（见图10-9）或定力矩扳手来控制预紧力的大小。对于M10～M68的粗牙普通螺纹，拧紧力矩 T 的经验公式为

$$T \approx 0.2 F_0 d \tag{10-3}$$

式中　F_0——预紧力，N；

d——螺纹公称直径，mm。

图10-9　测力矩扳手

由于摩擦力不稳定和加在扳手上的力难以准确控制，有时可

能拧得过紧而使螺杆被拧断，因此在重要的联接中如果不能严格控制预紧力的大小，宜使用大于 M12 的螺栓。

2. 螺纹联接的防松

联接用的三角形螺纹，在静载荷和工作温度变化不大的情况下，能满足自锁条件，一般不会自动松脱。但是在振动、冲击或变载荷下，或当温度变化很大时，联接就有可能松开，导致机器不能正常工作，甚至发生严重事故。因此，在设计螺纹联接时必须考虑防松措施。防松的实质就是防止螺纹副的相对转动。常用的防松方法见表 10-3。

表 10-3　螺纹联接常用的防松方法

防松方法		结构形式	特点和应用
摩擦力防松	对顶螺母	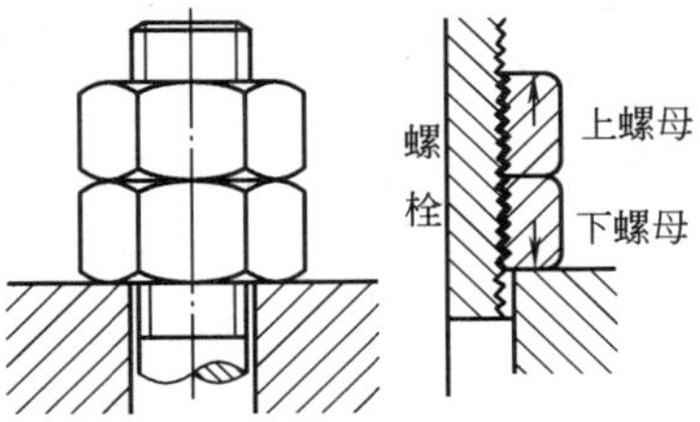 螺栓　上螺母　下螺母	两螺母对顶拧紧后使旋合螺纹间始终受到附加的压力和摩擦力，从而起到防松作用。该方式结构简单，适用于平稳、低速和重载的固定装置上的联接，但轴向尺寸较大
	弹簧垫圈	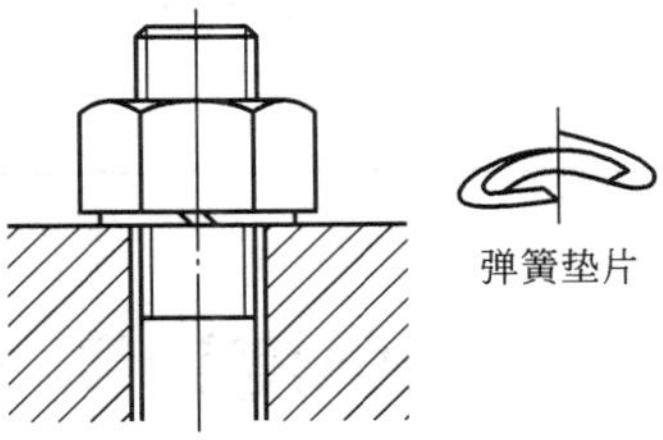 弹簧垫片	螺母拧紧后，靠弹簧垫圈压平而产生的弹性反力使旋合螺纹间压紧，同时垫圈外口的尖端抵住螺母与被联接件的支承面也有防松作用。该方式结构简单，使用方便。但在冲击振动的工作条件下，其防松效果较差，一般用于不太重要的联接
	自锁螺母	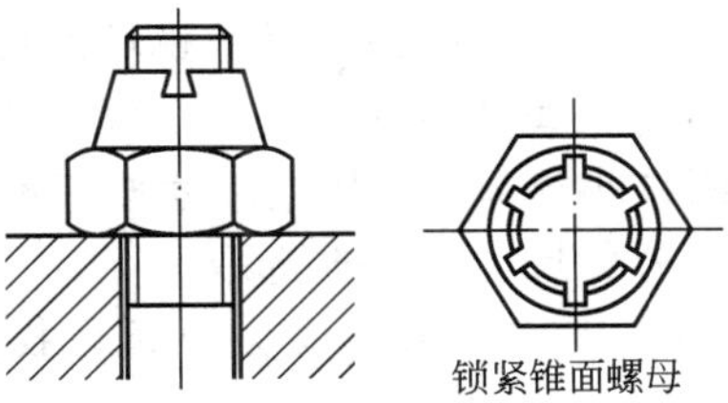 锁紧锥面螺母	螺母一端制成非圆形收口或开缝后径向收口。当螺母拧紧后收口胀开，利用收口的弹力使旋合螺纹压紧。该方式结构简单、防松可靠，可多次装拆而不降低防松能力
机械防松	开口销与六角槽螺母防松	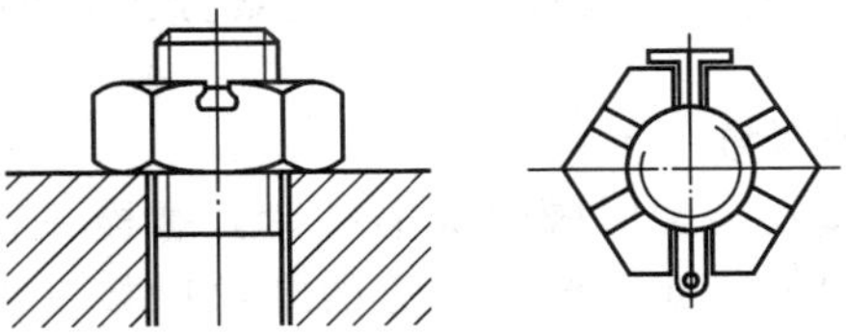	将开口销穿入螺栓尾部小孔和螺母槽内，并将开口销尾部掰开与螺母侧面贴紧，靠开口销阻止螺栓与螺母相对转动以防松。该方式适用于冲击和振动较大的高速机械中
	带翅垫圈	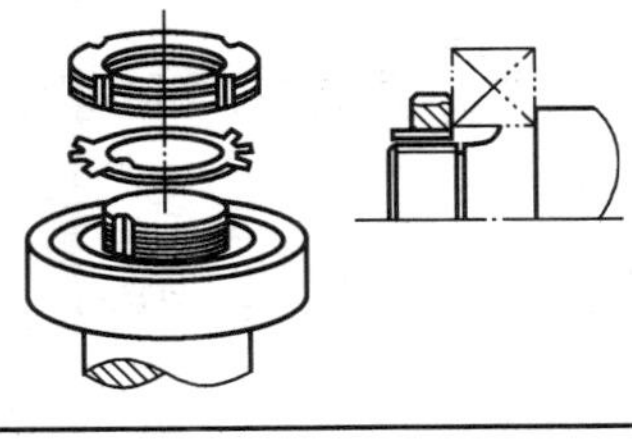	带翅垫圈具有几个外翅和一个内翅，将内翅嵌入螺栓（或轴）的轴向槽内，旋紧螺母，将一个外翅弯入螺母的槽内，螺母即被锁住，该方式结构简单、使用方便、防松可靠

续表

防松方法		结构形式	特点和应用
机械防松	串联钢丝		用低碳钢丝穿入各螺钉头部的孔内，将各螺钉串联起来使其相互制约，使用时必须注意钢丝的穿入方向。该方式适用于螺钉组联接。其防松可靠，但装拆不方便
其他方法防松	黏合		用黏合剂涂于螺纹旋合表面，拧紧螺母后黏合剂能自行固化，防松效果良好，但不便拆卸
	冲点	(1~1.5)P	在螺纹件旋合好后，用冲头在旋合缝处或在端面冲点防松。这种防松效果很好，但此时螺纹联接变成不可拆联接

第二节　螺栓联接的强度计算

螺栓联接的主要失效形式有受拉螺栓的螺纹部分断裂、受剪螺栓的螺杆与孔壁配合面的压溃或螺杆被剪断、因经常拆卸使螺纹牙间相互磨损而发生滑扣。螺栓联接的强度计算主要是确定或验算最危险截面的尺寸（一般是螺纹小径 d_1），其他尺寸按标准选择。与螺栓相配的螺母、垫圈等的结构尺寸可直接按螺栓的公称尺寸由标准选取。

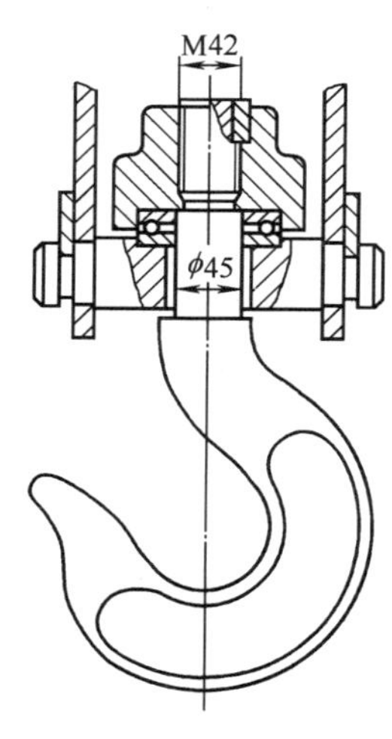

图 10-10　起重吊钩

确定螺栓直径时，需要先通过受力分析，找出螺栓组中受力最大的螺栓，然后按单个螺栓进行强度计算。

螺栓联接按螺栓在装配时是否预紧分为松螺栓联接和紧螺栓联接。

一、松螺栓联接

松螺栓联接在装配时螺母无需拧紧，螺栓只在工作时才受到拉力的作用。如拉杆、起重机吊钩等的螺纹联接（见图 10-10）。这类螺栓工作时受轴向力 F 的作用，螺栓的强度条件为

$$\sigma=\frac{F}{A}=\frac{F}{\pi d_1/4}\leqslant[\sigma] \tag{10-4}$$

式中　d_1——螺纹小径；

$[\sigma]$——松螺栓联接的许用应力，MPa，$[\sigma]=\frac{\sigma_s}{1.2\sim1.7}$，$\sigma_s$ 见表 10-4。

设计公式为

$$d_1 \geqslant \sqrt{\frac{4F}{\pi[\sigma]}} \tag{10-5}$$

求出 d_1 后，再由表 10-1 中查出螺栓的公称直径。

二、紧螺栓联接

紧螺栓联接就是在承受工作载荷之前必须把螺母拧紧。拧紧螺母时，螺栓一方面受到拉伸；另一方面又因螺纹中阻力矩的作用而受到扭转，因而，危险截面上既有拉应力 σ，又有扭转剪应力 τ。在计算时，可按拉伸强度来计算，但要将所受的拉力增大 30%来考虑扭转剪力的影响。即

$$F=1.3F_0 \tag{10-6}$$

式中　F_0——预紧力；

F——计算载荷。

所以，紧螺栓联接的强度条件为

$$\sigma=\frac{1.3F_0}{\pi d_1^2/4}\leqslant[\sigma] \tag{10-7}$$

设计公式为

$$d_1 \geqslant \sqrt{\frac{4\times 1.3F_0}{\pi[\sigma]}} \tag{10-8}$$

式中　$[\sigma]$——紧螺栓联接的许用应力，MPa，其值可按式 10-14 和表 10-4、表 10-5 计算。

在螺纹联接的计算中，预紧力 F_0 大小应根据外载的情况而定。

1. 受横向载荷的紧螺栓联接

工作载荷与螺栓轴线垂直时，称为横向载荷，用 F_R 表示，如图 10-11 所示。

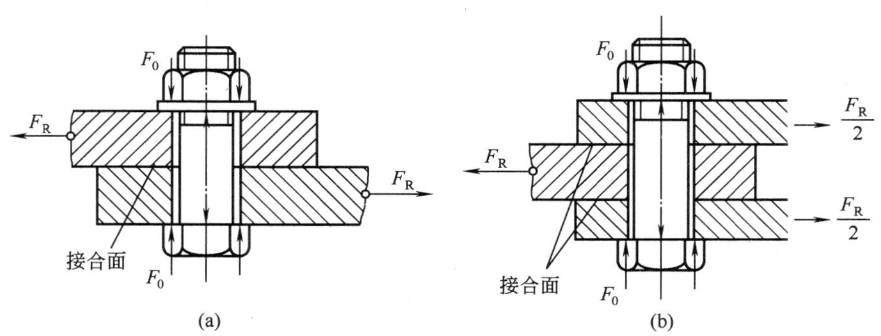

图 10-11　受横向载荷的紧螺栓联接

（1）采用普通螺栓　用普通螺栓联接，螺栓杆与被联接件的孔壁之间有间隙，故螺栓不直接承受横向载荷 F_R，而是预先拧紧螺栓，使被联接件表面间产生压力 F_0，并在接合面间产生摩擦力，以平衡横向载荷。当摩擦力之和大于或等于横向载荷 F_R 时，被联接件间不会产生滑移，故可达到联接的目的。

每个螺栓的预紧力 F_0 即是每个螺栓作用于被联接件的压力，其大小可由下式算出。

$$F_0 f n \geqslant K F_R \tag{10-9}$$

或

$$F_0 \geqslant \frac{K F_R}{f n} \tag{10-10}$$

式中 F_R——单个螺栓所承受的横向载荷；
F_0——单个螺栓的预紧力；
f——被联接件接合面的摩擦系数，通常取 $f=0.15\sim0.2$；
n——接合面数［图 10-11（b）中，$n=2$］；
K——可靠性系数，通常取 $K=1.1\sim1.3$。

根据预紧力 F_0 的大小，由式（10-8）求出螺栓小径 d_1。

（2）采用铰制孔螺栓　当 $f=0.2$，$n=1$，$K=1.2$ 时，由式（10-10）得 $F_0=6F_R$，即联接所需的预紧力是横向载荷的 6 倍，因此所需螺栓的尺寸较大。为了避免这一缺点，可采用铰制孔螺栓联接（见图 10-12）。在这种联接中，横向载荷 F_R 靠螺栓的剪切和挤压作用来平衡。因此，应按剪切和挤压强度进行计算。

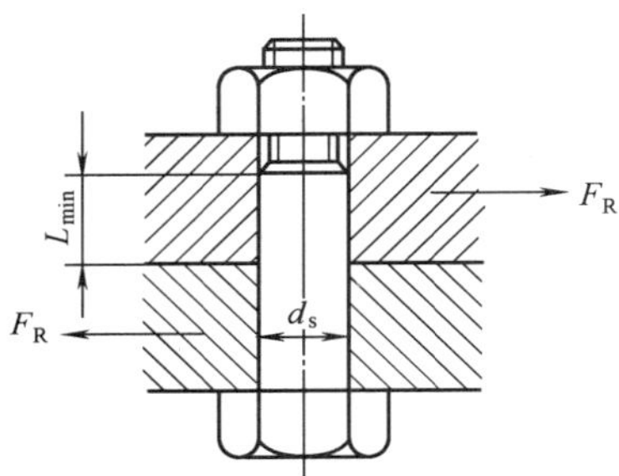

图 10-12　铰制孔螺栓联接

螺栓杆的剪切强度条件为

$$\tau=\frac{F_R}{n\pi d_s^2/4}\leqslant[\tau] \tag{10-11}$$

设计公式为

$$d_s \geqslant \sqrt{\frac{4F_R}{n\pi[\tau]}} \tag{10-12}$$

螺栓杆与孔壁接触面的挤压强度条件为

$$\sigma_p=\frac{F_R}{n d_s L_{min}}\leqslant[\sigma_p] \tag{10-13}$$

式中 F_R——单个螺栓所承受的横向载荷，N；
d_s——螺杆直径，mm；
$[\tau]$——许用剪切应力，MPa，见表 10-6；
$[\sigma_p]$——许用挤压应力，MPa，见表 10-6；
L_{min}——螺杆与孔壁接触表面的最小长度，设计时应取 $L_{min}=1.25d_s$；
n——受剪面数目。

2. 受轴向载荷的紧联接

图 10-13 所示的压力容器端盖螺栓联接是承受轴向载荷的典型实例。这类螺栓联接除应有足够的强度外，还应保证联接的紧密性。因此，在轴向载荷 F 作用前，先要拧紧螺母，使螺栓和被联接件都受到预紧力 F_0 的作用，螺栓受拉伸，被联接件受压缩。当螺栓受到容器内液体或气体的压力作用承受轴向载荷 F 时，使螺栓伸长，预紧力由 F_0 减少到 F'（F'为残余预紧力），所以，工作

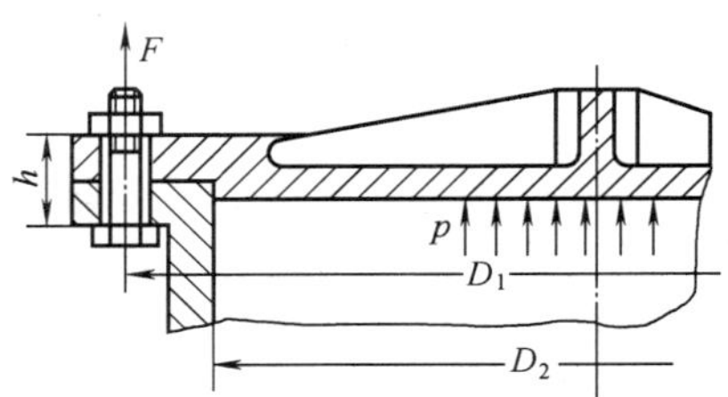

图 10-13　受轴向载荷的紧联接

时螺栓受到的总拉力 F_{Σ} 为

$$F_{\Sigma}=F+F' \tag{10-14}$$

为了保证联接的紧密性，残余预紧力必须保持一定的数值。F'的取值范围是：静载，$F'=(0.2\sim0.6)F$；动载，$F'=(0.6\sim1.0)F$；紧密压力容器（如气缸、油缸等），$F'=(1.5\sim1.8)F$。

三、螺纹联接件常用材料及许用应力

1. 螺纹联接件常用材料

螺纹联接件的常用材料为 Q215、Q235、35 和 45 钢；对于重要或特殊用途的螺纹联接件，可采用 15Cr、40Cr、15MnVB 等合金钢。联接件常用材料的力学性能见表 10-4。

表 10-4 螺纹联接件常用材料力学性能

钢号	抗拉强度 σ_b/ MPa	屈服强度 σ_s/MPa	疲劳极限/MPa	
			弯曲 σ_{-1}	抗拉 σ_{-1}
Q215	340～420	220		
Q235	410～470	240	170～220	120～160
35	540	320	220～300	170～220
45	610	360	250～340	190～250
40Cr	750～1000	650～900	320～440	240～340

2. 螺纹联接的许用应力

螺纹联接的许用应力与联接是否拧紧、是否控制预紧力、受力性质（静载荷、动载荷）和材料等因素有关。

紧螺栓联接的许用应力为

$$[\sigma]=\sigma_s/S \tag{10-15}$$

式中 σ_s——屈服强度，MPa，见表 10-4；

S——安全系数，见表 10-5。

铰制孔螺栓的许用应力由被联接件的材料决定，其值见表 10-6。

表 10-5 受拉紧螺栓联接的安全系数 S

控制预紧力	1.2～1.5					
不控制预紧力	材料	静载荷			动载荷	
		M6～M16	M16～M30	M30～M60	M6～M16	M16～M30
	碳钢	4～3	3～2	2～1.3	10～6.5	6.5
	合金钢	5～4	4～2.5	2.5	7.5～5	5

表 10-6 铰制孔螺栓的许用应力

载荷	被联接件材料	剪切		挤压	
		许用应力	安全系数 S	许用应力	安全系数 S
静载荷	钢	$[\tau]=\sigma_s/S$	2.5	$[\sigma_p]=\sigma_s/S$	1.25
	铸铁			$[\sigma_p]=\sigma_b/S$	2～2.5
动载荷	钢、铸铁	$[\tau]=\sigma_s/S$	3.5～5	$[\sigma_p]$按静载荷取值的 70%～80%计	

【例 10-1】 图 10-14 所示为凸缘联轴器，传递的最大转矩 $T=1.5\text{kN}\cdot\text{m}$，载荷平稳，用 4 个材料为 Q235 钢的 M16 螺栓联接，螺栓均匀分布在直径 $D_0=155\text{mm}$ 的圆周上，联轴器材料为 HT300，$\sigma_b=300\text{MPa}$，凸缘厚 $h=23\text{mm}$。试分别校核用普通螺栓联接和用铰制孔螺栓联接时螺栓的强度。

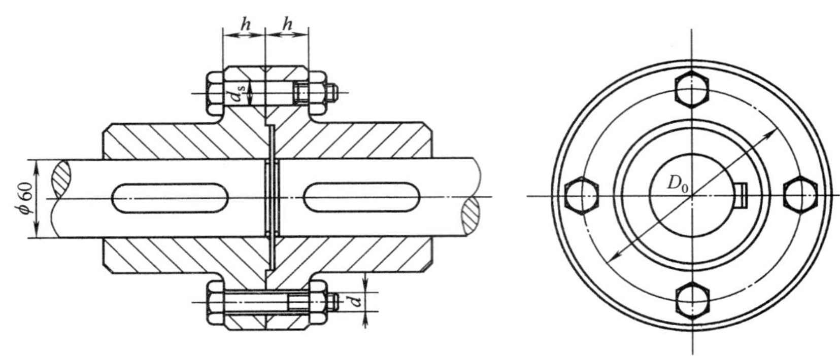

图 10-14　凸缘联轴器

解：(1) 采用普通螺栓联接

螺栓与孔壁间有间隙，必须拧紧螺母，使两接触面间产生足够的摩擦力来传递转矩。当联轴器传递转矩 T 时，每个螺栓受到的横向载荷为

$$T=4F_R\frac{D_0}{2}$$

$$F_R=\frac{T}{2D_0}=\frac{1.5\times10^6}{2\times155}=4840\ (\text{N})$$

取 $K=1.2$，$f=0.2$，$n=1$，则

$$F_0=KF_R/(fn)=1.2\times4840/(0.2\times1)=29000\ (\text{N})$$

查表 10-4、表 10-5，当螺栓材料为 Q235，直径为 16mm 时，$\sigma_s=240\text{MPa}$，$S=3$，由式(10-14)得

$$[\sigma]=\sigma_s/S=240/3=80\ (\text{MPa})$$

查表 10-1，M16 螺栓的小径 $d_1=13.84\text{mm}$，螺栓的拉应力为

$$\sigma=\frac{1.3F_0}{\pi d_1^2/4}=\frac{4\times1.3\times29000}{\pi\times13.84^2}=250(\text{MPa})>[\sigma]$$

结果表明，采用普通螺栓联接时，M16 螺栓的强度不足。

(2) 采用铰制孔螺栓

由手册查得 M16 铰制孔螺栓的 $d_s=17\text{mm}$，查表 10-4 得：Q235 钢的 $\sigma_s=240\text{MPa}$，HT300 的 $\sigma_b=300\text{MPa}$。由表 10-6 得

$$[\tau]=\sigma_s/2.5=240/2.5=48\ (\text{MPa})$$
$$[\sigma_p]=\sigma_b/1.25=300/1.25=240\ (\text{MPa})$$

当螺栓受到的横向载荷为 4840N 时，螺栓的剪应力为

$$\tau=\frac{4F_R}{\pi d_s^2}=\frac{4\times4840}{\pi\times17^2}=21.3\text{MPa}<[\tau]=48\text{MPa}$$

联轴器的挤压应力为

$$\sigma_p=\frac{F_R}{d_s h}=\frac{4840}{17\times23}=12.4(\text{MPa})<[\sigma_p]=240\ (\text{MPa})$$

计算结果表明，采用铰制孔螺栓联接，剪切强度和挤压强度都足够。

由此可见，采用铰制孔螺栓联接可以大大减少螺栓联接的尺寸或使联轴器传递更大的扭矩。

第三节　螺纹联接结构设计要点

机械设备中螺栓联接通常是成组使用的，怎样使各个螺栓均匀地承受载荷，是设计、安装螺栓联接时的主要问题。布置同组内各个螺栓的位置时，应考虑以下几方面的问题。

(1) 螺栓组的布置应尽可能对称，以使结合面受力较均匀。一般将结合面设计成对称的几何形状，并使螺栓组的对称中心与结合面的几何形心重合（见图 10-15）。

(2) 当螺栓联接承受弯矩和转矩时，应将螺栓尽可能地布置在结合面的边缘处，以减少螺栓所承受的载荷。如果普通螺栓联接受较大横向载荷作用时，则可用键、套筒、销等零件来分担横向载荷，可减小螺栓的预紧力和结构尺寸（见图 10-16）。

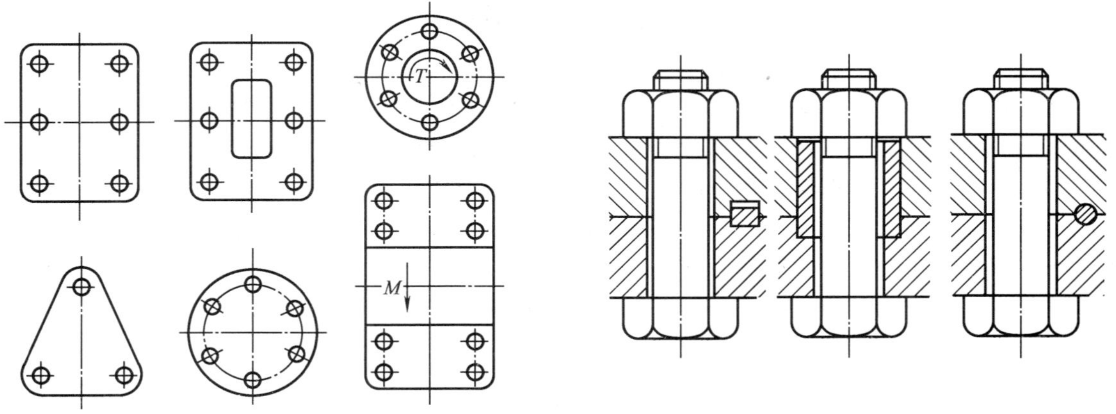

图 10-15　螺栓的布置　　图 10-16　减载装置

(3) 同一圆周上的螺栓数应取 3、4、6、8 等易于等分的数，以便于加工。

(4) 为了安装方便，同一组螺栓中不论其受力大小，应采用同样的材料、螺栓直径和长度。

(5) 螺栓布置要留有合适的扳手空间。螺栓中心线与机体壁之间、螺栓相互之间的距离，要根据扳手活动所需的空间大小来决定（见图 10-17）。扳手空间可查有关零件手册。

(6) 避免承受附加弯曲应力。因制造、安装的误差及被联接件的变形等因素会引起附加弯曲应力，螺栓、螺母支承面不平或倾斜，也可能引起附加弯曲应力，故支承面必须加工，为了减小加工面，常将支承面做成凸台、凹坑。对特殊的支承面（如倾斜支承面、球面等），可采用斜垫圈、球面垫圈等（参见图 10-18）。

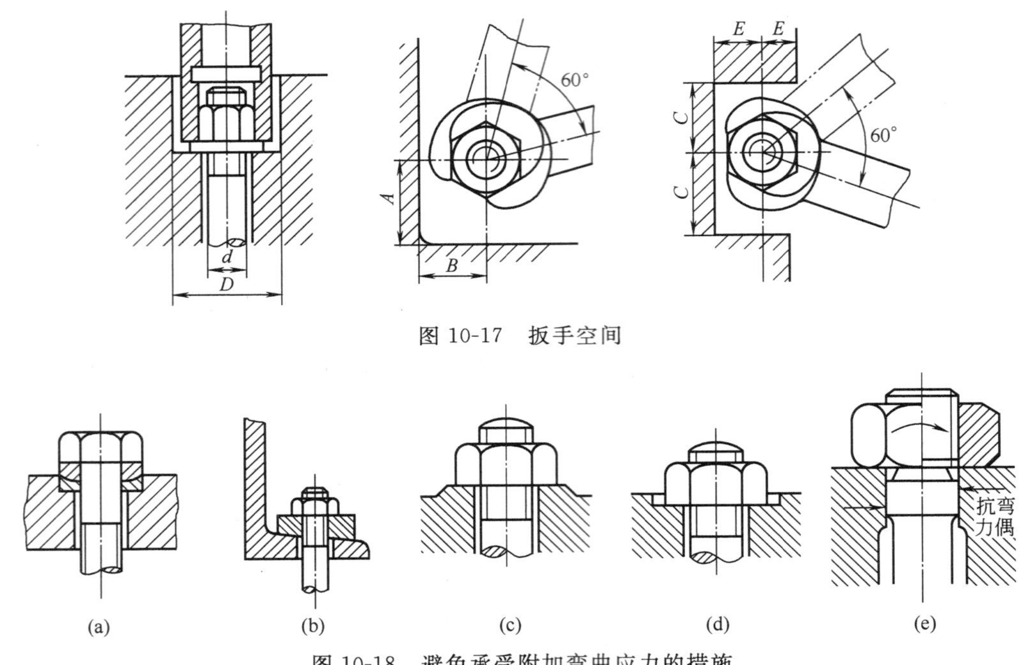

图 10-17　扳手空间

图 10-18　避免承受附加弯曲应力的措施

第四节　键　联　接

键联接在机械中应用极为广泛，主要用于轴与轴上零件（如齿轮、带轮）的周向固定并传递运动和转矩，其中有些还可以实现轴上零件的轴向固定或用作动联接。由于键已标准化，因此通常先根据工作特点选择键的类型，再根据轴径和轮毂长度确定键的尺寸，必要时还应对键联接进行强度计算。

一、键联接的类型、标准及应用

键联接根据装配时是否需要施加力分为松键联接和紧键联接两大类。

1．松键联接

松键联接可分为平键联接和半圆键联接两类。

（1）平键联接　具有结构简单、装拆方便、对中性好等优点，故应用最广。平键又可分为普通平键、导向平键和滑键。

① 普通平键　图 10-19 所示为普通平键联接的结构形式，键的两侧面为工作面，工作

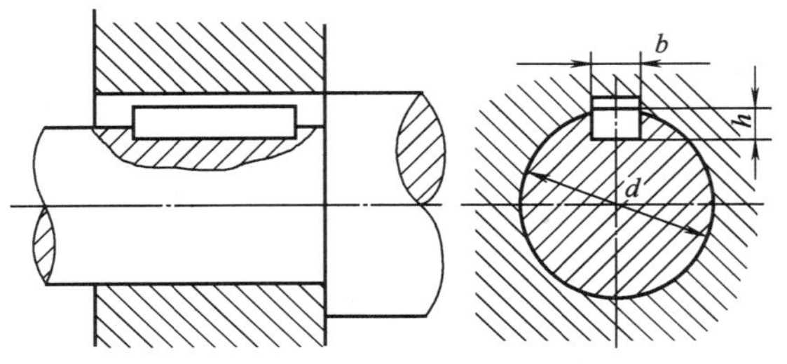

图 10-19　普通平键联接

时靠键与键槽侧面的挤压传递运动和转矩。键的顶面为非工作面，与轮毂键槽表面留有间隙。

普通平键用于静联接，按键的端部形状可分为 A 型（圆头）、B 型（方头）、C 型（半圆头）三类，如图 10-20 所示。平键联接尺寸标准参见表 10-7。

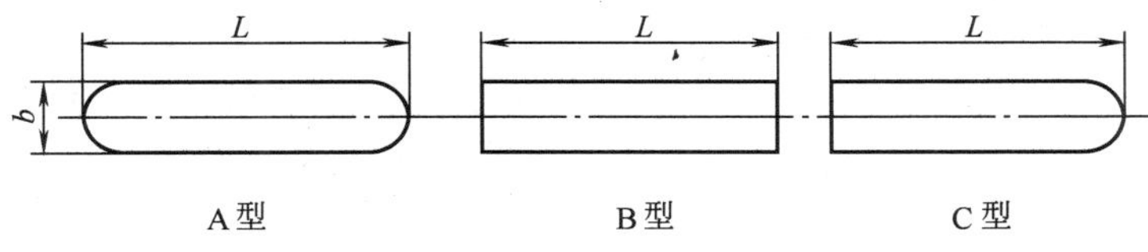

图 10-20 普通平键

表 10-7 平键联接尺寸（摘自 GB/T 1095—2003 GB/T 1096—2003）

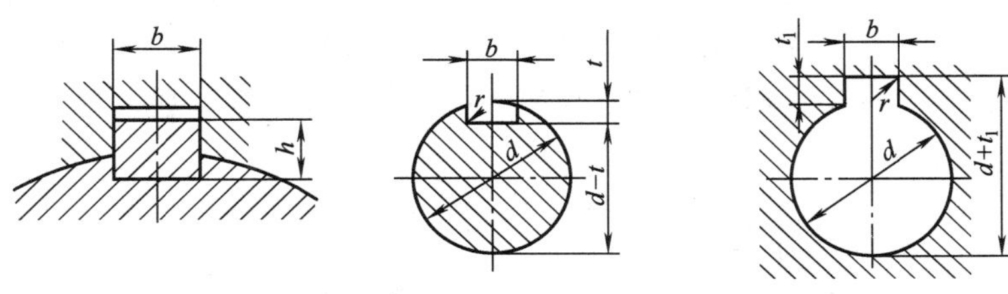

<table>
<tr><th rowspan="3">轴径
d</th><th colspan="2" rowspan="2">键的公称尺寸</th><th colspan="7">键槽尺寸 b</th></tr>
<tr><th colspan="2">一般键联接</th><th colspan="2">轴 t</th><th colspan="2">毂 t_1</th><th rowspan="2">半径 r</th></tr>
<tr><th>b
(h8)</th><th>h
(h8、h11)</th><th>轴 N9</th><th>毂 Js9</th><th>基本尺寸</th><th>公差</th><th>基本尺寸</th><th>公差</th></tr>
<tr><td>自 6～8</td><td>2</td><td>2</td><td rowspan="2">−0.004
−0.029</td><td rowspan="2">±0.0125</td><td>1.2</td><td rowspan="5">+0.1
0</td><td>1</td><td rowspan="5">+0.1
0</td><td rowspan="3">0.08
～
0.16</td></tr>
<tr><td>>8～10</td><td>3</td><td>3</td><td>1.8</td><td>1.4</td></tr>
<tr><td>>10～12</td><td>4</td><td>4</td><td rowspan="3">0
−0.030</td><td rowspan="3">±0.015</td><td>2.5</td><td>1.8</td></tr>
<tr><td>>12～17</td><td>5</td><td>5</td><td>3.0</td><td>2.3</td><td rowspan="3">0.16
～
0.25</td></tr>
<tr><td>>17～22</td><td>6</td><td>6</td><td>3.5</td><td>2.8</td></tr>
<tr><td>>22～30</td><td>8</td><td>7</td><td rowspan="2">0
−0.036</td><td rowspan="2">±0.018</td><td>4.0</td><td rowspan="8">+0.2
0</td><td>3.3</td><td rowspan="8">+0.2
0</td></tr>
<tr><td>>30～38</td><td>10</td><td>8</td><td>5.0</td><td>3.3</td><td rowspan="5">0.25
～
0.4</td></tr>
<tr><td>>38～44</td><td>12</td><td>8</td><td rowspan="4">0
−0.043</td><td rowspan="4">±0.0215</td><td>5.0</td><td>3.3</td></tr>
<tr><td>>44～50</td><td>14</td><td>9</td><td>5.5</td><td>3.8</td></tr>
<tr><td>>50～58</td><td>16</td><td>10</td><td>6.0</td><td>4.3</td></tr>
<tr><td>>58～65</td><td>18</td><td>11</td><td>7.0</td><td>4.4</td></tr>
<tr><td>>65～75</td><td>20</td><td>12</td><td rowspan="2">0
−0.052</td><td rowspan="2">±0.026</td><td>7.5</td><td>4.9</td><td rowspan="2">0.4～
0.6</td></tr>
<tr><td>>75～85</td><td>22</td><td>14</td><td>9.0</td><td>5.4</td></tr>
<tr><td>键的长度系列</td><td colspan="9">6,8,10,12,14,16,18,20,22,25,28,32,36,40,45,50,56,63,70,80,90,100,110,125,140,160,180,200,220,250,280,320,360</td></tr>
</table>

注：1. 在工作图中，轴槽深用 $d-t$ 标注，其公差为上偏差 0、下偏差为负值；毂深用 $d+t$ 标注。

2. 键标记示例：键 B16×100 GB/T 1096—2003。表示普通平键 B 型、$b=16$mm、$L=100$mm。A 型键可省略字母 A。

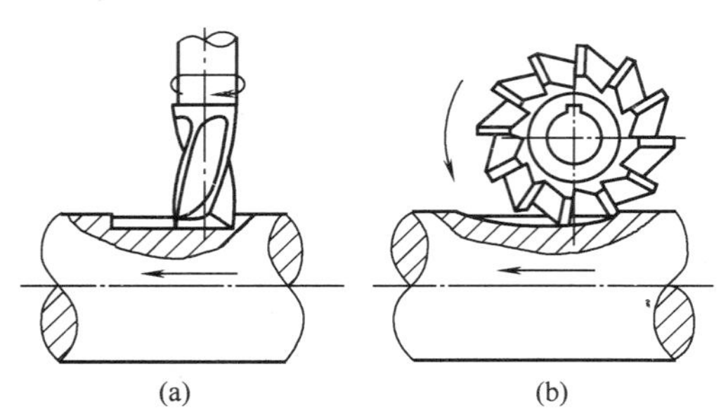

图 10-21　键槽的加工

使用圆头普通平键或单圆头普通平键时，轴上的键槽用指状铣刀加工［见图 10-21(a)］，键放置于与之形状相同的键槽中，因此键的轴向固定好、应用最广泛，但键槽会使轴产生应力集中。使用方头普通平键时，轴上键槽用盘状铣刀加工［见图 10-21(b)］，应力集中较小，但键在键槽中的固定不好，常用螺钉紧定。A、B 型键用于轴的中部，C 型键用于轴端联接。不论采用哪类键联接，轮毂上的键槽是用插刀或拉刀加工，因此都是开通的。

② 导向平键和滑键　用于动联接。当轮毂与轴之间有轴向相对移动时，可采用导向平键或滑键。导向平键是一种较长的平键，如图10-22所示，需用螺钉固定在轴槽中，轮毂可沿键做轴向移动。当轴上零件做较大的轴向移动时，宜采用滑键，如图 10-23 所示，滑键固定在轮毂上，轮毂带动滑键在轴槽中做轴向移动，因而需要在轴上加工长的键槽。

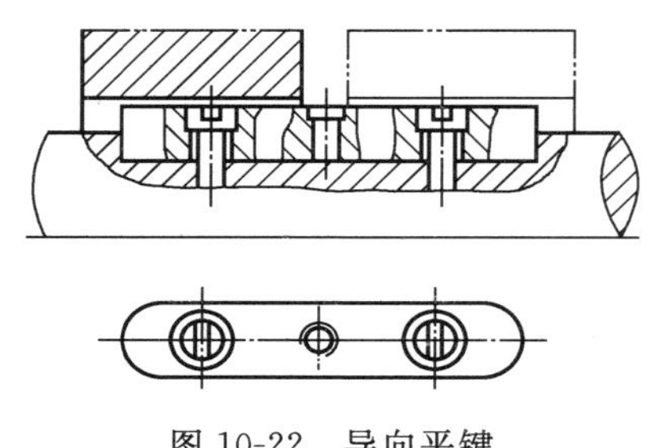

图 10-22　导向平键

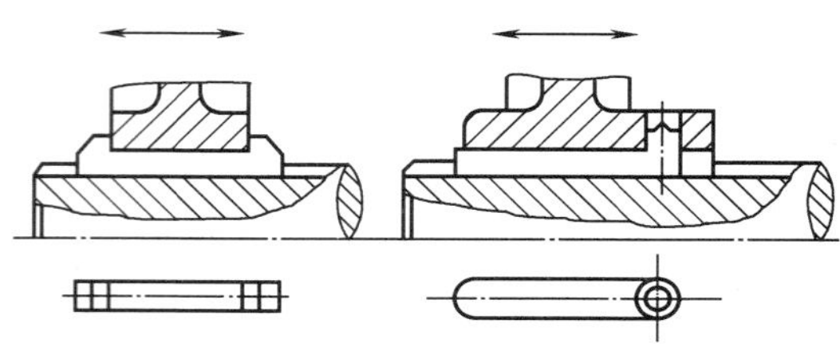

图 10-23　滑键

(2) 半圆键联接　半圆键联接如图 10-24 所示，半圆键用于静联接，键的侧面为工作面。这种联接的优点是工艺性较好，装配方便，缺点是轴上键槽较深，对轴的强度削弱较大，故主要用于轻载和锥形轴端的联接。半圆键轴上键槽用半径与键相同的盘状铣刀铣出，因而键在槽中能摆动以适应轮毂键槽的斜度。

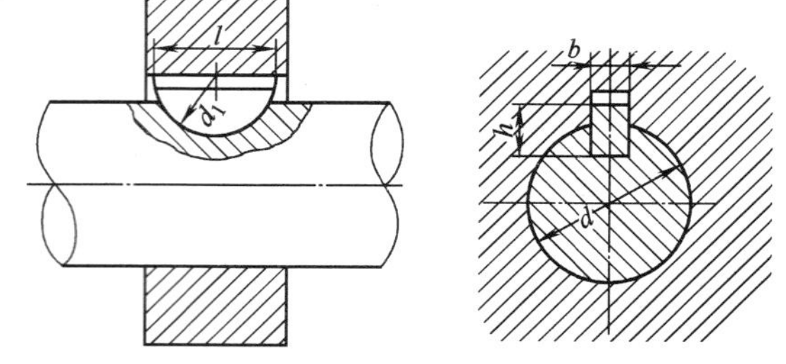

图 10-24　半圆键联接

2. 紧键联接

紧键联接有楔键联接和切向键联接两种。

(1) 楔键联接　用于静联接。图 10-25 所示为楔键联接的结构形式，楔键的上表面和轮毂键槽的底面均有 1∶100 的斜度。装配后，键的上、下表面与轮毂和轴的键槽底面压紧，键的上、下表面为工作面。工作时，靠键、轴、轮毂之间产生的摩擦力传递转矩，并可以承受单方向的轴向力。这类键由于装配楔紧时破坏了轴与轮毂的对中性，因此主要用于定心精度要求不高、载荷平稳、速度较低的场合。

楔键分为普通楔键［见图 10-25 (a)］和钩头楔键［见图 10-25 (b)］两种，普通楔键又分圆头和方头两类。钩头楔键便于拆装，用于轴端，为了安全，应加防护罩。

(2) 切向键联接　用于静联接。切向键的联接结构如图 10-26 (a) 所示，由两个斜度为

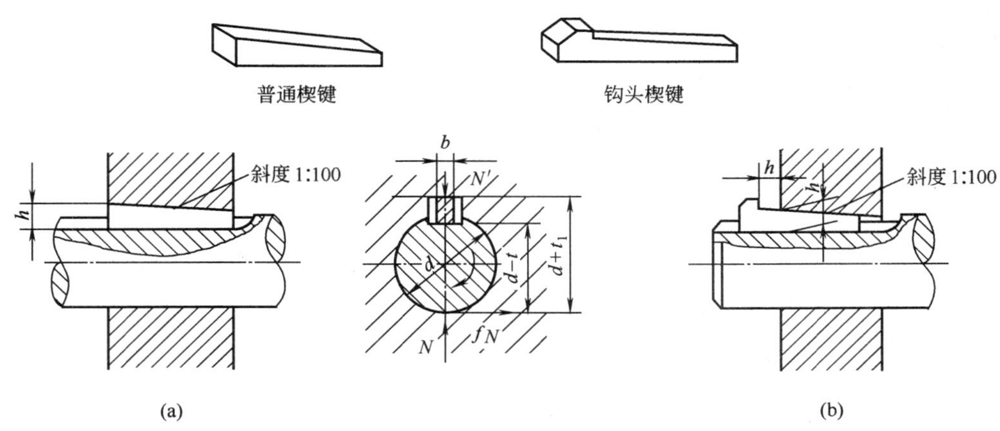

图 10-25　楔键联接

1∶100 的普通楔键组成。装配时，把一对楔键从轮毂的两端打入，其斜面相互贴紧，共同楔紧在轴毂之间。切向键的上下两面为工作面，工作时靠上下面的挤压和轴毂间的摩擦力传递运动和转矩。一组切向键只能传递单向转矩，若要传递双向转矩，需用两组切向键，并互成 120°～130°布置［见图 10-26（b)］。

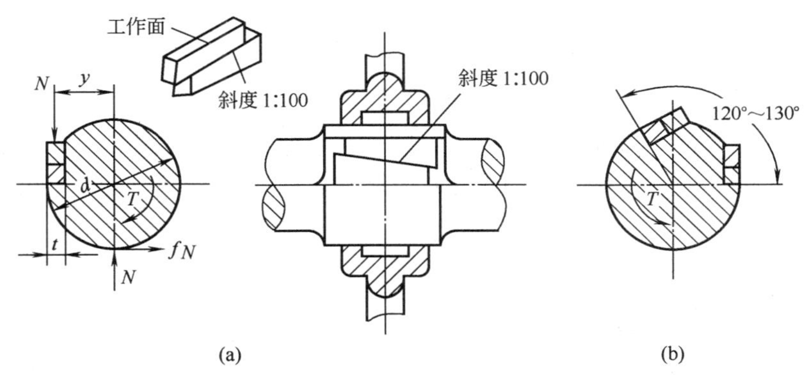

图 10-26　切向键联接

切向键联接对轴的削弱较大，轴与轮毂的对中性不好，故主要用于轴径大于 100mm、对中性要求不高、载荷较大的重型机械，如矿山用大型绞车的卷筒、齿轮与轴的联接等。

二、平键联接的尺寸选择和强度计算

键属于标准件，在设计平键联接时，可按以下步骤进行。

1．平键的尺寸选择

(1) 键的类型选择　选择键的类型时应考虑以下因素：对中性要求；传递转矩的大小；轮毂是否需要沿轴向移动及移动的距离大小；键的位置是在轴的中部或端部等。

(2) 键的尺寸选择　在标准中，根据轴的直径可查出键的剖面尺寸 $b \times h$，键的长度 L 根据轮毂的宽度确定，一般键长 L 比轮毂宽度小 5～10mm，并符合键的长度系列。

2．平键的强度计算

键联接的失效形式有压溃、磨损和剪断。由于键为标准件，其剪切强度足够，因此用于静联接的普通平键主要失效形式是工作面的压溃；对于滑键、导向平键的动联接，主要失效形式是工作面的磨损。因此，通常只按工作面的最大挤压应力 σ_p（动联接用最

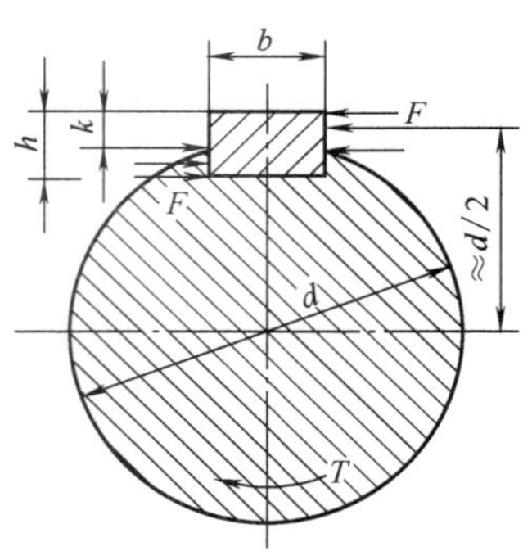

图 10-27　平键受力分析

大压强 p）进行强度计算。如图 10-27 所示，由平键联接受力分析可知

静联接　　$$\sigma_p=\frac{4T}{dhl}\leqslant[\sigma_p] \tag{10-16}$$

动联接　　$$p=\frac{4T}{dhl}\leqslant[p] \tag{10-17}$$

式中　d——轴的直径，mm；

h——键的高度，mm；

l——键的工作长度，mm。对于 A 型键，$l=L-b$；B 型键，$l=L$；C 型键，$l=L-b/2$；

T——转矩，N·mm；

$[\sigma_p]$——许用挤压应力，MPa，见表 10-8；

$[p]$——许用压强，MPa，见表 10-8。

表 10-8　键联接的许用应力　　/MPa

许用值	联接方式	联接中薄弱零件的材料	载荷性质		
			静载荷	轻微载荷	冲击
$[\sigma_p]$	静联接	铸铁	70～80	50～60	30～45
		钢	125～150	100～120	60～90
$[p]$	动联接	钢	50	40	30

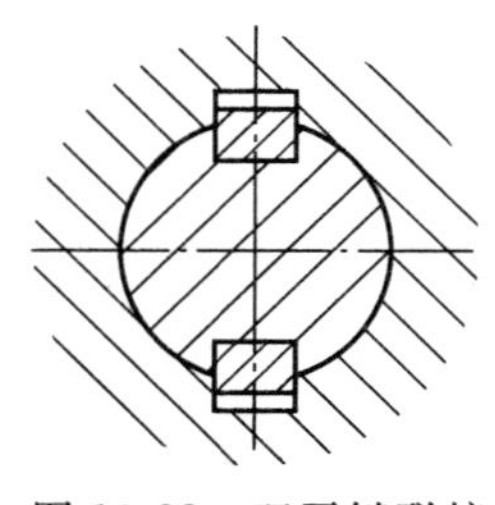
图 10-28　双平键联接

如果键联接计算不能满足强度要求，可采用以下措施。

(1) 适当增加轮毂及键的长度。

(2) 采用相隔 180°的双键联接（见图 12-28）。由于双键联接载荷分布不均匀，强度计算时，按 1.5 个键计算。

(3) 可将 A 型键换成 B 型键或与过盈联接配合使用。

【例 10-2】 选择图 10-29 所示的减速器输出轴与齿轮间的平键联接。已知传递的转矩 $T=300\text{N}\cdot\text{m}$，齿轮的材料为铸钢，载荷有轻微冲击。

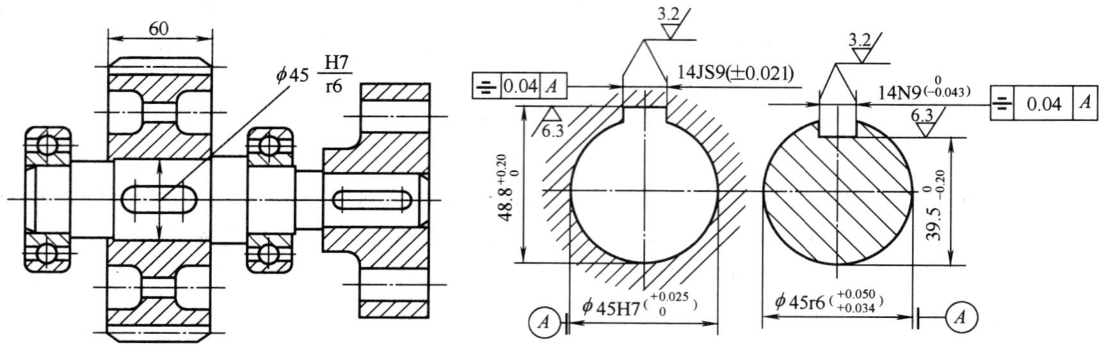

图 10-29　键联接与轴、毂联接图

解： 1. 键的类型与尺寸选择

齿轮传动要求齿轮与轴对中性好，以避免啮合不良，该联接属静联接，故选用普通平键

A 型。

根据轴的直径 $d=45\text{mm}$，轮毂宽度为 60mm，查表 10-7 得 $b=14\text{mm}$，$h=9\text{mm}$，$L=56\text{mm}$，标记为：键 14×56　GB/T 1096—2003

2. 强度计算

由表 10-8 查得 $[\sigma_p]=100\text{MPa}$，键的工作长度 $l=56-20=36$（mm），则

$$\sigma_p=\frac{4T}{dhl}=\frac{4\times300\times10^3}{45\times9\times36}=82.3\text{MPa}<[\sigma_p]$$

故此平键联接满足强度要求。根据表 10-7 查出轴和毂的槽深以及极限偏差并加以标注，轴毂图如图 10-29 所示。

第五节　花键与销联接

一、花键联接

如图 10-30（a）所示，花键联接是由周向均布多个键齿的花键轴和带有相应键槽的轮毂相配合构成的动联接。与平键联接相比，由于键齿与轴为一体，故承载能力高，轴上零件和轴的对中性好、导向性好，齿根应力集中小，对轴的强度削弱小。因此适用于载荷较大和对定心精度要求较高的联接，尤其是在飞机、汽车、拖拉机、机床及农业机械中应用较广；但加工时需要专用设备，精度要求较高，制造成本高。

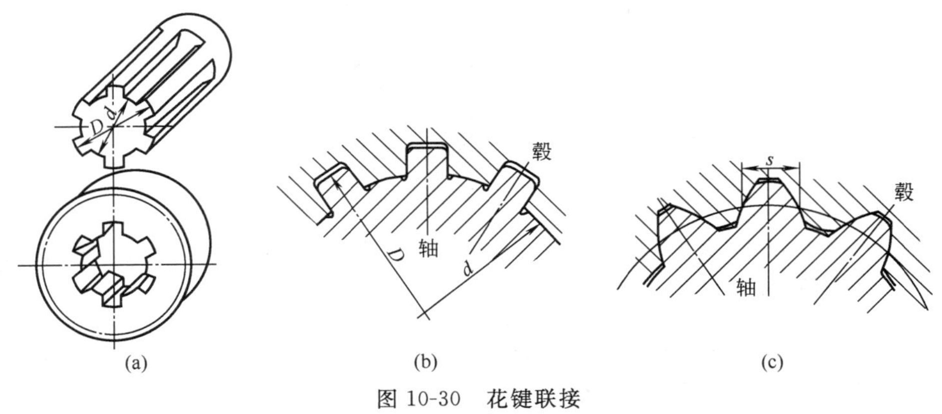

图 10-30　花键联接

1. 花键联接的类型和特点

花键已标准化，按其剖面齿形分为矩形花键、渐开线花键等。

（1）矩形花键　如图 10-30（b）所示，矩形花键的齿侧为直线，加工方便。通常用热处理后磨削过的小径定心，定心精度高，稳定性好，因此应用广泛。

（2）渐开线花键　如图 10-30（c）所示，渐开线花键的两侧齿形为渐开线，分度圆压力角为 30°和 45°两种。渐开线花键齿根较厚，强度高，可利用加工齿轮的方法加工渐开线花键，故工艺性好，易获得较高的加工精度，适用于重载、轴径较大的联接。

2. 花键联接的强度计算

花键联接与平键联接相类似，主要失效形式是工作面的压溃（静联接）、磨损（动联接）。因此，花键联接一般只进行挤压和耐磨性的条件性计算。

二、销联接

销联接主要用于固定零件之间的相互位置（即定位），也可用于轴与轮毂的联接，以传

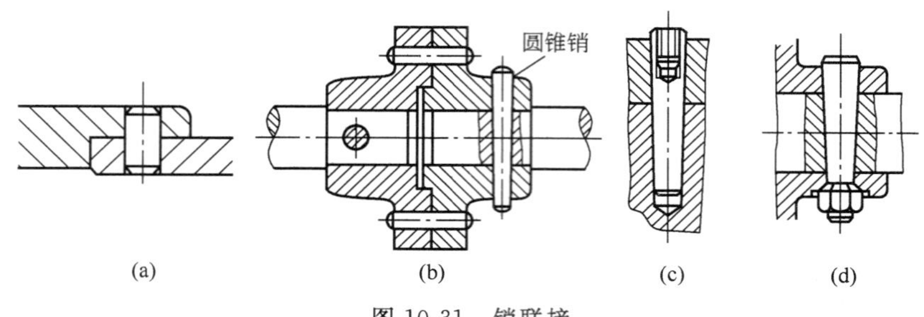

图 10-31 销联接

送不大的转矩（见图 10-31），销联接还有过载保护作用。

销按其外形可分为圆柱销、圆锥销、异形销等，圆柱销和圆锥销都是标准件。与圆锥销、圆柱销相配的被联接件孔均需铰制。对于圆柱销联接，因有微量过盈，故多次装拆后会降低定位精度和联接的紧固性，用于传递不大的转矩、不经常拆装的场合。圆锥销联接的销和孔均制有 1∶50 的锥度，装拆方便，多次装拆对定位精度影响较小，故可用于需经常装拆的场合，圆锥销的小端直径为公称直径。

特殊结构形式的销统称为异形销，其结构和特点见《机械设计手册》。

小　结

1. 主要内容

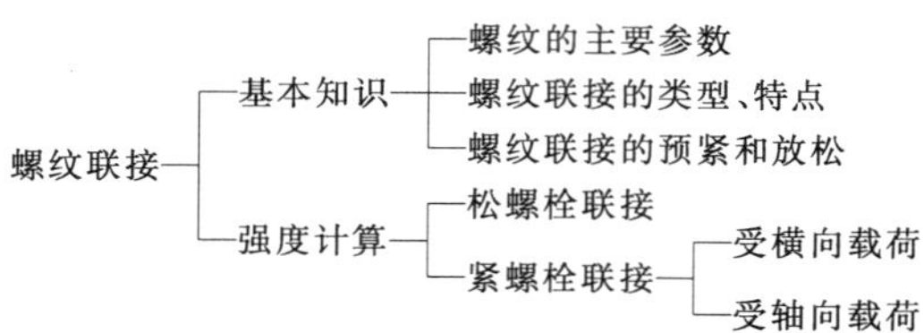

2. 普通螺栓联接的强度计算为本章重点之一。当受横向载荷、轴向载荷时，用拉杆的拉应力公式进行强度计算，其危险截面为螺栓小径。

3. 松螺栓联接，螺栓不预紧，工作时轴向拉力为所承受的轴向载荷 F；紧螺栓联接螺栓需预紧，由于螺栓受拉应力和扭转剪应力的复合作用，工作时轴向拉力 F 应为预紧力 F_0 的 1.3 倍。预紧的目的是为了使接合面产生摩擦力来承受工作载荷或提高联接的紧密性。

4. 键联接是一种可拆联接，主要用于联接轴和带毂零件，以实现周向固定，从而传递运动和转矩，键联接分为

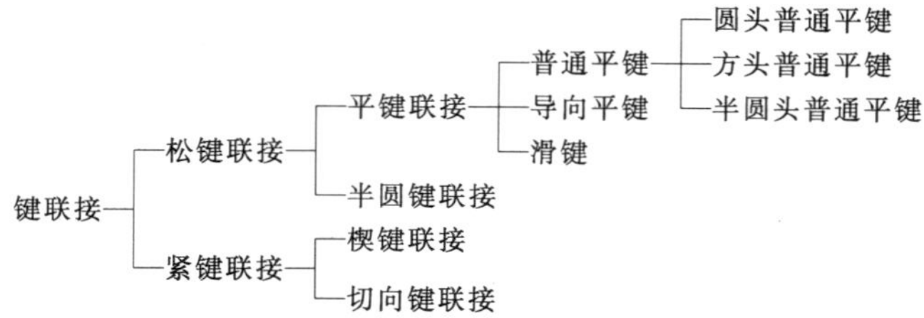

松键联接：键的两侧面为工作面，工作时靠健与键槽侧面的挤压作用来传递运动和转矩。

紧键联接：键的上下两面为工作面，工作时靠键、轴、轮毂之间的摩擦力来传递转矩。

键是标准零件，在设计键联接时，应先根据联接的工作要求及联接特点来确定键的类型，再根据轴的直径和轮毂的宽度选取键的尺寸，然后进行必要的强度校核。

5. 花键联接是由花键轴和具有键槽的轮毂相配合的联接，工作时靠键齿侧面的挤压来传递转矩。花键

已标准化，分为矩形花键和渐开线花键。

6. 销联接可用于轴和毂的联接，以传递不大的转矩，也可用于定位和过载保护。销按其外形可分为圆柱销、圆锥销和异形销等。

思考与习题

10-1　螺栓联接、螺柱联接、螺钉联接、紧定螺钉联接这四种联接的结构特点有什么不同？各用于什么场合？

10-2　按题 10-2 图给定的尺寸确定联接件（螺栓、螺母、螺钉等）的尺寸，并写出标记。

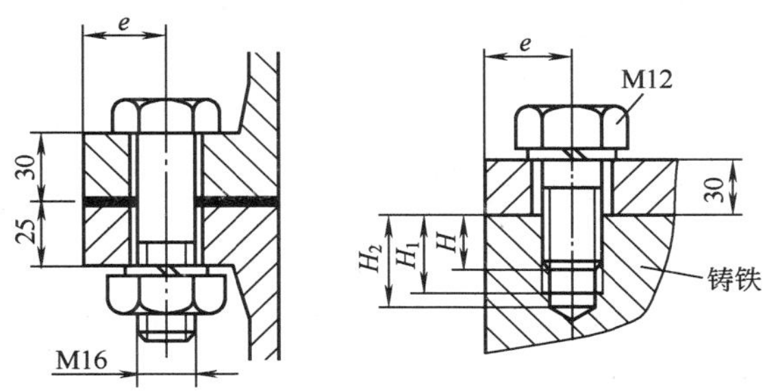

题 10-2 图

10-3　在实际应用中，绝大多数螺纹联接都要预紧，预紧的目的是什么？

10-4　螺纹联接为什么要考虑防松？举出三种常用的防松实例，并做简要说明。

10-5　在紧螺栓联接的强度计算中，为什么要将螺栓所受的轴向总载荷增加 30%？

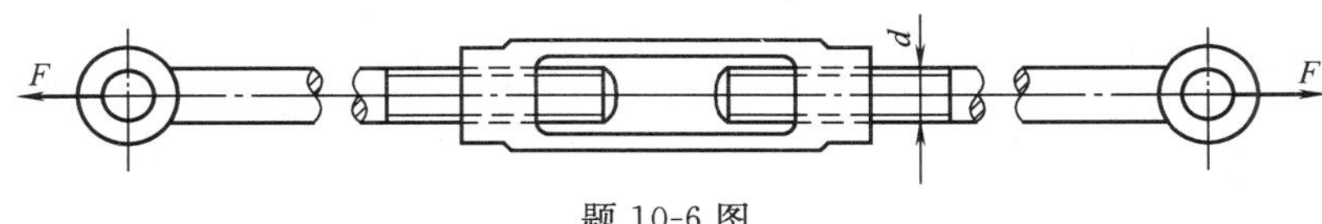

题 10-6 图

10-6　题 10-6 图所示为一拉杆螺纹联接，已知拉杆所受载荷为 $F=23\text{kN}$（工作中要经常转动螺母，以调节拉杆长度），拉杆材料为 Q235 钢，试设计拉杆的螺纹直径。

10-7　题 10-7 图所示为一刚性联轴器，由铸铁 HT200 制成。传递的转矩 $T=800\text{N}\cdot\text{m}$，载荷平稳，用 8 个普通螺栓联接，均布在直径 $D_1=180\text{mm}$ 的圆周上，螺栓材料为 Q235。凸缘厚度 $\delta=23\text{mm}$，摩擦系数 f 取 0.15。计算螺纹直径并选择螺栓、螺母。

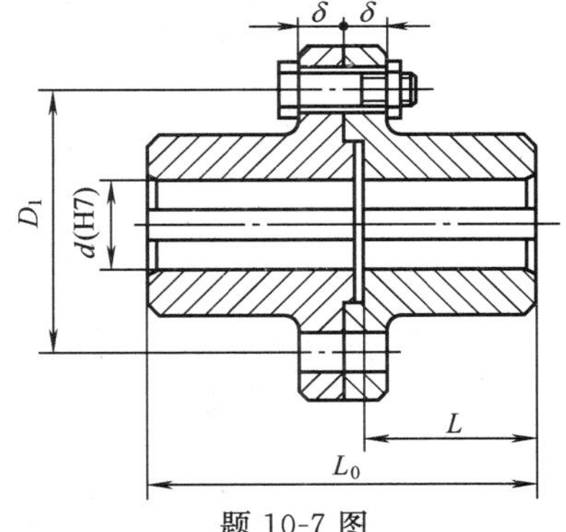

题 10-7 图

10-8　如果普通平键联接经校核强度不够，可采用哪些措施来解决？

10-9　试选择某车床中电动机与皮带轮间的平键联接。已知电动机的功率为 7.5kW，转速为 1450r/min，轴的直径为 50mm，铸铁皮带轮轮毂宽度为 85mm，载荷有轻微冲击。

实践环节

1. 参观实训基地或机械设计陈列室，观察零部件之间的连接件的类型、使用场合，总结其规律。

2. 从安全角度出发，一颗螺丝钉、一个键对一部机器的作用，培养学生科学认真的学习态度和严谨务实的职业精神。

第十一章　轴

学习目标

熟悉轴的类型与应用，根据不同场合的轴学会其材料选择、受力分析、失效形式判断。轴的结构千差万别，要重点掌握轴的结构设计的一般规律。

掌握传动轴、心轴和转轴的一般设计步骤，能绘制出轴的工程图。

第一节　轴的分类与设计要点

轴是各种机器上的重要零件，它用来支承机器中的转动零件（如齿轮、皮带轮等），使转动零件具有确定的工作位置。一切作回转运动的传动零件都必须安装在轴上才能进行运动及动力传递。图 11-1（a）所示为减速装置的传动简图，图中电动机 1 经胶带 2 带动齿轮减速器 3 的输入轴，齿轮减速器输出轴端装有联轴器 4，通过联轴器带动工作机械 5。在这套减速装置中有三根轴，图 11-1（b）所示为减速器的输出轴。

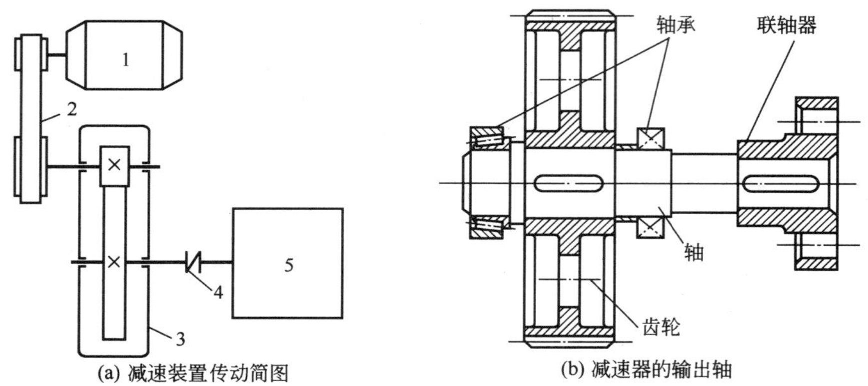

图 11-1　减速器轴

1—电动机；2—胶带；3—齿轮减速器；4—联轴器；5—工作机械

一、轴的分类

按照轴的轴线形状不同，可分为曲轴（见图 11-2）和直轴（见图 11-3）两大类。

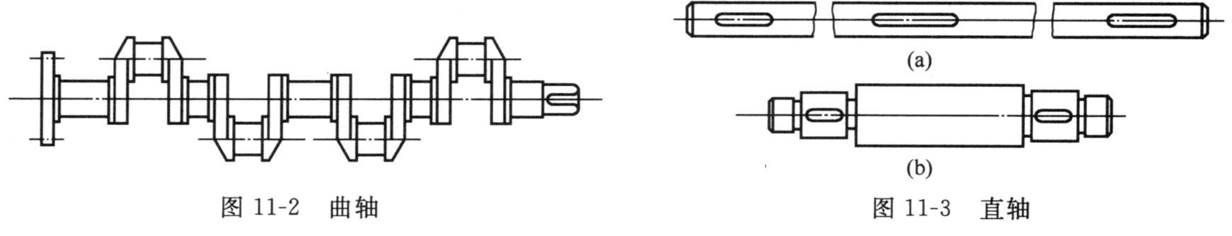

图 11-2　曲轴　　　　图 11-3　直轴

1. 曲轴

曲轴是活塞式动力机械及一些专门机器设备（如曲轴压力机、空气压缩机等）中的专用零件，它可通过连杆及滑块将回转运动变为直线往复运动，或作相反的运动转换。由于它属专用零件，所以本章不予讨论。

2. 直轴

直轴根据外形的不同，可分为光轴［见图 11-3（a)］和阶梯轴［见图 11-3（b)］两种。光轴制造简单，但不便在轴上装设零件；而阶梯轴各截面的直径不等，轴上零件容易定位，便于装拆，且轴各截面接近等强度，故机械中常用。另外直轴又分为实心轴和空心轴。通常直轴制成实心的。为减轻轴的质量，可将轴制成空心的（见图 11-4）。空心轴内径与外径的比值通常为 0.5～0.6，以保证轴的刚度及扭转稳定性。空心轴的中空可用来输送润滑油或放置棒料，如车床主轴。

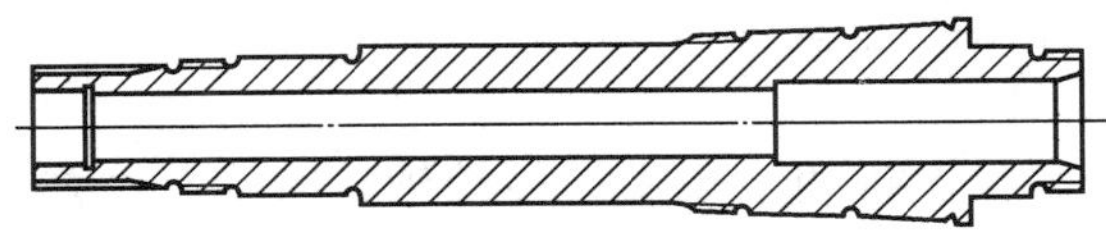

图 11-4　空心轴

此外还有一些特殊用途的轴，如凸轮轴、偏心轮轴和挠性钢丝轴（见图 11-5）等。

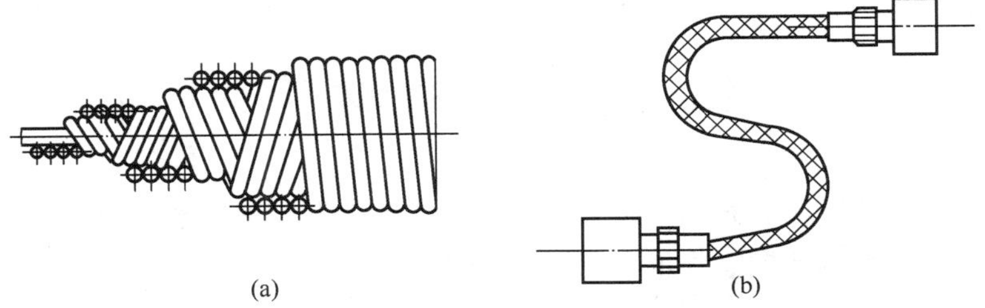

图 11-5　挠性钢丝轴

按照承受载荷情况的不同，轴又可分为转轴、心轴和传动轴三类。

(1) 转轴　工作时既承受弯矩，又同时传递转矩的轴为转轴。它是机器中常见的一种轴，如减速器中的输出轴［见图 11-1（b)］。

(2) 心轴　只承受弯矩而不传递转矩的轴为心轴，如图 11-6 所示的滑轮轴。其中图 11-6（a)所示为不转动的心轴，称为固定心轴，其弯曲应力方向不变；图 11-6（b）中的心轴随滑轮一起旋转，称为转动心轴，其弯曲应力作对称循环变化。

(3) 传动轴　主要用来传递转矩而不承受弯矩（或弯矩很小）的轴称为传动轴，如图 11-7 的联接汽车变速箱与后桥差速器之间的轴。

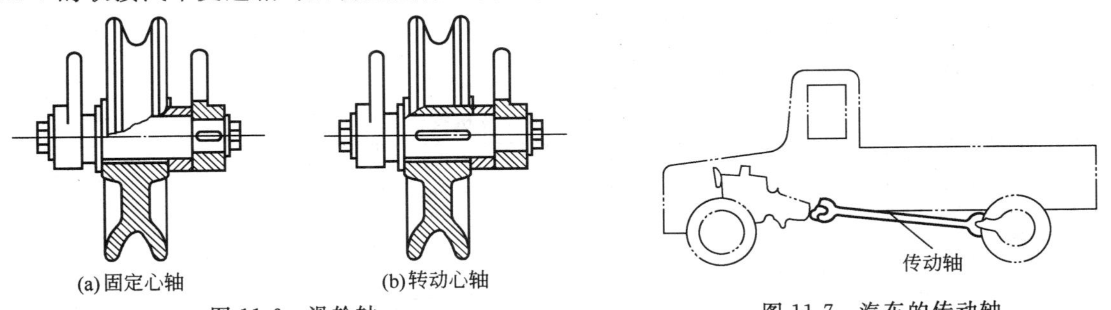

图 11-6　滑轮轴　　图 11-7　汽车的传动轴

二、设计轴时应考虑的主要问题

① 为了保证轴能正常工作，要求轴有足够的强度和刚度。

② 为了保证轴上零件（如齿轮、带轮、轴承等）能固定可靠和装拆方便，以及便于轴的加工制造、减少生产费用，因此轴必须具有合理的结构。

在一般情况下，设计轴时，应考虑的主要问题是轴的结构和强度。但对某些机械的轴，例如金属切削机床，其主轴的刚度很重要。因机床主轴受力后变形过大，会严重影响机床的加工精度。此外，对于转速高的轴还要考虑振动的问题。

三、轴的设计步骤

① 选择轴的材料；

② 初步估算轴的最小直径；

③ 进行轴的结构设计；

④ 按弯扭组合作用校核轴的危险截面强度；

⑤ 画出轴的零件工作图。

【例 11-1】 试根据受载情况说明水泵中的转动轴，三轮车的前轮轴和后轮轴各为何种类型的轴。

解：水泵中的转动轴为电动机转子轴，只传递转矩，为传动轴；三轮车前轮轴仅受弯矩，为心轴，其后轮轴既受弯矩又传递转矩，为转轴。

第二节 轴的材料

轴最常用的材料是优质碳素钢（常经调质处理），对重要的转轴也采用合金钢。碳素钢的价格较便宜，综合机械性能（强度、刚度、塑性、韧性）较好，对应力集中敏感性较小，经调质处理后，综合性能可以得到全面改善，所以应用较多。

常用的碳素钢有 30、35、40、45、和 50 钢，其中最常用的是 45 钢。对于不重要或受力较小的轴，可以使用 Q235、Q275 等普通碳素钢。

合金钢的机械强度高，淬火性能好，但对应力集中的敏感性较高，而且价格较贵，只有在传递较大功率、要求减轻质量和限定外形尺寸的情况下方可使用。目前我国已试制成功了代替昂贵镍铬合金的新合金钢种，如 38CrMnMo、35SiMn、42SiMn、40MnB 等，其机械性能达到或超过相应的镍铬钢，应尽可能地推广使用。

对于某些结构复杂的轴（如曲轴和凸轮轴）可采用球墨铸铁来代替锻钢，这类材料容易浇铸成所需要的形状，而且有较好的吸振性，对应力集中不太敏感，价格便宜。由于目前铸造质量不易控制，性能不稳定，在使用上受到一定的限制。

大直径或重要的轴常采用锻造毛坯，中小直径的轴常采用轧制圆钢毛坯。

轴的常用材料及机械性能见表 11-1。

表 11-1 轴的常用材料及机械性能

材料牌号	热处理类型	毛坯直径 /mm	硬度 /HBS	抗拉强度 σ_b/MPa	屈服极限 σ_s/MPa	应用说明
Q275～Q235				149～610	275～235	用于不很重要的轴
35	正火	≤100	149～187	520	270	用于一般轴
		＞100～300	143～187	500	260	
	调质	≤100	156～207	560	300	
		＞100～300		540	280	

续表

材料牌号	热处理类型	毛坯直径/mm	硬度/HBS	抗拉强度 σ_b/MPa	屈服极限 σ_s/MPa	应用说明
45	正火	≤100	170～217	600	300	用于强度高，韧性中等的较重要的轴，应用最广泛
		＞100～300	162～217	580	290	
	调质	≤200	217～255	650	360	
40Cr	调质	25	≤207	1000	800	用于载荷较大，而无很大冲击的重要轴
		≤100	241～286	750	550	
		＞100～300		700	500	
35SiMn	调质	25	≤229	900	750	可代替 40Cr，用于中、小型轴
		≤100	229～286	800	520	
		＞100～300	217～269	750	450	
42SiMn	调质	25	≤220	900	750	与 35SiMn 相同，但专供表面淬火之用
		≤100	229～286	800	520	
		＞100～200	217～269	750	470	
		＞200～300	217～255	700	450	
40MnB	调质	25	≤207	1000	800	可代替 40Cr，用于小型轴
		≤200	241～286	750	500	
35CrMo	调质	25	≤229	1000	350	用于重载的轴
		≤100	207～269	750	550	
		＞100～300		700	500	
38CrMnMo	调质	≤100	229～285	750	600	可代替 35CrMo
		＞100～300	217～269	700	550	

第三节　最小轴径的估算

开始设计轴时，由于轴上零件的位置、轴的支承跨距未确定，无法求出弯矩。故常按照纯扭矩来估算最小轴径，并将许用扭转应力降低以考虑弯矩的影响。待轴结构设计完毕后再用弯矩和扭矩来校核。圆轴扭转的强度条件为

$$\tau=\frac{T}{W_n}=\frac{9.55\times10^6 P}{0.2d^3 n}\leqslant[\tau] \tag{11-1}$$

式中，τ 为轴的剪应力，MPa；T 为轴传递的转矩，$T=\frac{9.55\times10^6 P}{n}$，N·mm；$P$ 为轴传递的功率，kW；W_n 为抗扭截面模量，$W_n=\frac{\pi d^3}{16}\approx0.2d^3$，$mm^3$；$[\tau]$ 为许用剪应力，MPa；n 为轴的转速，r/min；d 为轴径，mm。

对于转轴，开始设计时应考虑弯矩对轴的强度影响，可将 $[\tau]$ 适当降低。将上式改写为设计公式

$$d\geqslant\sqrt[3]{\frac{9.55\times10^6}{0.2[\tau]}}\times\sqrt[3]{\frac{P}{n}}=A\sqrt[3]{\frac{P}{n}} \tag{11-2}$$

式中，A 为由轴的材料和承载情况确定的常数，见表 11-2。

表 11-2 常用材料的 [τ] 和 A 值

轴的材料	Q235,20	35	45	40Cr,35SiMn,42SiMn,38SiMnMo,20CrMnTi
[τ]/MPa	12～20	20～30	30～40	40～52
A	160～135	135～118	118～107	107～98

注：1. 轴上所受弯矩较小或只受转矩时，A 取较小值，否则取较大值。
2. 用 Q235、35SiMn 时，A 取较大值。
3. 轴上开一个键槽时，A 值增大 4%～5%；开两个键槽时，A 值增大 7%～10%。

最小轴径确定时，可结合整体设计将由式（11-2）所得直径圆整为标准直径或与相配合零件（如联轴器、带轮等）的孔径吻合。

第四节 轴的结构设计

轴结构设计时，主要考虑以下几方面：轴上零件要有可靠的定位、轴向固定和周向固定；便于轴上零件的装拆和轴的加工；有利于提高轴的强度和刚度，节约材料减轻质量。

轴的形状通常采用阶梯形，因为阶梯轴接近等强度，加工不太复杂，同时轴上的零件能可靠地固定，装拆方便。

图 11-8 所示为一阶梯形转轴的结构简图。轴与轴承配合的部分称为轴颈；与其他回转零件配合的部分称为轴头；联接轴头和轴颈的部分叫做轴身。

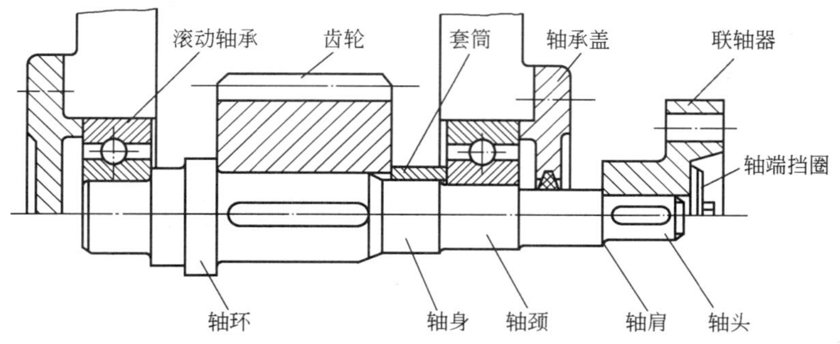

图 11-8 轴系结构简图

在确定轴上各个配合处的直径时要注意如下几点。

① 与滚动轴承配合的轴颈直径，必须符合滚动轴承的内径系列（见第十二章）。

② 轴上螺纹部分必须符合螺纹的标准（见第十章）。

③ 轴上花键部分必须符合花键标准（见第十章）。

其他配合直径也应采用标准值，见表 11-3。

表 11-3 标准直径系列（摘自 GB/T 2822—1981）/mm

10	11.2	12.5	13.2	14	15	16	17	18	19	20	21.2
22.4	23.6	25	26.5	28	30	31.5	33.5	35.5	37.5	40	42.5
45	47.5	50	53	56	60	63	67	71	75	80	85
90	95	100	106	112	118	125	132	140	150	160	170

轴的结构设计方法如下。

一、画轴上零件布置图

根据传动简图画出轴上零件的布置图，如图 11-9（a）所示。

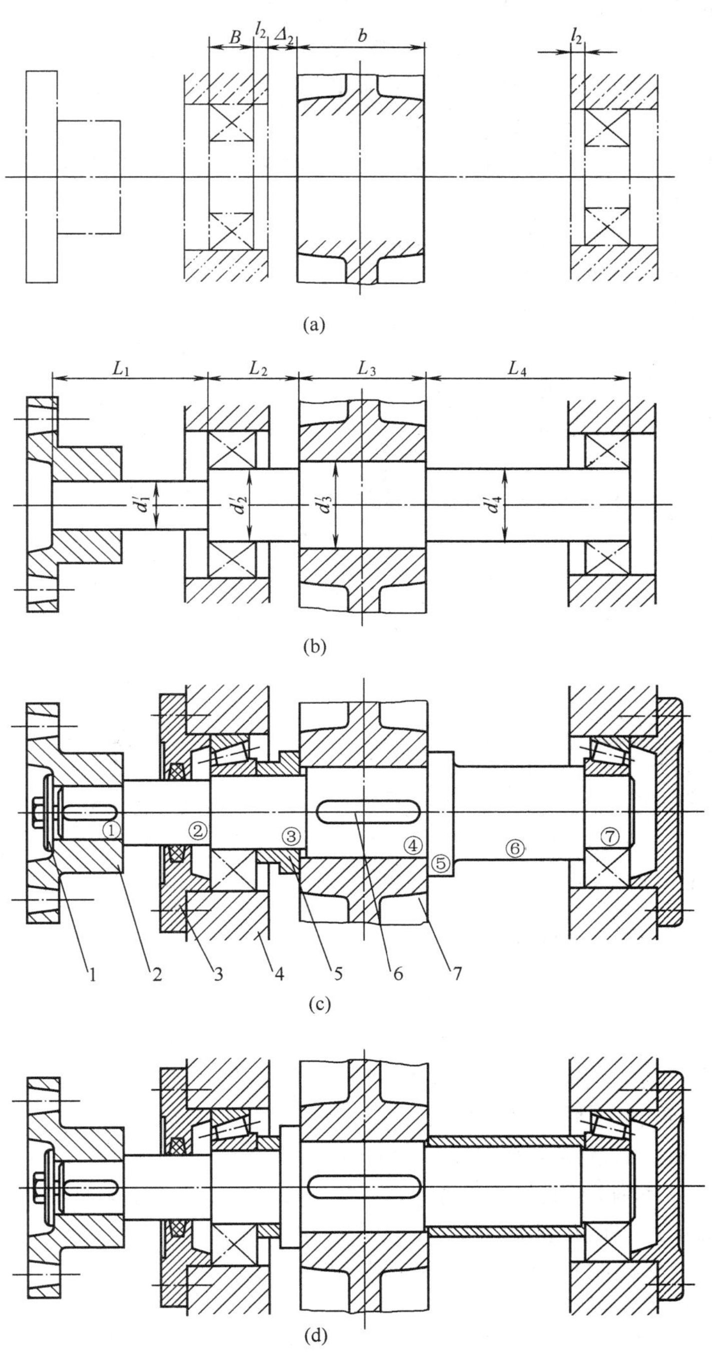

图 11-9 轴的结构设计分析

1—轴端挡圈；2—联轴器；3—轴承端盖；4—圆锥滚子轴承；5—套筒；6—平键；7—圆柱齿轮

二、拟定轴上零件的装配方案

不同的装配方案可以得出不同的轴的结构形式。因此必须拟订几种不同的装配方案，以便进行分析比较与选择。如图 11-9（b）所示，轴上的齿轮可由左端装入，也可由右端装入，但应考虑到轴上零件的定位和固定，L_1、L_2、L_3、L_4 和 d_1'、d_2'、d_3'、d_4'分别为初定的轴段长和轴径。图 11-9（c）所示为输出轴的装配方案之一，按此方案装配时，圆柱齿轮、套筒、左端轴承、轴承端盖和联轴器依次由轴的左端装入，右端轴承从轴的右端装入。图 11-9（d）所示为输出轴的另一装配方案，短套筒、左端轴承、轴承端盖和联轴器从轴的左端装入；圆柱齿轮、长套筒和右端轴承则从轴的右端装入。显而易见，这两个方案中，后者较前者增加一个作为轴向定位的长套筒，使机器的零件增多，且质量增大，相比之下，前一方案较为合理。另外，短套筒也可由一锥形轴段代替。

三、确定各轴段的直径和长度

1. 确定各轴段的直径

（1）由最小轴径估算求得的 $d_{1\min}$，即为图 11-9（c）中轴外伸端装联轴器①处的直径。

（2）轴段②处的直径 d_2 应大于 d_1，以便形成轴肩，使联轴器定位。

（3）装滚动轴承处轴颈③的直径 d_3 应大于 d_2，以便于轴承拆装。该轴段加工精度要求高且 d_3 应符合轴承内径。

（4）装齿轮④处的直径 d_4 要大于 d_3。可使齿轮方便地装拆，并避免划伤轴颈表面。齿轮定位靠右段轴环，轴环直径 d_5 应大于 d_4，保证定位可靠。

（5）为装配方便，同一轴上两端轴承采用相同的型号，故右端轴承⑦处的轴径也为 d_3。

（6）轴段⑥处的直径，除要满足右端轴承的定位要求外，还应保证轴承的装拆方便［见图 11-10（b）］。

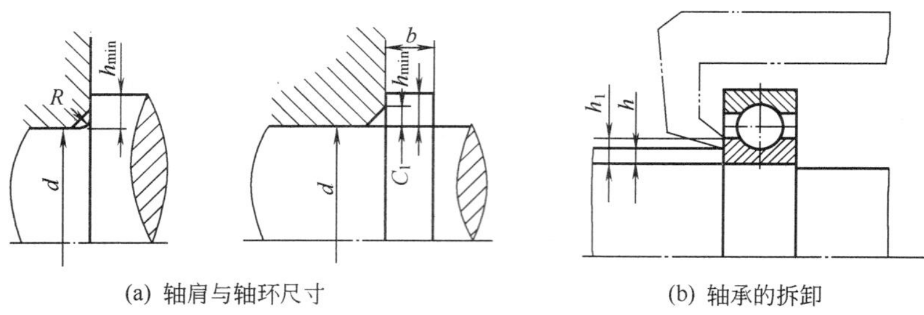

(a) 轴肩与轴环尺寸　　(b) 轴承的拆卸

图 11-10　轴肩与轴环的高度

2. 确定各轴段的长度

（1）为使套筒、轴端挡圈、圆螺母等能可靠地压紧在轴上零件的端面，轴头的长度通常比轮毂宽度 b 小 1～3mm［见图 11-9（c）］。

（2）轴颈处的轴段长度应与轴承宽度相匹配。

（3）回转件与箱体内壁间的距离为 10～15mm；轴承端面距箱体内壁约为 5～10mm；联轴器或带轮与轴承盖间的距离通常取 10～15mm。

（4）其他轴段长度应根据结构、装拆要求确定。

四、轴上零件的定位和固定

1. 轴上零件的轴向固定

轴上零件的轴向固定是为了保证其有准确的工作位置。常用的轴向固定方法有：图 11-10（a）所示的轴肩和轴环，它能承受较大的轴向力；图 11-11（a）所示的套筒可作双向固定，但两零件相距不能太远；图 11-11（b）所示轴端挡圈用于外伸轴端处零件的固定；

图 11-11（c）所示圆螺母固定可实现轴上零件的位置调整，但轴上需车制螺纹；图 11-11（d）所示弹性挡圈固定装拆方便，但受力较小；图 11-11（e）所示紧定螺钉固定承受的轴向力不大，可兼有轴向和周向固定的作用。

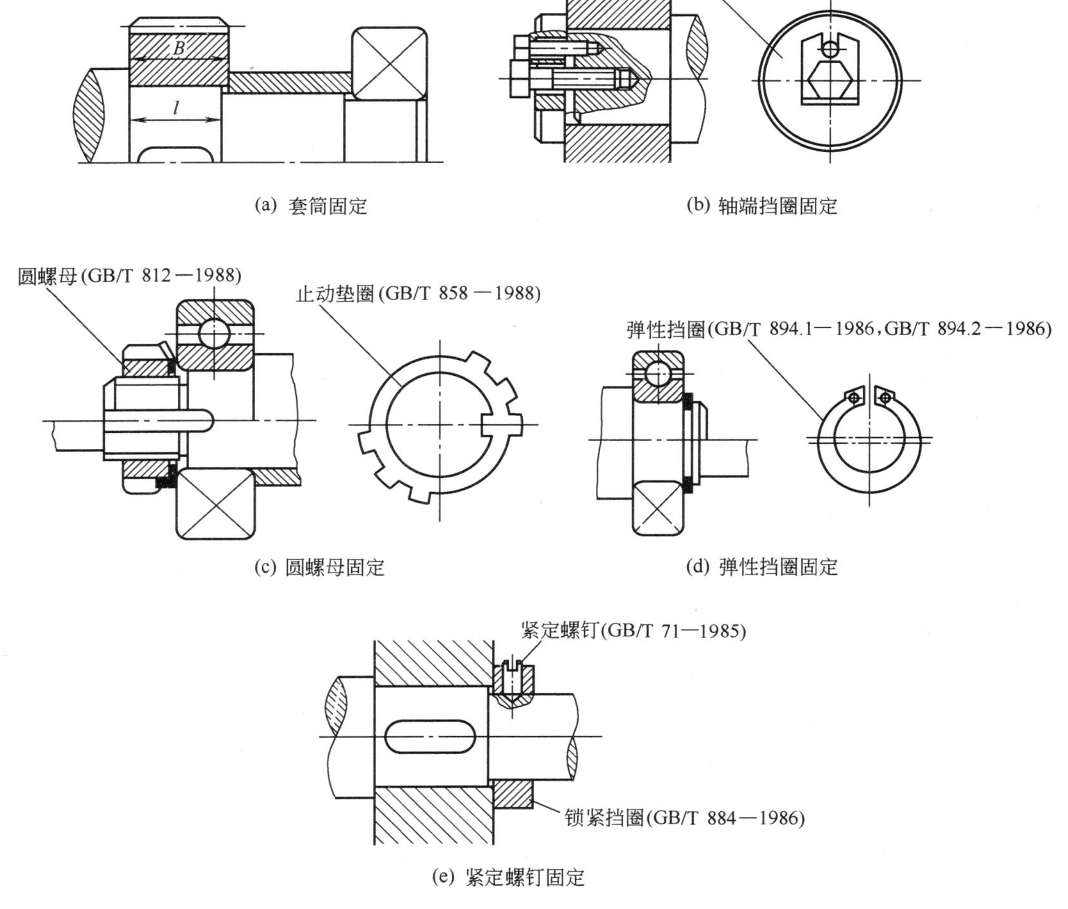

图 11-11　轴上零件的轴向固定方法

2. 轴上零件的周向固定

为保证轴可靠地传递运动和转矩，轴上零件应进行周向固定。常用平键、花键、销联接和过盈配合以及弹性环联接、成形联接（见图 11-12）。齿轮与轴通常采用过盈配合与键联接；滚动轴承则用较紧的过盈配合；受力小或光轴上的零件可用紧定螺钉固定；受力大且要求零件作轴向移动时用花键联接。

3. 轴上零件的定位

轴上零件的定位与固定是两个截然不同的概念。定位是为了保证轴上零件有准确的安装位置；而固定是为了使轴上零件保持原位，并消除轴向和周向两个自由度。对于轴的具体结构既起到定位作用又起到固定作用。

轴上零件定位多用轴肩和轴环。为保证定位可靠，轴肩或轴环处的圆角半径 r 必须小于轮毂的圆角 R 或倒角 C_1［见图 11-13（a）］。定位轴肩的高度取 $h=(2\sim3)C_1$ 或 $h=(0.07\sim0.1)d$（d 为配合轴径），非定位轴肩高取 1～2mm。轴环宽度取 $b\approx1.4h$［见图 11-10（a）］。

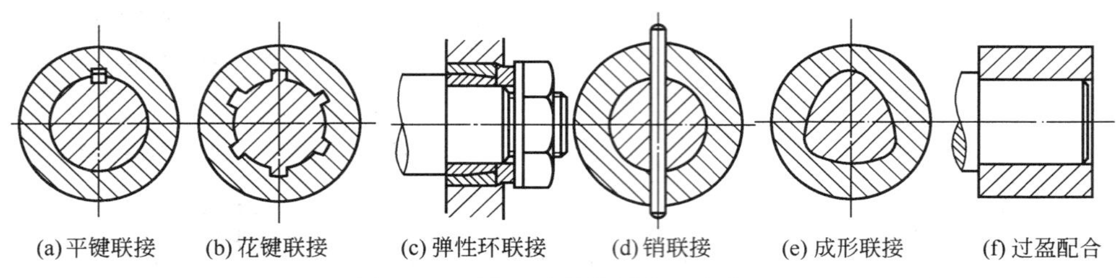

图 11-12　轴上零件的周向固定方法

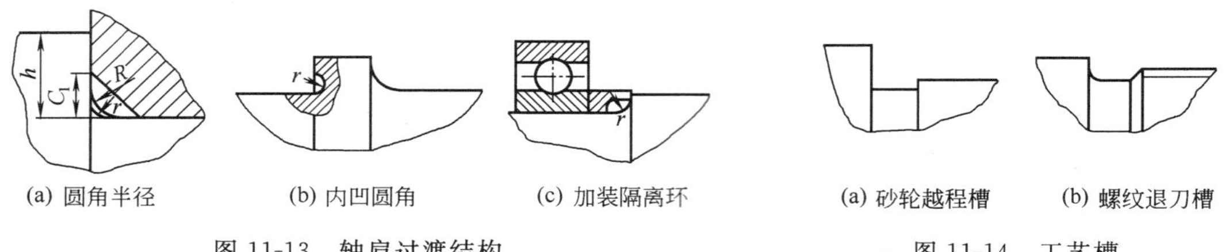

图 11-13　轴肩过渡结构

图 11-14　工艺槽

安装滚动轴承处的轴肩高 h 应小于轴承内圈高度 h_1［见图 11-10（b）］，h_1 详见滚动轴承安装尺寸。

套筒可用于间接定位［见图 11-11（a）］。

五、轴的结构工艺性

为了改善轴的抗疲劳强度，减小轴在截面突变处的应力集中，应适当增大其过渡圆角半径 r［见图 11-13（a）］，当与轴相配合的轮毂必须采用很小的圆角半径时，为减小轴肩处的应力集中，可采用内凹圆角［见图 11-13（b）］或加装隔离环［见图 11-13（c）］的结构形式。通常为加工方便，轴上各处的圆角半径应尽可能统一。

为了便于装配零件，应去掉毛刺，轴端制出 45°的倒角。当轴的某段须磨削加工或有螺纹时，需留出砂轮越程槽［见图 11-14（a）］或退刀槽［见图 11-14（b）］。具体尺寸可参看标准或手册。

当轴上有两个以上的键槽时，键槽宽应尽可能统一，并置于同一母线上，以利加工。

第五节　轴的校核计算

一、轴的弯扭强度校核

完成轴的结构设计后，轴上零件的位置已确定，轴所受的弯矩即可求出。为使轴的设计既安全又经济，应进行弯扭强度校核。

以减速器主动轴（见图 11-15）为例，图（a）表示主动轴转动简图，轴中部装有一直齿轮。设作用在齿轮上的力为 F_n，齿轮的分度圆直径为 d，右端与联轴器相连，输入转矩为 T。

先分析轴的受力情况。根据力的平移原理，可将力 F_n 平移到轴上。为此在齿轮中心处加上一对大小相等、方向相反的力 F_n' 和 F_n''，并使 $F_n=F_n'=F_n''$［见图 11-15（b）］。平移后得到一个力 F_n'' 和一个力偶（F_n、F_n'），力 F_n'' 使轴产生弯曲变形，力偶（F_n、F_n'）与转矩 T 相平衡，使轴产生扭转变形。因此转轴工作时，同时产生弯曲和扭转组合变形，故轴的截面上既有弯曲正应力，也有扭转剪应力。根据材料力学弯扭组合变形计算，其强度条件为

$$\sigma=\frac{M_e}{W}=\frac{\sqrt{M^2+(\alpha T)^2}}{0.1d^3}\leqslant[\sigma_b]_{-1} \tag{11-3}$$

式中，M_e 为当量弯矩，N·mm；W 为抗弯截面模量，mm^3；M 为转轴的合成弯矩，$M=\sqrt{M_H^2+M_V^2}$，M_H、M_V 分别为水平面和铅垂面内的弯矩；α 为根据转矩性质而定的折合系数，转矩不变时，$\alpha=0.3$；转矩为脉动循环（单向转动）时，$\alpha\approx0.6$；对频繁正反转的轴，转矩视为对称循环变化，$\alpha=1$；T 为转矩，N·mm；$[\sigma_b]_{-1}$为对称循环下的许用弯曲应力（见表 11-4）。

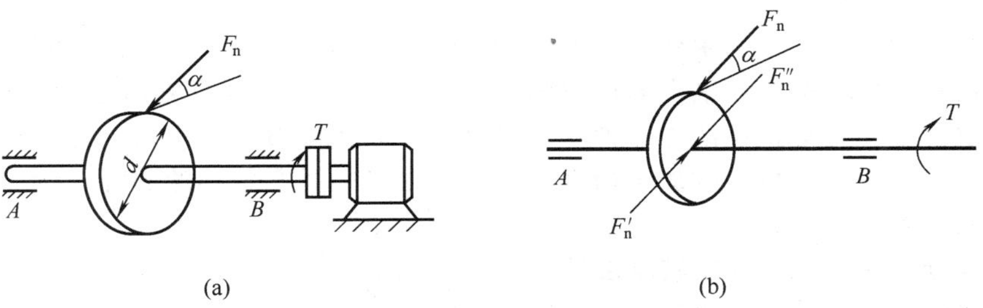

图 11-15　轴的受力分析

表 11-4　轴的许用弯曲应力

材　料	σ_b	$[\sigma_b]_{+1}$	$[\sigma_b]_0$	$[\sigma_b]_{-1}$
	MPa			
碳 素 钢	400	130	70	40
	500 600	170 200	75 95	45 55
	700	230	110	65
合 金 钢	800 900	270 300	130 140	75 80
	1000	330	150	90
铸　钢	400 500	100 120	50 70	30 40

由于弯曲应力为对称循环应力，转矩通过折合也为对称循环应力，故当量弯矩和许用弯曲应力均为对称循环下的应力。

当外载荷为空间作用力时（轴上装斜齿轮、锥齿轮等），则将空间力分解为水平面 H 和铅垂面 V 上的力，分别求出两平面内的弯矩后再合成。

计算轴的直径时，可将式（11-3）改写为

$$d\geqslant\sqrt[3]{\frac{M_e}{0.1[\sigma_b]_{-1}}} \tag{11-4}$$

当轴上开键槽时，轴径应增大。

如果采用花键轴，计算出的轴径为花键轴的内径。

轴的强度校核顺序如下。

（1）绘出轴的空间受力简图，将轴上作用力分解成水平分力和铅垂分力。

(2) 求出水平平面内和铅垂平面内的支反力，分别绘出水平面内的弯矩图（M_H）和铅垂面内的弯矩图（M_V）。

(3) 计算合成弯矩 $M=\sqrt{M_H^2+M_V^2}$，绘出合成弯矩图。

(4) 计算转矩 T，绘出转矩图。

(5) 按弯扭组合作用计算当量弯矩 $M_e=\sqrt{M^2+(\alpha T)^2}$，绘出当量弯矩图。

(6) 判断危险截面，按式（11-4）校核危险截面处轴的直径。

(7) 比较轴径，当 $d_{计}\leqslant d_{设}$ 时，说明轴强度足够。否则重新进行轴的结构设计。

二、轴的刚度校核简介

轴在承受载荷后，都会发生变形，如果轴的刚度不够，工作中产生过大的变形则会影响轴上零件的正常工作。例如使轴上的齿轮啮合时产生偏载（沿齿宽方向接触不良），造成过大的载荷集中，或使滑动轴承产生不均匀的严重磨损，或使滚动轴承内、外圈相对偏斜太大而转动不灵，也会影响到机床的加工精度等。所以轴必须具有足够的刚度。设计重要的转轴时，须对轴的刚度进行验算。

轴的刚度分为弯曲刚度和扭转刚度两种。弯曲刚度用轴的挠度和截面转角来度量；扭转刚度用轴的扭转角来度量。一般机器上的轴，可按材料力学中的计算方法来计算变形量。表11-5中列出了轴的允许变形量，供一般设计时参考。

表 11-5 轴的允许变形量

变形		名称	变形允许量
弯曲变形	挠度	一般用途的转轴	$[y]=(0.0003\sim0.0005)L$
		需要较高刚度的转轴	$[y]=0.0002L$
		安装齿轮的轴	$[y]=(0.01\sim0.03)m$
		安装蜗轮的轴	$[y]=(0.02\sim0.05)m$
	转角	安装齿轮处	$[\theta]=0.001\sim0.002$rad
		滑动轴承处	$[\theta]=0.001$rad
		深沟球轴承处	$[\theta]=0.005$rad
		短圆柱滚子轴承处	$[\theta]=0.0025$rad
		圆锥滚子轴承处	$[\theta]=0.0016$rad
		向心球面轴承处	$[\theta]=0.05$rad
扭转变形	扭转角	一般传动	$[\varphi]=0.5^\circ\sim1^\circ$/m
		精密传动	$[\varphi]=0.25^\circ\sim0.5^\circ$/m

注：L 为轴的跨距（两轴承间的距离）；m 为齿轮或蜗轮的模数。

第六节 轴的工作图

轴经过结构设计、强度、刚度校核后，就可以绘制轴的工作图。绘制轴工作图时要做到以下几方面。

(1) 正确合理选择视图，完整而清楚地表达结构形状与尺寸。

(2) 轴向尺寸标注要完备，设计、制造、测量基准要统一，不允许形成封闭的尺寸链。

(3) 表面粗糙度、形位公差、尺寸公差标注要恰当。齿轮、蜗轮与轴头常采用过盈配合

$\frac{H7}{r6}$；重载、冲击载荷时选用过盈配合$\frac{H7}{s6}$；悬臂端与联轴器、齿轮、带轮的配合选过渡配合$\frac{H7}{k6}$。滚动轴承内圈与轴颈常选用过渡配合 m6、k6、js6 等 。

(4) 轴上中心孔根据需要标注。其他热处理方式、硬度、圆角和倒角列入“技术要求”中。轴的工作图如图 11-19 所示。

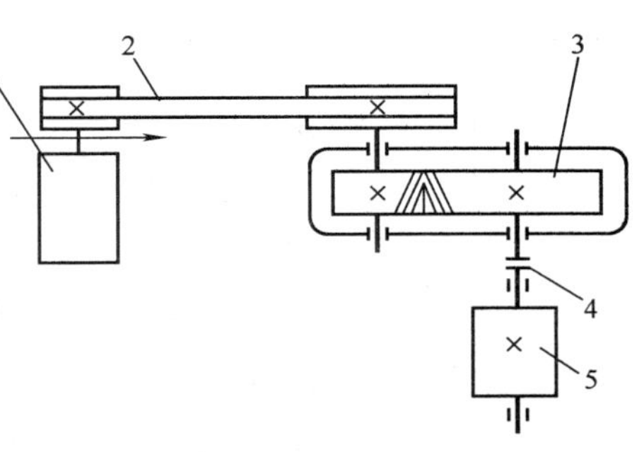

图 11-16 输送机传动装置

【例 11-2】 图 11-16 所示为输送机传动装置，齿轮减速器从动轴的转速 $n=170\text{r/min}$，传递的功率 $P=6\text{kW}$，齿轮轮毂宽度 $B=70\text{mm}$，齿数 $z=60$，$m_n=3\text{mm}$，螺旋角 $\beta=11°17'$，左旋，试设计该从动轴。

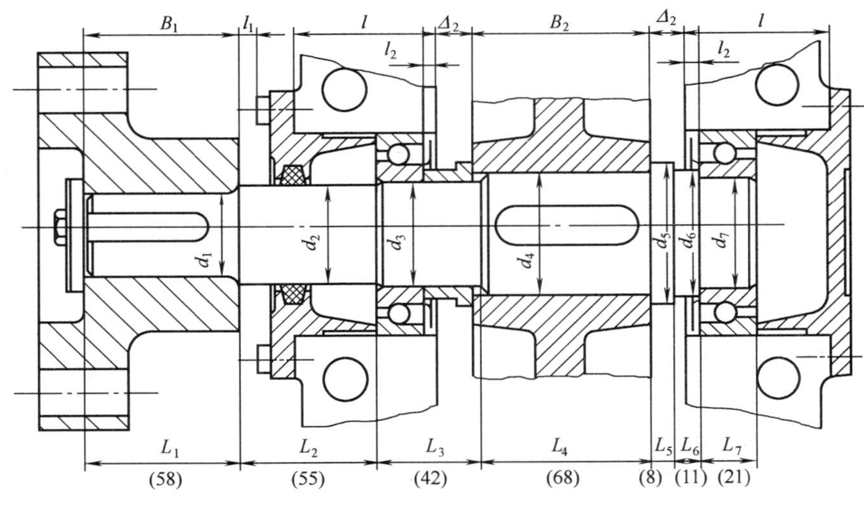

图 11-17 轴系结构草图

计算项目	计 算 说 明	计算结果
1. 选择轴的材料，确定许用应力	普通用途、中小功率减速器，选用 45 钢正火处理。由表 11-1 查得 $\sigma_b=600\text{MPa}$，由表 11-4 查得 $[\sigma_b]_{-1}=55\text{MPa}$	$\sigma_b=600\text{MPa}$ $[\sigma_b]_{-1}=55\text{MPa}$
2. 粗估最小轴径	由表 11-2 查得 $A=110$，按式(11-2)得 $d\geqslant A\sqrt[3]{\frac{P}{n}}=110\times\sqrt[3]{\frac{6}{170}}=36.1(\text{mm})$ 轴上开一个键槽，将轴径增大 5% $d\times1.05=36.1\times1.05=37.9(\text{mm})$ 该轴外端安装联轴器，为补偿轴的偏移，选用弹性柱销联轴器 $T_c=KT=1.5\times9.55\times10^6\times\frac{6}{170}=506(\text{N}\cdot\text{m})$ 查手册选用 HL3 弹性柱销联轴器，孔径 $d_1=38$ mm，与轴外伸直径相符	$d_1=38$ mm 选 HL3 弹性柱销联轴器
3. 轴初步设计，绘制轴结构草图	根据轴上零件的位置，齿轮、套筒、左轴承、轴承盖和联轴器由左端装配；右轴承从右端装配。轴上零件要做到定位准确，固定可靠(见图 11-17) 斜齿轮有轴向力，采用角接触球轴承。凸缘式轴承盖使轴系两端固定 齿轮通常采用油浴润滑，轴承采用脂润滑	

续表

计算项目	计　算　说　明	计算结果
4. 轴的结构设计	(1) 轴径确定 $d_1=38$mm $d_2=d_1+2h=d_1+2\times0.07d_1=38\times(1+2\times0.07)mm=43.32$mm 该段装毡圈，取标准直径 $d_2=45$mm $d_3=50$mm(符合轴承内径，便于轴承装拆) 轴承型号初选为7210C角接触球轴承 $d_4=52$mm(取标准直径，$d_4>d_3$ 便于装配) $d_5=d_4+2h=52\times(1+2\times0.08)mm=60$mm(定位轴肩) $d_7=d_3=50$mm(两轴承同型号) $d_6=57$mm(根据轴承内圈高度 h_1 确定) (2) 轴段长度确定 $L_4=68$mm(齿轮轮毂宽 $B=70$mm，L_4 比 B 小 2～3mm) $L_1=58$mm(HL3联轴器J型轴孔 $B_1=60$mm，L_1 短 2～3mm) $L_7=21$mm(轴承宽20mm，挡油环厚1mm) $L_5=8$mm[轴环宽度 $b\geqslant1.4h=1.4[(d_5-d_4)/2]$ $L_6=\Delta_2+l_2-L_5=(10\sim15)mm+(5\sim10)mm-8mm=11$mm $L_3=B+l_2+\Delta_2+(2\sim3)mm=20mm+(5\sim10)mm+(10\sim15)mm+(2\sim3)mm=42$mm $L_2=55$mm(根据箱体宽度，轴承盖结构尺寸和螺钉头到联轴器的间距初步确定为55～65mm) (3) 两轴承间的跨距(认为支点在轴承宽度的中点) $L=B+2l_2+2\Delta_2+B_2=20mm+2\times(5\sim10)mm+2\times(10\sim15)mm+70mm=130$mm	$d_1=38$mm $d_2=45$mm $d_3=d_7=50$mm $d_4=52$mm $d_5=60$mm $d_6=57$mm $L_1=58$mm $L_2=55$mm $L_3=42$mm $L_4=68$mm $L_5=8$mm $L_6=11$mm $L_7=21$mm $L=130$mm
5. 齿轮受力计算	分度圆直径 $d=\frac{M_nZ}{\cos\beta}=\frac{3\times60}{\cos11°17'}mm=183.55$mm 转矩 $T=9.55\times10^6\frac{P}{n}=9.55\times10^6\frac{6}{170}$N·mm$=337059$N·mm 圆周力 $F_t=2T/d=3672$N 径向力 $F_r=F_t\tan\alpha/\cos\beta=3672\times\tan20°/\cos11°17'N=1363$N 轴向力 $F_x=F_t\tan\beta=3672\times\tan11°17'N=733$N	$d=183.55$mm $T=337059$N·mm $F_t=3672$N $F_r=1363$N $F_x=733$N
6. 轴的强度校核	(1) 画轴的受力图[见图11-18(a)] (2) 将齿轮所受力分解成水平面H和铅垂面V内的力[见图(b)、(d)] (3) 求水平面和铅垂面内的支反力 H面内：$R_{H\,I}=\frac{F_xd/2+65F_r}{130}N=\frac{733\times183.55/2+65\times1363}{130}N=1199$N $R_{H\,II}=F_r-R_{H\,I}=1363N-1199N=164$N V面内：$R_{V\,I}=R_{V\,II}=\frac{F_t}{2}=\frac{3672}{2}N=1836$N (4) 绘制弯矩图 H面内弯矩图[见图11-18(c)] $M'_{Hb}=65R_{H\,I}=65\times1199$N·mm$=77935$N·mm $M''_{Hb}=M'_{Hb}-F_x\cdot d/2=77935$N·mm$-733\times\frac{183.55}{2}$N·mm$=10664$N·mm V面内弯矩图[见图11-18(e)] $M_{Vb}=65R_{V\,I}=65\times1836$N·mm$=119340$N·mm 合成弯矩图[见图11-18(f)] $M'_b=\sqrt{M'^2_{Hb}+M_{Vb}^2}=\sqrt{77935^2+119340^2}$N·mm$=142534$N·mm $M''_b=\sqrt{M''^2_{Hb}+M_{Vb}^2}=\sqrt{10664^2+119340^2}$N·mm$=119816$N·mm (5) 绘制转矩图[见图11-18(g)] $T=337059$N·mm (6) 绘制当量弯矩图[见图11-18(h)] 单向转动，转矩为脉动循环，$\alpha=0.6$ b截面　$M'_{eb}=\sqrt{M'^2_b+(\alpha T)^2}=\sqrt{142534^2\times(0.6\times337059)^2}$N·mm$=247417$N·mm $M''_{eb}=\sqrt{M''^2_b+(\alpha T)^2}=\sqrt{119816^2+0}$N·mm$=119816$N·mm	$M'_b=142534$N·mm $M''_b=119816$N·mm $T=337059$N·mm $M'_{eb}=247417$N·mm $M''_{eb}=119816$N·mm

续表

计算项目	计 算 说 明	计 算 结 果
6. 轴的强度校核	Ⅰ截面和 a 截面 $M_{ea}=M_{e\text{I}}=\alpha T=0.6\times337059\text{N}\cdot\text{mm}=202235\text{N}\cdot\text{mm}$ (7) 校核危险截面 a、b $d_a=\sqrt[3]{\dfrac{M_{ea}}{0.1[\sigma_b]_{-1}}}=\sqrt[3]{\dfrac{202235}{0.1\times55}}\text{mm}=33.25\text{mm}$ $d_b=\sqrt[3]{\dfrac{M_{ebmax}}{0.1[\sigma_b]_{-1}}}=\sqrt[3]{\dfrac{247417}{0.1\times55}}\text{N}\cdot\text{mm}=33.56\text{mm}$ 考虑键槽 $d_a=33.25\times105\%=34.91\text{mm}<d_1=38\text{mm}$ $d_b=33.56\times105\%=35.24\text{mm}<d_4=52\text{mm}$ 强度足够，无需修改结构	$d_a=34.91\text{mm}$ $d_b=35.24\text{mm}$
7. 绘制轴的工作图	根据有关要求绘图	见图 11-19

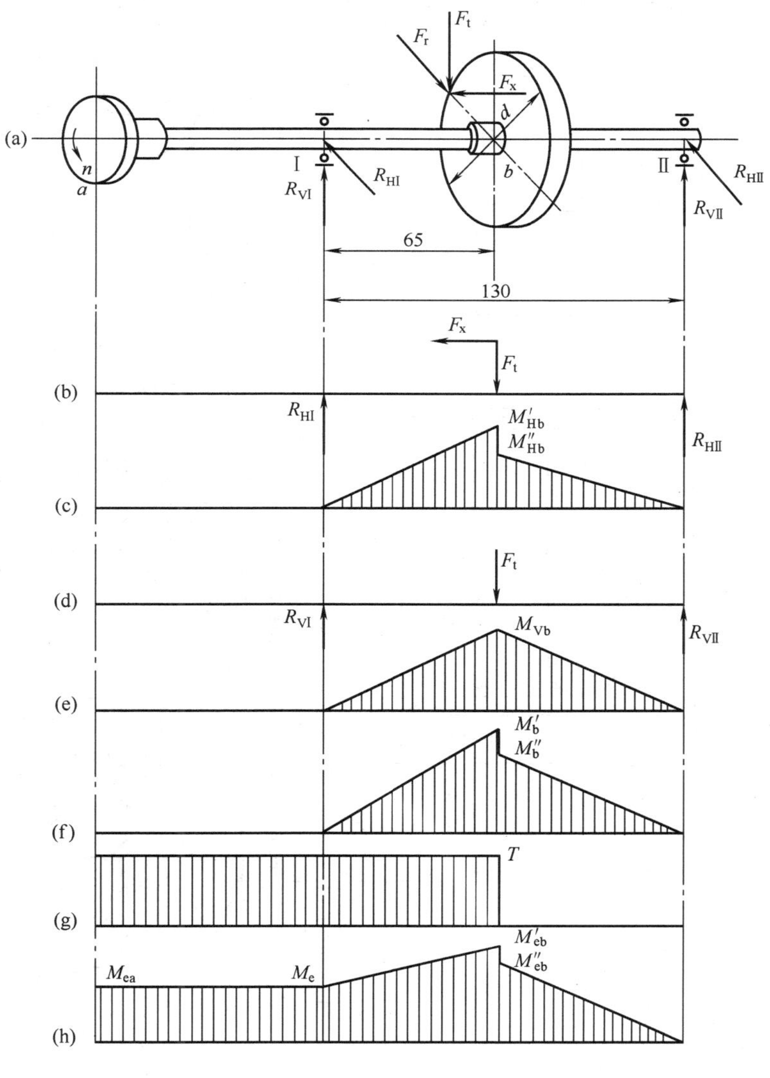

图 11-18 轴的强度校核

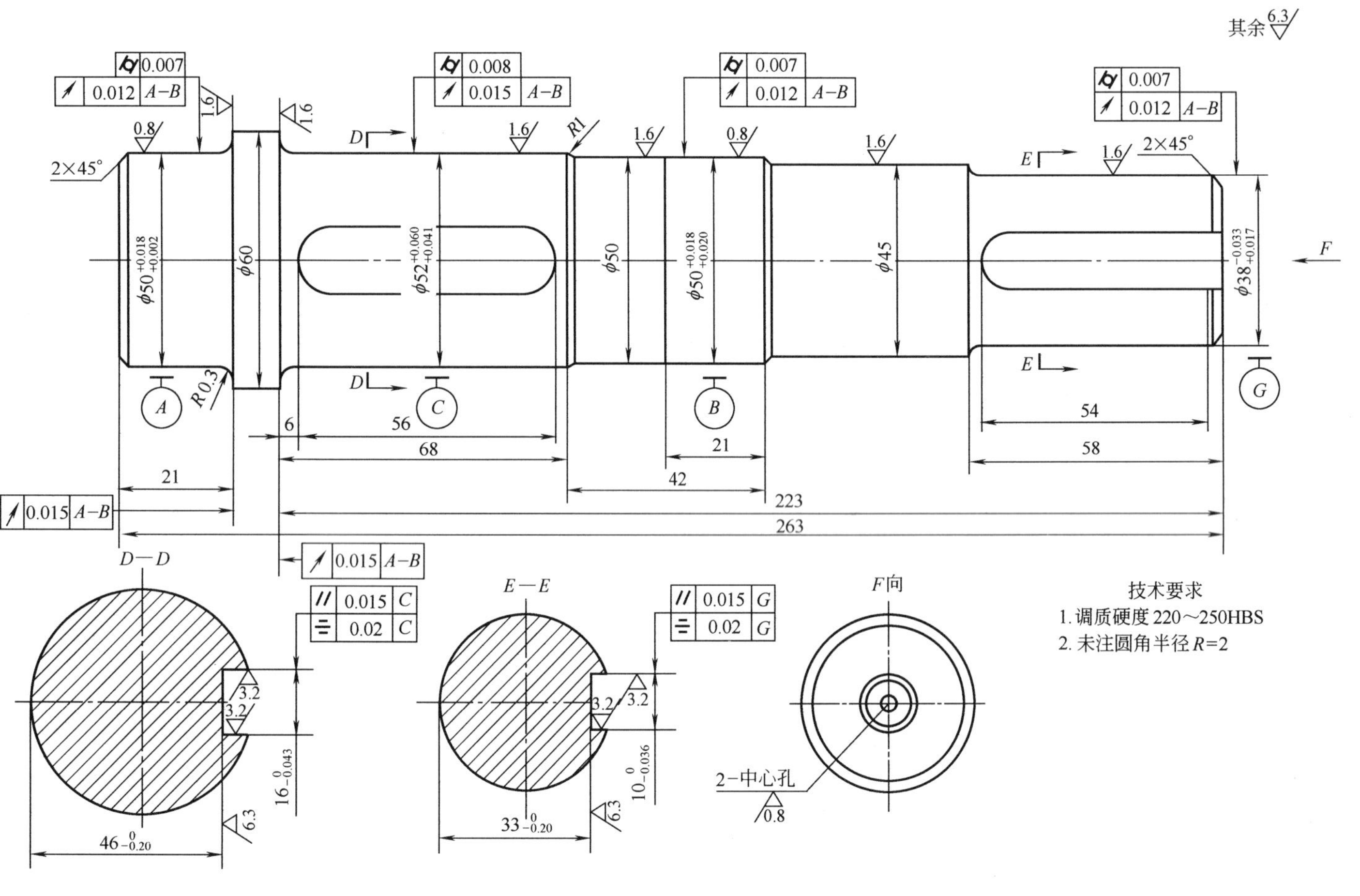

图 11-19 轴零件工作图

小　结

本章主要内容如下。

1. 轴的分类：直轴、曲轴；光轴、阶梯轴；心轴、传动轴、转轴。
2. 轴的设计步骤。
3. 轴的材料、结构设计、最小轴径估算、轴的强度校核、轴的工作图。
4. 轴的结构改错、轴的强度校核和轴的零件图绘制为本章重点。

思考与习题

11-1　自行车的中轴和后轮轴以及吊扇的轴是什么类型的轴？为什么？

11-2　转轴、传动轴、心轴在强度计算时有何区别？固定心轴、转动心轴受相同载荷时，其轴直径哪个小些？光轴与阶梯轴各有哪些利弊？

11-3　多级齿轮减速器高速轴的直径总比低速轴的直径小，为什么？

11-4　轴上最常用的轴向定位结构是什么？轴肩与轴环有何异同？

11-5　轴上传动零件最常见的周向固定方式是什么？

11-6　轴上零件最常用的轴向固定方法是什么？

11-7　轴的制造工艺性主要考虑哪些方面？与轴系装配工艺性有关的轴结构尺寸有哪些？

11-8　轴结构设计时，应满足哪些要求？

11-9　题 11-9 图中的齿轮、圆螺母和深沟球轴承分别装在轴的 A、B、C 段上，试确定轴上尺寸 l、s、d_1、d_2、d_3、R_1、R_1'。

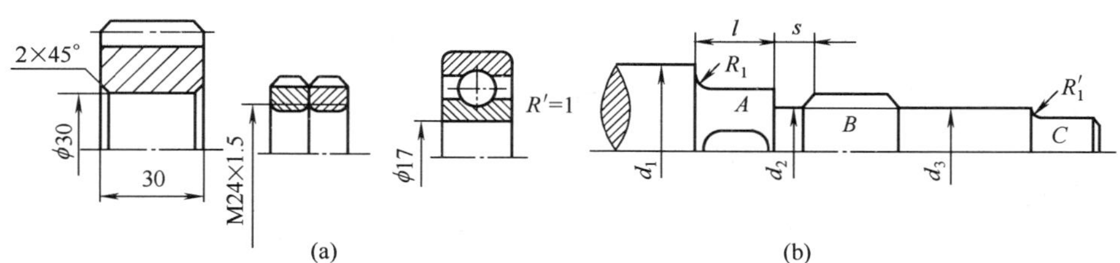

题 11-9 图

11-10　已知题 11-10 图中轴的外伸端直径 $d=30\text{mm}$，试根据结构设计的要求，确定轴其余各段的直径（d_1、d_2、d_3、d_4、d_5 和圆角半径 r）。

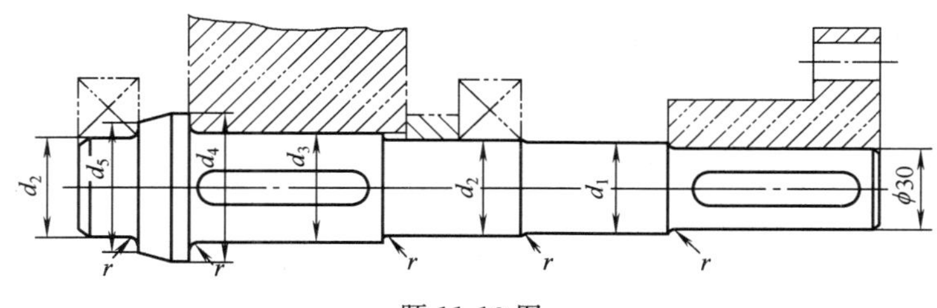

题 11-10 图

11-11　试指出题 11-11 图所示的轴在结构上有哪些错误和不合理的地方？并画出改进后的结构图。

11-12　指出题 11-12 图中轴的结构错误（错误处用画圈表示），说明原因并予以改正。

11-13　试设计某直齿圆柱齿轮减速器从动轴。已知传递的功率 $P=7.5\text{kW}$，大齿轮转速 $n_2=730$ r/min，齿数 $z_2=50$，模数 $m=2\text{mm}$，齿宽 $b=60\text{mm}$，采用深沟球轴承，单向传动，希望轴的跨距为 120mm。

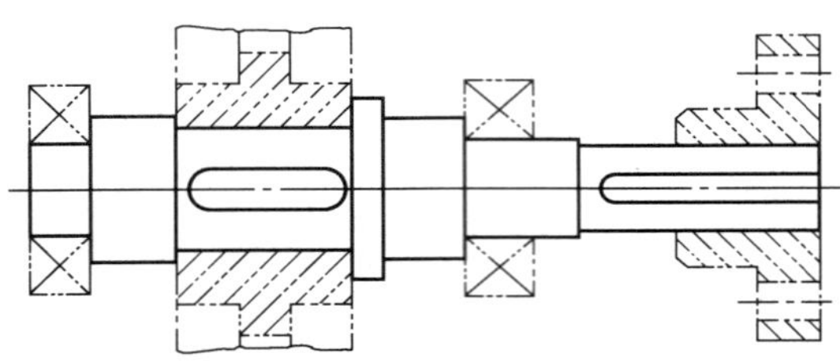

题 11-11 图

11-14 题 11-14 图所示为单级斜齿圆柱齿轮减速器。已知电动机额定功率 $P=4\text{kW}$，转速 $n_1=720$ r/min，低速轴转速 $n_2=125\text{r/min}$；大齿轮分度圆直径 $d_2=300\text{mm}$，宽度 $b_2=90\text{mm}$，斜齿轮螺旋角 $\beta=14°4'12''$，法面压力角 $\alpha_n=20°$，设两支承处选用 7210C 型滚动轴承。试设计该减速器的低速轴。

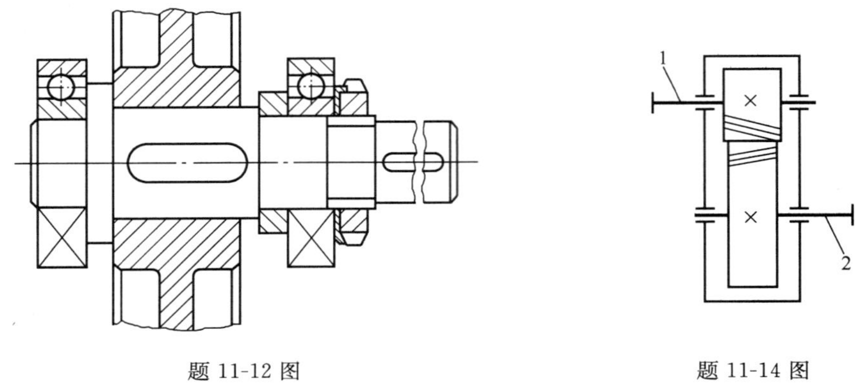

题 11-12 图　　　　题 11-14 图

实验四　轴系结构观察

一、实验目的

1. 通过对轴系的结构观察分析，理解轴各部分结构的功用、特点。

2. 进一步掌握轴结构设计时应考虑强度、刚度、加工、装配、使用和国家标准等综合因素。

二、实验要求

1. 观察各种类型的轴（心轴、传动轴、转轴、阶梯轴、曲轴、挠性轴）的结构特点、受力特点、轴上零件的固定方式和结构要求。

2. 绘出 1～2 根典型轴的结构草图，说出轴的类型，并对轴头、轴身、轴颈各部分结构给予评价。

实 践 环 节

1. 深入工厂实地观察轴的各种类型，观察轴的失效形式和轴的结构形式。

2. 结合车工实训，了解轴的加工、安装与维护，以便加深轴的结构设计方法和强度校核以及轴的加工方法，培养学生理论联系实际的能力和工程应用能力。

3. 通过实物模型绘制轴的结构草图，进一步掌握轴的结构形式。

4. 拆装自行车的前、后、中轴，观察结构与固定方式。

第十二章 轴　承

学习目标

通过该章学习学生要熟悉轴承的作用、分类与滑动轴承、滚动轴承的应用场合。熟悉滑动轴承的设计计算，掌握滚动轴承的类型、应用与选择以及滚动轴承的寿命计算。熟悉滚动轴承组合设计与安装、轴承的装拆与润滑。

轴承的功用是支承轴及轴上零件，根据工作时摩擦性质的不同，可分为滚动轴承和滑动轴承两大类。

与常用的滑动轴承相比，滚动轴承具有摩擦阻力小、启动灵敏、使用维护方便、轴向尺寸小、互换性好等优点，在各类机械中广泛应用。通常，在滚动轴承和滑动轴承都满足使用要求时，宜优先选用滚动轴承。而滑动轴承结构简单、装拆方便、承载能力高、耐冲击，尤其是液体润滑状态下的动、静压滑动轴承优点更加突出。因此在低速、有冲击的机械（如搅拌机、破碎机等）或高速、重载、高精度机械（如精密机床、汽轮机、内燃机、轧钢机）中得到广泛应用。

第一节 滑动轴承的结构类型与润滑

根据润滑状态，滑动轴承可分为液体摩擦滑动轴承和非液体摩擦滑动轴承两类。前者润滑油膜将摩擦表面完全隔开，轴颈和轴瓦表面不发生直接接触；后者轴颈与轴瓦间的润滑油膜很薄，无法将摩擦表面完全隔开，局部金属直接接触，这种摩擦状态在一般滑动轴承中最常见。

一、滑动轴承的结构类型

滑动轴承按其所承受载荷的方向不同分为径向滑动轴承和推力滑动轴承两大类。

（一）径向滑动轴承

承受径向载荷的滑动轴承称为径向滑动轴承。常用的径向滑动轴承有整体式和剖分式两大类。

1. 整体式径向滑动轴承

图 12-1 所示为一种常见的整体式径向滑动轴承。主要由轴承座和轴套组成。轴承座用螺栓与机座联接，顶部设有安装油杯的螺纹孔。轴套压入轴承座孔内，轴套上设有油孔和油沟以输送润滑油。整体式轴承构造简单，但装拆时轴和轴承需轴向移动，对于粗重的或轴颈较大的轴安装不便，且滑动表面磨损后轴承间隙无法调整。它常用于低速、轻载、间歇工作的机械。

整体式径向滑动轴承的标记为 HZ×××轴承座　JB/T 2560—1991，其中 H 表示滑动轴承座，Z 表示整体正座，×××表示轴承内径（单位：mm）。标准规格为 HZ020～HZ140。

2. 剖分式径向滑动轴承

这种轴承又称为对开式滑动轴承。由轴承座、轴承盖、上下轴瓦、润滑装置等组成，轴承盖与轴承座用 2 个或 4 个双头螺柱联接。不重要的轴承也可以不装轴瓦。为便于装配时对中和防止轴承盖和轴承座受力后横向错动，轴承盖和轴承座的剖分面制成阶梯形。剖分面为水平的（见图 12-2），称为对开式正滑动轴承；剖分面与水平面成 45°的（见图 12-3），称为对开式斜滑动轴承。选择原则是保证径向载荷的作用线不超出剖分面垂直中心线左右 35°。这种轴承装拆方便，轴瓦磨损后可通过减薄剖分面处的垫片厚度而调整间隙，因此应用广泛。

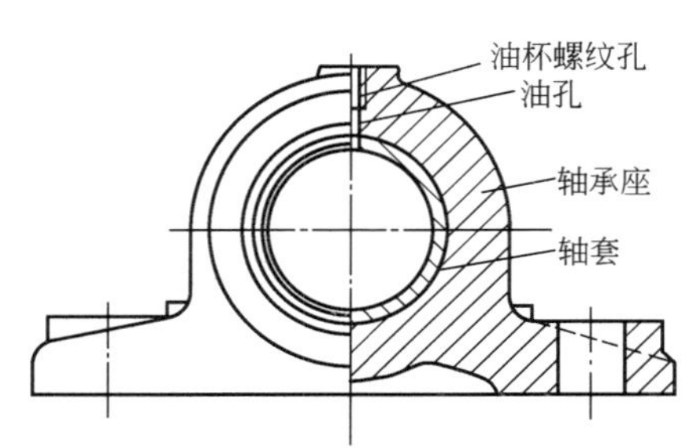

图 12-1　整体式径向滑动轴承

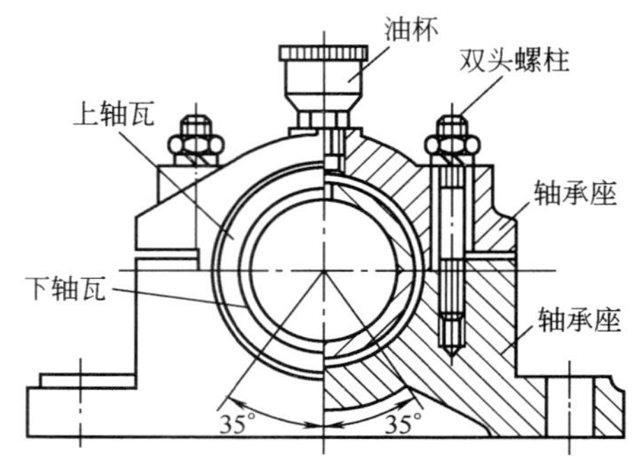

图 12-2　剖分正滑动轴承

对开式正滑动轴承的标记为 H2×××轴承座　JB/T 2561—1991、H4×××轴承座　JB/T 2560—1991，其中 2、4 表示螺柱数，标准规格为 H2030～H2160、H4050～H4220。

对开式斜滑动轴承的标记为　HX×××轴承座　JB/T 2563—1991，其中 X 表示斜座，标准规格为 HX050～HX220。

若轴承宽度较大（宽径比 $B/d>1.5$）时，常把轴瓦的支承面做成球面，与轴承盖及轴承座的球状内表面相配合［见图 12-4（a）］，轴瓦可以自动调位，以适应轴弯曲时轴颈产生的偏斜，避免出现图 12-4（b）所示的边缘摩擦现象。

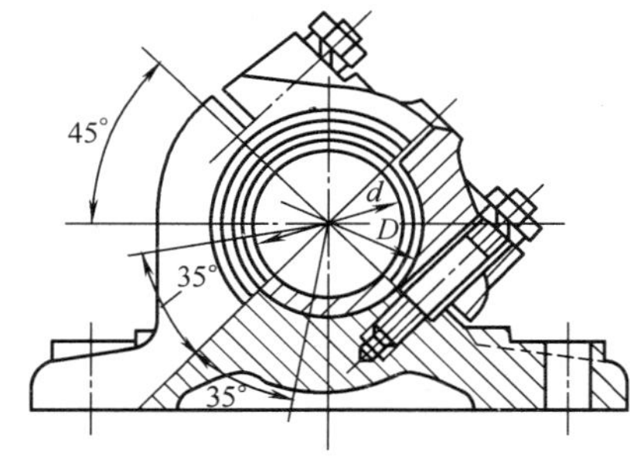

图 12-3　剖分斜滑动轴承

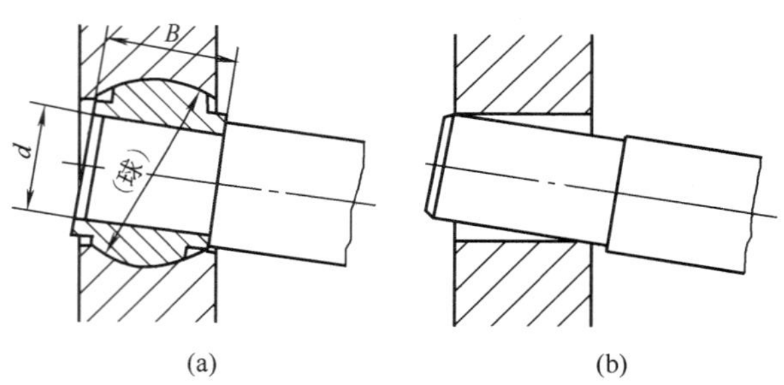

图 12-4　调心式滑动轴承

（二）推力滑动轴承

用来承受轴向载荷的滑动轴承称为推力滑动轴承。它是靠轴的端面或轴肩、轴环的端面

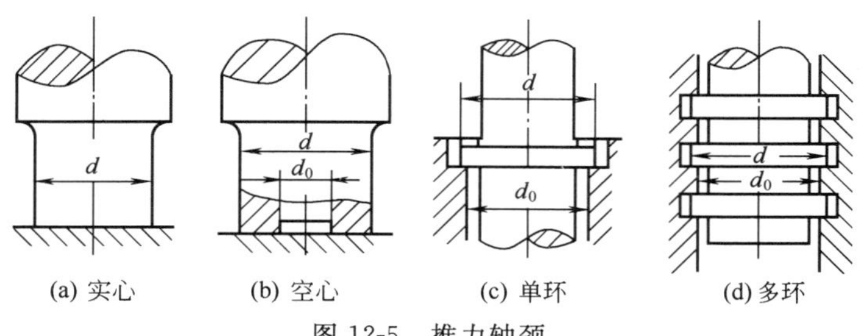

图 12-5　推力轴颈

向推力支承面传递轴向载荷的。按止推轴颈支承面的形式不同，分为实心、环形和多环形三种。图 12-5 (a) 所示为实心式轴颈，因轴旋转时，在接触端面上，从中心至边缘的线速度越来越大，端面外缘的磨损大于中心处，造成轴颈和轴瓦间压力分布不均，并不利于润滑。实际结构中多数采用空心轴颈或单环结构，如图 12-5 (b) 和图 12-5 (c) 所示。当载荷较大或轴受双向载荷时，可采用图 12-5 (d) 所示的多环结构。图12-6所示为布置在径向滑动轴承前端的推力滑动轴承结构示意。

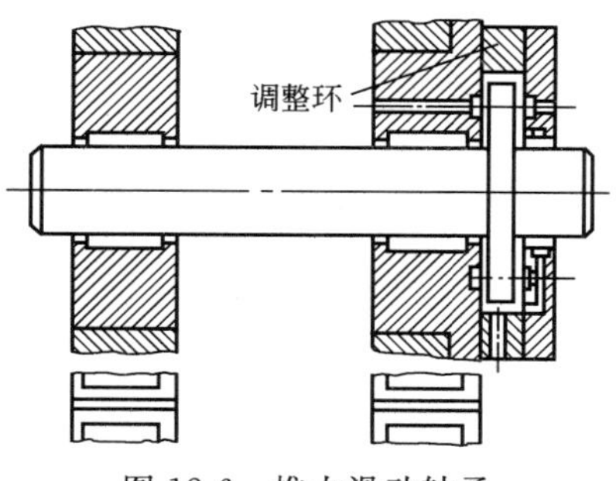

图 12-6　推力滑动轴承

（三）轴瓦和轴承衬

1. 轴瓦和轴承衬的结构

轴瓦是轴承中的重要零件，它与轴颈直接接触并相对滑动构成滑动摩擦副，其结构是否合理对轴承性能影响很大。

(1) 整体式轴瓦　与整体式滑动轴承轴颈配合，又称为轴套。按材料和制造方法不同分为整体轴套［见图 12-7 (a)］和卷制轴套［见图 12-7 (b)］两种。

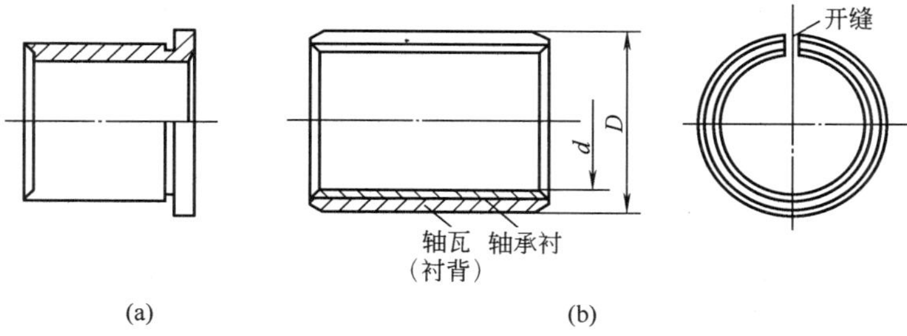

图 12-7　轴套的结构形式

(2) 剖分式轴瓦　轴瓦由上下两半组成，有厚壁轴瓦（见图 12-8）和薄壁轴瓦（见图 12-9）之分。大型滑动轴承，为了便于运输、装配和调整，一般采用分块式轴瓦（见图12-10)。

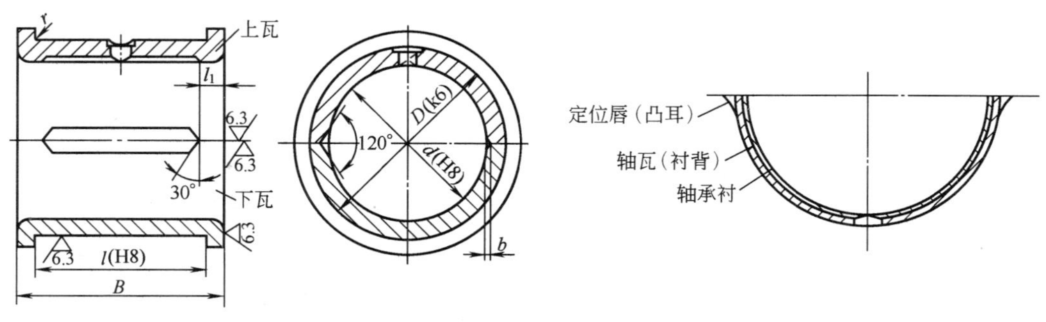

图 12-8　剖分式厚壁轴瓦

图 12-9　剖分式薄壁轴瓦

为改善轴瓦表面的摩擦性能，提高承载能力，常在轴瓦内表面浇铸一层减摩材料做轴承衬，其厚度应随轴承直径的增大而增大，一般为 0.5～6mm。为使轴承衬牢固而可靠地贴合在轴瓦表面上，在轴瓦内表面预制一些榫头、沟槽或螺纹（见图 12-11)。

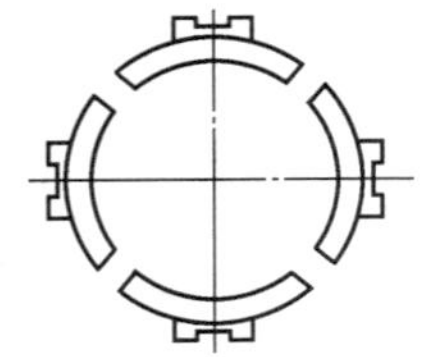
图 12-10　分块式轴瓦

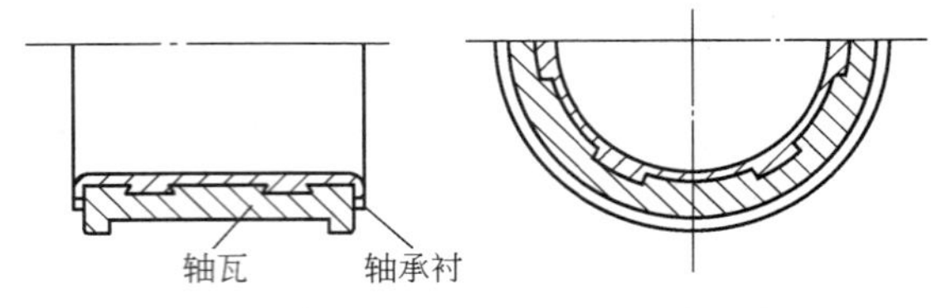

图 12-11　轴瓦与轴承衬的结合形式

薄壁轴瓦常用双金属板连续轧制或用烧结方法使金属粉末贴合于钢带表面，再经冲裁、弯曲及精加工等工序制成。其质量稳定，成本低；但刚性小，易变形。

为使润滑油均布于轴瓦工作表面，轴瓦上设有油孔、油沟（见图 12-12），一般开在非承载区。油沟长度要适宜，过短，润滑油不能流到整个接触表面；过长，会使润滑油从轴瓦端部流失，一般取轴瓦长度的 80%。一些重型机器的轴瓦上开设油室［见图 12-12(d)］使润滑空间增大，并有贮油和保证稳定供油的作用。

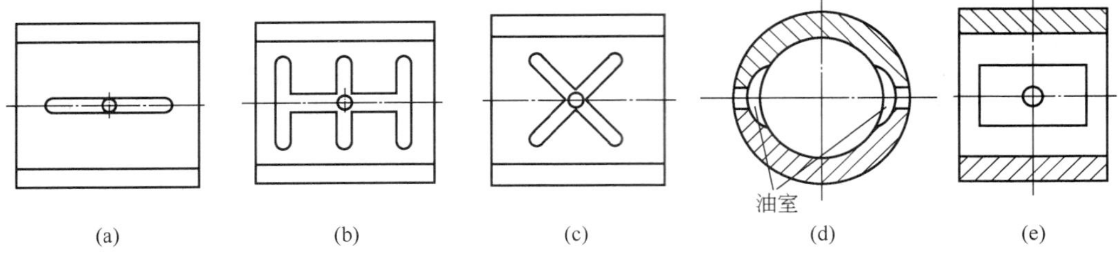

图 12-12　轴孔、油沟和油室

关于轴瓦、轴承衬的结构尺寸和标准可查阅有关资料。

2. 轴瓦和轴承衬的常用材料

轴瓦的主要失效形式是磨损和胶合（俗称烧瓦），由于强度不足和工艺原因，有时也会出现轴承衬脱落等现象。因此，轴瓦材料应具备摩擦磨损小，有足够的强度和一定的塑性，耐蚀、抗胶合，导热性好等性能。

常用的轴瓦和轴承衬材料

(1) 轴承合金　又称白合金或巴氏合金。是锡、铅、锑、铜的合金统称，可分为锡基和铅基两种。其塑性、跑合性和抗胶合性较好，但机械强度较低，价格高，通常把它贴合在软钢、铸铁或青铜的轴瓦上作轴承衬使用。

(2) 铜合金　这种材料硬度高，承载能力、耐磨性和导热性均高于轴承合金，应用最普遍。为节约有色金属材料，也可将青铜浇铸在钢或铸铁底瓦上。主要有锡青铜、铅青铜和铝青铜三种。

(3) 粉末合金　又称金属陶瓷，将金属粉末经制粉、定型、烧结等工艺制成。组织内部空隙占总体积的 10%～35%。使用前将其浸入润滑油，运转时由于油的热膨胀和轴颈抽吸作用使油自动进入润滑表面，故又叫含油轴承。这种轴承一次浸油，可长时间使用。常用的含油轴承有多孔铁和多孔青铜两种。

(4) 铸铁　铸铁质脆，硬度高，价廉，易于加工。可以把轴瓦和轴承座做成整体使用。

(5) 非金属材料　以塑料用得最多，其次是碳（石墨）、橡胶、木材等。它的摩擦系数小，耐腐蚀、耐冲击、抗胶合，且具有一定的自润滑性能，但承载能力低，导热性差（只有青铜的 1/200～1/500），耐热性差。

常用金属轴瓦材料的性能和应用见表 12-1，常用非金属轴瓦材料的性能和应用见表 12-2。

表 12-1 常用轴瓦和轴承衬材料的性能和应用

轴瓦材料		许用值				最小轴颈硬度(HBS)	性能比较②				应用场合
名称	代号	[p]/MPa	[v]/m·s^{-1}	[pv]①/MPa·m·s^{-1}	t/℃		抗胶合性	顺应性与嵌入性	耐蚀性	疲劳强度	
锡锑轴承合金	ZChSnSb 11-6	平稳载荷			150	150	1	1	1	5	用于高速、重载下工作的重要轴承。变载荷下易于疲劳磨损，价高
		24.5	80	19.6							
	ZChSnSb 8-4	冲击载荷									
		19.6	60	14.7							
铅锑轴承合金	ZChPbSb 16-16-2	14.7	12	9.8	150	150	1	1	3	5	用于中速、中等载荷的轴承。不宜受显著的冲击载荷，可作为锡基轴承合金的代用品
	ZChPbSb 15-15-3	4.9	6	4.9							
锡青铜	ZCuSn10P1	14.7	10	14.7	280	300～400	5	5	2	1	用于中速、重载及变载荷的轴承
锡青铜	ZCuSn5Pb5Zn5	4.9	3	9.8	280	300～400	5	5	2	1	用于中速、中等载荷的轴承
铅青铜	ZCuPb30	20.6～27.5	12	29.4	250～280	300	3	4	4	2	用于高速、重载轴承、能受变载荷和冲击载荷
铝青铜	ZCuAl10Fe3	14.7	4	11.8		280	5	5	5	2	最宜用于润滑充分的低速重载轴承
黄铜	ZHSib 80-3-3	11.8	2	9.8	200	200	5	5	1	1	用于低速、中等载荷的轴承
	ZHMnD 58-2-2	9.8	1	9.8							
铝合金	20%铝锡合金	27.5～34.3	14		140	300	4	3	1	2	用于高速、中等载荷的轴承
三层金属	（镀巴氏合金）	13.7～34.3			170	200～300	1	2	2	2	以低碳钢为瓦背，铜、青铜、铝或银为中间层，上镀巴氏合金，耐磨性显著提高
银轴承		12.7～34.3			200	300～400	2	3	1	1	铜背上镀银，上附薄层铅，再在上镀铟，常用于飞机发动机、柴油机
耐磨铸铁		0.1～5.9	3～0.75	0.3～4.4	150	200～250	5	5	1		宜用于低速、轻载、不重要的轴承

① pv 值为混合润滑状态下的极限值。

② 性能比较：1. 最佳，5. 最差。

表 12-2 常用非金属轴瓦材料的性能和应用

轴瓦材料	许用值				特点及应用场合
	[p]/MPa	[v]/m·s^{-1}	[pv]/MPa·m·s^{-1}	t/℃	
酚醛塑料	39.2	12	0.53	110	由棉织物、石棉等填料经酚醛树脂粘接而成。抗咬性好，强度、抗震性也好。能耐水、酸、碱。导热性差，重载时需用水或油充分润滑。易膨胀，轴承间隙宜取大些
尼龙	6.9	5	0.11	110	最为常用。摩擦因数低，耐磨性好，金属瓦上覆以尼龙薄层，能受中等载荷，加入石墨、二硫化钼等填料可提高力学性能、刚性和耐磨性。加入耐热成分的尼龙可提高工作温度
聚四氟乙烯	3.4	0.25	0.04	280	摩擦因数很低，自润滑性能好，能耐任何化学药品的侵蚀，适用温度范围宽，但成本高、承载能力低。用玻璃丝、石墨及其他惰性材料为填料，[pv]值可大为提高。用玻璃纤维加固时，要避免端头外露，否则易磨损
加强聚四氟乙烯	16.7	5	0.36	280	

续表

轴瓦材料	许用值				特点及应用场合
	[p] /MPa	[v] /m·s^{-1}	[pv] /MPa·m·s^{-1}	t /℃	
聚碳酸酯	6.9	5	0.11	120	聚碳酸酯聚缩醇、醛缩醇等均是较新的塑料。物理性能好。易于喷射成型，比较经济。稳定性好，填充石墨的聚酰亚胺工作温度可达280℃
醛缩醇	6.9	5	0.11	120	
碳(石墨)	3.9	12	0.53	420	有自润滑性，高温稳定性好，耐化学药品侵蚀，常用于要求清洁工作的机器中。长期工作的[pv]值应适当降低
橡胶	0.3	20	—	80	常用于有水、泥浆等的工业设备中。橡胶能隔震，降低噪声、减少动载荷、衬偿误差。但导热性差，需加强冷却。用丁二烯-丙烯腈共聚物等合成橡胶能耐油和各种化学溶液
木材	13.7	10	0.43	90	有自润滑性。能耐酸、油和其他强化学药品。用于要求清洁工作的轴承

二、滑动轴承的润滑*

由于轴颈与轴瓦为面接触，摩擦和磨损严重，因此润滑对滑动轴承非常重要。合理选择润滑剂及润滑装置，可以减少摩擦、降低磨损，提高轴承的效率和延长寿命，同时还可起到冷却、防锈和吸振等作用。

常用的润滑剂有油润滑和脂润滑，润滑方式有定期、自动和压力润滑等多种。

1. 油润滑

油润滑所采用的润滑剂主要是不易变质的矿物油。其重要物理指标是黏度，它表示润滑油流动时内部摩擦阻力的大小。黏度越大，润滑油内摩擦阻力也愈大，油的流动性也愈差。工业上常用运动黏度标定润滑油的黏度，单位为mm²/s。润滑油主要根据黏度来选择，考虑轴承压力、滑动速度、摩擦表面状况、润滑方式等条件，一般原则为：

① 在压力大或冲击、变载等工作条件下，应选用黏度较高的油；

② 滑动速度高时，易形成油膜，为了减小摩擦功耗，应采用黏度较低的油；

③ 加工粗糙或未经跑合的表面，应选用黏度较高的油；

④ 轴承散热条件差，工作温度高时，应选用黏度较高的油。

表 12-3 非液体摩擦滑动轴承润滑油的选择

轴颈线速度 /m·s^{-1}	工作温度 /℃	轴承压强 /MPa	适用油黏度(40℃) /mm^2·s^{-1}	适用油名称及牌号
>9	10～60	<3	5～22	7、10、15、22号轴承油
9～5			15～46	15、22、32、46号轴承油，32、46号汽轮机油
5～2.5			40～60	32、46号轴承油，46号汽轮机油
2.5～10			40～75	46、68号轴承油，46号液压油
1.0～0.3			46～75	46、68号轴承油，68号液压油
0.3～0.1			65～120	68、100号轴承油，100号齿轮油
<1			85～180	100、150号全损耗系统用油，100、150号齿轮油
2.0～1.2	10～60	3.0～0.7	65～90	68、100号轴承油
1.2～0.6			65～120	68、100、150号轴承油，68、100号齿轮油
0.6～0.3			110～120	100、150号轴承油，100号齿轮油
0.3～0.1			115～180	150号轴承油，100、150号齿轮油
<0.1			130～220	150号全损耗系统用油，150、220号齿轮油
1.2～0.6	20～80	7.5～30	90～230	100、150号轴承油，100、150、220号齿轮油
0.6～0.3			160～380	150号全损耗系统用油，15号汽油机油，680号蒸气汽缸油
0.3～0.1			270～600	220、320号齿轮油，460号全损耗系统用油，1000号蒸气汽缸油
<0.1			480～1100	460号全损耗系统用油，1000、1500号蒸气汽缸油

滑动轴承用润滑油具体选用可参考表12-3。

小型、低速或间歇运转的不重要轴承可用油壶或油杯人工定期供油。对于重要轴承，一般采用滴油、油浴、压力循环等供油装置连续供油。

2. 脂润滑

轴颈速度小于1～2m/s的滑动轴承采用脂润滑。润滑脂是用矿物油添加各种不同的金属皂稠化剂混合制成，其稠度大，承载力大，不易流失，但摩擦功耗大，不宜在温度变化大或高速场合下使用。

润滑脂的主要物理性能指标是针入度和滴点。标准锥形针在5s内沉入到温度为25℃的润滑脂中的深度（单位为10^{-1}mm），称为润滑脂的针入度，它表示润滑脂的黏稠程度。把润滑脂在规定条件下加热，当滴下第一滴油时的温度称为滴点，它表示润滑脂的耐热能力。工业上应用最广的润滑脂有钙脂、钠脂和锂脂。润滑脂的加脂周期及选择见表12-4和表12-5。

表12-4 滑动轴承加脂周期

工作条件	偶尔工作不重要的轴承		间断工作		连续工作			
					工作温度			
					<40℃		40～100℃	
	转速/r·min⁻¹							
	<200	>200	<200	>200	<200	>200	<200	>200
加脂周期	5天一次	3天一次	2天一次	1天一次	1天一次	每班一次	每班一次	每班二次

表12-5 滑动轴承润滑脂的选择

压强/MPa	<1	1～6.5				
速度/($m\cdot s^{-1}$)	～1	0.5～5	～0.5	0.5～0.5	～0.5	～1
最高工作温度/℃	75	55	75	120	110	50～100
适用脂的牌号	钙基脂			2号钠基脂	1号钙钠基脂	2号锂基脂
	3号	2号	3号			

第二节 滑动轴承的设计计算

滑动轴承设计准则是使相对运动的轴颈和轴瓦之间始终保持一层润滑油膜，以防止磨损和胶合。油膜的存在与载荷、转速、润滑、工作温度及接触表面的粗糙度等诸多因素有关，很难全面考虑和精确计算，故一般采用简化方法，对轴承的比压、温升和滑动速度进行条件性计算。下面着重介绍径向滑动轴承的设计计算。

已知条件有：轴承的载荷、工作情况、安装位置和结构空间以及环境条件等，包括轴颈直径d、轴颈转速n和轴承所受径向载荷F_r。

径向滑动轴承已标准化，设计时，可按宽径比B/d（通常取$B/d=0.6\sim1.5$）确定轴承宽度B，根据工作条件和已知尺寸从手册中选取合适的类型和型号后，按以下步骤进行校核计算。

一、校核轴承的平均比压 p

轴承比压p大时，润滑油易被挤出，油膜不易形成和保持，所以对比压p值应加以限制。

校核公式为

$$p=\frac{F_r}{dB}\leqslant[p] \tag{12-1}$$

式中　F_r——轴承的径向力，N；

d——轴颈直径，mm；

B——轴承宽度，mm；

$[p]$——轴瓦材料的许用比压，MPa。

低速和间歇转动的轴只需进行比压校核。

二、校核发热参数 pv 值

轴承的发热量与单位面积上的摩擦功 pfv 成正比，通常认为摩擦系数 f 为常数，通过计算 pv 值来限制轴承的温升以防止胶合。即

$$pv=\frac{F_r}{dB}\times\frac{\pi dn}{60\times1000}=\frac{F_r n}{19100B}\leqslant[pv] \tag{12-2}$$

式中　v——轴颈的圆周速度，m/s；

n——轴的转速，r/min；

$[pv]$——许用 pv 值，MPa·m/s。

三、校核圆周速度 v 值

对于轻载、高速，弹性较大的轴承，即使 p 与 pv 值都在许用范围之内，也可能由于滑动速度过高而导致轴承加速磨损。因而要限制其圆周速度 v 值，即

$$v=\frac{\pi dn}{60\times1000}=\frac{dn}{19100}\leqslant[v] \tag{12-3}$$

式中　$[v]$——许用圆周速度值，m/s。

轴承材料的 $[p]$、$[pv]$ 和 $[v]$ 值见表 12-1。当校核结果不能满足时，可重新选择轴瓦的材料或增大轴承的宽度 B。

推力滑动轴承的选型和计算与径向滑动轴承类似，可参照以上步骤进行。

【例 12-1】 某机器主轴决定用滑动轴承。已知轴颈直径 $d=70$mm，径向载荷 $F_r=72000$N，轴的转速 $n=200$r/min，试选择该轴承的型号并校核。

解： 1. 选择轴承型号

根据已知条件，查轴承手册，初选 H2070 型径向滑动轴承，轴承宽度 $B=80$mm。轴瓦材料选用铸造铝青铜 ZCuAl10Fe3。查表 12-1，$[p]=14.7$MPa，$[pv]=11.8$MPa·m/s，$[v]=4$m/s。

2. 校核计算

校核比压　$p=\frac{F_r}{dB}=\frac{72000}{70\times80}=12.86\ (\text{MPa})\leqslant[p]$

校核 pv 值　$pv=\frac{F_r n}{19100B}=\frac{72000\times200}{19100\times80}=9.42\ (\text{MPa}\cdot\text{m/s})\leqslant[pv]$

校核速度　$v=\frac{dn}{19100}=\frac{70\times200}{19100}=0.73\ (\text{m/s})\leqslant[v]$

所选轴承满足要求。

第三节　液体摩擦轴承简介*

滑动轴承润滑良好时，旋转轴颈与轴瓦被油膜完全隔开。此时，摩擦与磨损只取决于润滑油黏度的大小。处于这种摩擦状态的滑动轴承叫液体摩擦轴承。

获得液体摩擦的方法主要有两种。一是利用轴颈本身回转时的泵油作用，把油带入摩擦表面，建立压力油膜，把摩擦面分开，用这种方法实现液体摩擦的轴承叫液体动压轴承。二是在摩擦表面输入足以平衡外载的压力润滑油，用油压把轴颈顶起，用这种方法实现液体摩擦的轴承叫液体静压轴承。

一、液体动压轴承

图 12-13 所示为液体动压径向滑动轴承的工作原理。轴承未工作时，轴颈静止并处于轴承最下方位置。当轴颈沿顺时针方向转动时，轴颈与轴瓦中心线的右侧形成收敛形楔形空间，黏附在轴颈和轴承衬的表面上的润滑油被带入楔形间隙，由于间隙逐渐变窄，在间隙中的润滑油产生流体动压力。随着轴颈转速的提高，收敛油楔中流体动压力逐渐增大；当转速达到一定值时，流体动压力与外载荷相平衡，将轴颈抬起并逐渐平衡到某个稳定工作状态。此时轴颈和轴承表面完全被一层油膜隔开，处于液体摩擦状态。润滑油层中径向压力分布的情况见图 12-13。

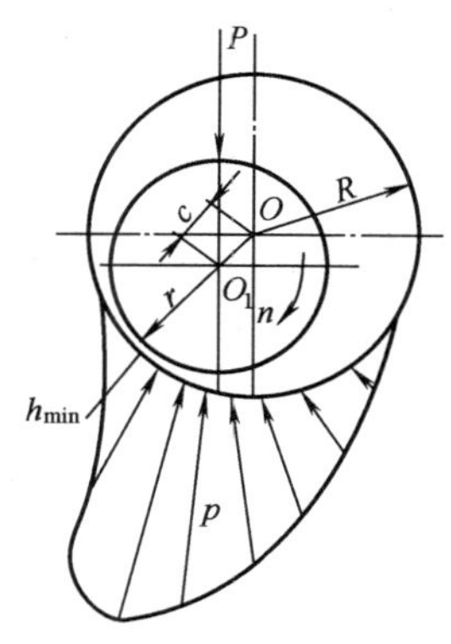

图 12-13 液体动压径向滑动轴承工作原理

由上可知，楔形间隙是形成油膜的必要条件，除此之外还必须有充足的、一定黏度的润滑油和稳定的轴颈转速。

图 12-14 所示为应用于轧钢机支承辊上的带有止推轴承的液体动压摩擦轴承。它是由支承辊 1、锥套 2、轴承衬套 3、轴承座、止推轴承 5、密封装置及固定装置组成的。锥套 2 通过键 4 套在锥面辊颈上和轧辊一起转动，形成具有外径为圆柱面的工作辊颈。轴承衬套的外表面以间隙配合装在轴承座中，轴承衬套的内表面与锥套 2 的外表面组成摩擦副。止推轴承 5 以间隙配合装在锥套外侧的辊头上，锥套 2 和止推轴承用螺母 6 进行轴向固定，螺母 6 拧在两个半环螺丝 8 上，并用止动键板 7 固定。润滑油是通过轴承座中的油孔、油槽和轴承衬套上的径向油孔进入轴承的，最后又从轴承座孔的回油孔流回油箱。

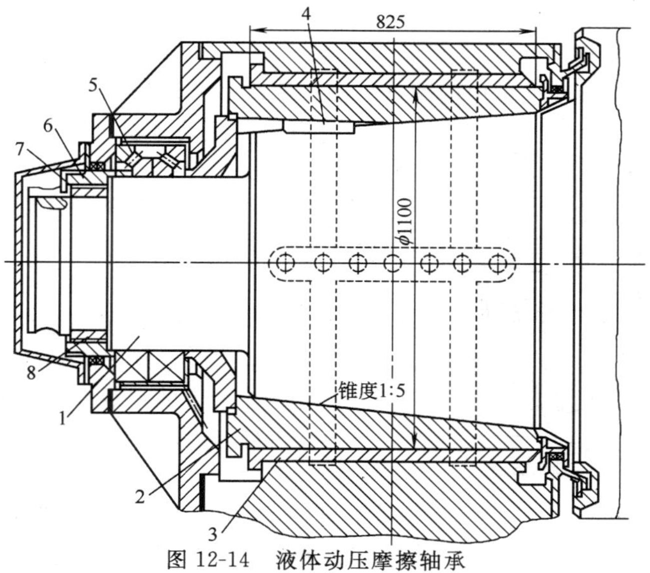

图 12-14 液体动压摩擦轴承

1—支承辊；2—锥套；3—衬套；4—键；5—止推轴承；6—螺母；7—止动键板；8—半环螺丝

二、液体静压轴承

图 12-15 所示为静压径向轴承的工作原理。高压油经节流器进入对称布置的四个油腔。当轴承载荷为零时，轴颈与轴孔同心，各油腔的油压彼此相等，即 $P_1=P_2=P_3=P_4$。当轴

承受到径向载荷 F 时，轴颈向受力方向偏移，油腔 3 与轴颈的间隙变小，油的流量减小，在节流器中的压力差也减小，但是油泵的压力 P_S 保持不变，所以下油腔中的压力 P_3 将加大。相反，上油腔的压力 P_1 减小，上下油腔形成压力差 P_3-P_1。当上下油腔的压力差与载荷 F 相等时，轴颈处于新的平衡位置。

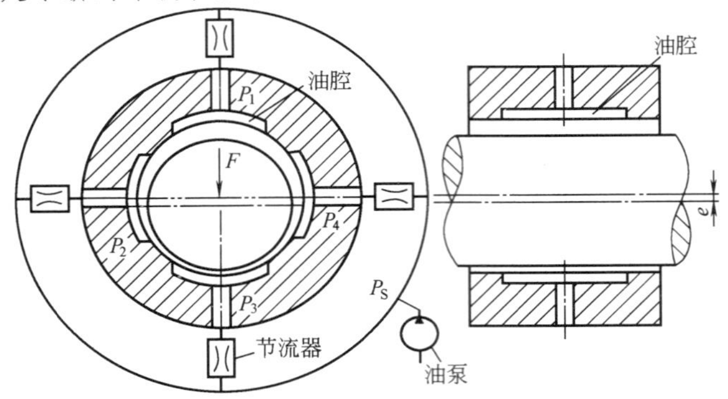

图 12-15　液体静压径向轴承工作原理

与动压轴承相比，液体静压轴承的油膜压力几乎与转速无关，因此可以在轴颈静止或转速极低条件下获得液体摩擦，另外提高油压即可提高承载能力。它主要用于重载、低速或经常启动换向的机器中，但因需增设液压系统，造价高，应用不如动压轴承普遍。

液体摩擦推力滑动轴承的承载原理与径向轴承相同，即在推力面与止推面间形成楔形间隙，产生动压油膜以平衡外载荷。相关知识及设计方法请参考其他文献。

第四节　滚动轴承的类型及其选择

一、滚动轴承的结构

如图 12-16 所示，滚动轴承由内圈、外圈、滚动体和保持架四部分组成。内、外圈都设有滚道，以限制滚动体轴向移动。内圈与轴颈配合，一般与轴一起转动，外圈安装在轴承座或机座内，可以固定不动，但也可以是内圈不动外圈转动（如滑轮轴上滚动轴承）或内外圈同时转动（如行星齿轮轴上的滚动轴承）。轴承工作时，滚动体在内外圈滚道间滚动，形成滚动接触并支承回转零件和传递载荷。常见的滚动体形状如图 12-17 所示。保持架把滚动体隔开，以免滚动体之间直接接触产生较大的相对滑动摩擦而磨损。

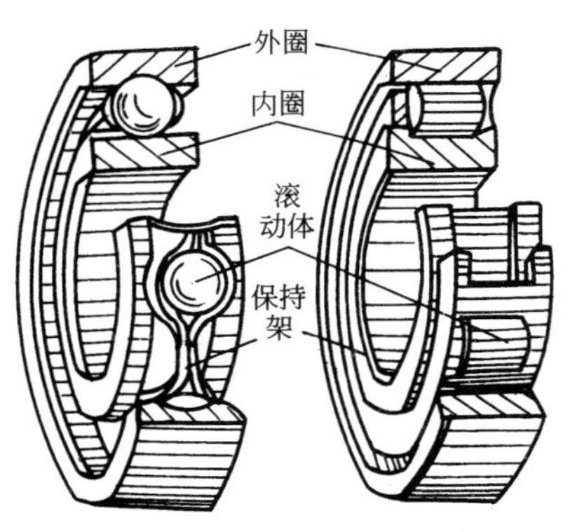

图 12-16　滚动轴承的构造

由于滚动体与内外圈之间是点或线接触，接触应力较大，因此，滚动体与内外圈均用强度高，耐磨性好的滚动轴承钢如 GCr15、GCr15SiMn 制造。保持架多用软钢冲压后经铆接和焊接而成，或用铜合金、铝合金或塑料等。

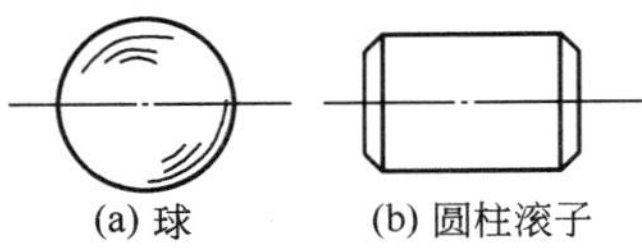
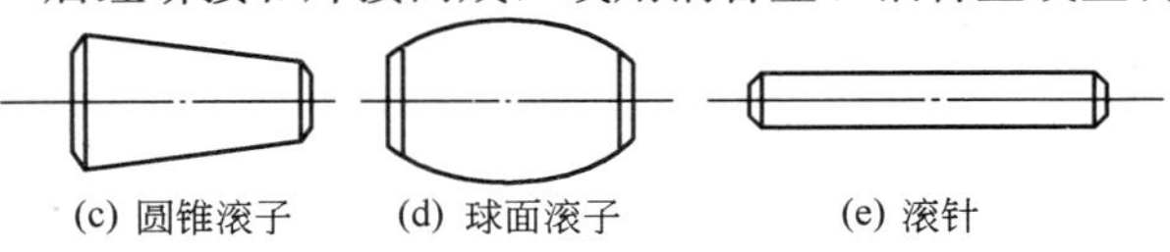

图 12-17　滚动体的种类

二、滚动轴承的类型

按滚动体的形状不同，滚动轴承可分为球轴承和滚子轴承两大类。球轴承为点接触，承载能力和刚度都较低，且不耐冲击，但制造容易，极限转速高，价廉，应用普遍；滚子轴承为线接触，有较高的承载能力、刚度和耐冲击能力，但制造工艺复杂，价高。按承载方向或公称接触角 α 的大小，滚动轴承可分为向心轴承和推力轴承两大类，见表 12-6。

表 12-6　各类球轴承的公称接触角

轴承类型	向心轴承		推力轴承	
	径向接触	向心角接触	推力角接触	轴向接触
公称接触角 α	$\alpha=0°$	$0°<\alpha\leqslant45°$	$45°<\alpha<90°$	$\alpha=90$
图例	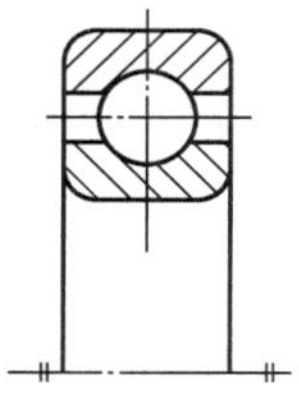	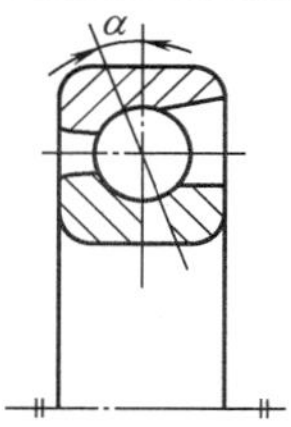	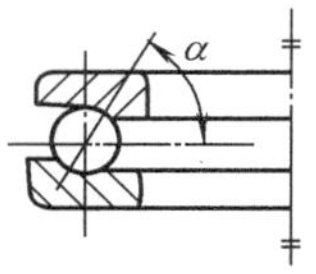	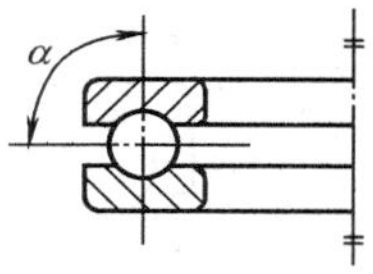

公称接触角 α 是指滚动体与外圈接触处的法线与径向平面之间的夹角。α 越大，滚动轴承所能承受的轴向力越大，即公称接触角 α 的大小表征了滚动轴承承受轴向载荷的能力。

滚动轴承的基本类型和特性见表 12-7。

表 12-7　滚动轴承的基本类型和特性

类型代号	简图	类型名称	结构代号	基本额定动载荷比①	极限转速比②	轴向承载能力	轴向限位能力③	性能和特点
1	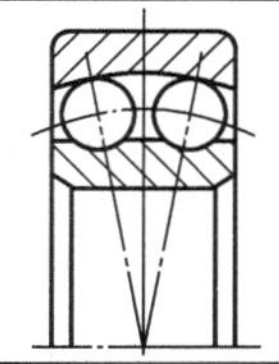	调心球轴承	10000	0.6～0.9	中	少量	Ⅰ	因为外圈滚道表面是以轴承轴线中点为中心的球面，故能自动调心，允许内圈（轴）对外圈（外壳）轴线偏斜量≤2°～3°。一般不宜承受纯轴向载荷
2	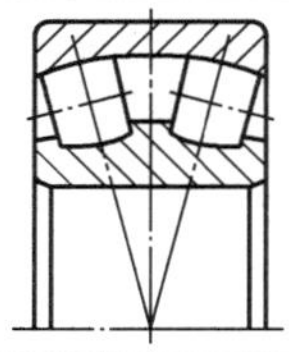	调心滚子轴承	20000	1.8～4	低	少量	Ⅰ	性能、特点与调心球轴承相同，但具有较大的径向承载能力，允许内圈对外圈轴线偏斜量≤1.5°～2.5°
	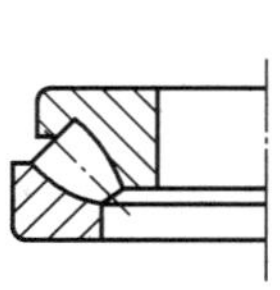	推力调心滚子轴承	29000	1.6～2.5	低	很大	Ⅱ	用于承受以轴向载荷为主的轴向、径向联合载荷，但径向载荷不得超过轴向载荷的 55%。运转中滚动体受离心力矩作用，滚动体与滚道间产生滑动，并导致轴圈与座圈分离。为保证正常工作，需施加一定轴向预载荷。允许轴圈对座圈轴线偏斜量≤1.5°～2.5°
3	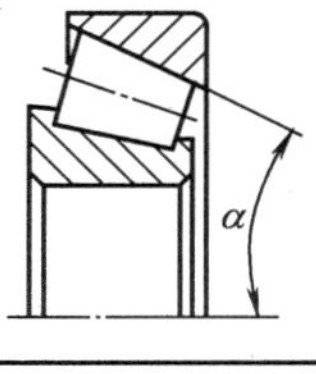	圆锥滚子轴承 $\alpha=10°\sim18°$	30000	1.5～2.5	中	较大	Ⅱ	可以同时承受径向载荷及轴向载荷（30000 型以径向载荷为主，30000B 型以轴向载荷为主）。外圈可分离，安装时可调整轴承的游隙。一般成对使用
		大锥角圆锥滚子轴承 $\alpha=27°\sim30°$	30000B	1.1～2.1	中	很大		

续表

类型代号	简图	类型名称	结构代号	基本额定动载荷比①	极限转速比②	轴向承载能力	轴向限位能力③	性能和特点
5		推力球轴承	51000	1	低	只能承受单向的轴向载荷	Ⅱ	为了防止钢球与滚道之间的滑动，工作时必须加有一定的轴向载荷。高速时离心力大，钢球与保持架磨损，发热严重，寿命降低，故极限转速很低。轴线必须与轴承座底面垂直，载荷必须与轴线重合，以保证钢球载荷的均匀分配
		双向推力球轴承	52000	1	低	能承受双向的轴向载荷	Ⅰ	
6		深沟球轴承	60000	1	高	少量	Ⅰ	主要承受径向载荷，也可同时承受小的轴向载荷。当量摩擦因数最小。在高转速时，可用来承受纯轴向载荷。工作中允许内、外圈轴线偏斜量≤8′～16′，大量生产，价格最低
7		角接触球轴承	70000C (α=15°)	1.0～1.4	高	一般	Ⅱ	可以同时承受径向载荷及轴向载荷，也可以单独承受轴向载荷。能在较高转速下正常工作。由于一个轴承只能承受单向的轴向力，因此，一般成对使用。承受轴向载荷的能力由接触角 α 决定，接触角大的，承受轴向载荷的能力也高
			70000AC (α=25°)	1.0～1.3		较大		
			70000B (α=40°)	1.0～1.2		更大		
N		外圈无挡边的圆柱滚子轴承	N0000	1.5～3	高	无	Ⅱ	外圈（或内圈）可以分离，故不能承受轴向载荷。滚子由内圈（或外圈）的挡边轴向定位，工作时允许内、外圈有少量的轴向错动。有较大的径向承载能力，但内外圈轴线的允许偏斜量很小（2′～4′）。这一类轴承还可以不带外圈或内圈
		内圈无挡边的圆柱滚子轴承	NU0000					
		内圈有单挡边的圆柱滚子轴承	NJ0000			少量	Ⅱ	
NA		滚针轴承	NA0000	—	低	无	Ⅱ	在同样内径条件下，与其他类型轴承相比，其外径最小，内圈或外圈可以分离，工作时允许内、外圈有少量的轴向错动。有较大的径向承载能力。一般不带保持架，摩擦因数大

① 基本额定动载荷比：指同一尺寸系列（直径及宽度）各种类型和结构形式轴承的基本额定动载荷与单列深沟球轴承（推力轴承则与单向推力球轴承）的基本额定动载荷之比。

② 极限转速比：指同一尺寸系列 0 级公差的各类轴承脂润滑时的极限转速与单列深沟球轴承脂润滑时的极限转速之比。高、中、低的意义为："高"为单列深沟球轴承极限转速的 90%～100%；"中"为单列深沟球轴承极限转速的60%～90%；"低"为单列深沟球轴承极限转速的 60%以下。

③ 轴向限位能力：Ⅰ为轴的双向轴向位移限制在轴承的轴向游隙范围以内；Ⅱ为限制轴的单向轴向位移；Ⅲ为不限制轴的轴向位移。

三、滚动轴承的代号

我国标准规定滚动轴承代号由基本代号、前置代号、后置代号三部分组成。格式为

前置代号　基本代号　后置代号

1. 前置代号

在基本代号之前，用来说明成套轴承分部件的特点，用字母表示。一般可省略。

2. 后置代号

紧接在基本代号之后或与基本代号以“—”、“/”隔开，用字母或字母与数字的组合表示。说明的内容较多，以下列举常见内容及代号。

(1) 内部结构代号　表示同一类型轴承的不同内部结构。如角接触球轴承后置代号中的C、AC、B分别表示其公称接触角的大小为15°、25°、40°。

(2) 公差等级代号　轴承的公差等级分为2、4、5、6、6X和0级，共六个级别，从高级到低级排列。标注为/P2、/P4、/P5、/P6、/P6X和/P0。其中6X级仅适用于圆锥滚子轴承，0为普通级，一般不标注。

(3) 游隙代号　游隙是指内外圈之间沿径向或轴向的相对移动量（见图12-18）。常用的轴承径向游隙系列分为1、2、0、3、4、5共六组，依次由小到大。标注为/C1、/C2、/C0、/C3、/C4、/C5，其中0组为基本游隙，一般不标注。

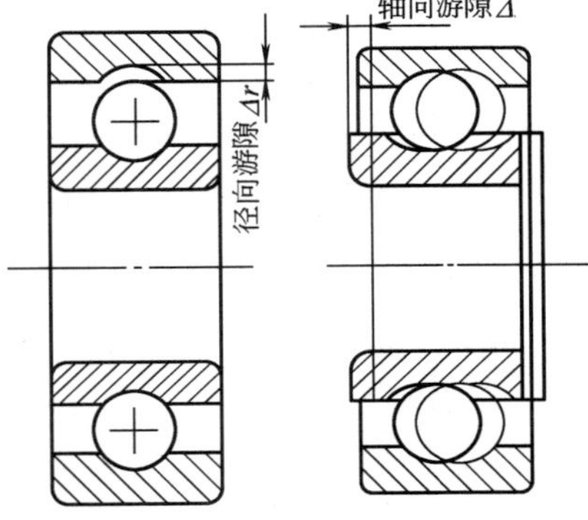

图12-18　滚动轴承的游隙

后置代号中的其他内容及代号请参考轴承手册。

3. 基本代号

表示轴承的基本类型、结构和尺寸。一般由五个数字或字母和四个数字表示。基本格式如下。

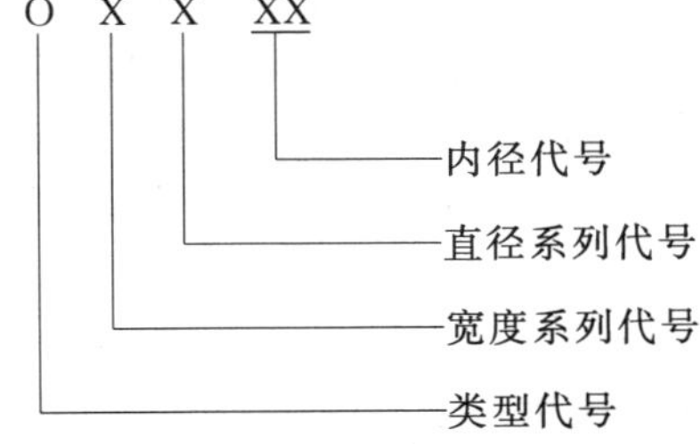

(1) 内径代号　用两位数字表示。10mm≤d< 500mm的内径代号见表12-8。d=22mm、28mm、32mm的轴承直接用内径值表示并用“/”隔开。d<10mm和d>500mm的轴承代号请查阅轴承手册。

表12-8　滚动轴承内径代号

内径代号	00	01	02	03	04～99
内径/mm	10	12	15	17	代号×5

(2) 尺寸系列代号　直径系列代号和宽度系列代号统称为尺寸系列代号。直径系列代号表示同一内径，不同外径的轴承系列。宽度系列代号表示内、外径相同，宽度（对推力轴承指高度）不同的轴承系列。尺寸系列代号连用时，宽度系列代号为0可省略，但圆锥滚子轴承和调心滚子轴承的宽度系列代号为0时应标出。图12-19所示为不同尺寸系列的深沟球轴承示意，滚动轴承尺寸系列代号见表12-9。

表 12-9 滚动轴承尺寸系列代号

			向心轴承								推力轴承			
			宽度系列								高度系列			
			宽度尺寸依次递增→								高度尺寸依次递增→			
			8	0	1	2	3	4	5	6	7	9	1	2
直径系列	外径尺寸依次递增↓	7			17		37							
		8	—	08	18	28	38	48	58	68	—	—	—	—
		9	—	09	19	29	39	49	59	69	—	—	—	—
		0		00	10	20	30	40	50	60	70	90	10	
		1	—	01	11	21	31	41	51	61	71	91	11	—
		2	82	02	12	22	32	42	52	62	72	92	12	22
		3	83	03	13	23	33				73	93	13	23
		4	—	04	—	24	—	—	—	—	74	94	14	24
		5	—	—	—	—	—	—	—	—	—	95	—	—

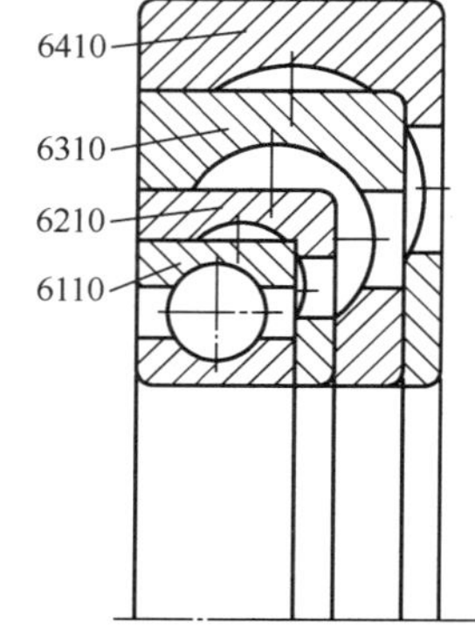

图 12-19 尺寸系列对比

(3) 类型代号 滚动轴承的类型及代号有 0、1、2、3、4、5、6、7、N 和 NA 共十类，经常使用的八类轴承见表 12-7。

有关滚动轴承代号更详细的内容及表示方法可查阅滚动轴承手册。

【例 12-2】 说明 6208、72211AC/P4、N308/P6、59220 等代号的含义。

解： 6208 为深沟球轴承，尺寸系列 02（宽度系列 0，直径系列 2），内径 40mm，精度 P0 级。

72211AC/P4 为角接触球轴承，尺寸系列 22（宽度系列 2，直径系列 2），内径 55mm，公称接触角 $\alpha=25°$，精度 P4 级。

N308/P6 为圆柱滚子轴承，外圈可分离，尺寸系列 03（宽度系列 0，直径系列 3），内径 40mm，精度 P6 级。

59220 为推力球轴承，尺寸系列 92（高度系列 9，直径系列 2），内径 100mm，精度 P0 级。

四、滚动轴承类型的选择

滚动轴承类型的选择将直接影响机器的结构尺寸、工作可靠度和经济性。设计时可结合各类轴承的结构和性能特点并参照同类机械中轴承的使用经验，根据实际工作情况合理选择。一般应考虑下列因素。

1. 载荷和转速

转速较高、载荷较小、要求旋转精度、无振动和冲击时，选用球轴承；转速较低、载荷较大且有冲击时，应选用滚子轴承。

轴承仅受径向载荷，应选用向心轴承；只受轴向载荷时，则选用推力轴承。同时承受径向和轴向载荷的轴承，当轴向载荷与径向载荷相比较小时，可选用深沟球轴承、接触角 α 较小的角接触球轴承或圆锥滚子轴承；如轴向载荷较大时，则应选用接触角 α 较大的角接触球轴承、加大型圆锥滚子轴承或向心轴承和推力轴承的组合结构。

2. 调心和安装要求

当轴的支点跨度较大、工作中弯曲变形较大或两轴承座孔的同轴度较差时（见图 12-20），应选用内外圈有较大相对角位移的调心轴承。

轴承的内径尺寸确定后，径向空间受限时，选用外径较小的尺寸系列或滚针轴承。轴向空间受限时，选用宽度较窄的尺寸系列。在经常装拆或装拆比较困难的场合，应选用内外圈可分离的圆柱或圆锥滚子轴承。

3. 经济性

从经济性角度考虑，球轴承比滚子轴承价廉，同型号轴承，精度越高，价格越贵，其价格比为 P0：P6：P5：P4＝1：1.5：1.8：6。因此，在满足使用要求的情况下，尽可能选用球轴承和普通精度轴承。

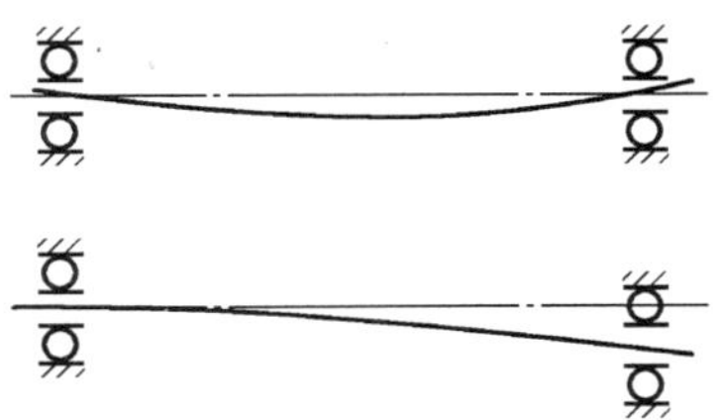
图 12-20 轴的偏斜情况

第五节 滚动轴承的计算

一、滚动轴承的载荷分析

滚动轴承工作时，对于轴向力，可认为由各滚动体平均分担；当受径向力作用时，其载荷及应力的分布不均匀。以图 12-21 所示的深沟球轴承为例，此时只有下半圈滚动体受载。当滚动体进入承载区后，所受载荷由零逐渐增大至 Q_{max}，然后再逐渐减小到零，其上的接触载荷和接触应力是周期性变化的。转动套圈的受载情形与滚动体类似。对于固定套圈，处于承载区内的半圈受载，按其位置不同所受载荷不同，就其上某一点而言，滚动体滚过一次，受载一次，接触载荷与接触应力按稳定的脉动循环变化。

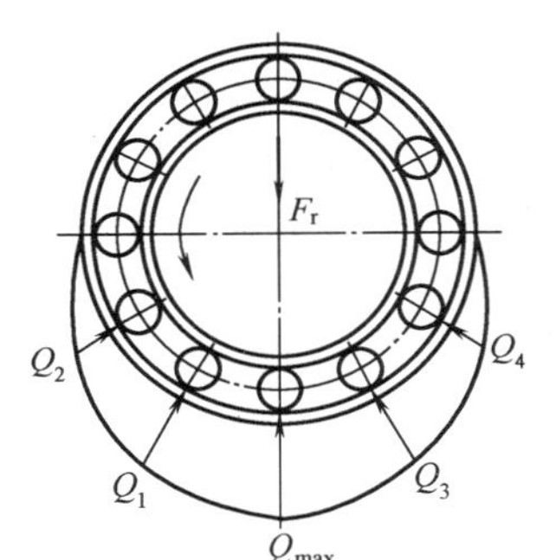

图 12-21 滚动轴承的受载情况

二、滚动轴承的失效形式及计算准则

1. 疲劳点蚀

由以上分析可知，轴承元件在循环变化的接触载荷和接触应力作用下工作一段时间后，滚动体和内外圈滚道表面产生疲劳点蚀，使轴承出现较强烈的振动和噪声。对于在一般载荷、转速、良好的润滑和维护条件下工作的轴承，疲劳点蚀是其主要的失效形式。这类轴承主要对其进行寿命计算。

2. 塑性变形

对于不回转、转速很低或间歇摆动的轴承，由于应力循环变化的次数较少，一般不会发生疲劳点蚀。在较大的静载荷或冲击载荷作用下，滚动体或套圈滚道上将出现不均匀的塑性变形凹坑，使轴承失效。这类轴承主要进行静强度计算以控制塑性变形。

3. 磨损

密封不严或润滑油不洁时，滚动体与套圈可能产生磨粒磨损。润滑不充分或高速轴承，会发生黏着磨损，并引起表面发热而导致胶合。对于这类轴承，除要注意合理的密封和以清洁的润滑油保持良好润滑外，高速运转的轴承，需要进行寿命计算并校核其极限转速。

此外由于装配、使用和维护不当，有时还会使轴承元件碎裂、锈蚀等，对于这类失效，只要注意维护保养即可避免。

三、滚动轴承的寿命计算

滚动轴承的寿命计算主要有两类：一类是已知轴承型号，计算该型号轴承在给定载荷下工作时不发生点蚀失效的工作期限；另一类是给定预期寿命，通过计算，选择在该寿命期内不发生点蚀失效的轴承型号。

1. 寿命计算的有关概念

（1）基本额定寿命 L　大部分滚动轴承的失效形式是疲劳点蚀。对于单个轴承，从开始工作，到任一轴承元件出现疲劳点蚀前的总转数，或在一定转速下的工作小时数，称为滚动轴承的寿命。

大量实验表明，同一型号、同批次生产，在相同载荷、温度、润滑等工作条件下运转的轴承，其寿命各不相同，分布离散，最高寿命和最低寿命甚至相差几十倍。因而轴承的寿命不能以某个轴承的试验结果为标准，因此，引入数理统计的寿命概念，即基本额定寿命作为计算选用轴承的依据。

基本额定寿命是指一批相同型号的轴承，在相同的工作条件下运转，90%的轴承不发生疲劳点蚀前的总转数 L_{10}（单位：10^6r），或在一定转速下的工作小时数 L_h。

（2）基本额定动载荷 C　标准中规定使轴承的寿命恰好为 10^6r 时所能承受的载荷值 C 即为该轴承的基本额定动载荷，它表示轴承抵抗点蚀破坏的能力。对向心轴承指径向载荷，用 C_r 表示；对推力轴承指轴向载荷，用 C_a 表示；对于角接触轴承，指其径向分量。各类轴承的基本额定动载荷 C_r 和 C_a 值可在轴承手册中查得。

（3）当量动载荷 P　滚动轴承的基本额定动载荷是在向心轴承和角接触轴承只受径向载荷，推力轴承只受轴向载荷的特定实验条件下测得的，而滚动轴承在实际工作时，可能同时承受径向和轴向复合载荷，必须把实际载荷换算成与基本额定动载荷的载荷条件相同的假想载荷，这个假想载荷称为当量动载荷，用 P 表示。计算公式为

$$P=f_P(XF_r+YF_a) \tag{12-4}$$

式中　f_P——考虑载荷性质引入的载荷系数，其值见表 12-10；

F_r、F_a——径向、轴向载荷；

X、Y——径向、轴向载荷系数。

表 12-10　载荷系数

载荷性质	f_P	举例
无冲击或轻微冲击	1.0～1.2	电机、汽轮机、通风机等
中等冲击	1.2～1.8	车辆、动力机械、起重机、造纸机、冶金机械、选矿机、水力机械、卷扬机、木材加工机械、传动装置、机床等
强大冲击	1.8～3.0	破碎机、轧钢机、钻探机、振动筛

表 12-11　径向和轴向载荷系数

轴承类型	相对轴向载荷 F_a/C_{0r}	e	F_a/F_r		$F_a/F_r \leqslant e$	
			X	Y	X	Y
深沟球轴承（60000 型）	0.014	0.19	0.56	2.30	1	0
	0.028	0.22		1.99		
	0.056	0.26		1.71		
	0.084	0.28		1.55		
	0.11	0.30		1.45		
	0.17	0.34		1.31		
	0.28	0.38		1.15		
	0.42	0.42		1.04		
	0.56	0.44		1.00		

续表

轴承类型		相对轴向载荷 F_a/C_{or}	e	F_a/F_r		$F_a/F_r \leqslant e$	
				X	Y	X	Y
角接触球轴承	$\alpha=15°$（70000C型）	0.015	0.38	0.44	1.47	1	0
		0.029	0.40		1.40		
		0.058	0.43		1.30		
		0.087	0.46		1.23		
		0.12	0.47		1.19		
		0.17	0.50		1.12		
		0.29	0.55		1.02		
		0.44	0.56		1.00		
		0.58	0.56		1.00		
	$\alpha=25°$（70000AC型）	—	0.68	0.41	0.87	1	0
	$\alpha=40°$（70000B型）	—	1.14	0.35	0.57	1	0
圆锥滚子轴承（30000型）		—	轴承手册	0.4	轴承手册	1	0
调心球轴承（10000型）		—	见轴承手册	0.65	见轴承手册	1	见轴承手册

X、Y 值可按 $F_a/F_r>e$ 和 $F_a/F_r \leqslant e$ 两种情况由表 12-11 查得。对于只受纯径向载荷的轴承，$X=1$，$Y=0$，$P=f_PF_r$；对于只受纯轴向载荷的轴承，$X=0$，$Y=1$，$P=f_PF_a$。表中的 e 值取决于滚动轴承的相对轴向载荷 F_a/C_{or}（C_{or} 为轴承的径向额定静载荷），其大小反映了轴向载荷对滚动轴承承载能力的影响。

2. 滚动轴承的寿命计算

大量的实验研究得出，滚动轴承的载荷与寿命之间的疲劳曲线关系如图 12-22 所示。该曲线的方程为

$$P^{\varepsilon}L_{10}=C^{\varepsilon}\times 1=\text{常数}$$

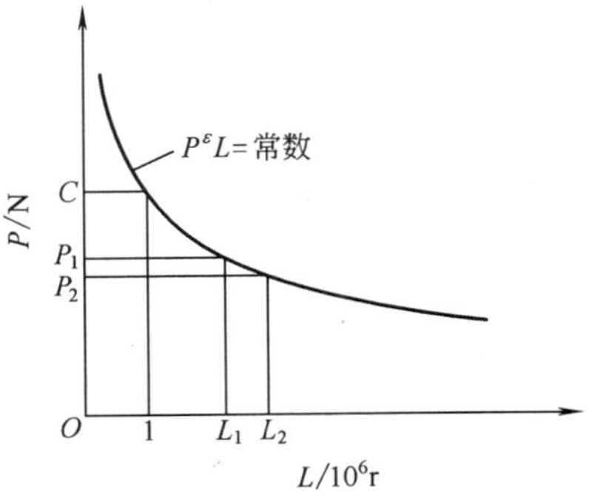

图 12-22　滚动轴承的载荷-寿命曲线

根据上述公式，并考虑轴承在高温条件下（≥20℃）工作时的温度修正系数 f_t，得出滚动轴承寿命计算的基本公式为

$$L_{10}=\left(\frac{f_tC}{P}\right)^{\varepsilon} \qquad (12\text{-}5)$$

式中　f_t——温度系数，见表 12-12；

C——基本额定动载荷，N；

P——当量动载荷，N；

ε——寿命指数，对于球轴承，$\varepsilon=3$；对于滚子轴承，$\varepsilon=10/3$。

表 12-12　温度系数 f_t

轴承工作温度/℃	≤120	125	150	175	200	225	250	300	350
温度系数 f_t	1.00	0.95	0.90	0.85	0.80	0.75	0.70	0.6	0.5

轴承的寿命计算公式以小时表示为

$$L_h=\frac{10^6}{60n}\left(\frac{f_tC}{P}\right)^{\varepsilon} \qquad (12\text{-}6)$$

式中　n——轴承转速，r/min。

若已知轴承的当量动载荷 P 和转速 n，并给定了预期寿命 L_h'，也可根据待选轴承需具有的基本额定动载荷 C' 对轴承进行选型或校核，计算公式为

$$C'=\frac{P}{f_t}\sqrt[\varepsilon]{\frac{60nL_h'}{10^6}} \tag{12-7}$$

表 12-13 列出了常见机器轴承预期使用寿命推荐值。依据 C' 选择轴承时，应使所选轴承的基本额定动载荷 $C \geqslant C'$。

表 12-13　推荐的轴承预期使用寿命值 L_h'

机　器　类　型	预期使用寿命 L_h'/h
不经常使用的仪器或设备，如闸门开闭装置等	300～3000
短期或间断使用的机械，中断使用不致引起严重后果，如手动机械等	3000～8000
间断使用的机械，中断使用后果严重，如发动机辅助设备、流水作业线自动传送装置、升降机、车间吊车、不常使用的机床等	8000～12000
每日 8 小时工作的机械（利用率不高），如一般的齿轮传动、某些固定电动机等	12000～20000
每日 8 小时工作的机械（利用率较高），如金属切削机床、连续使用的起重机、木材加工机械、印刷机械等	20000～30000
24 小时连续工作的机械，如矿山升降机、纺织机械、泵、电动机等	40000～60000
24 小时连续工作的机械，中断使用后果严重，如纤维生产或造纸设备、发电站主电机、矿井水泵、船舶螺旋桨轴等	100000～200000

3. 向心角接触轴承的轴向载荷

向心角接触轴承包括角接触球轴承和圆锥滚子轴承。正确确定这两类轴承的载荷作用中心和轴向载荷是计算其当量动载荷、进行寿命计算和选型设计的前提。

（1）载荷作用中心　计算支反力时需要确定载荷作用中心 O。外圈对承载区内各滚动体法向反力的合力与轴中心线的交点称为载荷作用中心（见图 12-23）。由于接触角 α 的存在，使载荷作用中心偏离轴承宽度中心。对于跨距较大的轴，可近似取轴承宽度中点作为支反力作用点，但对于跨度较小的轴，为减小误差，应由手册查取所选轴承载荷中心到外圈宽边端面的距离 a。

（2）内部轴向力　如图 12-23 所示，轴承仅受径向载荷 F_r 作用时，外圈作用于各滚动体的法向反力 Q_i 将分解为径向分力 R_i 和轴向分力 S_i。轴向分力 S_i 的合力即为轴承的内部轴向力 S。S 的方向沿轴线由轴承外圈的宽端面指向窄端面，使轴承的内外圈有分离的趋势；S 的大小与轴承的接触角 α 和所受径向载荷 F_r 有关，其值可由表 12-14 中公式计算得到。

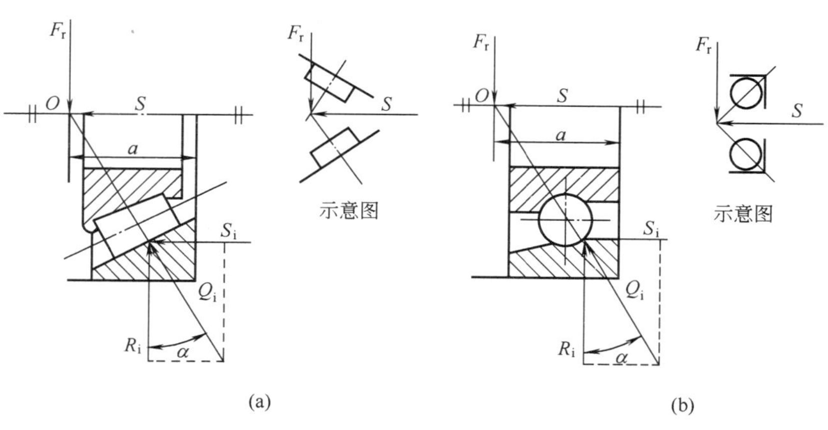

图 12-23　径向载荷产生的轴向分量

表 12-14 角接触球轴承和圆锥滚子轴承的内部轴向力

角接触球轴承			圆锥滚子轴承
$\alpha=15°$(70000C 型)	$\alpha=25°$(70000AC 型)	$\alpha=40°$(70000B 型)	
$F_S=eF_r$ (e 见表 12-11)	$F_S=0.68F_r$	$F_S=1.14F_r$	$F_S=F_r/(2Y)$ (Y 是 $F_a/F_r>e$ 时的轴向系数)

由以上分析可以看出，向心角接触轴承必须使内部轴向力得到平衡才能正常工作，因而这类轴承宜成对使用、反向安装。一般有面对面（外圈窄边相对）和背靠背（外圈宽边相对）两种安装方式。

(3) 轴向载荷　确定向心角接触轴承的轴向载荷时，应同时考虑径向力引起的内部轴向力和作用于轴上的其他轴向力。下面以面对面安装的圆锥滚子轴承为例介绍轴承轴向载荷的计算方法。

图 12-24 中，F_x 为作用于轴上的轴向外载荷，F_{r1}、F_{r2} 和 S_1、S_2 分别为轴承 1、2 所受的径向载荷和内部轴向力。

根据轴的力平衡关系，按下列两种情况进行分析。

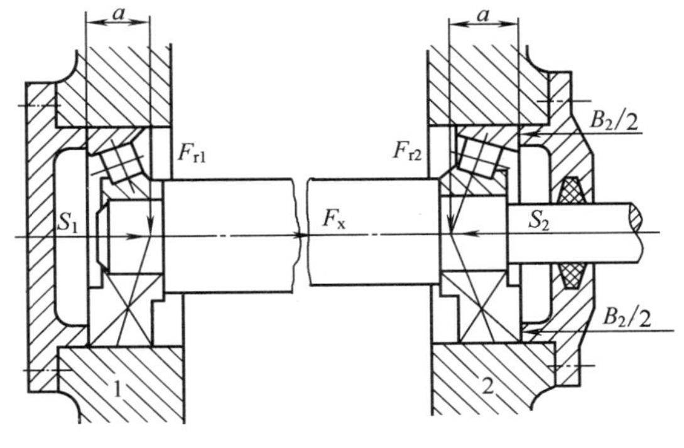

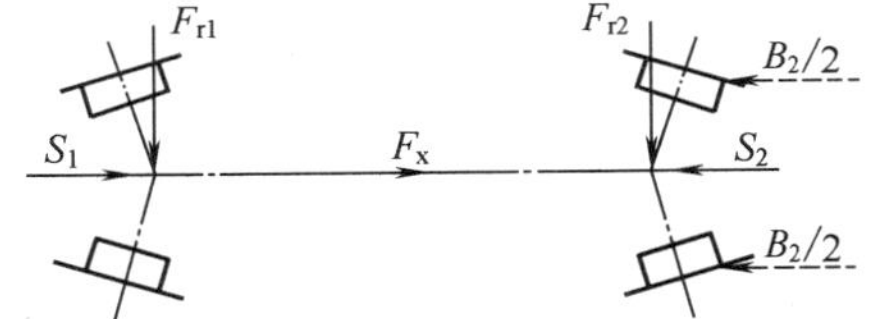

图 12-24 向心角接触轴承的轴向载荷

① 若 $S_1+F_x>S_2$，轴有向右移动的趋势，使轴承 2 被"压紧"，轴承 1"放松"，轴承 2 处将经轴承端盖、外圈给轴一个向左的附加平衡力 B_2，则沿轴线方向的力平衡条件为

$$S_1+F_x=S_2+B_2$$

由此可求得轴承 2 的轴向力为

$$F_{a2}=S_2+B_2=S_1+F_x$$

因轴承 1 只受内部轴向力，故

$$F_{a1}=S_1$$

② 若 $S_1+F_x<S_2$，轴有向左移动的趋势，使轴承 1 被"压紧"，轴承 2"放松"，此时轴的左端将受到来自轴承 1 端盖和外圈的向右的附加平衡力 B_1，其力平衡关系为

$$B_1+S_1+F_x=S_2$$

由此轴承 1 和轴承 2 上的轴向载荷分别为

$$F_{a1}=B_1+S_1=S_2-F_x$$

$$F_{a2}=S_2$$

同理，可以计算背靠背安装的向心角接触轴承的轴向载荷。

综上所述，计算向心角接触轴承轴向载荷的方法可归纳为：

① 按轴承的安装方式，确定轴承内部轴向力 S_1、S_2 的方向；

② 根据轴上轴向外载荷 F_x 和轴承内部轴向力 S_1、S_2 的合力指向，判定被"压紧"和"放松"的轴承；

③ 被"压紧"的轴承的轴向载荷等于自身内部轴向力以外的其余各轴向力的代数和；

④ 被"放松"的轴承的轴向载荷等于自身的内部轴向力。

四、滚动轴承的静强度计算

对于低速、重载的滚动轴承，为防止轴承在静载荷或冲击作用下发生塑性变形，设计时需按静强度进行计算。计算公式为

$$S_0 P_0 \leqslant C_0 \tag{12-8}$$

式中 S_0——静强度安全系数，其值见表 12-15；

C_0——基本额定静载荷，N，指受载最大的滚动体与滚道的接触处的塑性变形达到滚动体直径的万分之一时的载荷。对于向心轴承，指径向静载荷 C_{0r}；对于推力轴承，指中心轴向静载荷 C_{0a}；对于角接触轴承，是指轴承静载荷的径向分量；

P_0——当量静载荷，N，与当量动载荷相同，是一假想载荷，可用下式计算：

式中 X_0、Y_0——静载荷的径向、轴向系数，其值见表 12-16。

表 12-15 静强度安全系数 S_0

轴承使用情况	使用要求、负荷性质及使用场合	S_0	
		球轴承	滚子轴承
旋转轴承	对旋转精度和平稳性要求较高，或受强大冲击负荷	1.5～2.0	2.5～4.0
	一般情况	0.5～2.0	1.0～3.5
	对旋转精度和平稳性要求较低，没有冲击或振动	0.5～2.0	1.0～3.0
不旋转或摆动轴承	水坝闸门装置	≥1	
	吊桥	≥1.5	
	附加动载荷较小的大型起重机吊钩	≥1	
	附加动载荷很大的小型装卸起重机吊钩	≥1.6	
各种使用场合下的推力调心滚子轴承		≥4	

$$P_0 = X_0 F_r + Y_0 F_a \tag{12-9}$$

表 12-16 径向与轴向静载荷系数 X_0、Y_0

轴承类型		X_0	Y_0
深沟球轴承		0.6	0.5
角接触球轴承	7000C	0.5	0.4
	7000AC		0.3
	7000B		0.2
圆锥滚子轴承		0.5	查表 12-21

【例 12-3】 某支承根据工作条件决定使用深沟球轴承。已知轴承径向载荷 $F_r=5500$N，轴向载荷 $F_a=2700$N，转速 $n=1250$r/min。轴颈直径可在 60～70mm 范围内选取，运转时有轻微冲击，预期寿命 $L_h'=5000$h。试确定轴承型号。

解： 1. 初选轴承型号

根据工作条件和轴颈直径，初选轴承 6313。由轴承手册查得该轴承的基本额定静载荷 $C_{0r}=60500$ N，基本额定动载荷 $C=93800$N。

2. 计算当量动载荷 P

$F_a/C_{0r}=2700/60500=0.046$。查表 12-11 由插值法得 $e=0.256$。

$F_a/F_r=2700/5500=0.49>e$。由表 12-11 查得 $X=0.56$，用插值法得 $Y=1.738$。

因有轻微冲击，查表 12-10 取载荷系数 $f_P=1.2$，则当量动载荷为

$$P=f_P(XF_r+YF_a)=1.2(0.56\times5500+1.738\times2700)\text{N}=9327\text{N}$$

3. 计算轴承寿命

因轴承为常温下工作，取 $f_t=1$，球轴承，$\varepsilon=3$，则

$$L_h=\frac{10^6}{60n}\left(\frac{f_tC}{P}\right)^\varepsilon=\frac{10^6}{60\times1250}\left(\frac{1\times93800}{9327}\right)^3=13561(\text{h})>L_h'=5000(\text{h})$$

所选轴承 6313 合适。

【例 12-4】 一斜齿轮减速器，根据工作条件暂定采用一对型号为 7308AC 的角接触轴承（见图 12-25）。已知轴承所受的径向载荷 $F_{r1}=1000\text{N}$，$F_{r2}=2060\text{N}$，外部轴向载荷 $F_x=880\text{N}$。转速 $n=5000\text{r/min}$，中等冲击，预期使用寿命 $L_h'=2500\text{h}$。试校核所选轴承型号是否合适。

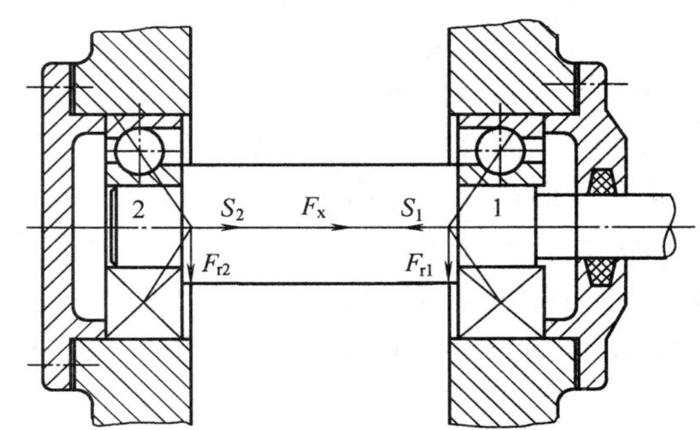

图 12-25　斜齿轮轴系

解：1. 计算轴承的内部轴向力

由表 12-9 查得 7308AC 轴承的内部轴向力计算式为 $S=0.68F_r$，则

$$S_1=0.68F_{r1}=0.68\times1000\text{N}=680\text{N}$$

$$S_2=0.68F_{r2}=0.68\times2060\text{N}=1401\text{N}$$

S_1、S_2 的方向如图 12-25 所示。

2. 计算轴承的轴向载荷

因 $F_x+S_2=880\text{N}+1401\text{N}=2281\text{N}>S_1$，轴有向右移动的趋势，1 轴承被“压紧”，2 轴承被“放松”，则

$$F_{a1}=F_x+S_2=880\text{N}+1401\text{N}=2281\text{N}$$

$$F_{a2}=S_2=1401\text{N}$$

3. 计算当量动载荷

查表 12-11 得 70000AC 型轴承的 $e=0.68$。

$\dfrac{F_{a1}}{F_{r1}}=\dfrac{2281}{1000}=2.281>e$，查表 12-11 得 $X=0.41$，$Y=0.87$。运转中有中等冲击，查表 12-10 取载荷系数 $f_P=1.5$，则

$$P_1=f_P(XF_{r1}+YF_{a1})=1.5(0.41\times1000+0.87\times2281)\text{N}=3592\text{N}$$

$\dfrac{F_{a2}}{F_{r2}}=\dfrac{1401}{2060}=0.68=e$，查表 12-11 得 $X=1$，$Y=0$，则

$$P_2=f_P(XF_{r2}+YF_{a2})=1.5\times(1\times2060+0\times1401)\text{N}=3090\text{N}$$

比较两轴承的当量动载荷值 $P_1>P_2$，因型号相同，应取较大值 P_1 进行寿命计算。

4. 校核基本额定动载荷

常温工作，取 $f_t=1$，球轴承，$\varepsilon=3$，则该轴承应具有的基本额定动载荷 C' 为

$$C'=\frac{P}{f_t}\sqrt[\varepsilon]{\frac{60nL_h'}{10^6}}=\frac{3592}{1}\sqrt[3]{\frac{60\times5000\times2500}{10^6}}\text{N}=32635\text{N}$$

由轴承手册查得 7308AC 型轴承的基本额定动载荷 $C=33500\text{N}$，因 $C'<C$，故所选轴承

合适。

第六节　滚动轴承的组合设计

滚动轴承的类型和型号选择合适后，还必须考虑轴承的配置、定位、装拆、调整、润滑等问题，即合理地进行轴承的组合设计，以保证轴承与相邻零件之间结构和功能上的协调性，正常高效地工作。

一、滚动轴承的组合和轴系的定位

1. 滚动轴承的组合

各种类型轴承的不同组合可以满足不同的使用要求。常见滚动轴承的组合有以下几种。

（1）两深沟球轴承组合（见图 12-26）　这种组合能承受纯径向载荷，也能同时承受径向载荷和轴向载荷，应用广泛。

（2）圆柱滚子轴承和定位深沟球轴承组合（见图 12-27）　这种组合用于承受纯径向载荷或径向和轴向联合载荷时，径向载荷超过深沟球轴承承载能力的场合。两支点跨距大时，定位球轴承布置在滚子轴承的外侧；跨距较小时，定位球轴承布置在两滚子轴承之间。

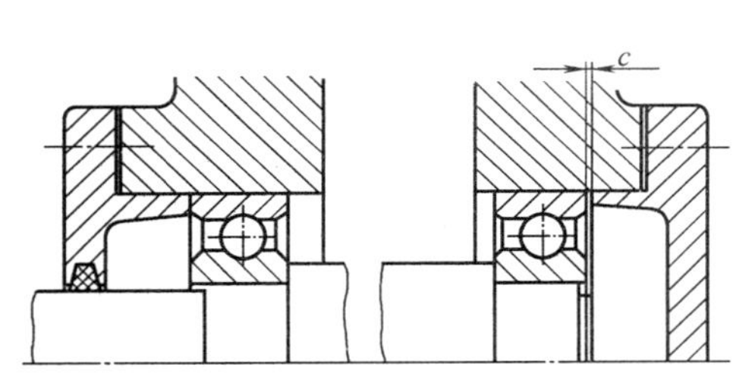

图 12-26　两深沟球轴承组合

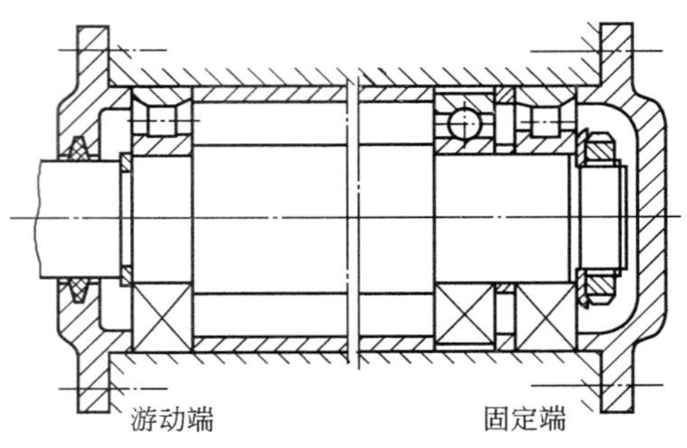

图 12-27　圆柱滚子轴承和定位深沟球轴承组合

（3）两角接触轴承的组合（见图 12-28 和图 12-29）　这种组合能承受径向和轴向联合载荷，可以分装于两个支点，也可以成对安装于同一个支点（见图 12-30）。突出优点是可以根据实际需要调整轴的轴向窜动，可使轴无轴向窜动和径向间隙。

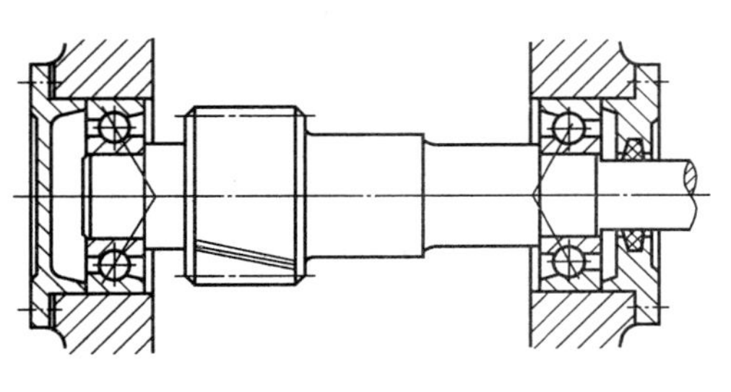

图 12-28　两角接触球轴承组合

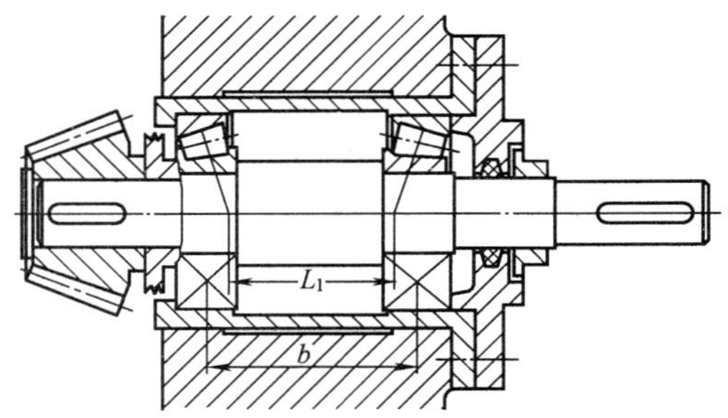

图 12-29　两圆锥滚子轴承组合

（4）立轴的轴承组合（见图 12-31）　水平轴的组合设计原则同样适用于立轴。但要注意两点：一要尽可能利用上支承的轴承使轴轴向固定；二要注意润滑油的保存。

2. 轴系的定位

轴系定位的目的主要是为了防止轴受热膨胀后将轴承卡死，从而使轴系的位置宏观固定，微观可调。常用的轴系轴向定位方式有以下三种。

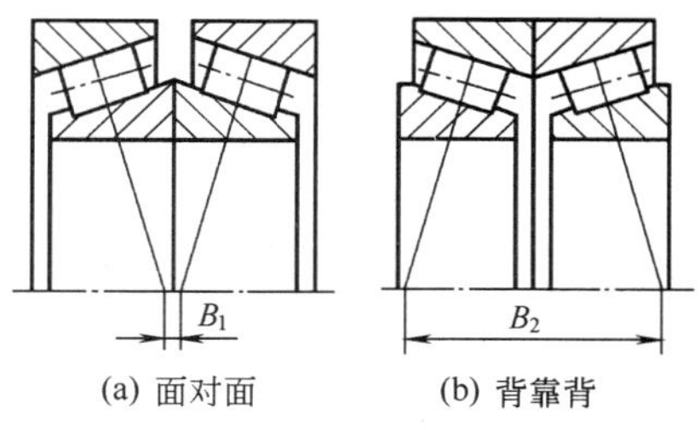

图 12-30　两角接触轴承组合为一支点

（1）两端固定　如图 12-26 所示，两个支点的轴承各限制一个方向的轴向移动，联合起来实现轴系的双向定位。右支点的间隙 c 是考虑轴受热伸长所留的间隙，一般预留 0.25～0.4mm。对于深沟球轴承，其大小靠增减端盖与箱体之间垫片厚度来保证；对向心角接触轴承，则靠调整轴承外圈或内圈的轴向位置即内部游隙来补偿。这种定位方式结构简单，易于安装调整，适用于工作温度变化不大，支点跨距小于 350mm 的轴。

（2）一端固定、一端游动　如图 12-32 所示，该轴系左端轴承内外圈均双向固定，承受双向轴向载荷，右端轴承只对内圈进行双向固定，外圈在轴承座孔内可以轴向游动，是补偿轴的热膨胀的游动端。若是用内外圈可分离的圆柱滚子轴承和滚针轴承，则内外圈都要双向固定（见图 12-27）。这种轴系定位方式适用于跨度大，工作温度较高的轴。

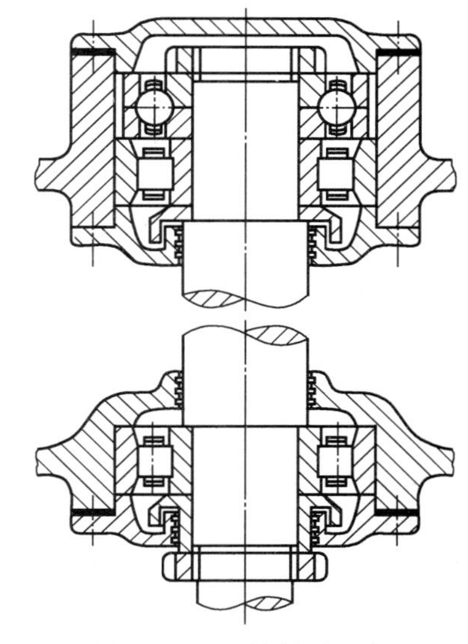

图 12-31　立轴轴承组合

（3）两端游动　这种轴系定位方式一般是为满足某种特殊需要而采用的。图 12-33 所示为一人字齿轮轴，由于齿轮左右两侧螺旋角的加工误差，使其不易达到完全对称以及人字齿轮间的相互限位作用，只能固定其中一根齿轮轴，而必须使另一齿轮轴两端都能游动，自动调位，以防止人字齿两侧受力不均或齿轮卡死。

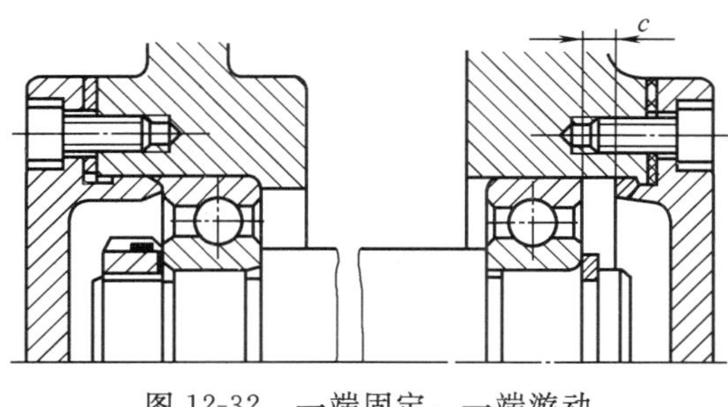

图 12-32　一端固定，一端游动

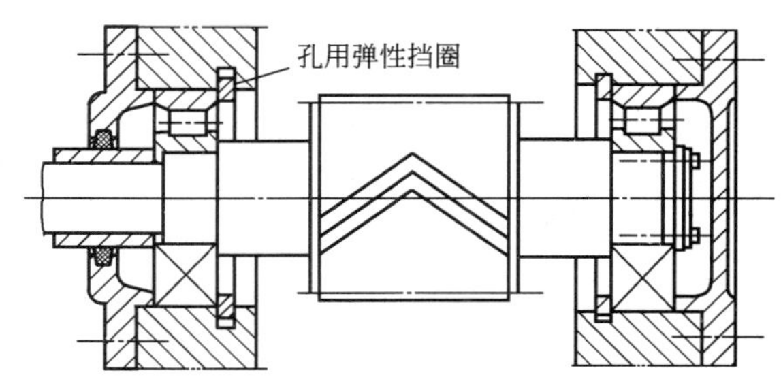

图 12-33　两端游动

轴承内圈在轴上的轴向固定应根据轴向载荷的大小选用，一般采用轴肩、弹性挡圈、轴端挡圈和圆螺母等结构（见图 12-34）。外圈则采用机座凸台、孔用弹性挡圈、轴承端盖等形式固定（见图 12-35）。

二、滚动轴承的配合与装拆

滚动轴承的周向固定是通过选择适当的配合来实现的。由于滚动轴承是标准件，其内圈与轴颈的配合采用基孔制，外圈与座孔的配合采用基轴制。转动圈整圈受载，配合应选紧

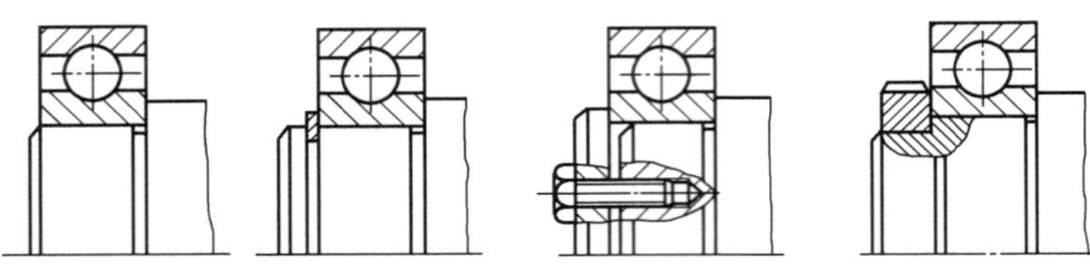

图 12-34　轴承内圈的轴上固定

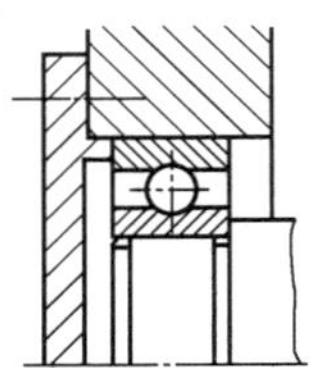
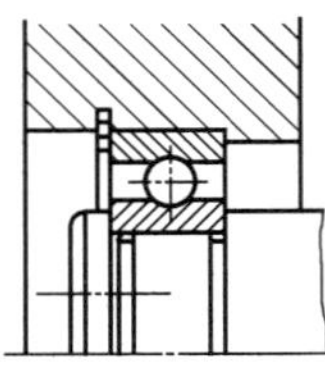
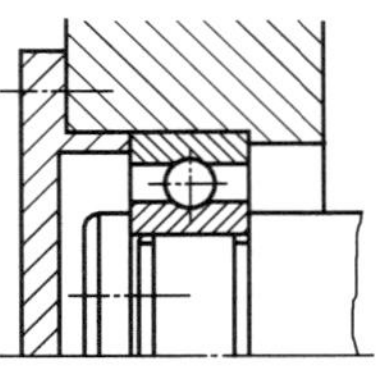

图 12-35　轴承外圈的轴上固定

些，固定圈局部受载，为使工作时受载部位有所变化以提高寿命，配合应松一些。载荷大、转速高、工作温度高时采用紧一些的配合，经常装拆或游动圈则采用较松的配合。

一般机械，轴颈的公差常取 n6、m6、k6 和 js6，座孔的公差常取 J6、J 7、H7 和 G7，如图 12-36 所示。

滚动轴承的安装和拆卸是轴承组合设计中的一部分重要内容。装拆方法不当，会造成对轴颈和其他零件的损害。正确的方法是：首先仔细检查配合表面，确认无问题时用煤油或汽油把配合表面清洗干净，涂上润滑剂。对于中小型轴承，可用手锤通过装配套管打入轴颈（见图 12-37）。对于较大尺寸的轴承，为装配方便，可先将轴承放入热油中加热，然后用压力机对内圈加力后将轴承套装在轴颈上。

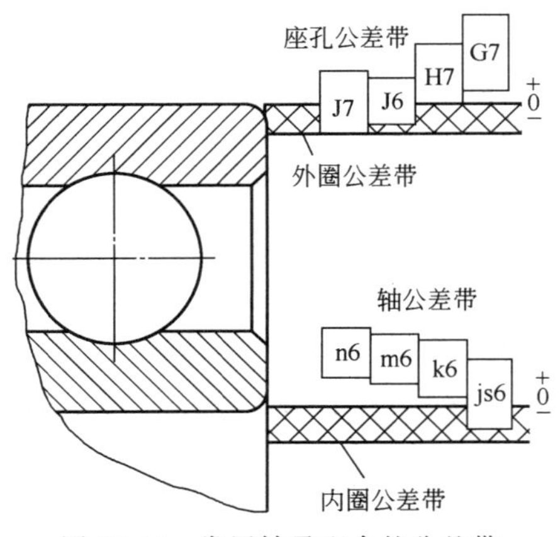

图 12-36　常用轴承配合的公差带

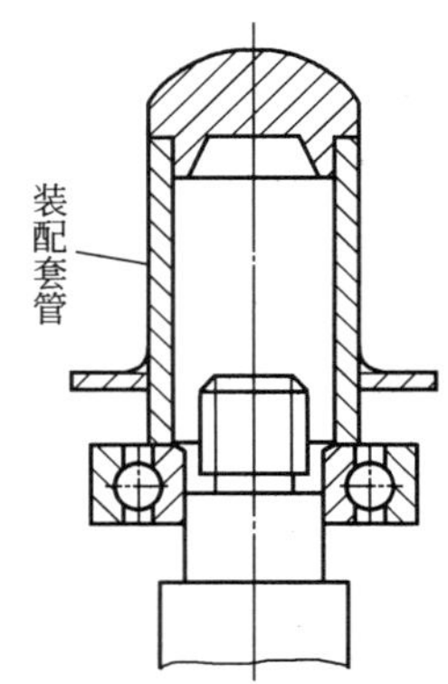

图 12-37　滚动轴承的装配

滚动轴承内圈的拆卸一般用带钩爪的轴承拆卸器［图 12-38（a）］。注意轴肩高度固定时应不大于内圈高度，留出安装拆卸器的空间；外圈拆卸时应留出拆卸高度 h 或在壳体上制出能放置拆卸螺钉的螺孔［图 12-38（b）］。

三、滚动轴承的润滑和密封*

滚动轴承润滑分脂润滑和油润滑两种。

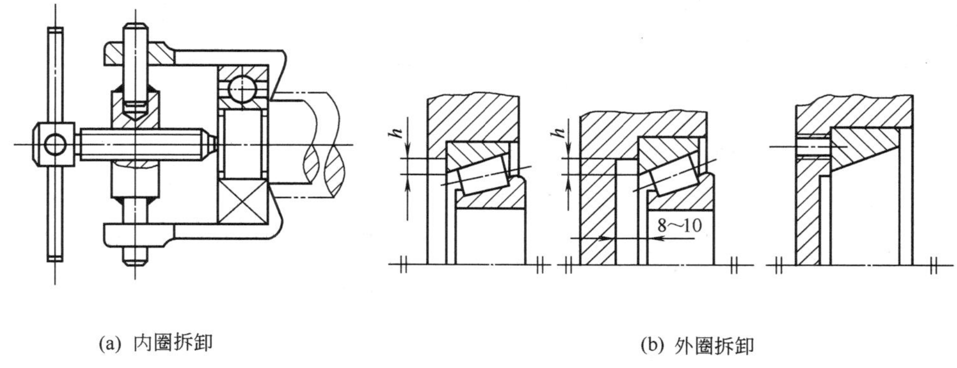

图 12-38　滚动轴承的拆卸

脂润滑承载能力大，结构简单，易于密封，但摩擦阻力大，散热效果差。一般只用于 $dn<2.5\times10^5$ mm・r/min 的场合。润滑脂一般在装配时加入，每三个月加一次新脂。其润滑装置、装填量、及轴承座结构如图 12-39 所示。

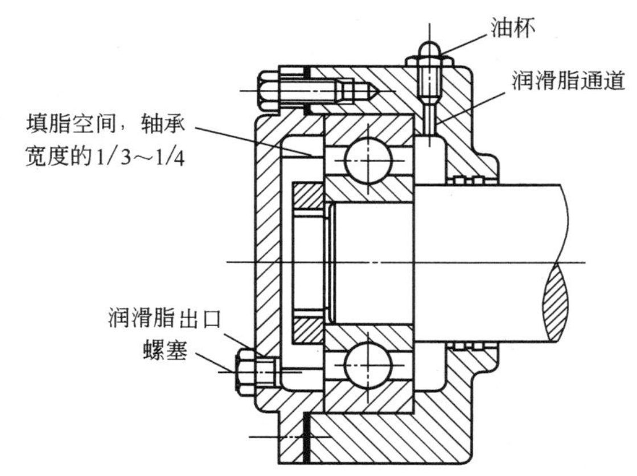

图 12-39　脂润滑的轴承座结构

油润滑的润滑和冷却效果都较好，速度较高或工作温度较高的轴承都采用油润滑。其润滑方式有人工加油、滴油、飞溅、油浴、喷油和油雾等润滑。需根据速度、载荷、温度等具体工作条件合理选择润滑油及润滑方式。各类轴承通常工作温度下的最低黏度要求如下。

调心滚子轴承　　20mm²/s

其他向心轴承　　12mm²/s

推力角接触轴承　　32mm²/s

为了防止润滑剂的泄漏和外界灰尘、水分等杂质的侵入，滚动轴承必须密封。滚动轴承的密封分接触式密封和非接触式密封两大类，常用的密封方式及其应用见表 12-17。

四、滚动轴承的过早损伤和预防*

各类滚动轴承都有工作寿命，在一定工作条件下运转到一定期限时发生疲劳失效是正常现象。但实际使用时，常发生过早损伤，其原因和预防措施见表 12-18。

三种常用滚动轴承的尺寸参数见表 12-19～表 12-21，供学习时查阅，详细资料见《机械零件手册》。

表 12-17　滚动轴承常用密封方式及其应用

接触式密封	非接触式密封
毡圈密封 $v<4\sim5\mathrm{m/s}$ 用于润滑脂，工作温度小于 90℃，结构简单，但毡圈易磨损	间隙式密封 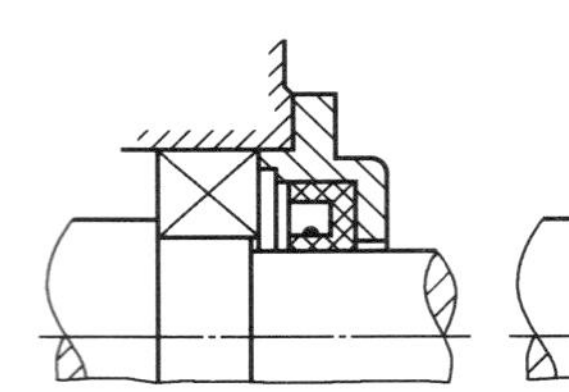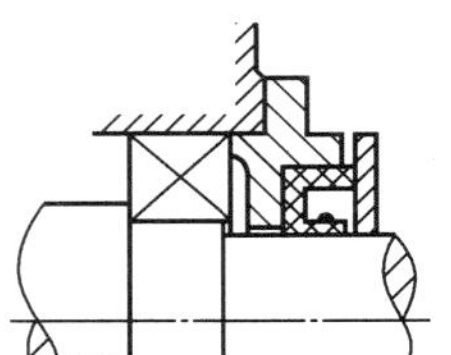 防止漏油　　防尘 速度不限 用于润滑脂。间隙处注满润滑脂，结构简单，污物及潮气不太严重的环境可用
橡胶油封 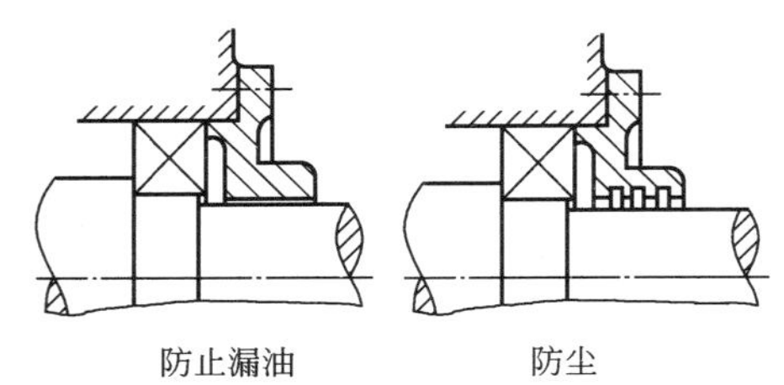 防止漏油　　防尘 $v<7\mathrm{m/s}$ 润滑油、润滑脂均可使用。工作温度 −40～100℃，使用方便，密封可靠，高速时易发热	迷宫式密封 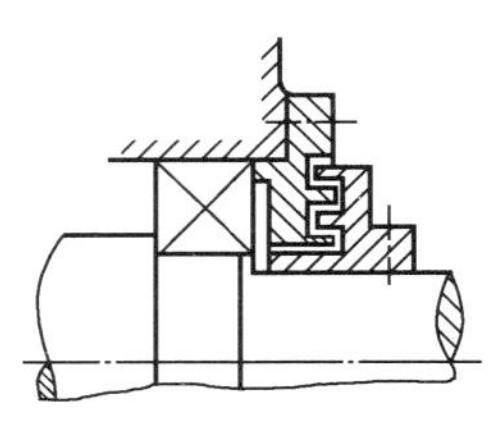 $v<30\mathrm{m/s}$ 速度不限 润滑油、润滑脂均可使用。缝内填润滑脂；用于载荷较重的轴承

表 12-18　滚动轴承过早损伤及预防

原　因	后果与说明	预　防　措　施
污染	外来污染有杂质、灰尘和潮气等。杂质、灰尘似磨料，使滚道产生擦痕和压痕；潮气使套圈出现锈斑	改善润滑；储存、搬运和装配时注意保持轴承的清洁；采用更有效的密封装置
变形	如轴和轴承座孔不圆，在间隙小的一边，滚道出现剥落	消除产生变形的原因
不同轴	轴的弯曲、轴肩不垂直、轴承座孔不平行。滚道和滚动体上磨出不对称的凹槽。对滚子轴承危害尤为严重	认真检查、分析、判断具体损伤原因，通过提高加工与装配精度予以纠正，否则更换新轴承后还会产生同样的后果
配合不当	内圈配合过紧可能使内圈裂开；外圈配合过松引起外圈磨损与锈蚀；内圈配合过松导致轴承内孔表面“蠕动”磨损	改选合适的配合
润滑不良	润滑剂过黏、过量使滚动体在滚道上滑动产生表面碾压而磨损；润滑剂不足也将引起同样的后果；润滑剂含水引起锈蚀	改进润滑系统；调整供油量（填脂量）；采用规定的润滑剂
外部振动	静止时受振动，因撞击表面出现凹陷	消除振源
电蚀	电流通过轴承会产生电弧而导致电蚀	找出漏电原因并消除之
材料缺陷	在有缺陷处出现剥落、裂纹等	换新轴承
装配工艺不当	使用不合适的工具、如锤子、凿子等将造成套圈碎裂、变形；施力部位不当也将引起同样后果	必须严格按规定的滚动轴承装配工艺进行装配

表 12-19 深沟球轴承（摘自 GB/T 276—1993）

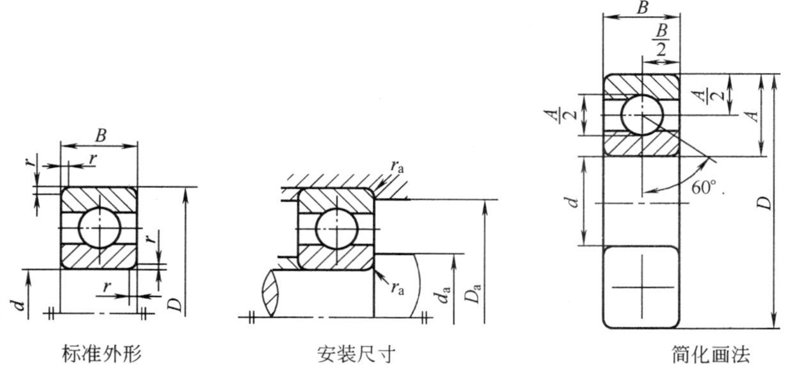

轴承代号	基本尺寸/mm				安装尺寸/mm			基本额定动载荷 C/kN	基本额定静载荷 C_0/kN
	d	D	B	r_s min	d_a min	D_a max	r_a max		
6004	20	42	12	0.6	25	37	0.6	9.38	5.02
6204		47	14	1.0	26	41	1.0	12.80	6.65
6304		52	15	1.1	27	45	1.0	15.80	7.88
6404		72	19	1.1	27	65	1.0	31.00	15.20
6005	25	47	12	0.6	30	42	0.6	10.00	5.85
6205		52	15	1.0	31	46	1.0	14.00	7.88
6305		62	1.7	1.1	32	55	1.0	22.20	11.50
6405		80	21	1.5	34	71	1.5	38.20	19.20
6006	30	55	13	1.0	36	49	1.0	13.20	8.30
6206		62	16	1.0	36	56	1.0	19.50	11.50
6306		72	19	1.1	37	65	1.0	27.00	15.20
6406		90	23	1.5	39	81	1.5	47.50	24.5
6007	35	62	14	1.0	41	56	1.0	16.20	10.50
6207		72	17	1.1	42	65	1.0	25.50	15.20
6307		80	21	1.5	44	71	1.5	33.20	19.20
6407		100	25	1.5	44	91	1.5	56.80	29.50
6008	40	68	15	1.0	46	62	1.0	17.00	11.80
6208		80	18	1.1	47	73	1.0	29.50	18.00
6308		90	23	1.5	49	81	1.5	40.80	24.00
6408		110	27	2.0	50	100	2.0	65.50	37.50

续表

轴承代号	基本尺寸/mm				安装尺寸/mm			基本额定动载荷 C/kN	基本额定静载荷 C_0/kN
	d	D	B	r_s min	d_a min	D_a max	r_a max		
6009	45	75	16	1.0	51	69	1.0	21.10	14.80
6209		85	19	1.1	52	78	1.0	31.50	20.50
6309		100	25	1.5	54	91	1.5	52.80	31.80
6409		120	29	2.0	55	110	2.0	77.50	45.50
6010	50	80	16	1.0	56	74	1.0	22.00	16.20
6210		90	20	1.1	57	83	1.0	35.00	23.20
6310		110	27	2.0	60	100	2.0	61.80	38.00
6410		130	31	2.1	62	118	2.1	92.20	55.20
6011	55	90	18	1.1	62	83	1.0	30.20	21.80
6211		100	21	1.5	64	91	1.5	43.20	29.20
6311		120	29	2.0	65	110	2.0	71.50	44.80
6411		140	33	2.1	67	128	2.1	100.00	62.50
6012	60	95	18	1.1	67	88	1.0	31.50	24.20
6212		110	22	1.5	69	101	1.5	47.80	32.80
6312		130	31	2.1	72	118	2.1	81.80	51.80
6412		150	35	2.1	72	138	2.1	108.00	70.00
6013	65	100	18	1.1	72	93	1.0	32.00	24.80
6213		120	23	1.5	74	111	1.5	57.20	40.00
6313		140	33	2.1	77	128	2.1	93.80	60.50
6413		160	37	2.1	77	148	2.1	118.00	78.50
6014	70	110	20	1.1	77	103	1.0	38.50	30.50
6214		125	24	1.5	79	116	1.5	60.80	45.00
6314		150	35	2.1	82	138	2.1	105.00	68.00
6414		180	42	3.0	84	166	2.5	140.00	99.50
6015	75	115	20	1.1	82	108	1.0	40.20	33.20
6215		130	25	1.5	84	121	1.5	66.00	49.50
6315		160	37	2.1	87	148	2.1	112.00	76.80
6415		190	45	3.0	89	176	2.5	155.00	115.00

注：1. 标准摘自 GB/T 276 滚动轴承、深沟球轴承外形尺寸。

2. 表中 r_{smin} 为 r_s 的单向最小倒角尺寸；r_{amax} 为 r_a 的单向最大倒角尺寸。

表 12-20 角接触球轴承（摘自 GB/T 292—1993）

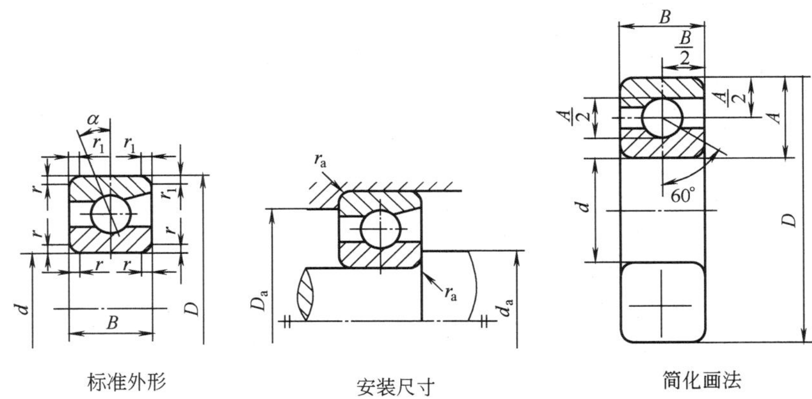

标准外形　　安装尺寸　　简化画法

轴承代号	基本尺寸/mm					安装尺寸/mm			基本额定动载荷 C/kN	基本额定静载荷 C_0/kN
	d	D	B	r_s min	r_{1s} min	d_a min	D_a max	r_a max		
7204C									14.50	8.22
7204AC	20	47	14	1.0	0.3	26	41	1.0	14.00	7.82
7204B									14.00	7.85
7205C									16.50	10.50
7205AC	25	52	15	1.0	0.3	31	46	1.0	15.80	9.88
7205B									15.80	9.45
7395B		62	17	1.1	0.6	32	55	1.0	26.20	15.20
7206C									23.00	15.00
7206AC	30	62	16	1.0	0.3	36	56	1.0	22.00	14.20
7206B									20.50	13.80
7306B		72	19	1.1	0.6	37	65	1.0	31.00	19.20
7207C									30.50	20.00
7207AC	35	72	17	1.1	0.6	42	65	1.0	29.00	19.20
7207B									27.00	18.80
7307B		80	21	1.5	0.6	44	71	1.5	38.20	24.50
7208C									36.80	25.80
7208AC	40	80	18	1.1	0.6	47	73	1.0	35.20	24.50
7208B									32.50	23.50
7308B		90	23	1.5	0.6	49	81	1.5	46.20	30.50

续表

轴承代号	基本尺寸/mm					安装尺寸/mm			基本额定动载荷 C/kN	基本额定静载荷 C_0/kN
	d	D	B	r_s min	r_{1s} min	d_a min	D_a max	r_a max		
7408B	40	110	27	2.0	1.0	50	100	2.0	67.00	47.50
7209C	45	85	19	1.1	0.6	52	78	1.0	38.50	28.50
7209AC									36.80	27.20
7209B									36.00	26.20
7309B		100	25	1.5	0.6	54	91	1.5	59.50	39.80
7210C	50	90	20	1.1	0.6	57	83	1.0	42.80	32.00
7210AC									40.80	30.50
7210B									37.50	29.00
7310B		110	27	2.0	1.0	60	100	2.0	68.20	48.00
7211C	55	100	21	1.5	0.6	64	91	1.5	52.80	40.50
7211AC									50.50	38.50
7211B									46.20	36.00
7311B		120	29	2.0	1.0	65	110	2.0	78.80	56.50
7212C	60	110	22	1.5	0.6	69	101	1.5	61.00	48.50
7212AC									58.20	46.20
7212B									56.00	44.50
7312B		130	31	2.1	1.1	72	118	2.1	90.00	66.30
7213C	65	120	23	1.5	0.6	74	111	1.5	69.80	55.20
7213AC									66.50	52.50
7213B									62.50	50.20
7313B		140	33	2.1	1.1	77	128	2.1	102.00	77.80
7214C	70	125	24	1.5	0.6	79	116	1.5	70.20	60.00
7214AC									69.20	57.50
7214B									70.20	57.20
7314B		150	35	2.1	1.1	82	138	2.1	115.00	87.20
7215C	75	130	25	1.5	0.6	84	121	1.5	79.20	65.80
7215AC									75.20	63.00
7215B									72.80	62.00
7315B		160	37	2.1	1.1	87	148	2.1	125.00	98.50

注：1. 标准摘自 GB/T 292 滚动轴承、角接触球轴承（单列）外形尺寸。

2. 表中 r_{smin}、r_{1smin}分别为 r_s、r_{1s}的单向最小倒角尺寸；r_{amax}为 r_a的单向最大倒角尺寸。

3. 轴承代号中的 C、AC、B 分别代表轴承接触角 $\alpha=15°$、25°、40°。

表 12-21 圆锥滚子轴承（摘自 GB/T 297—1993）

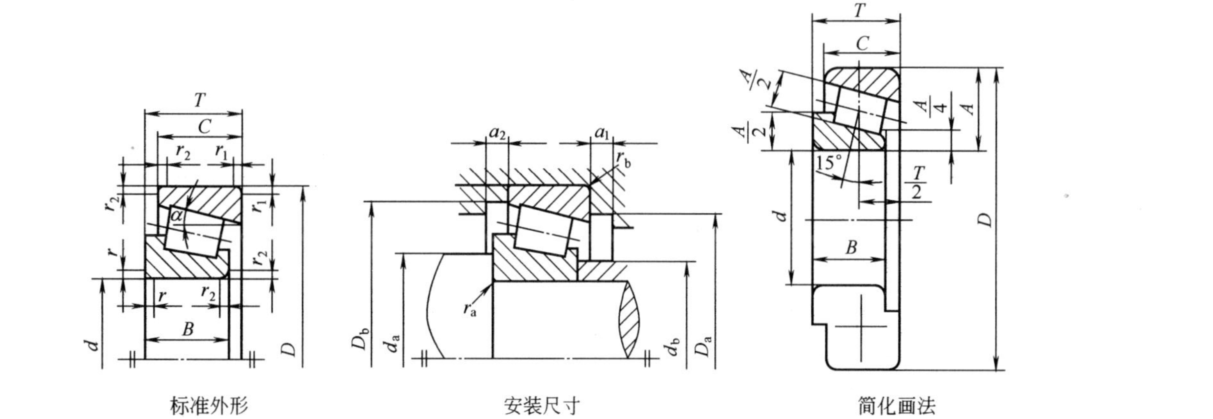

轴承代号	基本尺寸/mm								安装尺寸/mm								基本额定动载荷 C/kN	基本额定静载荷 C_0/kN	计算系数		
	d	D	T	B	C	r_s min	r_{1s} min	r_{2s} min	d_a min	d_b max	D_a max	D_b min	a_1 min	a_2 min	r_{as} max	r_{bs} max			e	Y	Y_0
30204	20	47	15.25	14	12	1.0	1.0	0.5	26	27	41	43	2.0	3.5	1.0	1.0	28.2	30.5	0.35	1.7	1.0
30304		52	16.25	15	13	1.5	1.5	0.8	27	28	45	48	3.0	3.5	1.5	1.5	33.0	33.2	0.3	2.0	1.1
30205	25	52	16.25	15	13	1.0	1.0	0.5	31	31	46	48	2.0	3.5	1.0	1.0	32.2	37.0	0.37	1.6	0.9
30305		62	18.25	17	15	1.5	1.5	0.8	32	34	55	58	3.0	3.5	1.5	1.5	46.8	48.0	0.3	2.0	1.1
30206	30	62	17.25	16	14	1.0	1.0	0.5	36	37	56	58	2.0	3.5	1.0	1.0	43.2	50.5	0.37	1.6	0.9
30306		72	20.75	19	16	1.5	1.5	0.8	37	40	65	66	3.0	5.0	1.5	1.5	59.0	63.0	0.31	1.9	1.0
30207	35	72	18.25	17	15	1.5	1.5	0.8	42	44	65	67	2.0	3.5	1.5	1.5	54.2	63.5	0.37	1.6	0.9
30307		80	22.75	21	18	2.0	1.5	0.8	44	45	71	74	3.0	5.5	2.0	1.5	75.2	82.5	0.31	1.9	1.0

续表

轴承代号	基本尺寸/mm								安装尺寸/mm								基本额定动载荷 C/kN	基本额定静载荷 C_0/kN	计算系数		
	d	D	T	B	C	r_s min	r_{1s} min	r_{2s} min	d_a min	d_b max	D_a max	D_b min	a_1 min	a_2 min	r_{as} max	r_{bs} max			e	Y	Y_0
30208	40	80	19.75	18	16	1.5	1.5	0.8	47	49	73	75	3.0	4.0	1.5	1.5	63.0	74.0	0.37	1.6	0.9
30308		90	25.25	23	20	2.0	1.5	0.8	49	52	81	84	3.0	5.5	2.0	1.5	90.8	108.0	0.35	1.7	1.0
30209	45	85	20.75	19	16	1.5	1.5	0.8	52	53	78	80	3.0	5.0	1.5	1.5	67.8	83.5	0.4	1.5	0.8
30309		100	27.75	25	22	2.0	1.5	0.8	54	59	91	94	3.0	5.0	2.0	1.5	108.0	130.0	0.35	1.7	1.0
30210	50	90	21.75	20	17	1.5	1.5	0.8	57	58	83	86	3.0	5.0	1.5	1.5	73.2	92.0	0.42	1.4	0.8
30310		110	29.25	27	23	2.5	2.0	1.0	60	65	100	103	4.0	6.5	2.1	2.0	130.0	158.0	0.35	1.7	1.0
30211	55	100	22.75	21	18	2.0	1.5	0.8	64	64	91	95	4.0	5.0	2.0	1.5	90.8	115.0	0.4	1.5	0.8
30311		120	31.50	29	25	2.5	2.0	1.0	65	70	110	112	4.0	6.5	2.1	2.0	152.0	188.0	0.35	1.7	1.0
30212	60	110	23.75	22	19	2.0	1.5	0.8	69	69	101	103	4.0	5.0	2.0	1.5	102.0	130.0	0.4	1.5	0.8
30312		130	33.50	31	26	3.0	2.5	1.2	72	76	118	121	5.0	7.5	2.5	2.1	170.0	210.0	0.35	1.7	1.0
30213	65	120	24.75	23	20	2.0	1.5	0.8	74	77	111	114	4.0	5.0	2.0	1.5	120.0	152.0	0.4	1.5	0.8
30313		140	36.0	33	28	3.0	2.5	1.2	77	83	128	131	5.0	8.0	2.5	2.1	195.0	242.0	0.35	1.7	1.0
30214	70	12	26.25	24	21	2.0	1.5	0.8	79	81	116	119	4.0	5.5	2.0	1.5	132.0	175.0	0.42	1.4	0.8
30314		150	38.0	35	30	3.0	2.5	1.2	82	89	138	141	5.0	8.0	2.5	2.1	218.0	272.0	0.35	1.7	1.0
30215	75	130	27.25	25	22	2.0	1.5	0.8	84	85	121	125	4.0	5.0	2.0	1.5	138.0	185.0	0.44	1.4	0.8
30315		160	40.0	37	31	3.0	2.5	1.2	87	95	148	150	5.0	9.0	2.5	2.1	252.0	318.0	0.35	1.7	1.0

注：1. 标准摘自 GB/T 297 滚动轴承、圆锥滚子轴承（单列）外形尺寸。

2. 表中 r_{smin}、r_{1smin}、r_{2smin}分别为 r_s、r_{1s}、r_{2s}的单向最小倒角尺寸，r_{asmax}、r_{bsmax}为 r_{as}、r_{bs}的单向最大倒角尺寸。

小　结

本章的主要内容如下。

1. 轴承按摩擦性质分为滑动轴承和滚动轴承，它们的应用场合不同。

2. 滑动轴承按受力方向分为向心滑动轴承和推力滑动轴承；向心滑动轴承分为整体式和剖分式，推力滑动轴承分为实心式、空心式、单环式和多环式。

3. 向心滑动轴承和推力滑动轴承的类型、材料和型号选择及校核计算。

4. 滚动轴承分为球轴承和滚子轴承；按结构可分为10类，其中8类常用。滚动轴承按承载方向又分为向心轴承和推力轴承。

5. 滚动轴承的类型选择；滚动轴承的几个常用基本概念：基本额定寿命、额定动载荷、当量动载荷、基本额定静载荷。

6. 滚动轴承寿命计算方法、滚动轴承静强度计算。角接触轴承内部轴向力的确定和当量动载荷的计算。

7. 滚动轴承组合设计；滚动轴承的润滑与密封。

思考与习题

12-1　为什么在满足工作要求的情况下，应优先选用滚动轴承？

12-2　对轴瓦和轴承衬的材料有何要求？常用的材料有哪几类？

12-3　轴瓦上为什么要开油槽？开油槽时应注意哪些问题？

12-4　球轴承和滚子轴承各有何特点？分别适用于什么场合？

12-5　试叙述滑动轴承的主要失效形式和设计准则。

12-6　说明下列滚动轴承代号的含义：

60210/P6　N2312　7216AC　33315B

12-7　选择滚动轴承类型时，应考虑哪些因素？

12-8　滚动轴承有哪几种失效形式？产生原因是什么？

12-9　试分别说明动压和静压轴承液体摩擦的形成机理，并比较其优缺点。

12-10　一般向心角接触轴承要成对使用，为什么？有哪几种安装方式？

12-11　常见的轴承组合有哪几种？三种轴系定位方式各有何特点，分别用于什么场合？

12-12　滚动轴承实际应用时常发生过早损伤，有哪些预防措施？

12-13　如何选择滚动轴承的配合？怎样装拆滚动轴承？

12-14　已知一非液体摩擦滑动轴承所承受的径向载荷 $F_r=2000$N，轴颈转速 $n=1000$r/min，轴瓦材料为ZQAI9-4。若宽径比 $\phi=1$，求轴瓦的尺寸 B 和 d。

12-15　试校核题12-15图所示电动绞车两端的滑动轴承。已知钢丝绳拉力 $F=25$kN，卷筒转速 $n=40$r/min，轴颈直径 $d=65$mm，轴承衬宽度 $B=80$mm，轴承衬材料为铸造铝青铜ZCuAl10Fe3，脂润滑。

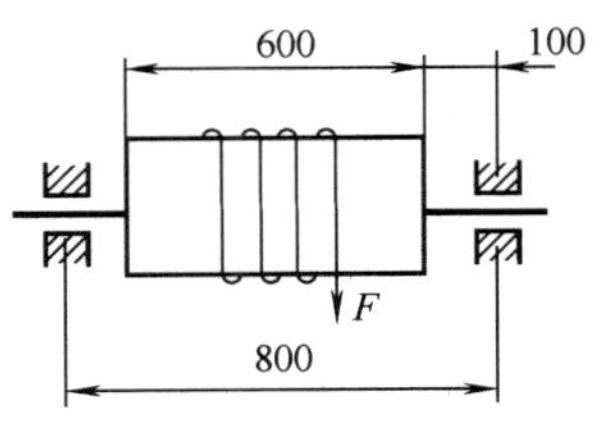

题12-15图

12-16　某轴上使用的是6208深沟球轴承，它所承受的径向载荷 $F_r=3000$N，轴向载荷 $F_a=1270$N，基本额定静载荷 $C_0=17700$N。试求其当量动载荷。

12-17　某深沟球轴承，当转速为480r/min，当量动载荷为8000N时，使用寿命为4000h；若该轴承转速为960r/min，当量动载荷为4000N时，使用寿命又是多少？

12-18　某转轴根据工作条件决定面对面安装一对角接触球轴承。已知 $F_{r1}=1500$N，$F_{r2}=2600$N；轴向外载荷 $F_x=1000$N，方向由右指向左；轴颈 $d=40$mm，转速 $n=1460$r/min，预期寿命 $L'_h=6000$h，常温下工作，中等冲击。试选择轴承型号。

12-19 某减速器采用6308深沟球轴承。已知轴承的径向载荷 $F_r=5000N$，轴向载荷 $F_a=2500N$，转速 $n=1000r/min$，预期寿命 $L_h'=5000h$。试验算该轴承是否合适。

实践环节

1. 到实训基地现场观察各种类型的轴承、结构与安装方式。

2. 拆装自行车、车床，掌握轴承的分类、作用、固定方式和润滑方式。培养学生动手操作能力与观察总结能力。

第十三章　其他常用零部件

学习目标

了解其他常用的零部件，如联轴器、离合器、弹簧，熟悉它们的结构、类型与应用。掌握联轴器的类型与型号选择，并能进行强度校核。

第一节　联　轴　器

一、联轴器的功能和类型

联轴器主要用于轴与轴之间的联接，使它们一起回转并传递转矩。用联轴器联接的两根轴，只有在机器停车后，经过拆卸才能使它们分离。

联轴器分为刚性和弹性两大类。刚性联轴器由刚性传力件组成，可分为固定式和可移式两类。其中固定式刚性联轴器不能补偿两轴的相对位移；可移式刚性联轴器能补偿两轴的相对位移。弹性联轴器包含有弹性元件，能补偿两轴的相对位移，并具有吸收振动和缓和冲击的能力。

联轴器的种类很多，本章仅介绍几种有代表性的结构，其余种类可查阅机械设计手册。

二、常用联轴器及其选择

1. 固定式刚性联轴器

固定式刚性联轴器中应用最广的是凸缘联轴器，如图 13-1 所示，它是利用两半联轴器来实现对两轴的联接。两半联轴器端面有对中止口，以保证两轴对中。

固定式刚性联轴器全部零件都是刚性的，所以在传递载荷时，不能缓冲和吸收振动，但它具有结构简单、价格低廉、使用方便等优点，可传递较大的转矩，常用于载荷平稳两轴严格对中的联接。

2. 可移式刚性联轴器

由于制造、安装误差和工作时零件变形等原因，不易保证两轴对中时，宜采用具有补偿两轴相对偏移能力的可移式刚性联轴器。这类联轴器能补偿两轴的相对轴向偏移 Δx［见图 13-2（a)］、径向偏移 Δy［见图 13-2（b)］、角偏移 $\Delta\alpha$［见图 13-2（c)］和综合偏移。

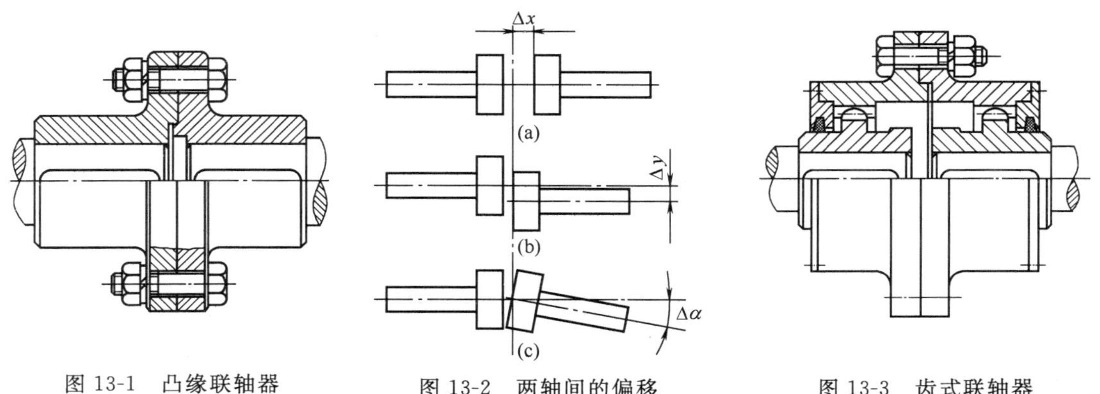

图 13-1　凸缘联轴器　　图 13-2　两轴间的偏移　　图 13-3　齿式联轴器

可移式刚性联轴器有齿式联轴器、滑块联轴器和万向联轴器等。

（1）齿式联轴器　如图 13-3 所示，它是利用内、外齿啮合以实现两轴相对偏移的补偿。外齿径向有间隙，可补偿两轴径向偏移；外齿顶部制成球面，球心在轴线上，可补偿两轴之间的角偏移。两内齿凸缘利用螺栓联接。齿式联轴器能传递很大的转矩，又有较大的补偿偏移的能力，常用于重型机械，但结构笨重，造价高。

（2）滑块联轴器　如图 13-4 所示，它利用中间滑块 2 与两半联轴器 1、3 端面的径向槽配合以实现两轴联接。滑块沿径向滑动可补偿径向偏移 Δy，还能补偿角偏移 $\Delta\alpha$（见图 13-5），具有结构简单、制造方便的特点，但由于滑块偏心，工作时会产生较大的离心力，故只用于低速。

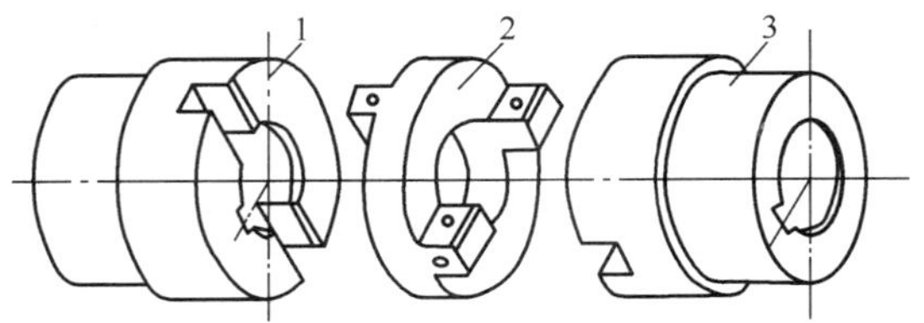

图 13-4　滑块联轴器

1，3—半联轴器；2—中间滑块

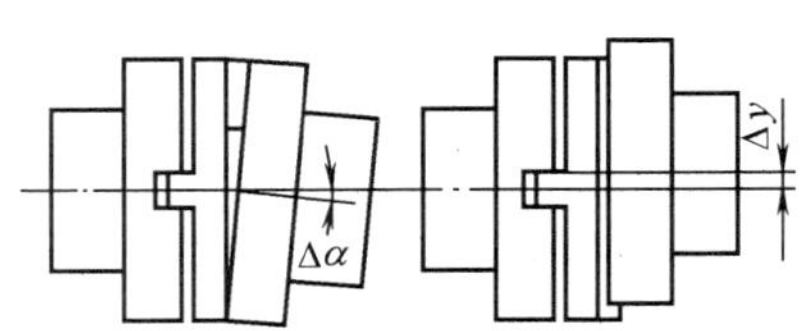

图 13-5　滑块联轴器补偿偏移

（3）万向联轴器　常见形式为十字轴式万向联轴器（见图 13-6）。它利用中间联接件十字轴 3 联接两边的半联轴器。两轴线间夹角 α 可达 40°～50°［见图 13-7（a）］，单个十字轴万向联轴器的主动轴 1 作等角速转动时，其从动轴 2 作变角速转动。为避免这种现象，可采用两个万向联轴器，使两次角速度变动的影响相互抵消，从而使主动轴 1 与从动轴 2 同步转动（见图 13-7），但各轴相互位置必须满足：主动轴 1、从动轴 2 与中间轴 3 之间的夹角应相等，即 $\alpha_1=\alpha_2$；中间轴两端叉面必须位于同一平面内［见图 13-7（b）、（c）］。图 13-7（a）所示为双十字轴式联轴器的结构示意。

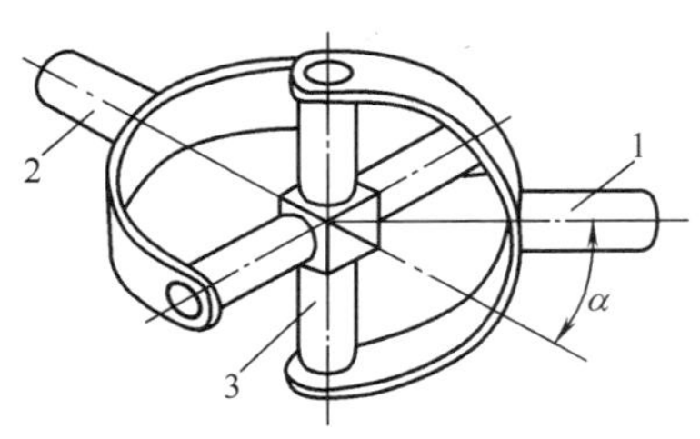

图 13-6　万向联轴器

1—主动轴；2—从动轴；3—中间轴

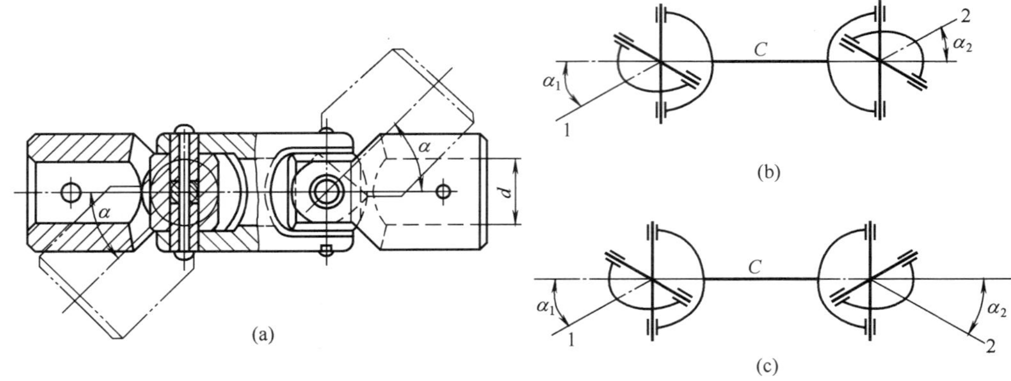

图 13-7　双十字轴式联轴器结构示意

三、弹性联轴器

弹性联轴器是利用弹性联接件的弹性变形来补偿两轴的相对位移，从而可缓和冲击和吸收振动。

弹性联轴器有弹性套柱销联轴器、弹性柱销联轴器和轮胎式联轴器等。

1. 弹性套柱销联轴器

弹性套柱销联轴器的结构和凸缘联轴器很近似，但是两个半联轴器的联接不用螺栓而用带橡胶或皮革套的柱销（见图 13-8）。为了更换胶套时简便而不必拆卸机器，设计时应注意留出距离 A；为了补偿轴向位移，安装时应注意留出相应大小的间隙 c。弹性套柱销联轴器在高速轴上应用十分广泛。

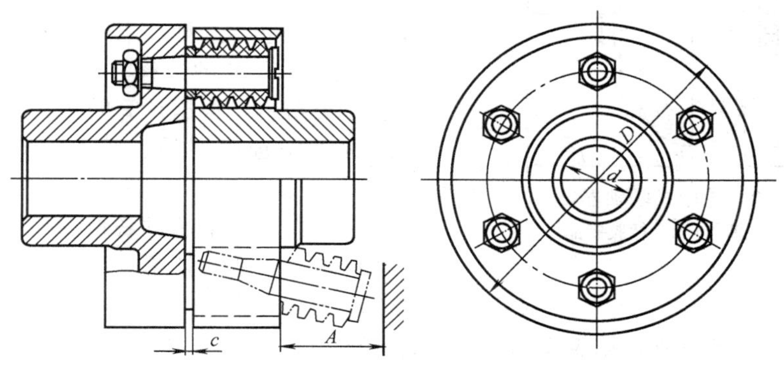

图 13-8 弹性套柱销联轴器

2. 弹性柱销联轴器

如图 13-9 所示，弹性柱销联轴器是利用非金属材料制成的柱销置于两个半联轴器凸缘的孔中，以实现两轴的联接。柱销通常用尼龙制成，而尼龙具有一定的弹性。弹性柱销联轴器结构简单，更换柱销方便。为了防止柱销滑出，在柱销两端配置挡圈。装配时应注意留出间隙 c。

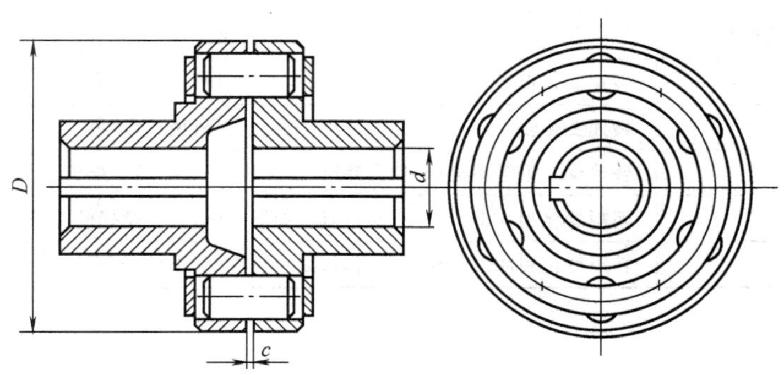

图 13-9 弹性柱销联轴器

弹性套柱销联轴器和弹性柱销联轴器的径向偏移和角偏移的许用范围不大，故安装时，需注意两轴对中，否则会使柱销或弹性套迅速磨损。

3. 轮胎式联轴器

轮胎式联轴器如图 13-10 所示，利用轮胎式橡胶制品 2 作为中间联接件，将半联轴器 1 与 3 联接在一起。这种联轴器结构简单可靠，能补偿较大的综合偏移，可用于潮湿多尘的场合，其径向尺寸大，而轴向尺寸比较紧凑。

四、联轴器的选择

常用联轴器多已标准化，一般先依据机器的工作条件选择合适的类型。再根据计算转

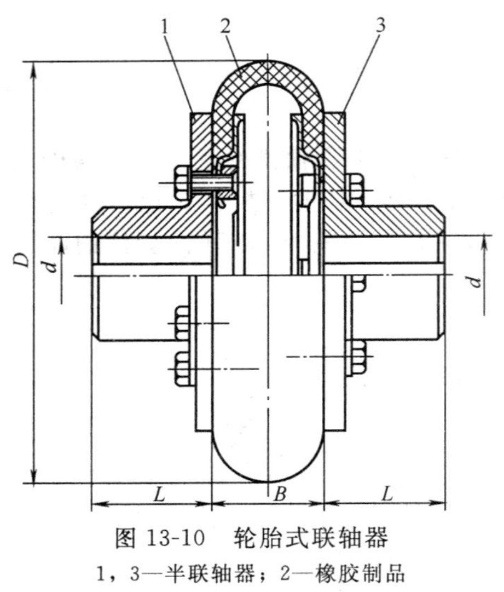

图 13-10　轮胎式联轴器
1，3—半联轴器；2—橡胶制品

矩、轴的直径和转速，从标准中选择所需型号及尺寸；必要时对某些薄弱、重要的零件进行检险。

1. 类型的选择

选择类型的原则是使用要求和类型特性一致。例如：两轴能精确对中、轴的刚性较好时，可选刚性固定式凸缘联轴器，否则选具有补偿能力的刚性可移式联轴器；两轴轴线要求有一定夹角，可选十字轴式万向联轴器。由于类型选择涉及因素较多，一般按类比法进行选择。

2. 型号、尺寸的选择

选择类型后，根据计算转矩、轴径、转速，由手册或标准中选择型号、尺寸。但必须满足以下条件。

（1）计算转矩不超过联轴器的最大许用转矩。

计算转矩按下式计算。

$$T_c = KT = K \times 9550 \times P/n \leqslant [T_n] \tag{13-1}$$

式中，K 为工作情况系数，见表 13-1；T 为理论转矩，N·m；P 为原动机功率，kW；n 为转速，r/min。

（2）轴径不超过联轴器的孔径范围。

$$d_{min} \leqslant d \leqslant d_{max} \tag{13-2}$$

（3）转速不超过联轴器的许用最高转速。

$$n \leqslant [n_{max}] \tag{13-3}$$

表 13-1　工作情况系数 K

K（原动机为电动机）	工　作　机
1.3	转速变化很小的机械，如发电机、小型通风机、小型离心泵
1.5	转速变化较小的机械，如汽轮压缩机、木工机械、运输机
1.7	转速变化中等的机械，如搅拌机、增压机、有飞轮的压缩机
1.9	转矩变化和冲击载荷中等的机械，如织布机、水泥搅拌机、拖拉机
2.0	转矩变化和冲击载荷大的机械，如挖掘机、起重机、碎石机、造纸机械

第二节　离　合　器

离合器也用于轴与轴之间的联接，使它们一起回转并传递转矩。用离合器联接的两根轴，在机器工作时就能方便地使它们分离或接合。常用的离合器有牙嵌式离合器、圆盘摩擦离合器和安全离合器。

一、牙嵌式离合器

牙嵌式离合器由两个端面带牙的套筒所组成（见图 13-11），其中套筒 1 紧固在轴上，而套筒 2 可以沿导向平键 3 在另一根轴上移动。利用操纵杆移动滑环 4 可使两个套筒接合或分离。为避免滑环的过量磨损，可动套筒应装在从动轴上。为便于两轴对中，在套筒 1 中装有

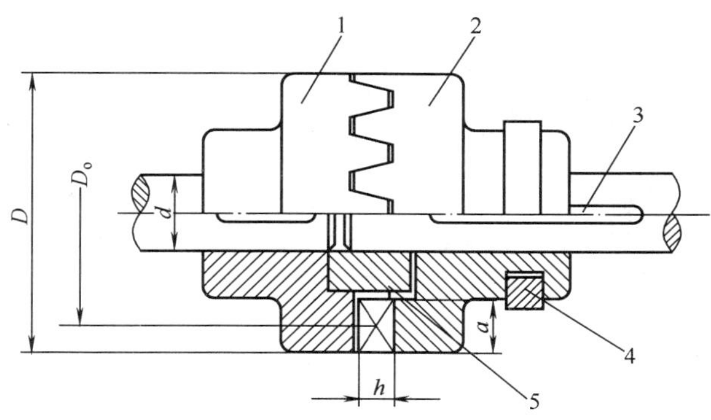

图 13-11　牙嵌式离合器

1,2—套筒；3—导向平键；4—滑环；5—对中环

对中环 5，从动轴在对中环内可自由转动。

二、圆盘摩擦离合器

圆盘摩擦离合器是利用接触面间产生的摩擦力来传递转矩。圆盘摩擦离合器可分为单片式和多片式等。

1. 单片式摩擦离合器

单片式摩擦离合器如图 13-12 所示，利用两圆盘面 1、2 压紧或松开，使摩擦力产生或消失，以实现两轴的联接或分离。

操纵滑块 3，使从动盘 2 左移，以压力 F 将其压在主动盘 1 上，从而使两圆盘结合；反向操纵滑块 3，使从动盘右移，则两圆盘分离。单片式摩擦离合器结构简单，但径向尺寸大，而且只能传递不大的转矩，常用在轻型机械上。

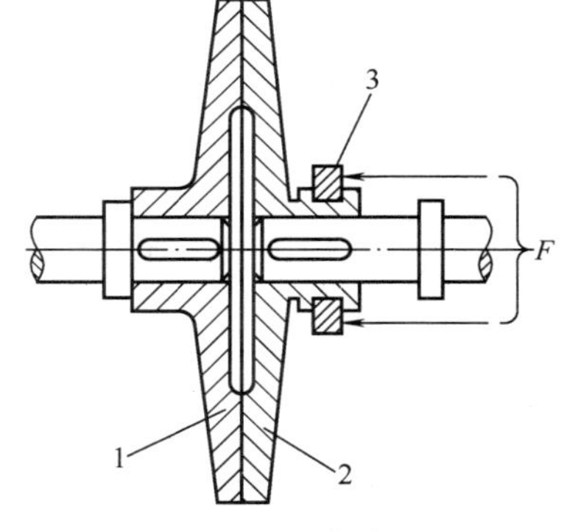

图 13-12　单片式摩擦离合器

1，2—圆盘面；3—滑块

2. 多片式摩擦离合器

多片式摩擦离合器如图 13-13 所示，主动轴 1、外壳 2 与一组外摩擦片 5 组成主动部分，外摩擦片［见图 13-13（b）］可沿外壳 2 的槽移动。从动轴 3、套筒 4 与一组内摩擦片 6 组成从动部分，内摩擦片［见图 13-13（c）］可沿套筒 4 上的槽滑动。滑环 7 向左移动，使杠杆 8 绕支点顺时针转，通过压板 9 将两组摩擦片压紧［见图 13-13（a）］，于是主动轴带动从动轴转动。滑环 7 向右移动，杠杆 8 下面的弹簧靠弹力将杠杆 8 绕支点反转，两组摩擦片松开，于是主动轴与从动轴脱开，双螺母 10 用来调节摩擦片的间距，从而调整摩擦面间的压力。

多片式摩擦离合器由于摩擦面的增多，传递转矩的能力显著增大，径向尺寸相对减小，但是结构比较复杂。

利用电磁力操纵的离合器称为电磁摩擦离合器，其中常用的是多片式电磁摩擦离合器（见图 13-14）。摩擦片部分的工作原理与前述相同。电磁操纵部分及原理如下：当直流电接通后，电流经接触环 1 导入励磁线圈 2，线圈产生的电磁力吸引衔铁 5，压紧两组摩擦片 3、4，使离合器处于接合状态；切断电流后，依靠复位弹簧 6 将衔铁 5 推开，两组摩擦片随着松开，使离合器处于分离状态。电磁离合器可以在电路上实现改善离合器功能的要求，例如利用快速励磁电路实现快速接合；利用缓冲励磁电路可实现缓慢接合，以避免启动冲击。

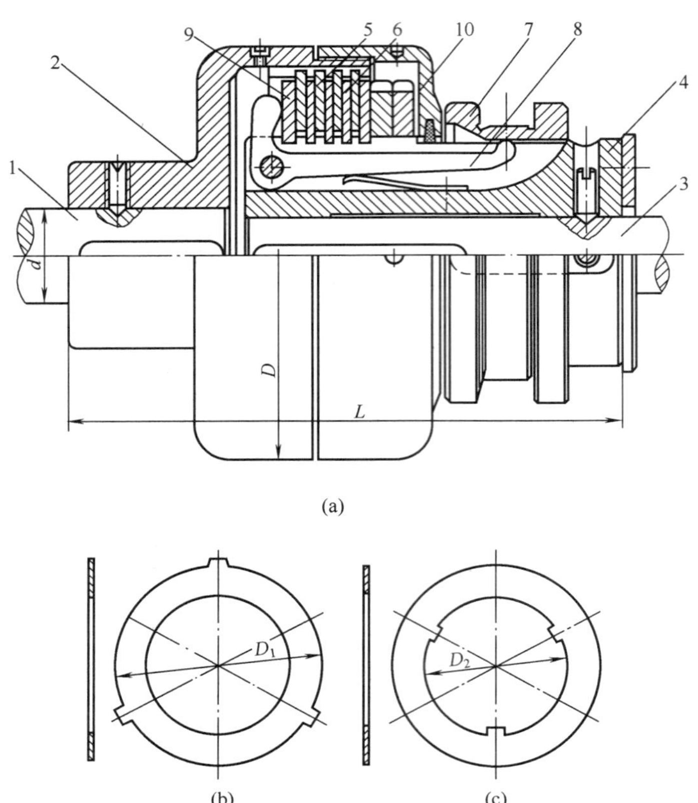

图 13-13 多片式摩擦离合器

1—主动轴；2—外壳；3—从动轴；4—套筒；5—外摩擦片；6—内摩擦片；7—滑环；8—杠杆；9—压板；10—双螺母

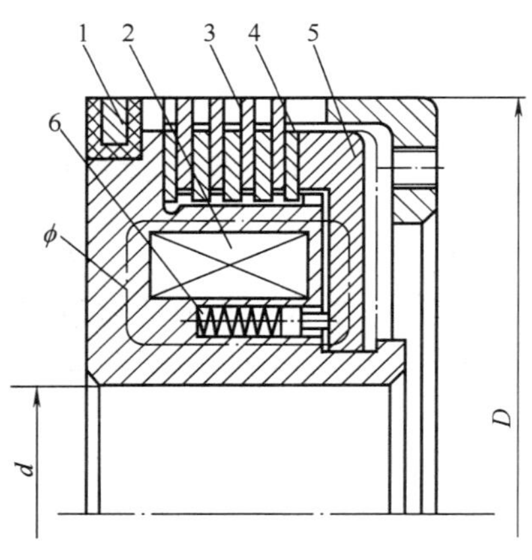

图 13-14 电磁摩擦离合器

1—接触环；2—励磁线圈；3,4—摩擦片；5—衔铁；6—复位弹簧

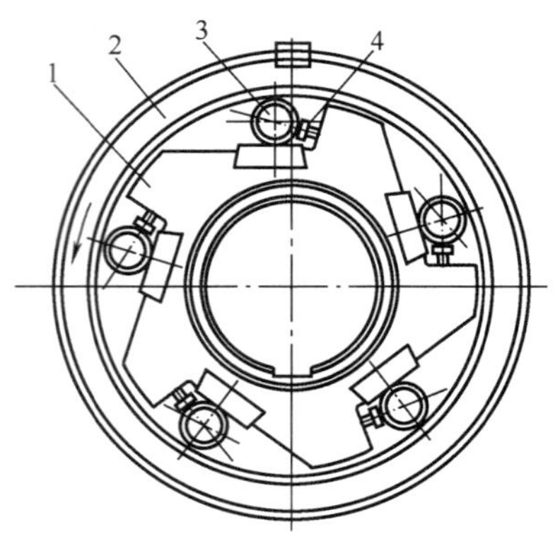

图 13-15 定向离合器

1—星轮；2—外轮；3—滚柱；4—弹簧推杆

与牙嵌式离合器相比，摩擦式离合器的优点为：在任何转速下都可接合；过载时摩擦面打滑，可保护其他零件；接合平稳，冲击和振动小。缺点为接合过程中，因相对滑动引起发

热与磨损，故功耗明显。

3. 定向离合器

定向离合器是利用机器本身转速、转向的变化，来控制两轴离合的离合器。如图 13-15 所示，星轮 1 和外环 2 分别装在主动件和从动件上。两轮与外环间有楔型空腔，内装滚柱 3。每个滚柱都被弹簧推杆 4 以适当的推力推入楔型空腔的小端，且处于临界状态（即稍加外力便可楔紧或松开的状态）。星轮和外环都可作主动件。按图示结构，外环与主动件逆时针回转时，摩擦力带动滚柱进入楔型空间的小端，便楔紧内、外接触面，驱动星轮转动。当外环顺时针回转，摩擦力带动滚柱进入楔型空间的大端，便松开内、外接触面，外环空转。由于传动具有确定的转向，故称为定向离合器。

星轮和外环都作顺时针回转时，根据相对运动的关系，如外环转速小于星轮转速，则滚柱楔紧内、外接触面，外环与星轮接合。反之，滚柱与内、外接触面松开，外环与星轮分开。可见只有当星轮超过外环转速时，才能起到传递转速并一起回转的作用，故又称为超越离合器。

第三节 弹　　簧

一、弹簧的功能及种类

1. 弹簧的功能

弹簧承载后能产生相当大的变形，卸载后又能恢复原状，由于它有这种特性，所以在机械设备中，有不同用途。弹簧的主要功能如下。

（1）控制机构的运动和构件的位置　例如凸轮机构，离合器中的控制弹簧等。

（2）缓冲吸振　例如电梯、车辆中的缓冲弹簧，各种缓冲器等。

（3）储存能量　例如机械式钟表的发条，仪器和玩具中的弹簧。

（4）测量力的大小　例如弹簧秤，测力器中的弹簧。

2. 弹簧的种类

弹簧的种类很多，从外形看有螺旋弹簧、环形弹簧、碟形弹簧、盘簧和板弹簧等。

（1）螺旋弹簧（见图 13-16）　用弹簧钢丝按螺旋线圈绕制而成，由于制造简便，所以应用广泛。螺旋弹簧按受载情况可分为压缩弹簧［见图 13-16（a）］、拉伸弹簧［见图 13-16（b）］和扭转弹簧［见图 13-16（c）］。

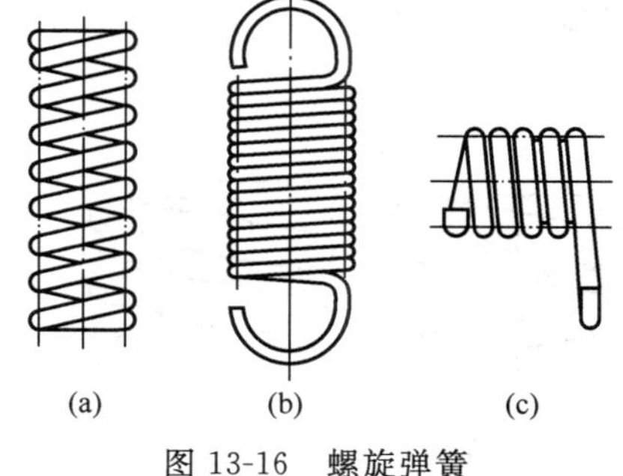

图 13-16　螺旋弹簧

（2）板弹簧［见图 13-17（a）］　由若干长度不等的条状钢板叠合而成，常用作车辆减振弹簧。

（3）盘簧［见图 13-17（b）］　由钢带盘绕而成，常用作仪器、钟表的储能装置。

（4）碟形弹簧［见图 13-17（c）］　由冲压成型的截锥钢板组成，刚性大，能承受冲击，吸收振动，常用作缓冲弹簧。

（5）环形弹簧［见图 13-17（d）］　由内、外具有锥度的钢制圆环交错叠合而成，比碟形弹簧更能承受冲击和吸收振动，常用作机车车辆、锻压设备的缓冲装置。

本节主要介绍螺旋弹簧中的圆柱压缩弹簧和圆柱拉伸弹簧。

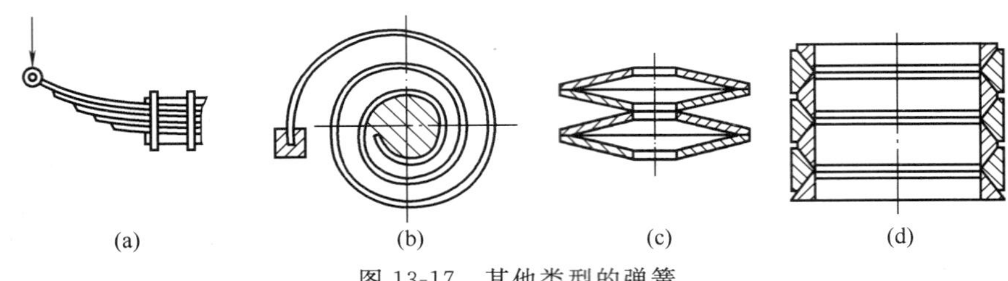

图 13-17　其他类型的弹簧

二、弹簧的材料和制造

1. 弹簧的材料

弹簧在机械中常受冲击性变载荷，所以弹簧材料应具有高的弹性极限和疲劳极限，以及一定的冲击韧性、塑性和良好的热处理性能。常用的弹簧材料有碳素钢、合金钢和青铜，选择时应考虑弹簧工作条件、功用及经济性等因素，一般应优先选用碳素钢（见机械零件手册）。

2. 弹簧的制造

圆柱螺旋弹簧的制造过程为：卷绕→两端加工（压簧两端面的加工和拉簧、扭簧两端钩环的制作）→热处理→工艺性试验。

大批生产由专门的自动机床卷绕，小批生产则由普通车床甚至手工制作。弹簧丝直径小于或等于 8mm 时，常用冷卷法，卷前要热处理，卷后低温回火。直径大于 8mm 时，采用热卷法，热卷后经淬火和低温回火处理。弹簧成形后要进行表面质量检验，表面应光洁、无伤痕、无脱碳等缺陷；受变载荷的弹簧，还须进行喷丸等表面处理，以提高弹簧疲劳寿命。

3. 弹簧的端部结构

压缩弹簧在自由状态下，各圈间留有一定的间距，以备承载时变形。弹簧除参加变形的有效圈数 n 外，两端各在 $\frac{3}{4}\sim1\frac{3}{4}$ 圈并紧，并紧的几圈称为死圈或支承圈。支承圈端部有磨平端（YⅠ型）和不磨平端（YⅢ型）两种基本形式［见图 13-18（a）、（b）］。磨平端结构能使弹簧端面与轴线垂直，用于比较重要的场合。

拉伸弹簧各圈间并紧，端部钩环有四种形式（见图 13-19）、半圆形（LⅠ型）、圆形（LⅡ型）、可调式（LⅦ型）和可转式（LⅧ型）。LⅠ、LⅡ型钩环制造方便，LⅧ型可避免钩环根部应力集中。

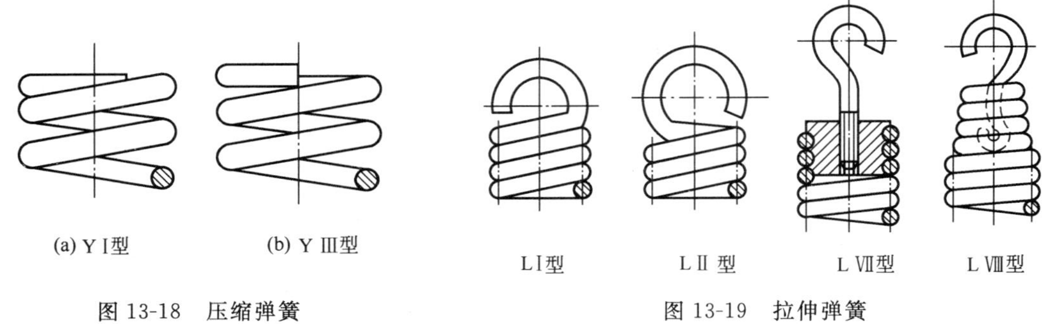

图 13-18　压缩弹簧　　图 13-19　拉伸弹簧

三、弹簧的特性线

弹簧所受工作载荷与变形量之间的关系曲线称为弹簧的特性线。对于圆柱拉伸、压缩弹簧，在弹性范围内，其特性线为一直线，如图 13-20 所示。弹簧变形与弹簧载荷成比例。弹簧秤即利用这一特点制造。

使弹簧产生单位变形量的载荷称为弹簧刚度，用 C 表示。

$$C=\frac{\mathrm{d}F}{\mathrm{d}\lambda} \tag{13-4}$$

弹簧刚度愈大，弹簧愈硬，愈不易变形；弹簧丝直径 d 愈大，弹簧旋绕直径愈小，弹簧刚度也愈大，承载能力愈高。

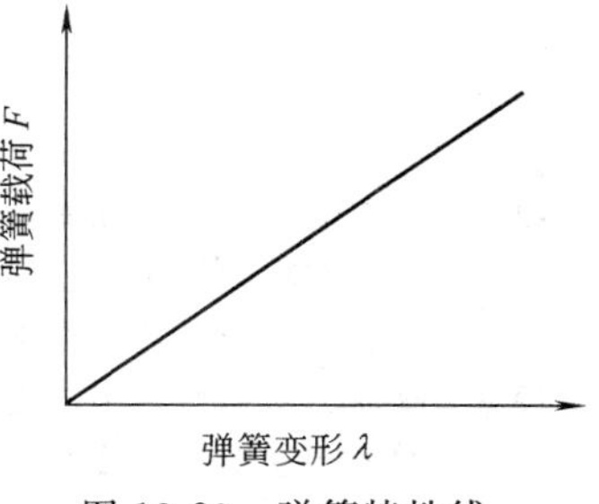

图 13-20　弹簧特性线

弹簧的几何尺寸及设计计算见机械零件手册。

四、橡胶弹簧

近年来，国内外正广泛使用橡胶弹簧，如仪器底座、发动机支承和机器隔振装置等。其特点是：

（1）弹性变形大，可实现理想的特性线；

（2）能很好地减振、隔声；

（3）形状不受限制，可承受多方向的载荷；

（4）结构简单，装拆方便；

（5）不耐高温、低温；

（6）不能与油接触。

五、空气弹簧

空气弹簧是在柔性的橡胶囊中充入压力空气，利用空气的可压缩性实现弹性作用。空气弹簧属于非金属弹簧，主要用于压力机、空气锤和车辆悬挂装置。

空气弹簧的特点是：

（1）具有非线性特性，可根据需要设计特性线；

（2）通过调整空气压力，可承受各种载荷，并传递转矩；

（3）吸振、隔声效果好；

（4）质量轻，承受剧烈振动载荷时寿命长；

（5）所需附件多，成本高。

小　　结

本章主要内容如下。

1. 联轴器、离合器的功用；联轴器与离合器的异同点。

2. 常用联轴器有：

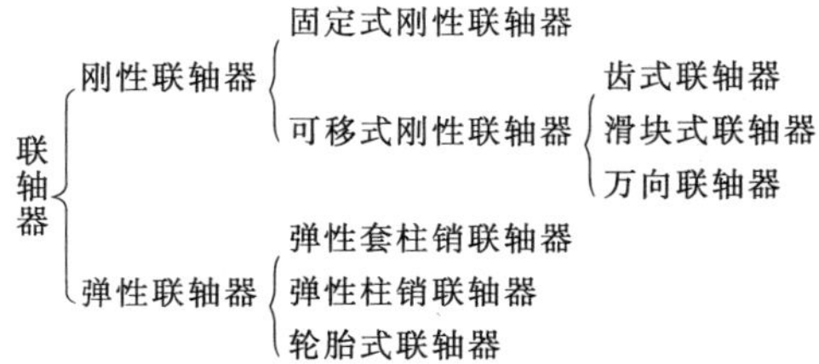

固定式联轴器没有补偿位移的能力；可移式联轴器能补偿两轴误差。

3. 联轴器类型和型号的选择。

4. 离合器有牙嵌式离合器、摩擦式离合器和安全离合器。

5. 弹簧的功用、类型 、材料和制造方法。

思考与习题

13-1 将本章的联轴器和离合器归纳成类，并简要注明各类特性。

13-2 找出实际中使用的三个不同弹簧，说明它们的类型、结构和功用。

13-3 弹簧材料应具备什么性质，为什么表面质量特别重要?

13-4 座椅上的弹簧和列车底盘上承载的弹簧，要求有什么不同? 反映在刚度选择上，又有什么不同?

13-5 增大圆柱螺旋弹簧直径 D_2 和弹簧丝直径 d，对弹簧的强度和刚度有什么影响?

13-6 电动机经减速器带动带式输送机，电动机型号为 Y132M-4，额定功率 $P=7.5\text{kW}$，转速 $n=1440\text{r/min}$，电动机端轴径 $d_1=38\text{mm}$，外伸长度 $L_1=80\text{mm}$；减速器输入端轴径 $d_2=32\text{mm}$，外伸长度 $L_2=50\text{mm}$，两轴端都为圆柱形，试选择电动机与减速器之间的联轴器。

实践环节

观察实习基地的各种机床中的联轴器、离合器和弹簧应用，熟悉联轴器、离合器的类型与使用场合。

实验五　减速器拆装

一、实验目的

通过对各类减速器拆装，了解减速器的类型、功用、轴类结构、齿轮结构、轴承类型、润滑方式、密封以及箱体结构、制造工艺、安装工艺，为课程设计奠定基础。

二、实验要求

对典型减速器进行拆装，写出拆装报告。拆装报告写出：减速器类型、功能、轴数、齿轮数、轴承类型，选该轴承的目的、箱体结构、箱体制造工艺与安装工艺、箱体上附件的名称与作用，给出减速器三视图草图。

第十四章　回转构件的平衡

学习目标

了解平衡的意义，熟悉机器各种构件的平衡类型及平衡方法。

第一节　平衡的目的和平衡类型

一、平衡的目的

机械在运转时，作变速运动的构件将产生惯性力和惯性力矩。即便是绕固定轴线作等速转动的构件，当其结构不对称、制造尺寸不准确或材质不均匀导致构件的质心与回转轴线不重合时，也会产生离心惯性力和惯性力矩。这些惯性力和惯性力矩将对轴承产生动压力，从而在轴承中引起附加摩擦力与附加内应力，致使轴承磨损加剧，并使零件的强度、寿命降低，同时还会产生有害振动，导致机械的工作精度、可靠性、机械效率和使用寿命降低，甚至可能因共振而使机械破坏。例如一个质量为 180kg 的盘形回转件，转速为 16000r/min，回转件质量的偏心距（质心与回转轴线的距离）为 0.25mm，则其离心惯性力为 126300N，约为回转构件本身重量的 70 倍。对于重型和高速机械，惯性力的不良影响更为严重。

为完全或部分地消除惯性力和惯性力矩的影响，减小或消除附加动压力，提高机器的寿命，改善机器工作性能，就必须合理分配机构中各构件的质量，使惯性力和惯性力矩得到平衡，这就是回转构件平衡的目的。

二、回转构件平衡的类型

1. 静平衡

在一般机械中，当回转构件的轴向尺寸 b 与径向尺寸 D 之比为 $b/D \leqslant 0.2$，如飞轮、砂轮等，可近似认为其质量分布在垂直于轴线的同一回转平面内，如图 14-1（a）所示。因其离心惯性力矩近似为零，故只消除离心惯性力即可达到平衡。为此可采取改善回转构件的质量分布，使其质心位于旋转轴线上的措施来达到平衡，称为回转构件的静平衡。

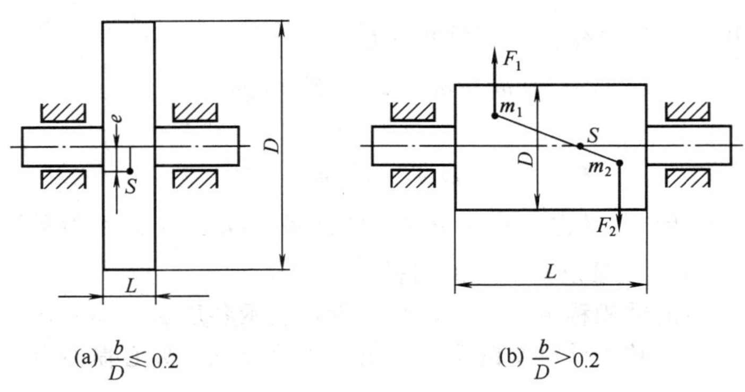

图 14-1　静、动平衡回转构件

2. 动平衡

对于轴向尺寸 b 较大（$b/D>0.2$）的回转构件，如电机转子、发动机的曲轴等，则不能近似地认为其质量分布在同一回转平面内，而是分布在若干个相平行的回转平面内，如图 14-1（b）所示。使这类回转构件得到平衡的措施称为动平衡。

第二节 静 平 衡

一、静平衡计算

如图 14-2（a）所示的回转构件，其质量 m_1、m_2、m_3 位于同一平面内，质心的向径分别为 $\vec{r}_1$、$\vec{r}_2$、$\vec{r}_3$。若构件以等速转动时，各质量产生的离心惯性力构成一相交于转动中心的平面汇交力系。若该力系不平衡，则它们的合力 $\sum \boldsymbol{F}_i$ 不等于零。由平面汇交力系的平衡条件可知，若欲使其平衡，只要在同一回转面内加一平衡质量（或在相反位置减一校正质量），使其产生的离心惯性力 $\boldsymbol{F}_b$ 与原有质量所产生的离心惯性力之和等于零，则成为平衡力系，回转构件即处于平衡状态。故其平衡条件为

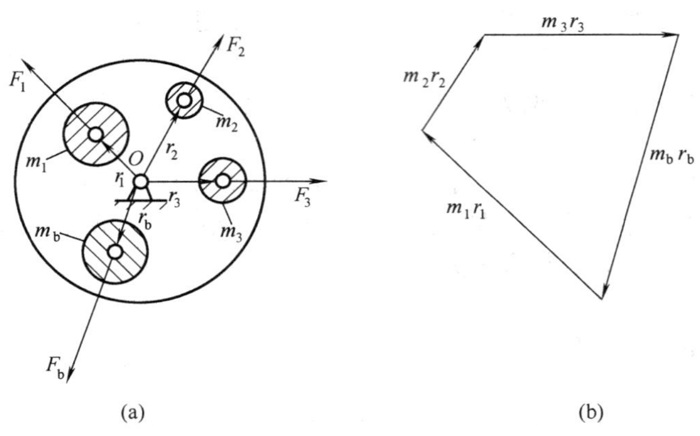

图 14-2 回转构件静平衡计算

$$\boldsymbol{F}=\boldsymbol{F}_b+\sum \boldsymbol{F}_i=0 \tag{14-1}$$

式中，$\boldsymbol{F}$ 为总离心惯性力。

将式（14-1）用质量和向径表示，则可写为

$$m\vec{r}\omega^2=m_b\vec{r}_b\omega^2+\sum m_i\vec{r}_i\omega^2$$

消去公因子可得

$$m\vec{r}=m_b\vec{r}_b+\sum m_i\vec{r}_i=0 \tag{14-2}$$

式中，m、$\vec{r}$ 分别为回转构件的总质量和总质心的向径；m_b、$\vec{r}_b$ 分别为平衡质量及质心的向径；m_i、$\vec{r}_i$ 分别为原有各质量及其质心的向径。

质量与其质心向径的乘积称为质径积，为矢量，表示各质量在同一转速下产生的离心惯性力的大小和方向，是回转构件平衡的重要参数。由此可见，离心惯性力不是取决于质量或向径，而是取决于二者的乘积。

式（14-2）表明回转构件经平衡后，其总质心便在回转轴线上，即 $\vec{r}=0$，此时，由于

回转轴线处于水平位置，转子本身的重量对回转轴线的力矩为零，故该转子可在任何位置保持静止而不会自行转动。由此可得回转构件静平衡条件为：分布于该回转构件上各质量的离心惯性力的矢量和等于零，或质径积的矢量和等于零。

回转构件的静平衡，就是按照式（14-2）确定平衡质量的质径积 $m_b r_b$ 的大小和方向。通常确定 $m_b\vec{r}_b$ 的方法有三种：计算法（采用坐标分量求解）、图解法（采用矢量求解）和实验法。

常用图解法求解平衡质量的质径积。如图 14-2（a）所示，已知在同一回转平面内有三个不平衡质量 m_1、m_2、m_3，其质心向径分别为 $\vec{r}_1$、$\vec{r}_2$、$\vec{r}_3$，设应加的平衡质量为 m_b，其向径为 $\vec{r}_b$。由式（14-2）可得

$$m_b\vec{r}_b+m_1\vec{r}_1+m_2\vec{r}_2+m_3\vec{r}_3=0$$

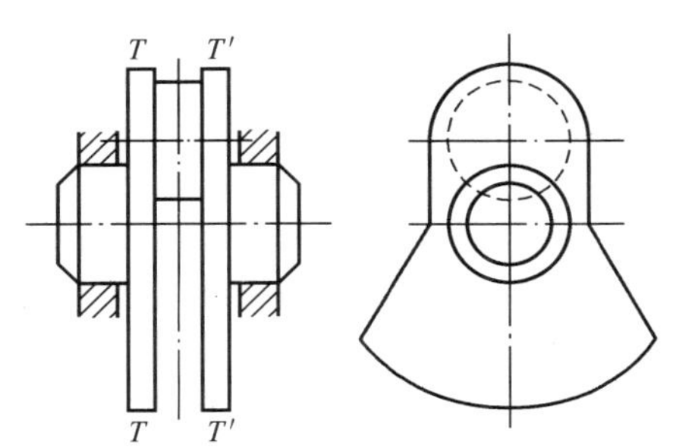

图 14-3　单缸曲轴的静平衡

此式中 $m_b\vec{r}_b$ 未知，可用矢量图解法求出，如图 14-2（b）所示。当求出 $m_b\vec{r}_b$ 后，就可由结构情况先选定的 $\vec{r}_b$ 值，然后即可确定 m_b 的值。一般只要结构允许，$\vec{r}_b$ 的值尽可能选大些，以便减少平衡质量 m_b。

有时因实际结构的限制，不能在其所需的平衡回转面上增、减平衡质量，如图 14-3 所示的单缸曲轴，则可另选两平衡面 T 和 T'，分别在 T、T' 平面内增减平衡质量（图中是将两平衡质量增加在两平面下部），使回转构件达到平衡。

二、静平衡实验

回转构件经过上述静平衡计算，并在适当位置安装了所需的平衡质量后，只是从理论上解决了静平衡问题。实际上由于材质的不均匀以及制造和安装偏差等原因所产生的不平衡问题，是无法在设计阶段用静平衡计算的方法来消除的，只能借助于试验设备，经过静平衡试验来加以解决。

静平衡试验在静平衡架上进行，是利用不平衡的回转构件的静力矩进行静平衡的，也就是使回转构件的质心与回转轴线重合，使各质量的质径积矢量和为零。图 14-4 所示为刀口式静平衡试验装置。试验时将欲平衡的回转构件的轴放在两条相互平行的刀口形的导轨上。因为回转构件存在偏心质量，其质心 S' 不在最低位置时，由于重力对于回转构件轴线的力矩作用，回转构件将在刀刃上滚动。待其静止时，便可断定其质心必位于轴心的正下方 S 处。此时可用橡皮泥（或其他方法）在轴心垂线上方加一平衡质量，并逐步调整所加平衡质量的大小和向径位置，重复上述试验，直到回转构件在任意位置都能保持静止不动为止。这时，质心与回转轴心重合，即回转构件达到平衡。然后，取下平衡质量，用相等质量的金属焊接或铆接在试验时所选定的平衡质量位置，该平衡质量与其向径的乘积等于使该回转构件达到静平衡时所需加的平衡质径积。或者在上面相反的位置，减去一部分质量，如采用钻孔、磨削等方法，使回转构件达到静平衡。

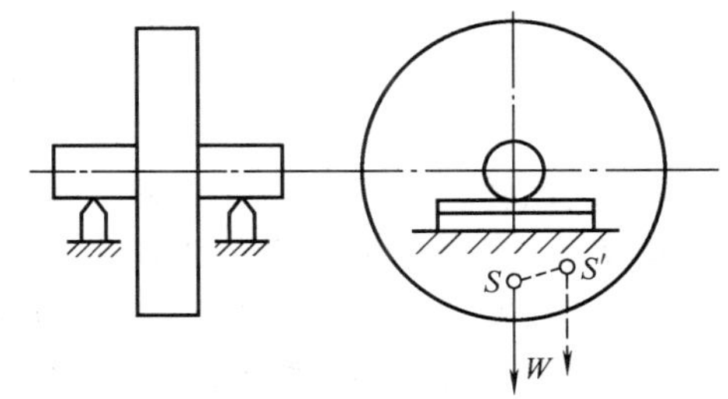

图 14-4　静平衡试验

刀口式静平衡装置，结构简单、可靠，平衡精度较高，但安装和调整要求高。

第三节　动　平　衡

对于 $b/D>0.2$ 的回转构件，不能认为全部质量都集中在同一平面内，应看作不平衡质量存在于回转轴线的各个平面内。回转构件转动时，所产生的离心惯性力系不再是平面汇交力系，而是一空间力系，如图 14-5（a）所示。通常不能在一个平面内使其平衡，而要在选定的垂直于回转轴线的两个平面内，增减平衡质量才能使其达到平衡。这种平衡称为动平衡。

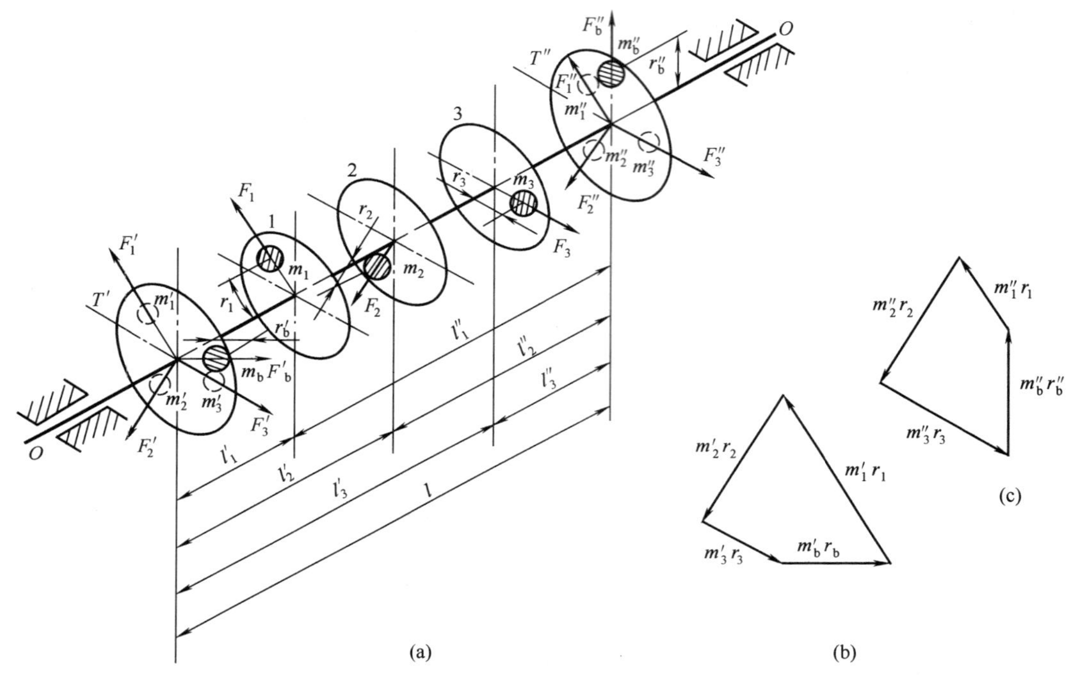

图 14-5　回转构件动平衡计算

为解决回转构件的动平衡问题，可在回转构件的适当位置预先选定两个平衡平面（图中为 T'和 T''），然后将各不平衡质量所产生的离心惯性力分解到两平衡平面内，则原各不平衡质量所产生的离心惯性力所组成的空间力系即可转化为在两平衡平面内的平面汇交力系，而此两平面汇交力系的平衡问题，即为前述的静平衡计算问题。故此类回转构件的动平衡计算问题可转化为两平衡平面内的静平衡计算问题。平衡质量的具体计算如下。

在图 14-5（a）中，设转子的不平衡质量分布在 1、2、3 三个回转面内，分别用 m_1、m_2、m_3 表示，其向径相应为 $\vec{r}_1$、$\vec{r}_2$、$\vec{r}_3$。将平面 1、2、3 内的质量 m_1、m_2、m_3 分别用两平衡平面 T'和 T''内的质量 m_1'、m_2'、m_3'与 m_1''、m_2''、m_3''来代替。则有

$$\left.\begin{aligned} m_1'=\frac{l_1'}{l}m_1,\ m_2'=\frac{l_2'}{l}m_2,\ m_3'=\frac{l_3'}{l}m_3 \\ m_1''=\frac{l_1''}{l}m_1,\ m_2''=\frac{l_2''}{l}m_2,\ m_3''=\frac{l_3''}{l}m_3 \end{aligned}\right\} \tag{14-3}$$

在平衡平面 T'内设平衡质量为 m_b'，向径为 $\vec{r}_b'$，则有

$$m'_b\vec{r}'_b+m'_1\vec{r}_1+m'_2\vec{r}_2+m'_3\vec{r}_3=0$$

作向量图，如图 14-5（b）所示，可求出质径积 $m'_b\vec{r}'_b$。选定 $\vec{r}'_b$后，即可确定 m'_b。同理在平衡平面 T''内设平衡质量为 m''_b，向径为 $\vec{r}''_b$，则有

$$m''_b\vec{r}''_b+m''_1\vec{r}_1+m''_2\vec{r}_2+m''_3\vec{r}_3=0$$

作向量图，如图 14-5（c）所示，求出 $m''_b\vec{r}''_b$，选定 $\vec{r}''_b$的值后，亦可确定 m''_b。

结论：质量分布不在同一回转面内的回转构件，只要分别在选定的两平衡平面内各加上适当的平衡质量，就能达到完全平衡。这种平衡的条件为：回转构件上各个质量的离心惯性力的矢量和等于零，同时离心惯性力所引起的力偶矩的矢量和也等于零。

以上是在设计阶段解决结构原因产生的动不平衡问题，因材质不匀、制造安装偏差而引起的动不平衡，应在动平衡试验机上进行。动平衡机有各种类型，其作用都是确定两平衡基面上平衡质量的大小与方位。对于高速回转件必须进行动平衡实验，如汽车前后轮轴、内燃机曲轴等。动平衡的构件一定达到了静平衡，而静平衡的构件不一定达到动平衡。

小　　结

1. 机械在运转时，作变速运动的构件将产生惯性力和惯性力矩。

2. 回转构件平衡的目的是：完全或部分地消除惯性力和惯性力矩的影响，提高机器寿命，改善工作性能，合理分配机构中各构件的质量。

3. 回转构件平衡的种类：静平衡和动平衡。静平衡用于 $b/D\leqslant 0.2$ 的回转工件，静平衡条件为：离心惯性力的矢量和等于零，或质径积矢量和等于零。

动平衡用于 $b/D>0.2$ 的回转构件，回转构件动平衡的条件为：回转构件上各个质量的离心惯性力矢量和为零，同时离心惯性力所引起的力偶矩的矢量和也为零。

思考与习题

14-1　回转构件为什么要进行平衡？

14-2　什么是静平衡？什么是动平衡？

14-3　回转构件的静平衡条件是什么？

14-4　为什么设计时进行了静平衡计算，在构件制成后还要进行静平衡试验？

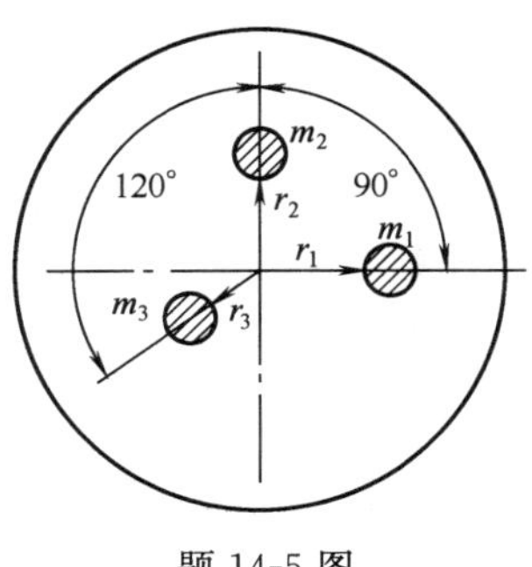

题 14-5 图

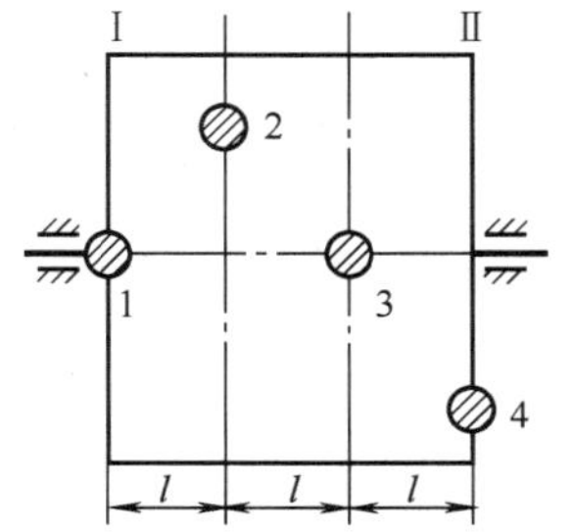

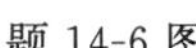

题 14-6 图

14-5　题 14-5 图所示圆盘有三个偏心质量，$m_1=2\text{kg}$、$m_2=7\text{kg}$、$m_3=9\text{kg}$，它们的质心向径大小分别为 $r_1=r_2=100\text{mm}$、$r_3=80\text{mm}$，各不平衡质量的位置如图。设平衡质量 m_b 的质心至回转轴线距离为 $r_b=120\text{mm}$，试求平衡质量 m_b 的大小和方向。

14-6 题 14-6 图所示为转鼓，各质量及其质心向径的大小分别为 $m_1=10\text{kg}$、$r_1=50\text{mm}$，$m_2=15\text{kg}$、$r_2=40\text{mm}$，$m_3=20\text{kg}$、$r_3=60\text{mm}$，$m_4=10\text{kg}$、$r_4=50\text{mm}$，位置如图，各质量所在平面间距 $l=100\text{mm}$，试求在平衡平面 T'、T''内，$r=100\text{mm}$ 处加平衡质量 m_b'、m_b''的大小及其所在位置。

实践环节

1. 根据洗衣机甩干桶工作时有时产生剧烈晃动、与桶壁摩擦甚至无法正常工作的现象，分析其原因，应属于动平衡还是静平衡？如何克服上述现象？

2. 发动机曲轴是如何保证平衡的？凸轮在安装时如何保证平衡？

参 考 文 献

[1] 国家教育委员会．机械设计课程基本要求．北京：高等教育出版社，1997.

[2] 孙桓，陈作模．机械原理．北京：高等教育出版社，1999.

[3] 吴联兴．机械设计基础．北京：冶金工业出版社，2000.

[4] 姜书全．机械原理与机械零件．北京：高等教育出版社，1988.

[5] 邱宣怀．机械设计．北京：高等教育出版社，1989.

[6] 王三民．机械原理与设计．北京：机械工业出版社，2001.

[7] 范顺成．机械设计基础．北京：机械工业出版社，2002.

[8] 黄森彬．机械设计基础．北京：高等教育出版社，2001.

[9] 蔡春源．机械零件设计手册．第 3 版．北京：冶金工业出版社，1994 .

[10] 机械工程师手册编写组．机械工程师手册．第 2 版．北京：机械工业出版社，2001.

[11] 张萍．机械设计．海拉尔：内蒙古文化出版社，1999.

[12] 石固殴．机械设计基础．北京：高等教育出版社，2003.

[13] 胡家秀．机械设计基础．北京：机械工业出版社，2003.

[14] 濮良贵，纪名刚．机械设计．第 7 版．北京：高等教育出版社，2001.

[15] 钟志华，周彦伟．现代设计方法．武汉：武汉理工大学出版社，2001.

[16] 杨黎明．机械零件设计手册．北京：国防工业出版社，1984.

[17] 张建中．机械设计基础学习与训练指南．北京：高等教育出版社，2003.

[18] 杨可桢，程光蕴．机械设计基础．北京：人民教育出版社，1984.

[19] 曾宗福．机械设计基础．北京：化学工业出版社，2008.

[20] 谭放鸣．机械设计基础．北京：化学工业出版社，2005.

[21] 刘俊尧．机械设计基础．北京：化学工业出版社，2008.

[22] 曹苹．机械设计．北京：化学工业出版社，2009.